高等职业教育铁道养路机械应用技术专业系列教材

大型养路机械电气控制技术

陈光伟　刘　博◎主编

中国铁道出版社有限公司

2022年·北京

内容简介

本书按照高等职业教育铁道养路机械应用技术专业培养目标要求编写。全书共有11个项目，主要内容包括：捣固车电气系统组成，常见的大型养路机械电气元件的认知，柴油机控制系统及整车电源组成，捣固车作业系统的组成及工作原理，程序控制系统，常见机械设备电气控制系统分析，GVA系统、ALC系统，故障报警及多路检测等内容，同时涵盖了与大型养路机械相关的PLC控制技术，以及实验实训项目。

本书以实际项目为主，借鉴了现场很多的案例，紧跟岗位需求，为毕业生胜任岗位职责以及未来的职业发展打下坚实的基础。本书可作为铁道养路机械应用技术专业的教学用书，也可作为铁路及城市轨道交通行业技术人员的培训参考用书。

图书在版编目（CIP）数据

大型养路机械电气控制技术 / 陈光伟，刘博主编．—北京：中国铁道出版社有限公司，2021.8（2022.7重印）

高等职业教育铁道养路机械应用技术专业系列教材

ISBN 978-7-113-27718-5

Ⅰ.①大… Ⅱ.①陈… ②刘… Ⅲ.①养路机械-电气控制-高等职业教育-教材 Ⅳ.①U418.3

中国版本图书馆CIP数据核字（2021）第021603号

书　　名：**大型养路机械电气控制技术**

作　　者：陈光伟　刘　博

策　　划：陈美玲

责任编辑：陈美玲　　　编辑部电话：（010）51873240　　　电子信箱：992462528@qq.com

封面设计：郑春鹏

责任校对：焦桂荣

责任印制：高春晓

出版发行：中国铁道出版社有限公司（100054，北京市西城区右安门西街8号）

网　　址：http://www.tdpress.com

印　　刷：三河市兴博印务有限公司

版　　次：2021年8月第1版　2022年7月第2次印刷

开　　本：787 mm×1 092 mm 1/16　印张：15.75　字数：396千

书　　号：ISBN 978-7-113-27718-5

定　　价：48.00元

前言

本书是根据高等职业教育要求编写的，适合作为高等职业院校铁道养路机械应用技术专业的学习用书，也可作为教师和铁路企业生产技术人员的参考用书。

在本书的编写过程当中，以大型养路机械典型机型“捣固车”为主，契合铁道机械化维修的典型工作岗位，以电气系统为主线，力求理论与实践相结合。本节着重讲述了大机电气元件的基本概念及基础知识、捣固车电气系统的基本原理，突出理论知识的应用，章节层次清晰、内容简洁、实用性强。在较全面地阐述大型养路机械电气控制技术基本内容的基础上，着重分析了捣固车电气系统的基本组成、柴油机控制系统及整车电源组成、捣固车作业系统的组成及工作原理，GVA系统、ALC系统、ZF变矩器的基本知识，常见机械设备电气控制系统，同时涉及了与大型养路机械控制相关的PLC控制技术。

本书由郑州铁路职业技术学院陈光伟、刘博担任主编，黑龙江交通职业技术学院王家华、郑州铁路职业技术学院杨辰飞担任副主编，中国铁路郑州局集团有限公司郑州工务机械段宋卫华担任主审。具体编写分工如下：刘博编写项目1、项目7的任务7.2和7.3、项目8～项目10，郑州铁路职业技术学院王丽平、李春亚编写项目2的任务2.1～2.3，陈光伟编写项目4～项目5，王家华编写项目2的任务2.4、项目3和项目6，杨辰飞编写项目7的任务7.1、项目11，吉林铁道职业技术学院于丰博编写项目12的任务12.1～任务12.4，包头铁道职业技术学院孟晓阳编写项目12的任务12.5～任务12.7。

在编写此书的过程中，参阅了许多同行专家的论著文献、相关厂家的资料和设计手册，在此一并表示衷心感谢。

由于编者水平所限，书中疏漏和不妥之处，敬请读者批评指正。

编　者

2021年5月

目录

项目 1　捣固车电气系统概述

项目描述

大型养路机械是运用于铁路线路检查、养护及修理的大型设备，目前我国使用的大型养路机械主要有捣固车、清筛机、钢轨打磨车、动力稳定车、配砟整形车、大修列车等。捣固车是大型养路机械中线路维修机组主型设备。从本项目开始，我们以捣固车为对象来进行大型养路机械电气控制技术的学习。本项目主要讲述捣固车电气系统的构成与功能、元件代号及端子号的认知、电缆表的使用。

通过本项目的学习，重点使学生初步对捣固车电气系统有个系统的认知，能基本识别捣固车的电气图纸，查阅电缆表，为今后工作打下良好基础。

学习目标

1. 能力目标

(1)能理解说明捣固车电气系统各部分的功能，为后面学习打下基础。

(2)能熟练识别捣固车电气图纸上各元件代号所代表的含义。

(3)能利用电缆表进行故障排除。

(4)能从电缆表上提取维修材料信息。

2. 知识目标

(1)了解捣固车的电气系统的分类。

(2)掌握捣固车元件代号所代表的含义。

任务 1.1　了解捣固车电气系统

1.1.1　工作任务

通过学习捣固车电气系统知识，能承担以下工作任务：

(1)认识几种常用捣固车车型的电气系统组成；

(2)掌握各系统的功能。

1.1.2　相关配套知识

电气系统是捣固车的重要组成部分，它担负着全车各种作业的控制任务。从电路控制而言，它涉及模拟控制、数字控制、计算机软、硬件控制以及电器控制等方面。各种机型的电气系统大同小异，本教材以介绍 08-32 型捣固车电气系统为主，简要介绍 09-32 型捣固车不同之处。

1. 08-32 型捣固车电气系统

根据控制功能的相对独立性，将 08-32 型捣固车的电气系统分成作业控制系统和辅助控制系统两大部分，如图 1.1 所示。

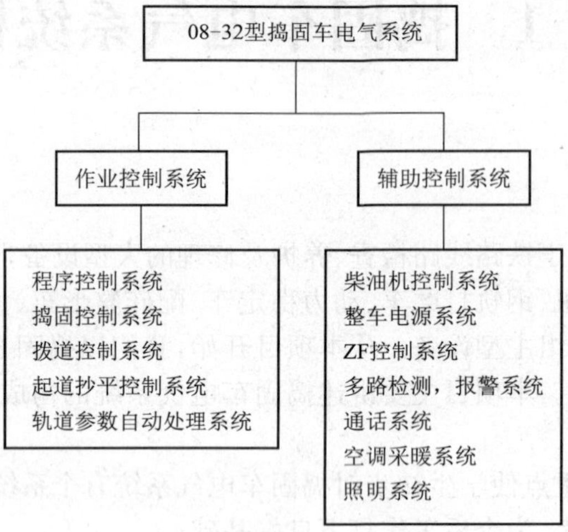

图 1.1　08-32 型捣固车电气系统框图

(1)作业控制系统

作业控制系统分为程序控制系统、捣固控制系统、拨道控制系统、起道抄平控制系统和轨道参数自动处理系统(GVA)等。

程序控制系统担负着全车的逻辑控制和逻辑联锁。机械的各种作业操作，如作业走行、制动、捣固、起道、拨道、夯拍等均是在程序控制系统的统一指挥和协调下进行的。程序控制系统的正常工作是各项作业能够顺利进行的基本条件。一旦程序控制系统出现故障，整车将无法进行任何作业。

捣固系统可以精确地控制捣固装置的下降、提升，并与下降深度、捣固深度传感器构成闭环系统，在程序控制系统的严格控制下进行捣固作业，并将捣固装置的位置信号反馈到程控系统，供程控系统进行逻辑控制和联锁。

轨道的横向移位是由拨道系统来控制的。在程控系统的控制下，液压伺服阀动作，执行机构将轨道拨到要求的位置上。在拨道系统中根据输入的各种参数形成总的拨道信号，再由总的拨道信号与矢距传感器构成闭环控制。

起道抄平系统则是针对轨道的超高和纵平。通过输入的轨道基本起道量和超高值，并与辅助给定信号一起送入相应侧的起道伺服控制电路中。伺服控制电路在程控系统的协调控制下完成起道作业。

GVA 是一套计算机系统。在 08-32 型捣固车中，它根据输入的线路参数自动计算出在当前作业点进行起拨道所需的 5 个给定量。这 5 个输出量是拨道正矢、基本起道量、起道减小量、作业区理论超高和前端理论超高。使用 GVA 进行作业时，GVA 自动地给出上述 5 个参数，准确而又方便，可提高作业质量和作业效率，减小操作人员的劳动强度。在结构上，由距离脉冲传感器、键盘和监视器构成 GVA 的外围设备。GVA 根据输入的距离脉冲计算出当前所在点的公里标，作业线路参数则从键盘输入，监视器用于显示当前作业线路的给定状况。由于GVA的输出信号与手动给定信号在电路上是相加的，所以在实际作业时，只能取其一，而另一给定必须为零。

(2)辅助控制系统

辅助控制系统是指除作业控制系统以外的其他电控部分。

柴油机控制系统及整车电源系统：捣固车作业和自身行走的动力均来自于车上的柴油机，柴油机停机时由两组+12 V的蓄电池串联供电；柴油机启动后，由三台直流发电机并联供电，且同时对蓄电池充电，成为整车的总电源，再根据需要形成全车的供电回路。

ZF控制系统：变矩器是捣固车高速行走的传动部件，是全车行走的最重要环节。为了保证对变矩器的安全使用及行车安全对其有相应的联锁及控制要求，这些要求就是由变矩器控制部分来完成的。

多路检测及报警系统：故障报警电路可检测总风缸压力、柴油机机油压力和柴油机缸体温度、三个直流发电机、制动闸瓦磨耗、两个柴油机滤清器、变矩器的油温、油压和滤油器等共14个量。当任意一路故障时，相应的指示灯点亮并产生声音报警以提醒操作者处理。多路检测是一个40路输入的信号选择器。通过选择可监测作业系统中的大多数信号，为迅速检查故障提供一个有力手段。

通话系统：提供了前后操作司机室的对话功能，以使前后操作者协调操作。

空调采暖系统：空调采暖系统由空调器和燃油式取暖器组成。空调器的压缩机是由柴油机驱动的，所以只有当柴油机运转时，才能使用空调器，但燃油式取暖器则可以通过蓄电池单独使用。

照明系统：包括作业照明、前后灯和驾驶室照明等，它们均由相应的操作开关进行控制。照明的电源来自主蓄电池和由柴油机带动的三个直流发电机。

以上是从控制结构上对08-32型捣固车电气系统的一个简单介绍。从硬件而言，电气系统共包括38个大小不同的控制箱和布线盒，系统包括15种30件标准3U结构的控制板和13种28件其他类型的控制板，6种11件矢距、超高和测距等传感器。

2.09-32型捣固车电气系统(模拟版)

09-32型连续式捣固车是PLASSER公司20世纪90年代的产品，与08-32型捣固车相比，09-32型捣固车无论是作业效率，还是作业精度都有很大的提高，因此，其电气控制系统方面要复杂得多，部分原来采用机械控制的，在09-32型上改成了电气控制，如油门电机等。和08-32型相比，电气控制系统主要增加两大功能：①能测量优化线路；②作业连续。

为了提高作业效率和质量，09-32型捣固车增加6个大的电气控制系统，其他一些作业系统也作了相应的优化。根据控制功能的相对独立性，将09-32型捣固车的电气系统分成如图1.2所示。

除此之外，与08-32型捣固车相比，09-32型捣固车电气系统还增加了七个电气调节系统，分别是：①油门电机控制系统；②工作小车比例控制系统；③夹持压力比例调节系统；④大车液压走行控制系统；⑤自动踩镐控制系统；⑥安全系统；⑦中央润滑系统。

- 09-32型捣固车电气系统
  - 作业控制系统
    - 中央润滑控制系统
    - 作业供电及安全系统
    - ALC 系统
    - 程序控制系统
    - 捣固头及工作小车控制系统
    - 大车作业走行控制系统
    - 拔道控制系统
    - 起道抄平控制系统
    - 自动定位控制系统
    - 夹持压力比例控制系统
    - 激光系统
  - 辅助控制系统
    - 总电源及柴油机控制系统
    - 油门电机控制系统
    - ZF 及自动降功控制系统
    - 监视仪表、故障报警及多路检测系统
    - 照明系统
    - 暖风与空调系统
    - 通话系统
    - 轨道参数记录系统（记录仪）
    - 空气干燥器控制系统
    - 应急泵控制系统

图 1.2　09-32 型捣固车电气系统

中央润滑系统的控制系统为 09-32 型新增系统，相比 08-32 型省去了原有繁琐的人工保养。该系统分两种工作模式，即手动和自动。自动模式时，系统可监视黄油压力，压力过低时自动加油。活塞正常工作时，感应头回输出一个周期为 70 s 的方波信号。出现堵塞，此方波不会出现，通过 EL-T5227 的 14 号引脚产生报警信号，19h33 报警显示灯点亮，同时蜂鸣器 19h33 报警。

安全系统主要有三个作用：①控制紧急停机；②监视制动管路的压力；③监视程控信号。

ZF 及自动降功控制系统主要完成对 ZF 的换挡控制，实现联锁安全保护控制等，另外在操作运行换挡时，对发动机实现自动降低转速的控制，以起到保护作用。

工作小车控制系统是一个闭环控制系统，其控制主要由工作小车走行控制板 EK-2.61 与位置传感器构成的闭环控制完成（图 1.3）。

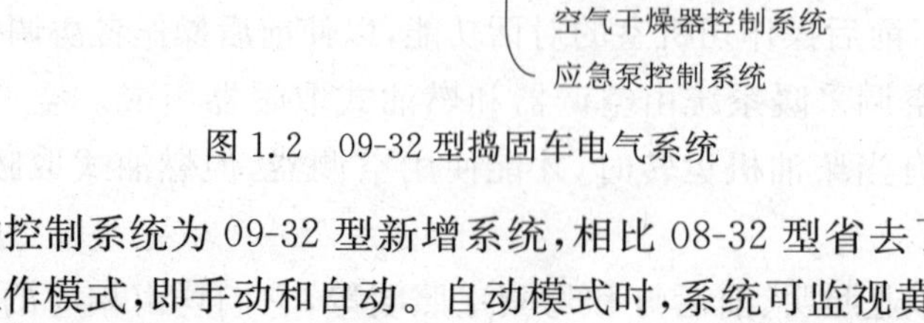

图 1.3　工作小车比例控制系统自动控制原理

大车作业走行控制系统是一个开环伺服控制系统。为了保持小车和大车的正常工作，通过程控系统加了几个连锁。为了避免大车撞到小车，刚开始时小车必须到前位大车才开始走行；当捣固头未提起时，如果小车在后位，大车也会停止走行。

自动定位控制系统：为了提高作业效率，减轻1号位操作手的劳动强度，09车采用两种作业方式，即人工踩镐和自动踩镐。自动踩镐有感应和等距两种，由B2箱上的b63开关所决定。

感应方式是通过中部测量小车上的一个感应头来感应铁轨上的道钉，以测量两根枕木的距离并通过EK-150板存储起来作为下次踩镐的控制量。

等距方式是把所有枕距作为一个常数。

夹持压力比例控制系统是一个开环比例控制系统。压力调节范围为7.5～15 MPa，由EK-146完成整个控制。

油门电机控制系统的控制原理图如图1.4所示，这是一个半闭环控制系统，启动调节比气动调节更方便、更准确。

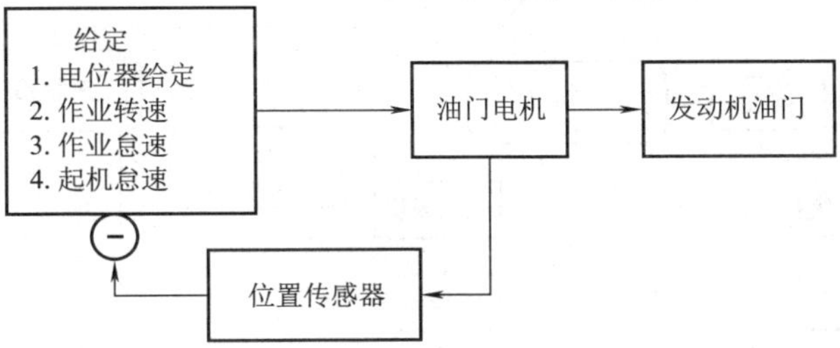

图1.4　油门电机控制系统控制原理图

3. DCL-32型(09-32型)网络版捣固车的整车网络结构

DCL-32型连续式捣固车是在成功引进08-32型捣固车的制造技术的基础上，技术创新和技术引进相结合的科技成果。

历经多年的发展，捣固车已完成国产化研制，目前中国铁建高新装备股份有限公司(原昆明中铁)生产的捣固车电气控制系统为株洲时代电子技术有限公司开发。株洲时代电子技术有限公司(简称“株所”)开发的模拟板、网络版电气控制系统具有独立的知识产权，是中国国家铁路集团有限公司(简称“国铁集团”)授权装配于中国铁建高新装备股份有限公司生产的捣固车。

目前各铁路局大部分使用的捣固车车型为DCL-32k型株所网络版捣固车，也有部分为DCL-32X型金鹰重型工程机械股份有限公司生产的捣固车。这两个版本的捣固车，相对于老的模拟版捣固车，都基本实现了整个作业系统的集成化、数字化、模块化。在运用以及操作及维修方面大大的节省了人力物力。

网络版相比模拟版，操作台变小了，使驾驶室和操作台腾出来更大的空间，同时操作台的按钮全部使用汉字和符号双说明，使学习者更容易操作。全汉字的显示使所有的设置参数简单化，在没有专业技术人员的情况下，操作人员就可以按照标定进行调试。

网络版连续式捣固车采用分布式网络控制系统完成整车的电气控制功能。根据厂家的不同，网络系统的构成与使用的通信协议有所不同。

(1)株所网络版

株所版本的09-32型连续式捣固车电气系统是基于CAN总线网络控制技术的控制系统，是安装在DCL-32型捣固车上的新型电气控制系统，系统结构如图1.5所示，主要作业操作集中在 B2 箱、B19 箱上，行车监视信号主要集中在 B5 箱和 B11 箱上。

整个系统主要由显示模块、底层控制模块、电源模块、网关模块、控制箱、TGCS-CAN 轨道参数计算机组成。为了保证系统网络可靠运行，09-32 型捣固车网络控制系统采用单段网络长度不超过 50 m、单网网络节点小于 32 个的策略进行设计。整个网络控制系统由主网络和卫星小车子网络两个网络组成。主网络安装在主车体上（包括前后司机室、发动机区等），卫星小车子网络安装在卫星小车上，主网络与子网络之间通过网关模块进行连接，各网络内部与其他网络无关的信息不传送到其他网络上，只在本网络内部进行数据交换（如：涉及捣固头闭环控制系统的各控制模块只在卫星小车子网络内的模块之间进行数据交换，与其他网络无关信息不往外发送）。

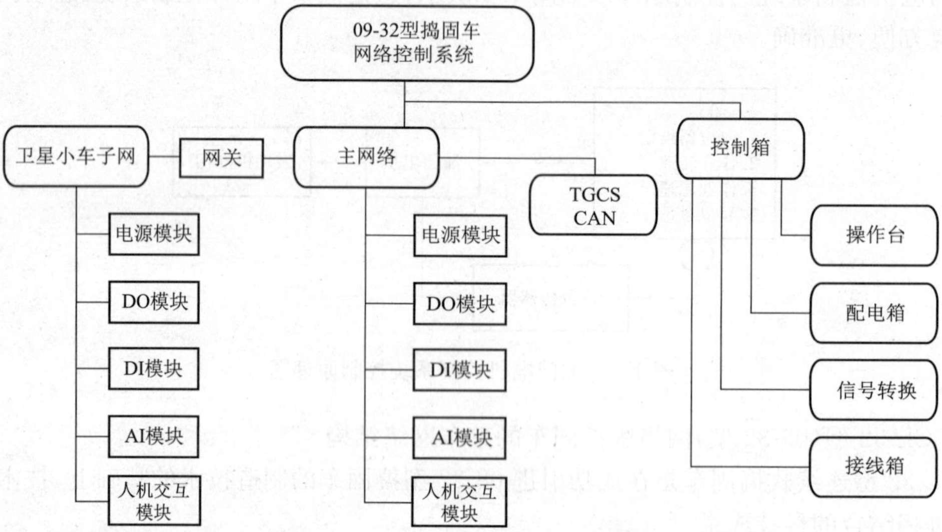

图 1.5 09-32 型捣固车网络系统构成

整个网络控制系统由 5 个显示模块、9 个电源模块、31 个底层控制模块组成。其中底层控制模块包含 16 个 DO 模块、10 个 DI 模块、5 个 AI 模块。模块与模块之间采用 CAN 总线连接构成整车网络。根据 09-32 型捣固车网络系统结构图，整个系统的配置表见表 1.1。

表 1.1 系统配置表

型　号	名　称	功　能
TE6038010000	右作业控制箱 B2	作业控制、作业装置状态显示
TE6038020000	前司机室输入控制箱 B4	前端作业参数输入、前驾驶操作
TE6038030000	后司机室电气控制箱 B5	后司机室驾驶操作
TE6038040000	模块控制箱 B7	作业信号采集、仪表指示输出控制
TE6038050000	仪表箱 B9	仪表指示箱
TE6038060000	前司机室控制箱 B11	前司机室驾驶操作
TE6038070000	总电源控制箱 B13	发动机及总电源控制箱
TE6038080000	网络配电箱 B15	主网络模块供电
TE6038090000	网络配电箱 B15	卫星小车网络模块配电

续上表

型　　号	名　　称	功　　能
TE6038100000	左作业控制箱 B19	作业控制、作业装置状态显示
TE6038120000	变扭器 ZF　控制接线箱 B28	高速走行控制箱
TE6038130000	通话控制箱 B40	通话控制
TE6038140000	接线箱 B48	信号转接箱
TE6038150000	电磁阀接线箱 B50	作业装置控制
TE6038160000	左作业操作控制盒 B51	左扶手控制盒
TE6038170000	右作业操作控制盒 B52	右扶手控制盒
TE6038180000	照明灯接线箱 B53	照明接线配电
TE6038200000	发动机/ZF　信号采集箱 B55	发动机/ZF　信号、蓄电池信号采集
TE6038210000	激光接收电源箱 B77	激光电源箱(取消,由铁科院提供)
TE60382200009	前手柄控制箱 B7	前油门控制盒
TE6038230000	后手柄控制箱 B80	后油门控制盒
TE6038240000	油门电机控制箱 B81	发动机油门控制
TE6038250000	材料车接线箱 B83	材料车信号转接箱
TE6038260000	标志灯箱 B90	标志灯控制
TE6038270000	控制箱 B98	各测量小车、停机、喇叭按钮控制
TE6038280000	单喇叭按钮箱/黄 B93	喇叭按钮控制
TE6038290000	前喇叭按钮箱/黄 B93a	喇叭按钮控制
TE6038320000	接线箱 B95	安全系统控制
TE6038330000	距离控制箱 B96	距离测量、脉冲信号采集
TE6038340000	工作小车接线箱 B99	信号转接
TE6038350000	过渡接线箱 B28c	信号转接
TE6038360000	集中润滑控制箱 B8	集中润滑控制
TE6038370000	发动机辅助控制箱 B113	发电机辅助控制

(2)金鹰重型工程机械股份有限公司 DCL-32X 版本

①电气系统概述

电气系统按功能分为作业系统、行车系统及辅助系统。按电源类型分为直流系统和交流系统。作业系统、行车系统通过总线和工业以太网进行数据传输,输入和输出接入 PLC 和车体 I/O 模块,作业电源开关关闭时切断作业部分模块电源。整车网络结构框图如图 1.6 所示(INTELBUS 总线是 PROFIBUS 总线的分支,图中不表示)。

分布式网络选用现场总线技术和各种模块共同构成,整个网络由两台嵌入式计算机、显示器和二台 PLC、各种输入输出模块、轨道参数测量装置、二维激光测量装置、二台交换机、二次电源、网线等组成。

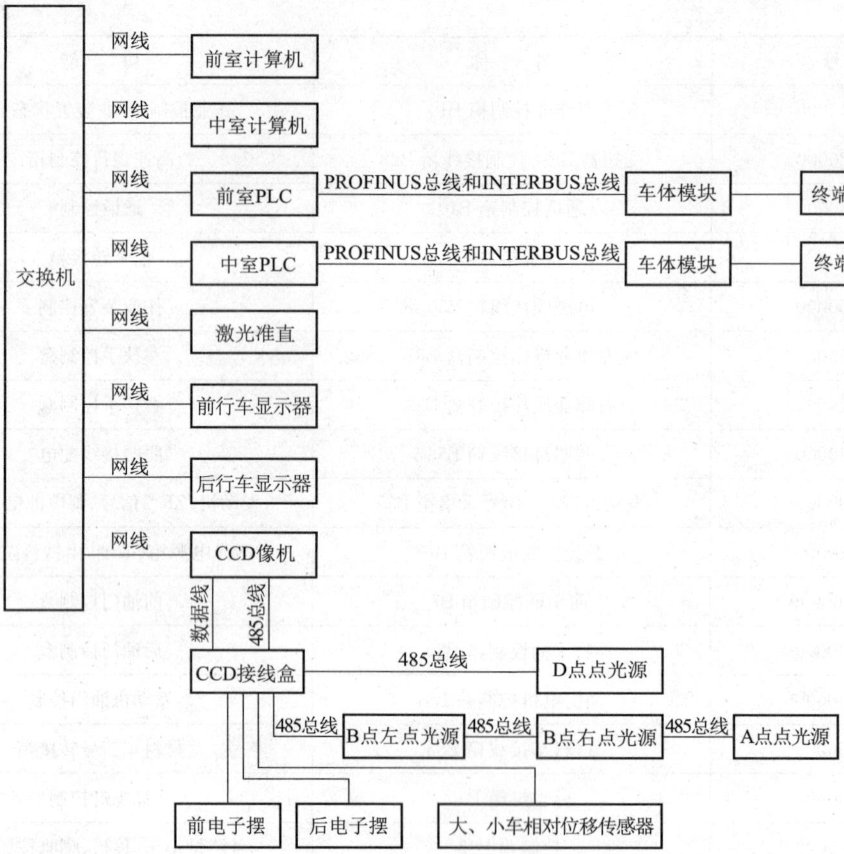

图 1.6　DCL-32X 网络结构框图

②作业控制系统

作业控制系统主要进行捣固控制、拨道控制、起道抄平控制、捣固小车走行控制、大车走行控制、轨道参数计算、作业质量记录等。

PLC 主要工作内容是进行全车的逻辑控制、起道算法处理、拨道算法处理、捣固小车走行算法处理、大车走行算法处理等。

前计算机主要进行轨道参数的计算及显示;后计算机主要进行作业参数设置、作业参数显示以及故障诊断等;CCD 光学测量装置的功能是测量当前的轨道状态参数。PLC 的 I/O 模块以及车体 I/O 模块进行数据的采集及输出。

③行车及辅助控制系统

行车系统主要功能是发动机控制、电源分配、变矩器控制等。

发动机及变矩器的连锁及输入输出主要由前 PLC 进行控制。

辅助系统包括通话系统、照明系统、三项设备、视频系统、交流系统等。辅助系统是相对独立的系统。

④工业以太网系统

工业以太网由 EB2 箱的 1 个 8 口工业交换机和其他网络设备组成,交换机传输速度为 100 Mbit/s。

⑤PROFIBUS 总线系统

PROFIBUS 总线系统是一种分布式的现场总线系统,总线是手牵手的一种连接方式,总线模块并入总线中,总线的首尾两端加终端电阻。PROFIBUS 总线系统最大的好处是可以将

I/O 模块安装在执行机构附近，安装、调试较为方便。

PLC 的 CPU 模块既接入工业以太网系统又接入 PROFIBUS 总线系统，两个系统通过 PLC 的 CPU 模块实现数据交换。

任务 1.2 捣固车元件代号及端子号的认知

1.2.1 工作任务

通过捣固车元件代号及端子号知识的学习，能承担以下工作任务：

(1)能正确识读捣固车电路图中的元件，确定各元件代号的含义；

(2)能根据各元件代号能迅速定位该元件，以便快速查找排除故障。

1.2.2 相关配套知识

1. 捣固车电路元件代号

捣固车是引进技术生产的，使用的图纸中有些为进口图纸，为使读图方便，在这里我们着重介绍进口图纸中的电路元件代号，以便大家能更快地熟悉和掌握捣固车的电路原理，了解不同元器件在车上的位置，有利于设备的操作、维护保养以及故障部位的准确判断。

由于电路图形符号大部分与我国相同，一些特殊的也大都采用了象形符号，比较简单，本章节不作介绍，仅一起来学习电路元件代号。

(1)元件代号的组成

元件代号通常由三部分构成，具体如下。

第一部分：数字，由 1 位或 2 位数字组成(在各个控制箱的布线图及各电路板的原理图上这一部分常常省略)，表示元件在车上的位置。

第二部分：通常只有 1 个或 2 个英文字母，表示元件的类型。

第三部分：通常由 1～3 位数字组成，代表其序号。

(2)各部分字符所代表的意义

第一部分：

1——表示该元件安装在车体上，而不在各控制箱中。

2——表示该元件在 B2 控制箱中。

以 09-32 型网络版捣固车为例，还有 4、5、7、8、9、11、13、15、16、19、28、40、48、50、51、52、53、55、77、83 等均表示箱号，分别表示该元件或部件在 B4(前端输入控制箱)、B5(后司机控制台)、B7(模块控制箱)、B8(集中润滑控制箱)、B9(仪表箱)、B11(前司机控制台)、B13(总电源控制箱)、B15(网络配电箱)、B16(网络配电箱)、B19(左作业控制箱)、B28(变扭器 ZF 控制接线箱)、B40(通话放大器箱)、B48(信号转接箱)、B50(电磁阀接线箱)，B51(左控制箱)、B52(右控制箱)、B53(照明灯接线箱)、B55(发动机/ZF 信号采集箱)、B77(激光接收器电源箱)、B83(材料车接线箱)等控制箱中。

第二部分：见表 1.2。

表 1.2 元件的类型

字 母	代表种类	说 明
a	开关	主电源开关，如 1a1 主蓄电池开关
b	开关	一般开关，按钮开关，钮子开关，点火开关等

续上表

字　母	代表种类	说　明
D、n	二极管	在印制板上用 D,其他地方用 n
e	安全元件	保险管、自动开关(断路器)等
f	传感器	正矢、超高、深度、抄平、位移、油压、温度等传感器
g	测量仪表	一般仪表、电压表、电流表、计数器、记录仪等
h	信号元件	灯、电笛、蜂鸣器、闪光灯等
IC	集成电路	
LED	发光二极管	
m	电机	发电机、电动机、风扇、洗涤泵、启动马达等
p	电位器	仅指印刷电路板上的电位器
R	电阻	通常指印刷电路板上的电阻
r	电阻	通常指印刷电路板以外的电阻
Re	继电器	通常指用于印刷电路板上的继电器
d	继电器	通常指位于印刷电路板以外的继电器和接触器
S	电磁阀	电磁阀线圈,印刷电路板上的开关
T	三极管	
U	PCB组件	印制电路板组件
ZD	齐纳二极管	包括稳压管和过电压抑制二极管
⊥/0D	接地点	数字电路接地
⊥/0A	接地点	模拟电路接地
1	接地点	车体接地

说明:捣固车电气系统共有三种接地点,即 OA、OD、1,在各个控制箱中互不相连,而在车体的一点上连在一起。

第三部分:

由 1～3 位数字构成,这是由设计者给定的该元件的编号。现举例如下。

例 1:元件代号 13e2,其中 13 表示 B13 箱,e 表示安全元件(自动开关、保险管、断路器);2 表示设计编号。

例 2:元件代号 1f01,其中 1 表示在车体上,f 表示传感器,01 表示传感器的设计编号,1f01 即指安装在车体上的正矢传感器。

例 3:元件代号 5u6/D。5u6/D 指的是 B5 箱中,u6 电路板上标注为 D 的元件。

例 4:元件代号 1u55/e1。1u55/e1 指的是安装在车体上,设计编号为 55 的电路板上,标注为 e1 的安全元件。

2. 捣固车各端子的基本含义

捣固车有为数众多的控制箱,这些控制箱之间的电气连接,包括控制箱内部的电气连接都是由相应的物理载体来完成的,这种载体就是接线端子。接线端子是用于实现电气连接的元件,其种类繁多,除了 PCB 板的端子外,还有各种的组合式接线端子。在此,我们不研究其外在表现形式,我们来学习端子号的基本含义。

捣固车电气系统包含很多内容,在一张图上无法全面表示,分成了若干分图,为了能快速找到对应的图纸,根据各端子号的基本含义,可以大致找到图纸的位置。捣固车各端子的基本含义如下:

A××——仪表显示和报警系统　　X××、Q××、QL××——程控系统

L××——照明及信号灯系统　　P×——捣固系统电源

Al××——工作照明系统
G××——ZF 系统
F××、V××——多路监测系统
H××——空调加热系统
S——安全系统
OA——模拟电路接地
1——车体接地
R×——拨道系统电源
N——起道抄平系统电源
E×——前端模拟系统电源
E1x、E4×——起拨道参数
Sp×——通话系统
OD——数字电路接地

图 1.7 为株所网络版 09-32 型发动机/ZF 信号采集箱 B55 内的接线端子排，我们以此为例来讲解端子号的使用。

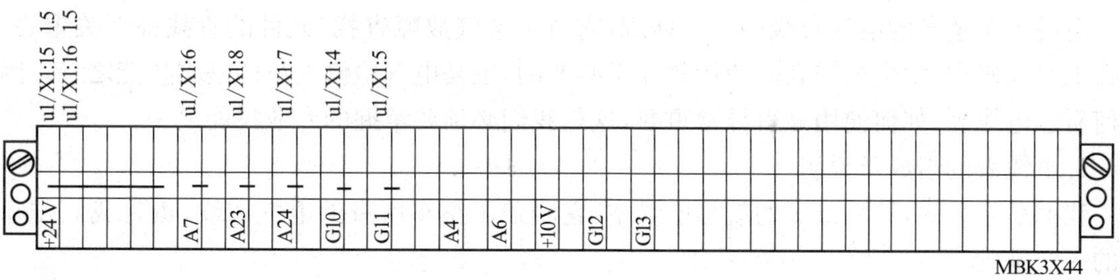

图 1.7　09-32 型发动机/ZF 信号采集箱接线端子排

MBK3X44 为端子的型号，3X44 代表 3 排 44 列，1 个矩形格代表 1 个接线端子，下侧矩形格内部字符为端子号，其中端子号“＋24 V”代表＋24 V 电源，中间矩形格内加粗线代表短接片，图中 6 列短接为＋24V，其余端子分成以下几类，第一类 A××，为仪表显示和报警系统的端子；第二类为 G××，为 ZF 系统的端子；第三类为电源端子，如“＋10 V”“＋24 V”。

接线时，上侧矩形格接相应元件的相应管脚（后侧数字代表使用导线的相应截面积），比如“u1/X1：15”，1.5 代表接 u1 电路板上 X1 接线端子排上的 15 管脚，1.5 代表用 1.5 mm^2 的导线布线，未标注的导线线径大小图纸上一般会有说明。图 1.8 是这个端子排连接的 u1 模拟隔离板接线示意图。

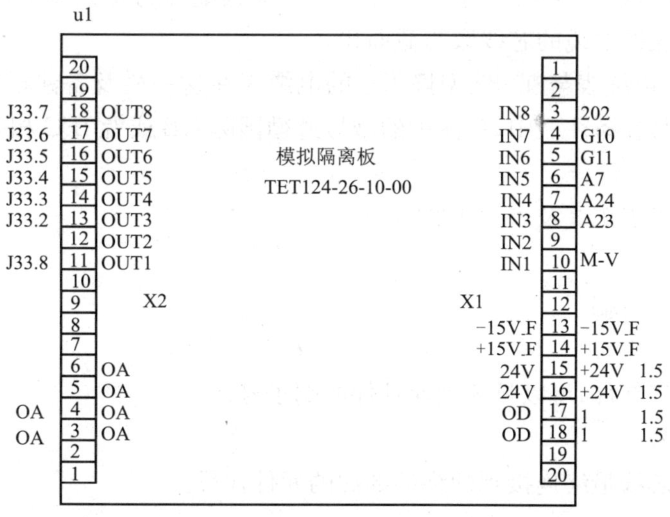

图 1.8　09-32 型 B55 箱内模拟隔离板 u1 PCB 接线示意

任务 1.3 电缆表的使用

1.3.1 工作任务

通过学习电缆表的使用，能够完成以下任务：

(1)能够准确运用电缆表来快速寻找相应的电缆；

(2)运用所学知识排除电缆连接过程中的相应故障。

1.3.2 相关配套知识

电缆表是整车的电气布线的一个体现，它对于电气故障查找、元件的查找都至关重要，尤其在电气检修中，学会电缆表的使用是非常必要的，也是电气检修人员的基本技能之一。因此如何看懂电缆表、如何使用显得异常重要，这是我们必须要掌握的专业技能之一。

1. 电缆表的组成及说明

我们最常见的，接触最多的就是电缆本，它涵盖了整车所有的电气布线，也是我们排除故障的一个基础。

电缆表信息由电缆号、箱号、电缆型号、端子号、部件说明、终端部件代号、长度、备注项构成。

①电缆号

电缆号是用字符来标识电缆，用以区别其他电缆的代号，每根电缆都有唯一的电缆号，08-32 型捣固车的电缆号由 1～3 位自然数构成；09-32 型捣固车的电缆号的定义规则与 08-32 型捣固车有所不同，由两部分构成，整数位代表所在的控制箱，小数位用于区分各电缆。

②箱号

箱号表征该电缆所在的控制箱。

③电缆型号

电缆型号由字母、数字等构成，字母部分一般表征其电缆的相关类别、性能、绝缘等信息，数字部分一般用来表征电缆的芯线数与截面积。

08-32 型捣固车电缆表与 09-32 型捣固车的电缆表在这一栏及备注栏有所差异，08-32 型的电缆表的采购型号在备注栏中，备注中的型号遵循国际 GB 或者 IEC 相关标准，而 09-32 型此栏为标准型号。

二者具体差异见表 1.3 及表 1.4 的示例。

④端子号

各芯线接到的最终端子。

⑤部件说明

连接的相关电气部件，可以具体到此部件的端子号。

⑥终端部件代号

连接电缆或者芯线最终连接到的终端部件的元件代号。

⑦长度

电缆长度，单位为 m。

⑧备注

需要补充说明的其他事项。另 08-32 型捣固车这栏还会说明电缆的规范国标型号。

表 1.3 08-32 型电缆表示例

电缆号	箱号	电缆型号	端子号	部件说明	终端部件代号	长度	备注
101	B5	DY4×0.5	 1 A28 A30	速度传感器 —(3) +(2) 脉冲(4)	1G7	19	RVV4×0.5 从 B5 右侧线槽到 ZF 的上方穿下
……							
194	B4	DY4×0.5	1 314 L18	前左报警盒 停 喇	1B24 1B77	4	RVV4×0.5 左
195	B4	DY4×0.5	1 314 L18	前右报警盒 停 喇	1B25 1B78	5	RVV4×0.5 右
196	B4	DY2×0.5	OD E43	左激光调节指示灯	1H32	2	RVV2×0.5
197	B4	DY2×0.5	OD E44	中激光调调节指示灯	1H33	3	RVV2×0.5

举例：表 1.3 第一行的含义是电缆 101 号从 B5 箱接到速度传感器 1G7 上，其电缆型号为 RVV4×0.5（这个型号代表聚氯乙烯绝缘聚氯乙烯护套软电缆，4 芯，每芯线的截面积为 0.5 mm^2），厂内电缆型号为 DY4×0.5，非屏蔽电源电缆，其中端子 1 接到速度传感器的 3 脚（负极），端子 A28 接到速度传感器的 2 脚（正极），端子 A30 接到速度传感器的 4 脚（脉冲脚），电缆总长 19 m，电缆从 B5 右侧线槽出，从 ZF 的上方穿下。

其余的电缆表，读者可以自行分析。

表 1.4 09-32 型电缆表示例

电缆号	电缆型号	始端号	端子号	说明	终端号
		B2-控制箱			
2.1	RVV12×0.5	B2	R19	前端输入	B4

续上表

电缆号	电缆型号	始端号	端子号	说明	终端号
			R20		
			R25		
			R26		
			N13		
			N14		
			N43b		
			Si21		
			Si23		
2.2	RVV4×0.5	B2		后发动机控制箱	B5
			314		
			L18		
			Si2		
			A26		
2.3	RVV4×1.5	B2		后发动机控制箱	B5
			314		
			L18		
			Si2		
			A26		
2.4	RVV2×0.5	B2		后发动机控制箱	B5
			314		
			L18		
			Si2		
			A26		

表 1.4 为 09-32 型捣固车电缆表，第一列为电缆号，电缆号的命名规则前文所描述与 08-32 型有所不同；其余列与 08-32 型捣固大致相同。

电缆表中部分常用电缆型号解析如下。

RVV：字母 R 代表软线，字母 V 代表绝缘体聚氯乙烯（PVC）。RVV 电线全称铜芯聚氯乙烯绝缘聚氯乙烯护套软电线，又称轻型聚氯乙烯护套软线，俗称软护套线，是护套线的一种。主要应用于电器、仪表和电子设备及自动化装置用电源线、控制线及信号传输线，具体可用于防盗报警系统、楼宇对讲系统等。芯数从 2～24 芯之间，按国标分色，两芯以上绞合 RVV 电缆成缆，外层绞合方向为右向。

BVR：字母B是指归类属于布电线，字母V代表绝缘体聚氯乙烯(PVC)，R代表软线。R型电线导体线径为软铜丝，即可增加导体根数，减少单根导体直径。这样一来，BVR电线就非常柔软，敷设角度要求较BV电线大大降低，穿线管、线槽时更加方便、快捷，降低工作强度的同时大大提高了工作效率。

AF-250：字母A代表安装线，F代表氟塑料绝缘，250代表耐温250 ℃。AF-250指的是适用于交流600 V及以下飞机布线、电器(信)设备和仪器仪表线路用镀银铜芯聚四氟乙烯绝缘电线。

YH：YH电缆全称高强度橡套电焊机电缆，俗称焊把线，是YC电缆(通用橡套电缆)的一种。用于电焊机二次侧接线及连接电焊钳、电焊机的专用电缆，长期允许工作温度不应超过65 ℃，其特性柔软、弯曲性能好、电阻大、工作电压低，一般为450～750 V；其结构为单线芯，一般为多根铜丝组成铜丝组，多组铜丝组则组成YH电缆的导体部分，所以YH电缆线体较粗。多组铜丝的周围被一层耐热聚酯薄膜绝缘包裹。绝缘层一般为纯天然橡胶，铜丝为无氧铜以保证线芯的良好导电性及电缆的安全性。常用YH电缆的规格型号有16 mm^2、25 mm^2、35 mm^2、50 mm^2、70 mm^2、95 mm^2、120 mm^2 等。

2. 电缆线的表示

电缆由不同颜色的内芯线构成，电缆表中的每个端子连接的线对应不同的电缆颜色，由于大型养路机械常年在野外施工，一旦出现端子号的标记脱色毁损就很难找到对应的端号，为方便在故障排查时能将电缆表中的端子号与实际的电缆内芯线对应，用以下关系进行一一对应。

红	黄	蓝	绿	白	棕	双	黑	灰	橙	紫
1	2	3	4	5	6	7	8	9	10	11

四芯以上(包括四芯)10芯以下可按此表顺序；2芯线正、负极区分以红优先、黄优先、蓝优先、绿优先为正极。

3. 电缆表的使用

读懂电缆表以后，在我们排除故障或者电气调试的过程中将经常用到。通过下例我们可以掌握电缆表使用的过程。08-32型启动电路图具体参考图1.9所示。

故障现象：前司机室预热电阻指示灯打开电源后一直亮?

分析：加热电阻一直亮最可能的原因是加热电阻的正极直接或间接地接在了电源总开关的正极。

处理方法：

(1)查看仪表指示灯电路图看指示灯电路正极的线号。此图线号是245。

(2)查看电缆表线号245在哪里。经查此线在B4箱。

(3)找到B4箱中245线的接线柱，看指示灯245线接线是否一致，此案例用万用表检查后正确。

(4)然后接着排查245线可知由53号电缆线过来。

(5)查电缆表看53号电缆由哪个配电箱穿过来的，经查可知由B5箱传到B4箱。

(6)然后查B5箱上的245线是否接错。此案例中接错，改过后工作正常。

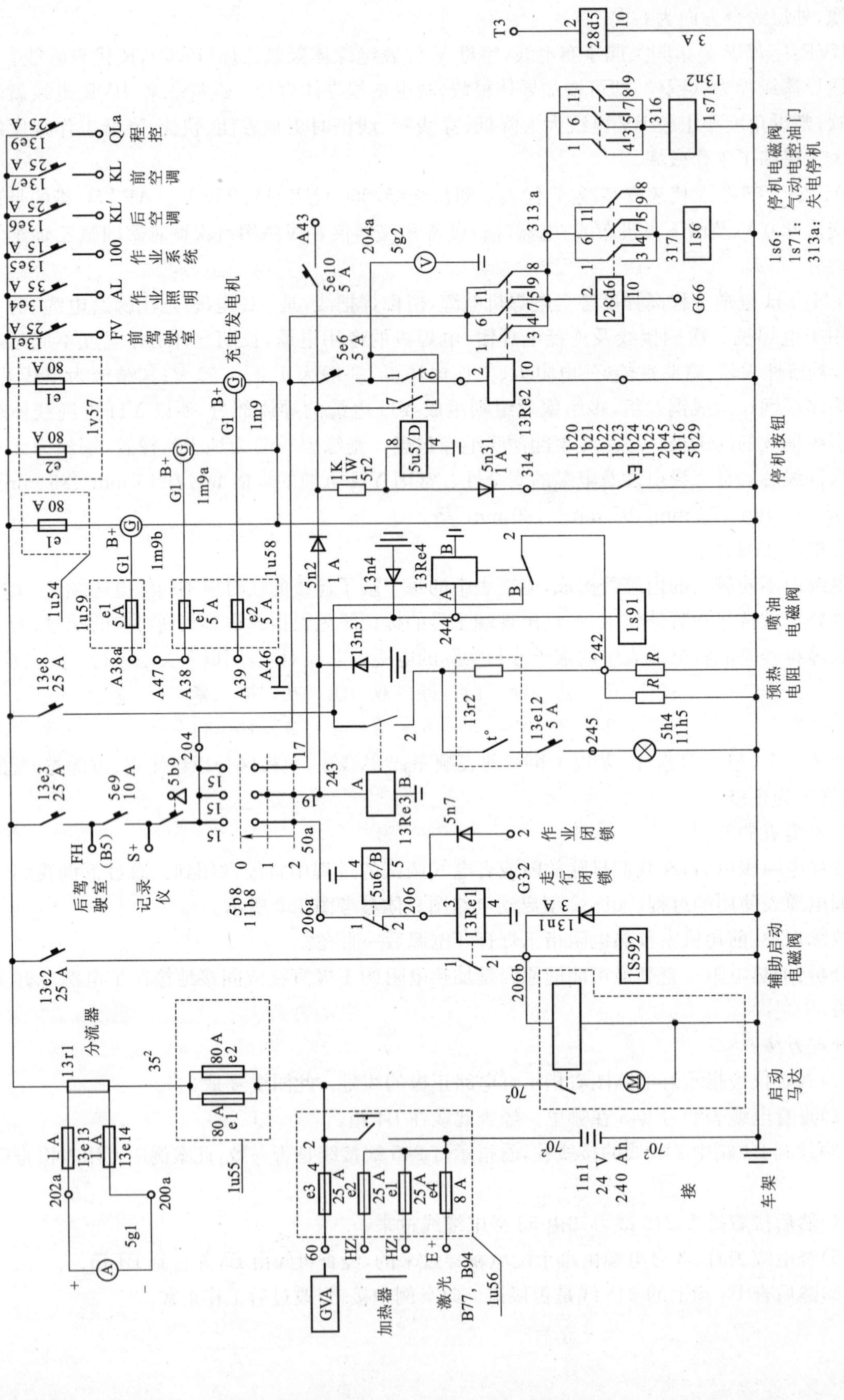

图1.9 08-32型启动电路图

项目小结

本项目包括掌握目前常用的几种型号捣固车的电气系统的组成，捣固车元件代号及端子号的识读，以及电缆表的使用三个任务。捣固车的电气系统的认知是我们学习大机电气控制技术的基础，随着技术的进步，电气系统的功能越来越完善，工作效率也越来越高，电气系统也实现了从模拟版向网络版的转变。

另一方面，捣固车等大型养路机械虽已实现国产化，但毕竟最先技术引起自国外，使用的图纸中有些为进口图纸，为使读图方便，我们在本项目学习了元件代号、端子号、电缆表，以便大家能更快地熟悉和掌握捣固车的电路原理，了解不同元器件在车上的位置，有利于设备的操作、维护保养以及故障部位的准确判断。

复习思考题

1. 简要说明几种常见型号捣固车电气系统的主要组成部分。
2. 元件代号的组成由几部分构成，每部分各指什么？
3. 对照图1.9，识别图中的元件，说明相关元件所代表的信息。
4. 简要说明电缆线的表示方法。
5. 举例说明电缆表所代表的含义。

项目 2　常见大型养路机械电气元件的认知

项目描述

电气元件为大型养路机械电气系统的基本组成，对于学习者掌握其工作原理及使用方法是至关重要的。通过本项目的学习，重点使学生掌握常见低压电器元件、换向阀等大型养路机械电气基本元件的结构组成、工作原理及应用，能独立分析常见设备的电气控制原理，为捣固车电气系统的维护和维修工作打下良好的理论基础。

学习目标

1. 能力目标

(1)能掌握常见低压电器和电磁阀的使用方法。

(2)能够独立分析常见机械设备电气控制系统的原理。

2. 知识目标

(1)掌握常见低压电器的工作原理。

(2)掌握电磁阀的工作原理。

(3)掌握常见的电气控制线路。

任务 2.1　大型养路机械中常见低压电器的用法

2.1.1　工作任务

通过学习大型养路机械(简称“大机”)中常见低压电器知识，能承担以下工作任务：

(1)掌握常用低压电器的工作原理；

(2)掌握常用低压电器的电气符号与作用；

(2)熟悉常用低压电器的应用场合。

2.1.2　相关配套知识

低压电器一般是指在交流 50 Hz、额定电压 1 200 V、直流额定电压 1 500 V 及以下的电路中起通断、保护、控制或调节作用的电器产品。由于在大多数用电行业即人们的日常生活中一般都使用低压设备，采用低压供电，而低压供电的输送、分配和保护，以及设备的运行和控制是靠低压电器来实现的，因此低压电器的技术含量水平直接影响低压供电系统和控制系统的质量。本部分内容主要介绍用于电力拖动及控制系统领域中的常用低压电器及基本控制线路。

1.电器的基本知识

低压电器是构成控制系统最常用的器件，了解它的分类、作用和用途，对设计、分析和维护控制系统都是十分必要的。

(1)低压电器的分类

电器的用途广泛、功能多样、种类繁多、结构各异，工作原理也各有不同。电器有多种分类方法，按工作电压的等级可分为高压电器和低压电器；按动作原理可分为手动电器(依靠外力直接操作进行切换的电器，如刀开关、按钮等)和自动电器(依靠指令或物理量变化而自动动作的电器，如交流接触器、继电器)；按工作原理可分为电磁式电器和非电量控制电器；按执行机理可分为触点电器和无触点电器。

通常按用途可分为以下几类：

①配电电器：配电电器主要用于供、配电系统中，进行电能输送和分配。这类电器有刀开关、自动开关、隔离开关、转换开关等。对这类电器的主要技术要求是分段能力强、限流效果好、动稳定及热稳定性能好。

②控制电器：控制电器主要用于各种控制电路和控制系统。这类电器有接触器、继电器、转换开关、电磁阀等。这类电器的主要技术要求是有一定的通断能力，操作频率高，电器和机械寿命要长。

③主令电器：主令电器主要用于发送控制指令。这类电器有按钮、主令开关、行程开关和万能转换开关等。对这类电器的主要技术要求是操作频率要高，抗冲击，电器和机械寿命要长。

④保护电器：保护电器主要用于对电路和电气设备进行安全保护。这类低压电器有熔断器、热继电器、安全继电器、电压继电器、电流继电器和避雷器等。对这类电器的主要技术要求是有一定的通断能力，反应要灵敏，动作可靠性要高。

⑤执行电器：执行电器主要用于执行某种动作和传动功能。这类低压电器有电磁铁、电磁离合器等。随着电子技术和计算机技术的进步，近几年又出现了利用集成电路和电子元件构成的电子式电器，利用单片机构成的智能化电器，以及可直接与现场总线连接的具有通信功能的电器。

(2)电器的作用

电器是构成控制系统的最基本元件，它的性能将直接影响控制系统能否正常工作。电器能够依据操作信号或外界现场信号的要求，自动或手动改变系统的状态、参数，实现对电路或被控对象的控制、保护、测量、指示、调节。它的工作进程是将一些电量信号或非电量信号转变为非通即断的开关信号或随信号变化的模拟量信号，实现对被控对象的控制。

电器的主要作用如下：

①控制作用：如电梯的上下移动、快慢速自动切换与自动停层等。

②保护作用：能根据设备的特点，对设备、环境以及人身安全实行自动保护，如电动机的过热保护、电网的短路保护、漏电保护等。

③测量作用：利用仪表及与之相适应的电器，对设备、电网或其他非电参数进行测量，如电流、电压、功率、转速、温度、压力等。

④调节作用：低压电器可对一些电量和非电量进行调整，以满足用户的要求，如电动机速度的调节、柴油机油门的调整、房间温度和湿度的调节、光照度的自动调节等。

⑤指示作用：利用电器的控制、保护等功能，显示检测出的设备运行状况与电器电路工作

情况。

⑥转换作用：在用电设备之间转换或对低压电器、控制电路分时投入运行。以实现功能转换，如被控装置操作的手动与自动的转换、供电系统的市电与自备电源的切换等。

当然，电器的作用远不止这些，随着科学技术的发展，新功能、新设备会不断出现。

常用低压电器的主要种类及用途见表 2.1。

表 2.1　常用低压电器的主要种类及用途表

序号	类别	主要品种	主要用途
1	断路器	框架式断路器	主要用于电路的过载、短路、欠电压、漏电保护，也可用于不频繁地接通和断开电路
		塑料外壳式断路器	
		快速直流断路器	
		限流式断路器	
		漏电保护式断路器	
2	接触器	交流接触器	主要用于远距离频繁控制负载，切断带电负荷电路
		直流接触器	
3	继电器	电磁式继电器	主要用于控制电路中，将被控量转换成控制电路所需电量或开关信号
		时间继电器	
		温度继电器	
		热继电器	
		速度继电器	
		干簧继电器	
4	熔断器	瓷插式熔断器	主要用于电路短路保护，也用于电路的严重过载保护
		螺旋式熔断器	
		有填料封闭管式熔断器	
		无填料封闭管式熔断器	
		快速熔断器	
		自复式熔断器	
5	主令电器	控制按钮	主要用于发布控制命令，改变控制系统的工作状态
		位置开关	
		万能转换开关	
		主令控制器	
6	刀开关	胶盖闸刀开关	主要用于不频繁地接通和分断电路
		封闭式负荷开关	
		熔断器式刀开关	
7	转换开关	组合开关	主要用于电源切换，也可用于负荷通断或电路切换
		换向开关	
8	控制器	凸轮控制器	主要用于控制回路的切换
		平面控制器	

续上表

序号	类别	主要品种	主要用途
9	启动器	电磁启动器	主要用于电动机的启动
		Y-△启动器	
		自耦降压启动器	
10	电磁铁	制动电磁铁	主要用于起重、牵引、制动等场合
		起重电磁铁	
		牵引电磁铁	

(3)低压电器的基本结构特点

低压电器一般都有两个基本部分。一个是感测部分,它感测外界的信号做出有规律的反应。在自控电器中感测部分大多由电磁机构组成;在手控电器中,感测部分通常为操作手柄等。另一个是执行部分,如触点,根据指令进行电路的接通或切断。

2.开关电器

开关电器常用来不频繁地接通或分断控制线路或直接控制小容量电动机,这类电器也可以用来隔离电源或自动切断电源而起到保护作用。这类电器包括刀开关、转换开关、低压断路器等。

(1)刀开关

刀开关俗称闸刀开关,可分为不带熔断器式和带熔断器式两大类。它们用于隔离电源和无负载情况下的电路转换,其中后者还具有短路保护功能。常用的是开启式负荷开关。

开启式负荷开关又称瓷底胶盖闸刀开关,常用的有 HK1、HK2 系列。它由刀开关和熔断器组合而成。瓷底板上装有进线座、静触点、熔丝、出线座和带瓷质手柄的闸刀,其结构图图形符号如图 2.1 所示。

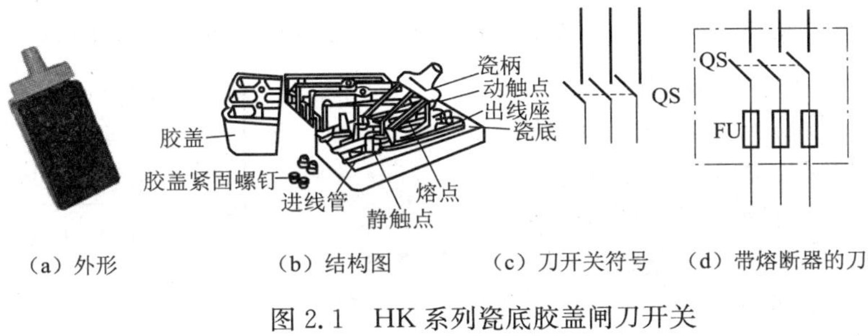

(a) 外形　(b) 结构图　(c) 刀开关符号　(d) 带熔断器的刀开关符号

图 2.1　HK 系列瓷底胶盖闸刀开关

这种系列的刀开关因其内部设有熔丝,故可对电路进行短路保护,常用作照明电路的电源开关或用于 5.5 kW 以下三相异步电动机不频繁启动和停止的控制开关。

在选用时,额定电压应大于或等于负载额定电压,对于一般的电路,如照明电路,其额定电流应大于或等于最大工作电流;而对于电动机电路,其额定电流应大于或等于电动机额定电流的 3 倍。

开启式负荷开关在安装时应注意:

①闸刀在合闸状态时,手柄应朝上,不准倒装或平装,以防误操作。

②电源进线应接在静触点一边的进线端(进线座在上方),而用电设备应接在动触点一边的出线端(出线座在下方),即"上进下出",不准颠倒,以方便更换熔丝及确保用电安全。

(2)转换开关

转换开关又称组合开关，是一种可供两路或两路以上电源或负载转换用的开关电器。在结构上是用动触片代替了闸刀，以左右旋转代替了闸刀的上下分合动作，有单极、双极和三极之分。转换开关具有多触点、多位置、体积小、性能可靠、操作方便、安装灵活等优点。图 2.2(a)(b)是转换开关的外形及结构，其图形及文字符号如图 2.2(c)所示。

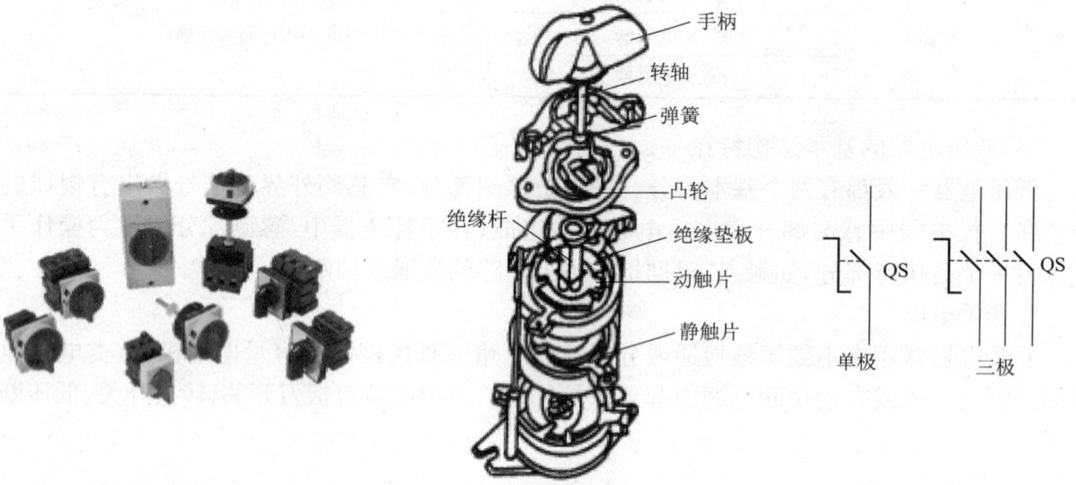

(a) 外形　(b) 结构图　(c) 图形及文字符号

图 2.2　转换开关

转换开关可作为电路控制开关、测试设备开关、电动机控制开关和主令控制开关，及电焊机用转换开关等。转换开关一般应用于交流 50 Hz、电压 380 V 及以下，直流电压 220 V 及以下电路中转换电气控制线路和电气测量仪表。用作手动不频繁接通或分断电路，换接电源或负载，可承载电流一般较大。

万能转换开关是一种常用的转换开关，它有 LW5 和 LW6 系列。不同型号的万能转换开关的手柄有不同万能转换开关的触点，由于其触点的分合状态与操作手柄的位置有关，所以，我们用触点状态图和触点状态表来表示手柄处于不同位置时各触点的通断状态。图 2.3(a)中的小圆圈表示触点，小黑点在触点状态图中表示触点接通，虚线(点划线)代表手柄位置；在图 2.3(b)的触点状态表中，用“+、·、×”表示触点在相应档位上是闭合状态，用空白或者“—”表示触点断开。触点状态图中当万能转换开关打向左 45°时，触点 1—2、3—4、5—6 闭合，触点 7—8 断开；打向 0°时，只有触点 5—6 闭合，右 45°时，触点 7—8 闭合，其余断开。

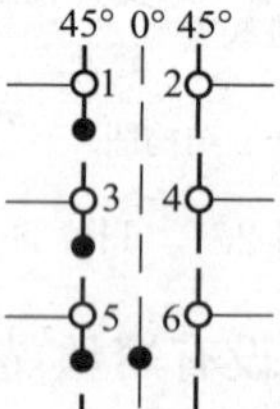

(a) 触点状态图

LW5-15D0403/2				
触头编号		45°	0°	45°
—╱—	1—2	×		
—╱—	3—4	×		
—╱—	5—6	×	×	
—╱—	7—8			×

(b) 触点状态表

图 2.3　触点状态图和触点状态表

(3)低压断路器

低压断路器，又称空气开关、自动开关，现与 IEC 等同，国家统一命名为低压断路器系列产品。低压断路器按其结构和性能可分为框架式、塑料外壳式和漏电保护式三类。它是一种既能作开关用，又具有电路自动保护功能的低压电器，用于电动机或其他用电设备作不频繁通断操作的线路转换。当电路发生过载、短路、欠电压等非正常情况时，能自动切断与它串联的电路，有效地保护故障电路中的用电设备。漏电保护断路器除具备一般断路器的功能外，还可以在电路出现漏电（如人触电）时自动切断电路进行保护。由于低压断路器具有操作安全、动作电流可调整、分断能力较强等优点，因而在各种电气控制系统中得到了广泛的应用。

①低压断路器的结构和工作原理

低压断路器主要由触点系统、灭弧装置、操作机构、保护装置（各种脱扣器）及外壳等几部分组成。图 2.4 所示为常见自动空气开关的外形。

图 2.4　常见自动空气开关的外形

图 2.5 所示为低压断路器的工作原理及电气符号；其中，图 2.5(a)中的 2 是低压断路器的三对主触点，与被保护的三相主电路相串联，当手动闭合电路后，其主触点由锁链 3 钩住搭钩 4，克服弹簧 1 的拉力，保持闭合状态。搭钩 4 可绕轴 5 转动。当被保护的主电路正常工作时，电磁脱扣器 6 中线圈所产生的电磁吸合力不足以将衔铁 8 吸合；而当被保护的主电路发生短路或产生较大电流时，电磁脱扣器 6 中线圈所产生电磁吸合力随之增大，直至将衔铁 8 吸合，并推动杠杆 7，把搭钩 4 顶离。在弹簧 1 的作用下主触点断开，切断主电路，起到保护作用。又当电路电压严重下降或消失时，欠电压脱扣器 11 中的吸力减少或失去吸力，衔铁 10 被弹簧 9 拉开，推动杠杆 7，将搭钩 4 顶开，断开了主触点。当电路发生过载时，过载电流流过发热元件 13，使双金属片 12 向上弯曲，将杠杆 7 推动，断开主触点，从而起到保护作用。

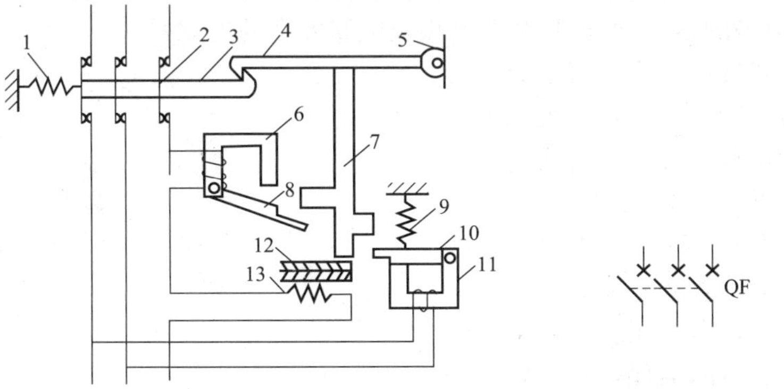

（a）工作原理　　（b）电气符号

图 2.5　低压断路器

1、9—弹簧；2—主触点；3—锁链；4—搭钩；5—轴；6—电磁脱扣器；7—杠杆；8、10—衔铁；11—欠电压脱扣器；12—双金属片；13—发热元件

②低压断路器的类型及其主要参数

低压断路器的分类方式有多种，按极数可分为单极、两极、三极和四极；按保护形式可分为电磁脱扣器式、热脱扣器式、复合脱扣器式和无脱扣器式，其中以复合脱扣器式最为常用；按分断时间可分为一般式和快速式（先于脱扣机构动作，脱扣时间在 0.02 s 以内）；按结构形式可分为塑壳式、框架式和模块式等。

目前，国内常用的塑料外壳式断路器有 DZ5、DZ10、DZ15、DZ20、DW10、DW15 等系列，低压断路器的型号意义如下：

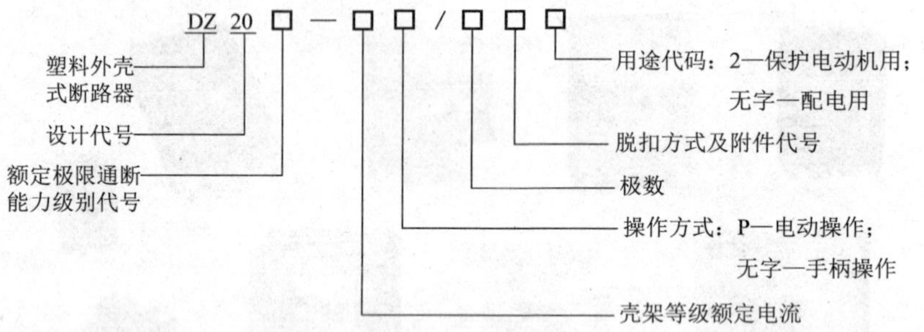

低压断路器的主要参数有额定电压、额定电流、极数、脱扣类型及其额定电流、整定范围、电磁脱扣器整定范围、主触点的分断能力等。

3. 熔断器

熔断器是低压配电网络和电力拖动系统中主要用作短路保护的电器。它使用时串联在被保护的电路中，当电路发生短路故障时，通过熔断器的电流达到或超过某一规定值时，以其自身产生的热量使熔体熔断，从而自动分断电路，以起到保护作用。它具有结构简单、价格便宜、动作可靠、使用维护方便等优点，因此得到了广泛的应用。

熔断器主要由熔体、安装熔体的熔管和熔座三部分组成。熔体的材料通常有两种，一种是由铅、铅锡合金或锌等低熔点材料所制成的，多用于小电流电路；另一种是由银铜等较高熔点的金属制成的，多用于大电流电路。

(1)熔断器的结构和类型

①玻璃保险管

玻璃保险管是属于熔断器的一种，主要是当电路出现异常时（电流、温度、耐压等出现异常升高）通过熔断自身的熔丝，保护整个电路板及电路安全的安规器件。

按照安装形式玻璃保险管可以分为带引线与不带引线。图 2.6 所示为玻璃保险管的外形及结构示意图。不带引线的保险管需要配套的保险丝座同时使用，这类产品的优势就是当保险管损坏以后，排除故障以后，只需要将保险管重新安装至保险座里面，更换非常方便，不足就是在生产的时候，需要多一次工序，需要焊接保险座以后再安装一次保险管，因此同规格情况下，首次生产，不带引线的保险管成本比带引线保险管成本略高。带引线的前期生产成本较低，只需要一次工序且减少一个保险丝座的成本，但是当保险管损坏以后，则需要拆卸后专业人士进行更换，更换成本非常高。

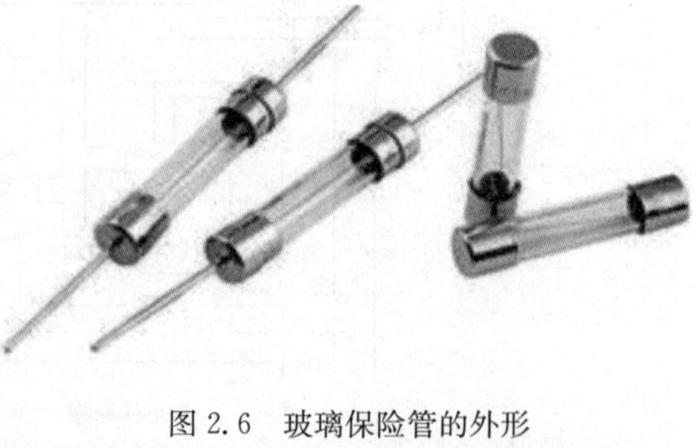
图 2.6　玻璃保险管的外形

按照熔断速度可以分为特慢断(TT)、慢断(T)、中速(M)、快断(F)、特快断(FF)。

按照分断能力玻璃保险管可以分为高分断(H)和低分断(L)两种。

按照尺寸可以分为 3.6×10,4.6×16,5×20,6.3×30 等,具体的尺寸根据每个工厂而定,这几类尺寸是用量相对较多的尺寸。以 3.6×10 为例,指的是长度为 10 mm、直径为 3.6 mm 的保险管。

②有填料封闭管式熔断器

RT14 系列有填料封闭管式圆筒形帽熔断器适用于交流 50～60 Hz、额定电压 380 V、额定电流 63 A 以下的工业电气装置的配电设备中,作为线路严重过载和短路保护之用。常见 RT14 系列熔断器外形如图 2.7 所示。

③自复式熔断器

自复式熔断器是(图 2.8)以金属钠做熔体,在常温下钠的电阻很小、导电率高,允许通过正常的工作电流。当电路发生短路故障时,短路电流产生的高温使钠迅速气化,气态钠呈高阻态,从而限制了短路电流。当故障排除后,温度下降,金属钠重新固化,恢复良好的导电性能。该熔断器优点是能重复使用,不必更换熔体。缺点是只能限制故障电流,而不能分断故障电路。

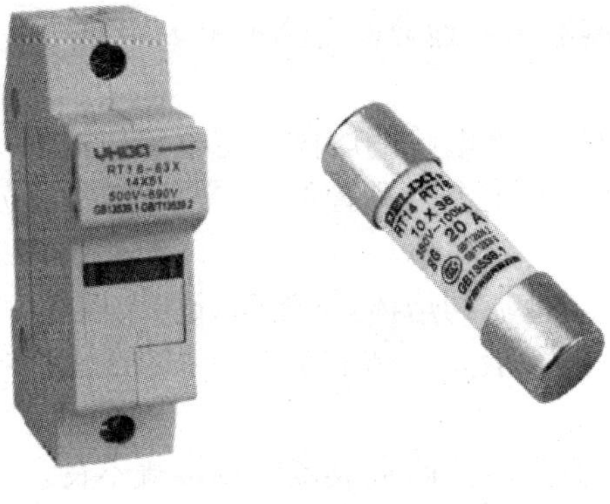

图 2.7　RT14 系列有填料封闭管式圆筒形帽熔断器

图 2.8　常见自复式熔断器

④熔断器型号含义、电器图形和文字符号

熔断器型号含义如下:

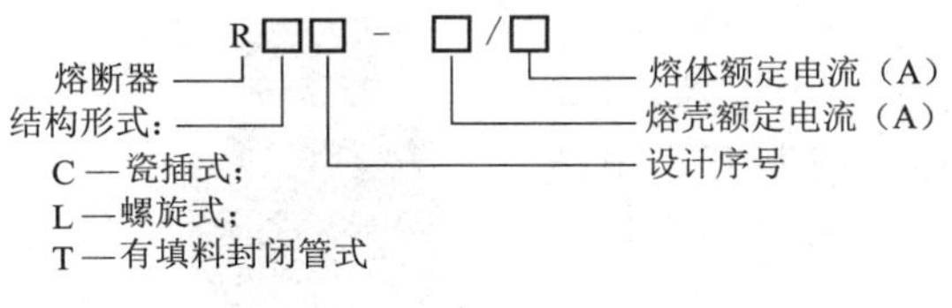

熔断器的电气图形和文字符号如图 2.9 所示。

(2)熔断器的保护特性和主要技术参数

①熔断器的保护特性

熔断器的保护特性是指流过熔体的电流与熔体熔断的时间的关系曲线,也称安秒特性。图 2.10 所示是一条熔断器的保护特性曲线。图中 I_{min} 为最小熔化电流或临界电流,当流过的熔体电流等于 I_{min} 时,熔体能够达到稳定温度并熔断。I_N 为熔体额定电流,熔体在 I_N 下不会熔断,所以可以得到 $I_{min}>I_N$。而 I_{min} 与 I_N 之比称为最小熔化系数 β,其值对应不同的形式会有不同的值,一般在 1.6 左右,因此说它是表征熔断器保护灵敏度的特性之一。

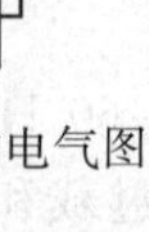

图 2.9　熔断器的电气图形和文字符号

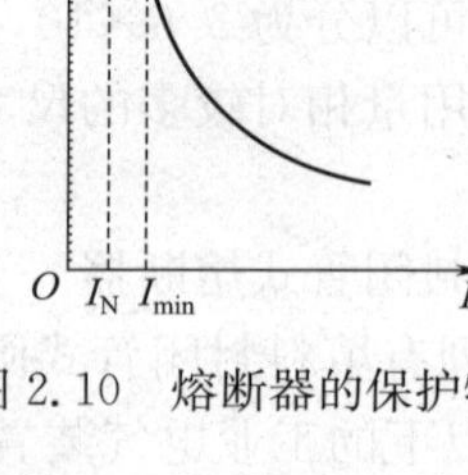

图 2.10　熔断器的保护特性

②熔断器的主要技术参数

在选配熔断器的时候，通常需要考虑以下主要技术参数。

a. 额定电压：指熔断器(熔壳)长期工作时以及分断后能够承受的电压值，其值一般大于或等于电气设备的额定电压。

b. 额定电流：指熔断器(熔壳)长期通过的、不超过允许温升的最大工作电流值。

c. 熔体的额定电流：指长期通过熔体而不熔断的最大电流值。

d. 熔体的熔断电流：指通过熔体并使其熔化的最小电流值。

e. 极限分断能力：指熔断器在故障条件下，能够可靠地分断电路的最大短路电路电流值。

(3)熔断器的使用及维护

①应正确选用熔体及熔断器。有分支电路时，分支电路的熔体额定电流应比前一级小2～3 级；对不同性质的负载，如照明电路、电动机电路的主电路和控制电路等，应尽量分别保护，装设单独的熔断器。

②更换熔体时应切断电源，并应换上相同额定电流的熔体，不能随意加大熔体。

③电动机启动瞬间熔体即熔断，其故障的原因一般是熔体安装时受损伤或熔体规格太小以及负载侧短路或接地。

④熔丝未熔断但电路不通，其故障的原因一般是熔体两端或接线端接触不良。

4. 主令电器

主令电器是用来发布命令、改变控制系统工作状态的电器，它可以直接作用于控制电路，也可以通过电磁式电器的转换对电路实现控制，其主要类型有控制按钮、行程开关、接近开关、万能转换开关、凸轮控制器等。

(1)控制按钮

控制按钮是一种典型的主令电器，其作用通常是用来短时间地接通或断开小电流的控制电路，从而控制电动机或其他电器设备的运行。

①控制按钮的结构与符号

控制按钮的典型结构如图 2.11 所示。它既有常开触点，也有常闭触点。常态时在复位弹簧的作用下，由桥式动触点将静触点1、2 闭合，静触点 3、4 断开；当按下按钮时，桥式动触点将 1、2 分断，3、4 闭合。1、2 被称为常闭触点或动断触点，3、4 被称为常开触点或动合触点。

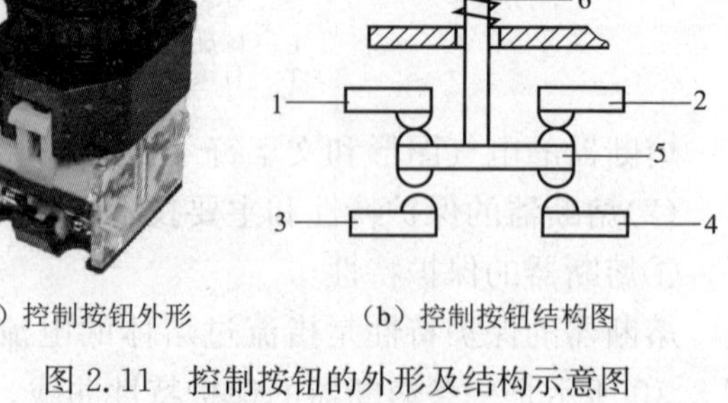

(a) 控制按钮外形　　(b) 控制按钮结构图

图 2.11　控制按钮的外形及结构示意图

1、2—常闭触点；3、4—常开触点；

5—桥式触点；6—复位弹簧；7—按钮帽

控制按钮的图形符号和文字符号如图 2.12 所示。

②控制按钮的型号及含义

常用的按钮型号有 LA2、LA18、LA19、LA20 及新型号 LA25 等系列。引进生产的有瑞士 EAO 系列、德国 LAZ 系列等；其中 LA2 系列有一对常开和一对常闭触点，具有结构简单、动作可靠、坚固耐用的优点。LA18 系列按钮采用积木式结构，触点数量可按需要进行拼装。LA19 系列为按钮开关与信号灯的组合，按钮兼作信号灯灯罩，用透明塑料制成。

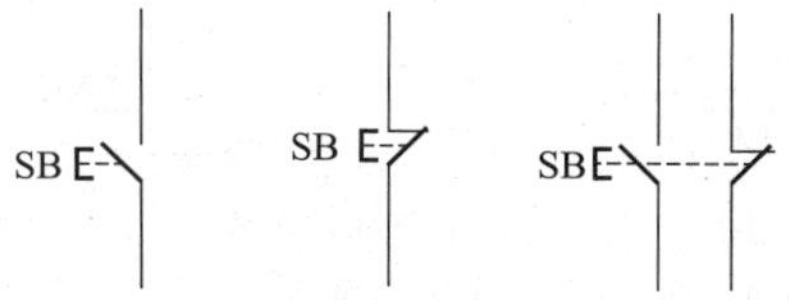

（a）常开触点　（b）常闭触点　（c）复式触点

图 2.12　控制按钮的图形符号和文字符号

LA25 系列按钮的型号意义如下：

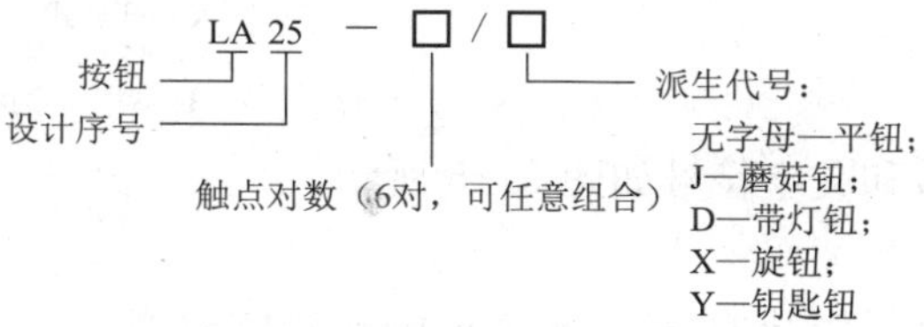

为标明按钮的作用，避免误操作，通常将按钮帽做成红、绿、黑、黄、蓝、白、灰等色。国标 GB/T 5226.1—2019 对按钮颜色作了如下规定：

a.“停止”和“急停”按钮必须是红色。当按下红色按钮时，必须使设备断电，停止工作。

b.“启动”按钮的颜色是绿色。

c.“启动”与“停止”交替动作的按钮必须是黑色、白色或灰色，不得用红色和绿色。

d.“点动”按钮必须是黑色。

e.“复位”按钮（如保护继电器的复位按钮）必须是蓝色。当复位按钮还有停止的作用时，则必须是红色。

(2)行程开关与接近开关

①行程开关

行程开关主要由三部分组成：操作机构、触点系统和外壳。行程开关种类很多，按其结构可分为直动式、滚轮式和微动式三种，如图 2.13 所示。直动式行程开关的动作原理与按钮相同，但它的缺点是触点分合速度取决于生产机械的移动速度，当移动速度低于 0.4 m/min 时，触点分断太慢，易受电弧烧损。为此，应采用有弹簧机构瞬时动作的滚轮式行程开关。滚轮式行程开关和微动式行程开关的结构与工作原理这里不再介绍。图 2.14 所示为直动式行程开关的结构。

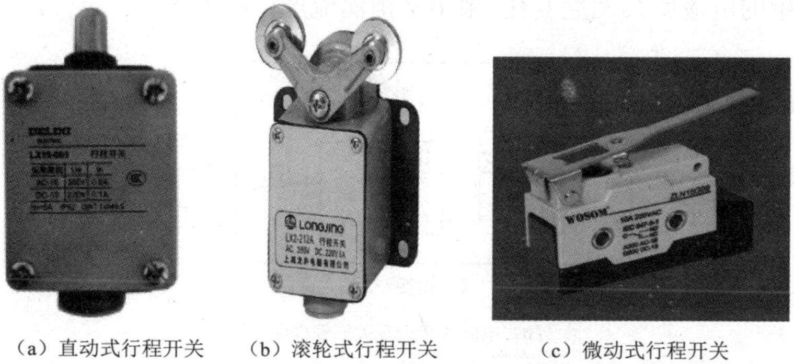

（a）直动式行程开关　（b）滚轮式行程开关　（c）微动式行程开关

图 2.13　行程开关的外形

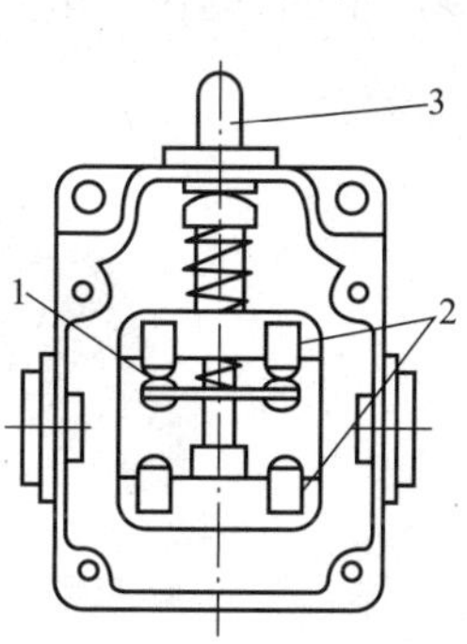

图 2.14　直动式行程开关结构图

1—动触点；2—静触点；3—推杆

LXK3 系列行程开关型号意义如下：

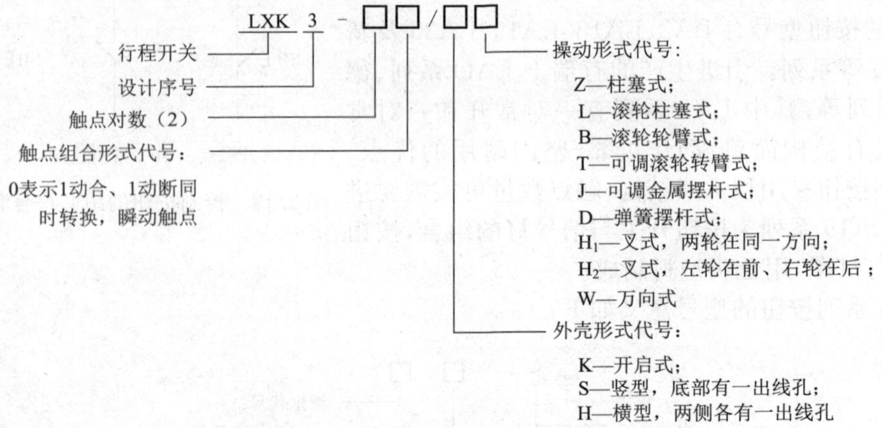

行程开关的图形符号和文字符号如图 2.15 所示。

②接近开关

接近开关又称无触点行程开关，是一种无接触式物体检测装置，当被测物接近其工作面并达到一定距离时，不论检测物体是运动的还是静止的，接近开关都会自动的发出物体接近而“动作”的信号，而不像机械式行程开关那样需要机械碰撞。它能准确反应出运动机构的位置和行程，即使用于一般的行程控制，其定位精度、操作频率、使用寿命、安装调整的方便性和对恶劣环境的适用能力，是一般机械式行程开关所不能相比的。它广泛地应用于机床、冶金、化工、轻纺和印刷等行业。在自动控制系统中可作为限位、计数、定位控制和自动保护环节等。由于可以根据不同的原理和不同的方法做成，而不同的位移传感器对物体的“感知”方法也不同，所以常见的接近开关有以下几种。

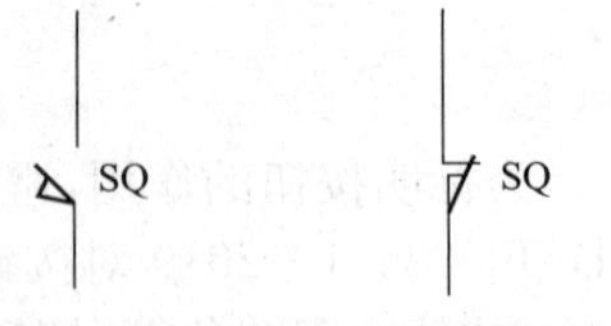

（a）常开触点　　（b）常闭触点

图 2.15　行程开关的图形符号和文字符号

a. 电感式接近开关

电感式接近开关是利用电涡流效应制造的传感器，图 2.16 所示为电感式接近开关的原理框图与外形。电感式接近开关的感应头是一个具有铁氧体磁芯的电感线圈，只能用于检测金属体。电涡流效应是指，当金属物体处于一个交变的磁场中，在金属内部会产生交变的电涡流，该涡流又会反作用于产生它的磁场这样一种物理效应。如果这个交变的磁场是由一个电感线圈产生的，则这个电感线圈中的电流就会发生变化，用于平衡涡流产生的磁场。

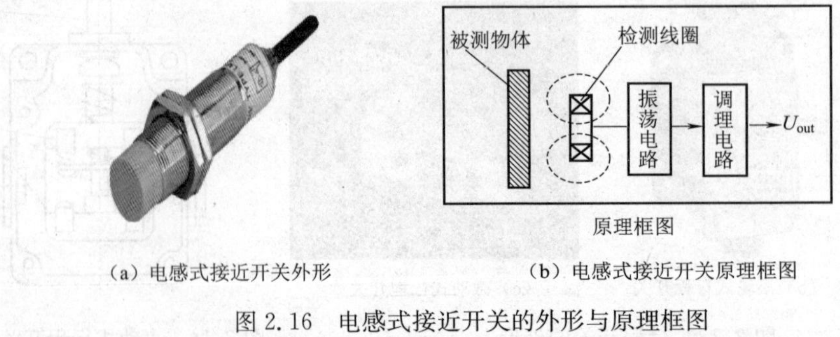

（a）电感式接近开关外形　　（b）电感式接近开关原理框图

图 2.16　电感式接近开关的外形与原理框图

利用这一原理，以高频振荡器（LC 振荡器）中的电感线圈作为检测元件，当被测金属物体接近电感线圈时产生了涡流效应，引起振荡器振幅或频率的变化，由传感器的信号调理电路（包括检波、放大、整形、输出等电路）将该变化转换成开关量输出，从而达到检测目的。

b. 电容式接近开关

电容式接近开关亦属于一种具有开关量输出的位置传感器，它的测量头通常是构成电容器的一个极板，而另一个极板是物体的本身，当物体移向接近开关时，物体和接近开关的介电常数发生变化，使得和测量头相连的电路状态也随之发生变化，由此便可控制开关的接通和关断。电容式接近开关对任何介质都可以检测，包括导体、半导体、绝缘体，甚至可以用于检测液体和粉末状物料。因此，在国内外应用得十分广泛，国内也有 LX115 系列和 TC 系列等产品。对于非金属物体，动作距离决定于材质的介电常数，材料的介电常数越大，可获得的动作距离越大。图 2.17 为电容式接近开关的实物图。

图 2.17　电容式接近开关的实物图

电容式接近开关的原理就是当电源接通时，RC 振荡器不振荡，当一目标朝着电容器的电极靠近时，电容器的容量增加，振荡器开始振荡，通过后极电路的处理，将不振和振荡两种信号转换成开关信号，电容式接近开关的感应圈由同轴金属电极构成，很像“打开的”电容器电极，这两个电极构成一个电容，串接在 RC 振荡回路中，从而起到检测有无物体存在的目的。

接近开关按输出形式又可分为直流两线制、直流三线制、直流四线制、交流两线制和交流三线制。图 2.18 为接近开关输出形式。

两线制接近开关安装简单、接线方便，应用比较广泛，但却有残余电压和漏电流大的缺点。直流三线式接近开关的输出型有 NPN 和 PNP 两种，20 世纪 70 年代日本产品绝大多数是 NPN 输出，西欧各国 NPN、PNP 两种输出型都有。PNP 输出接近开关一般应用在 PLC 或计算机作为控制指令较多，NPN 输出接近开关用于控制直流继电器较多，在实际应用中要根据控制电路的特性进行选择其输出形式。

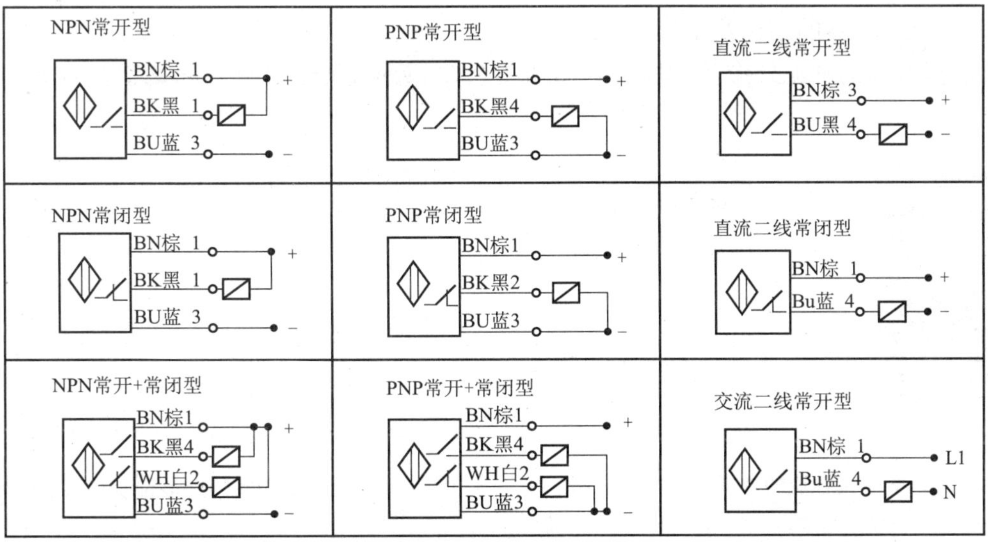

图 2.18　接近开关输出形式

c. 使用场景

如图 2.19 所示，电感式传感器在捣固车上的应用，主要用于油门电机的位置检测。

在图中，我们可以看到三个电感式接近开关，分别用来检测油门电机拉杆的三个位置，分别是降功、怠速、作业时对应的位置。

1—作业位置；2—降功位置；3—怠速位置

图 2.19　油门电机的位置检测

d. 案例分析

发动机转速提不到最高速 2 300 r/min，并且转速降到 1 300 r/min 以后再提升油门电机提不上直到熄火。调试时，转速与转速表一致。

分析：最高转速达不到最高速，第一可能是油门电机的机械调速达不到最高速的要求；第二就是发动机的拉油杆太长，油门电机拉出来的太短喷油量达不到；第三最高速感应传感器位置达不到要求。转速降到 1 300 r/min 以后再提升油门，电机提不上直到熄火可能是油门电机将降功感应传感器当成怠速感应传感器，所以提不上油门。

处理方法：①先进行油门电机机械调试使门电机达到最低速和最高速的范围要求；②调节最高速、降功、怠速感应传感器的位置使其达到要求；③看油门拉杆是否达到要求，太长就锯割使其达到要求。

5. 接触器

接触器是一种用来频繁地接通或分断交、直流主电路及大容量控制电路的自动切换电器，主要用于控制电动机、电热设备、电焊机和电容器组等。它是电力拖动自动控制系统中使用最广泛的电气元件之一。

接触器按其主触点通过电流的种类不同，可分为交流接触器和直流接触器。由于它们的结构大致相同，因此下面仅以交流接触器为例，分析接触器的组成部分和作用。

(1)交流接触器的结构及工作原理

交流接触器的常见外形及结构示意图如图 2.20 所示，其图形符号和文字符号如图 2.21 所示。

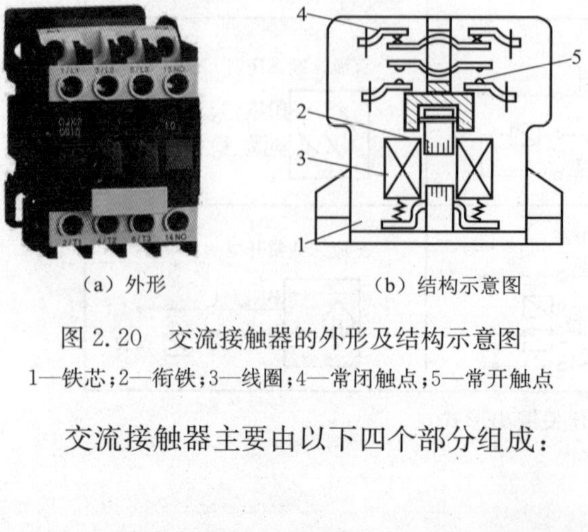

(a) 外形　　(b) 结构示意图

图 2.20　交流接触器的外形及结构示意图

1—铁芯；2—衔铁；3—线圈；4—常闭触点；5—常开触点

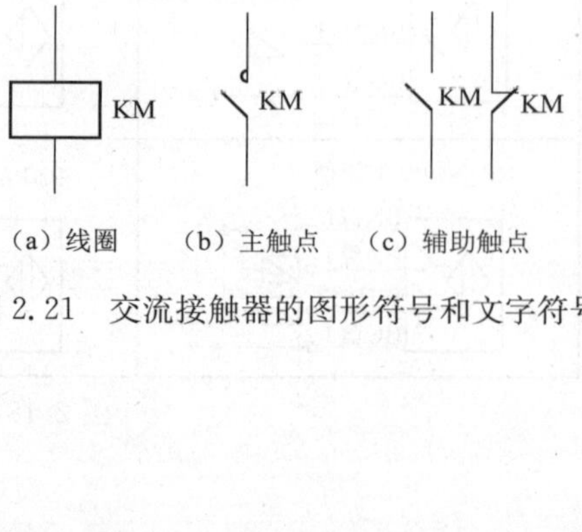

(a) 线圈　(b) 主触点　(c) 辅助触点

图 2.21　交流接触器的图形符号和文字符号

交流接触器主要由以下四个部分组成：

①电磁机构

电磁机构由线圈、衔铁和铁芯等组成。它能产生电磁吸力，驱使触点动作。在铁芯头部平面上都装有短路环，如图 2.22 所示。安装短路环的目的是消除交流电磁铁在吸合时可能产生的衔铁振动和噪声。当交变电流过零时，电磁铁的吸力为零，衔铁被释放，当交变电流过了零值后，衔铁又被吸合，这样一放一吸，使衔铁发生振动。当装上短路环后，在其中产生感应电流，能阻止交变电流过零时磁场的消失，使衔铁与铁芯之间始终保持一定的吸力，因此消除了振动现象。

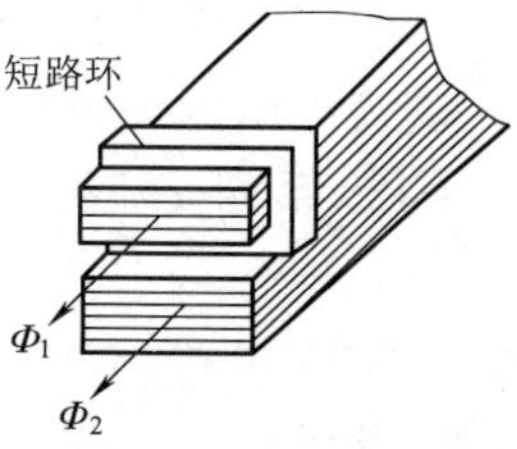

图 2.22　短路环

②触点系统

包括主触点和辅助触点。主触点用于接通和分断主电路，通常为三对常开触点。辅助触点用于控制电路，起电气联锁作用，故又称联锁触点，一般有常开、常闭触点各两对。在线圈未通电时（即平常状态下），处于相互断开状态的触点叫常开触点，又叫动合触点；处于相互接触状态的触点叫常闭触点，又叫动断触点。接触器中的常开和常闭触点是联动的，当线圈通电时，所有的常闭触点先行分断，然后所有的常开触点跟着闭合；当线圈断电时，在反力弹簧的作用下，所有触点都恢复原来的状态。

③灭弧罩

额定电流在 20 A 以上的交流接触器，通常都设有陶瓷灭弧罩。它的作用是能迅速切断触点在分断时所产生的电弧，以避免发生触点烧毛或熔焊。

④其他部分

包括反力弹簧、触点压力簧片、缓冲弹簧、短路环、底座和接线柱等。反力弹簧的作用是当线圈断电时使衔铁和触点复位。触点压力簧片的作用是增大触点闭合时的压力，从而增大触点接触面积，避免因接触电阻增大而产生触点烧毛现象。缓冲弹簧可以吸收衔铁被吸合时产生的冲击力，启保护底座的作用。

交流接触器的工作原理：当线圈通电后，线圈中电流产生的磁场，使铁芯产生电磁吸力将衔铁吸合。衔铁带动动触点动作，使常闭触点断开，常开触点闭合。当线圈断电时，电磁吸力消失，衔铁在反力弹簧的作用下释放，各触点随之复位。

(2)交流接触器的型号与主要技术参数

交流接触器的型号意义如下：

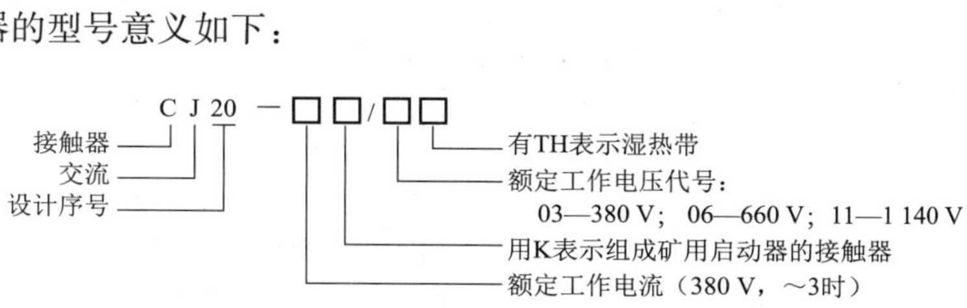

交流接触器的主要技术参数：

①额定电压

接触器铭牌上的额定电压是指主触点的额定电压。交流电压的等级有 127 V、220 V、380 V和 500 V。

②额定电流

接触器铭牌上的额定电流是指主触点的额定电流。交流电流的等级有 5 A、10 A、20 A、

40 A、60 A、100 A、150 A、250 A、400 A 和 600 A。

③吸引线圈的额定电压

交流电压的等级有 36 V、110 V、127 V、220 V 和 380 V。

CJ20 系列交流接触器的技术参数见表 2.2。

表 2.2 CJ20 系列交流接触器的技术参数

型号	频率/Hz	辅助触点额定电流/A	吸引线圈电压/V	主触点额定电流/A	额定电压/V	可控制电动机最大功率/kW
CJ20—10	50	5	~36、~127、~220、~380	10	380/220	4/2.2
CJ20—16				16	380/220	7.5/4.5
CJ20—25				25	380/220	11/5.5
CJ20—40				40	380/220	22/11
CJ20—63				63	380/220	30/18
CJ20—100				100	380/220	50/28
CJ20—160				160	380/220	85/48
CJ20—250				250	380/220	132/80
CJ20—400				400	380/220	220/115

(3)直流接触器

直流接触器主要用于额定电压至 440 V、额定电流至 1 600 A 的直流电力线路中，作为远距离接通和分断电路，控制直流电动机的频繁启动、停止和反向。

直流电磁机构通以直流电，铁芯中无磁滞和涡流损耗，因而铁芯不发热。吸引线圈的匝数多，电阻大、铜耗大，线圈本身发热，因此吸引线圈做成长而薄的圆筒状，且不设线圈骨架，使线圈与铁芯直接接触，以便散热。

触点系统也有主触点与辅助触点。主触点一般做成单极或双极，单极直流接触器用于一般的直流回路中，双极直流接触器用于分断后电路完全隔断的电路以及控制电动机的正、反转电路中。由于通断电流大、通电次数多，因此采用滚滑接触的指形触点。辅助触点由于通断电流小，常采用点接触的桥式触点。直流接触器一般采用磁吹灭弧装置。

国内常用的直流接触器有 CZ18、CZ21、CZ22 等系列。直流接触器的图形符号和文字符号同交流接触器。

6. 继电器

(1)定义

继电器是一种根据外界输入的一定信号(电的或非电的)来控制电路中电流通断的自动切换电器。它具有输入电路(又称感应元件)和输出电路(又称执行元件)。当感应元件中的输入量(如电流、电压、温度、压力等)变化到某一定值时继电器动作，执行元件便接通或断开控制电路，其触点通常接在控制电路中。在大型养路机械的控制电路中通常用于接通和断开电路，实质上它是用小电流去控制大电流运作的一种“自动开关”。故在电路中起着自动调节、安全保护、转换电路等作用。

(2)组成及图形符号表示

电磁式继电器的结构和工作原理与接触器相似，结构上也是由电磁机构和触点系统组成。但是，继电器控制的是小功率信号系统，流过触点的电流很弱，所以不需要灭弧装置。

继电器的符号表示如图 2.23 所示。我们在大型养路机械电气图上常见到有的继电器线圈用图 2.23(a)表示，代号如 28K01，二极管在这起续流作用，防止电流消失时，其感应电动势会对电路中的元件产生反向电压。当反向电压过高时，会把线路中的其他元件损坏。有了这个二极管就可以在线圈断电时构成回路做功而消耗掉，从而保护电路。继电器线圈也有用图 2.23(b)表示的，代号如 13Re10。

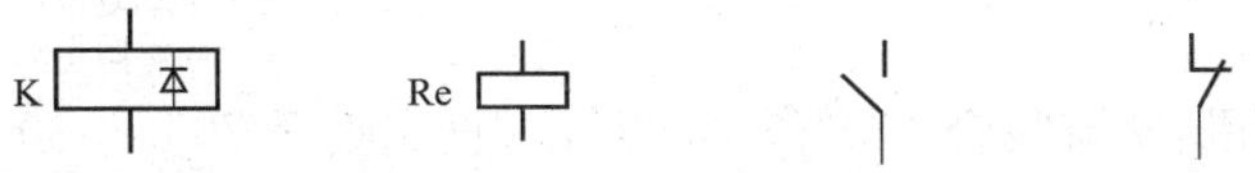

（a）继电器线圈一　（b）继电器线圈二　（c）常开触点　（d）常闭触点

图 2.23　继电器图形及文字符号

(3)工作原理

当在继电器线圈两端加上一定的电压，就会流过一定的电流，产生电磁效应，衔铁就会在电磁力的吸引作用下克服弹簧拉力吸合铁芯，带动衔铁的动触点与静触点吸合。当线圈断电以后，电磁力也随之消失，衔铁会在弹簧的反作用力下返回原位置，使动触点与原来的静触点释放。通过吸合和释放，从而达到导通和断开电路的目的。

(4)继电器的分类

继电器种类繁多，常用的有电流继电器、电压继电器、中间继电器、时间继电器、热继电器以及温度、压力、计数、频率继电器等。

电子元器件的发展应用，推动了各种电子式的小型继电器的出现，这类继电器比传统的继电器灵敏度更高、寿命更长、动作更快、体积更小，一般都采用密封式或封闭式结构，用插座与外电路连接，便于迅速替换，能与电子线路配合使用。下面对几种经常使用的继电器作简单介绍。

①电流、电压继电器

根据输入电流大小而动作的继电器称为电流继电器。电流继电器的线圈串接在被测量的电路中，以反映电流的变化，其触点接在控制电路中，用于控制接触器线圈或信号指示灯的通/断。为了不影响被测电路的正常工作，电流继电器线圈阻抗应比被测电路的等效阻抗小得多。因此，电流继电器的线圈匝数少、导线粗。电流继电器按用途还可分为过电流继电器和欠电流继电器。过电流继电器的任务是当电路发生短路及过电流时立即将电路切断，继电器线圈电流小于整定电流时继电器不动作，只有超过整定电流时才动作。过电流继电器的动作电流整定范围，交流过电流继电器为 110%～350%I_N，直流过电流继电器为 70%～300%I_N。欠电流继电器的任务是当电路电流过低时立即将电路切断，继电器线圈通过的电流大于或等于整定电流时，继电器吸合，只有电流低于整定电流时，继电器才释放。欠电流继电器动作电流整定范围，吸合电流为 30%～50%I_N，释放电流为 10%～20%I_N，欠电流继电器一般是自动复位的。

与此类似，电压继电器是根据输入电压大小而动作的继电器，其结构与电流继电器相似，不同的是电压继电器的线圈与被测电路并联，以反映电压的变化，因此，它的吸引线圈匝数多、导线细、电阻大。电压继电器按用途也可分为过电压继电器和欠电压继电器。过电压继电器动作电压整定范围为 105%～120%U_N；欠电压继电器吸合电压调整范围为 30%～50%U_N，释放电压调整范围为 7%～20%U_N。

下面以 JL18 系列电流继电器为例，介绍其规格表示方法，并在表 2.3 中列出了其主要技术参数。

电流继电器的型号意义如下：

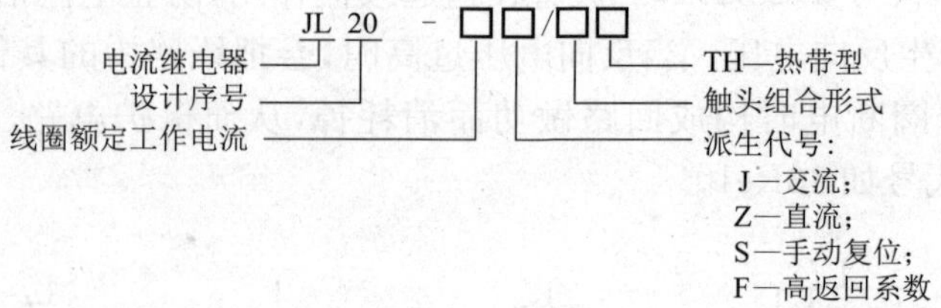

整定电流调节范围：交流吸合 110%～350%I_N；直流吸合 70%～300%I_N。电流、电压继电器的图形符号和文字符号如图 2.24 所示。

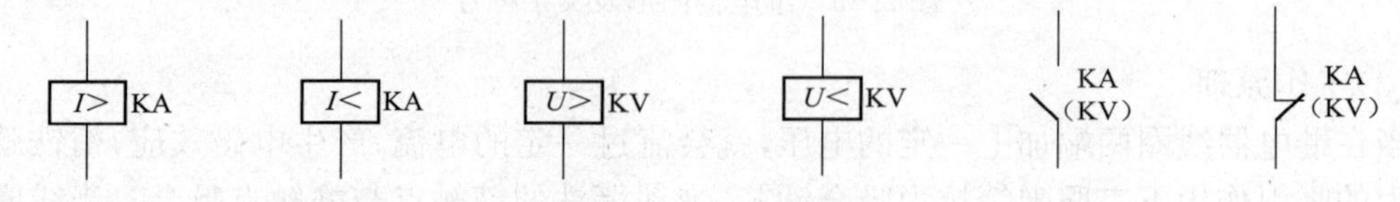

（a）过电流继电器线圈　（b）欠电流继电器线圈　（c）过电压继电器线圈　（d）欠电压继电器线圈　（e）常开触点　（f）常闭触点

图 2.24　电流、电压继电器的图形符号和文字符号

表 2.3　JL18 系列电流继电器技术参数

型　号	线圈额定值		结构特征
	工作电压/V	工作电流/A	
JL18—1.0		1.0	
JL18—1.6		1.6	
JL18—2.5		2.5	
JL18—4.0		4.0	
JL18—6.3		6.3	
JL18—10		10	
JL18—16		16	
JL18—25	～380 —220	25	触点工作电压～380 V —220 V 发热电流 10 A 可自动及手动复位
JL18—40		40	
JL18—63		63	
JL18—100		100	
JL18—160		160	
JL18—250		250	
JL18—400		400	
JL18—630		630	

②中间继电器

中间继电器的作用是将一个输入信号变成多个输出信号或将信号放大（即增大触点容量）的继电器；其实质为电压继电器，但它的触点数量较多（可达 8 对），触点容量较大（5～10 A），动作灵敏。图 2.25 所示为常见中间继电器外形。

中间继电器按电压分为两类：一类是用于交直流电路中的 JZ 系列，另一类是只用于直流操作的各种继电保护线路中的 DZ 系列。

常用的中间继电器有 JZ7 系列，以 JZ7—62 为例，JZ 为中间继电器的代号，7 为设计序号，有 6 对常开触点，2 对常闭触点。表 2.4 为 JZ7 系列的主要技术数据。

（a）JZ7系列中间继电器　（b）CR-MX插拔式中间继电器

图 2.25　常见中间继电器外形

表 2.4　JZ7 系列中间继电器技术数据

型　号	触点额定电压/V	触点额定电流/A	触点对数		吸引线圈电压/V	额定操作频率/(次·h^{-1})
			常开	常闭		
JZ7—44			4	4		
JZ7—62	500	5	6	2	50 Hz 时 12、36、127、220、380	1 200
JZ7—80			8	0		

新型中间继电器触点闭合过程中动、静触点间有一段滑擦、滚压过程，可以有效地清除触点表面的各种生成膜及尘埃，减小了接触电阻，提高了接触可靠性，有的还装了防尘罩或采用密封结构，也是提高可靠性的措施。有些中间继电器安装在插座上，插座有多种形式可供选择，有些中间继电器可直接安装在导轨上，安装和拆卸均很方便。常用的有 JZ18、MA、K、HH5、RT11 等系列。中间继电器的图形符号和文字符号如图 2.26 所示。

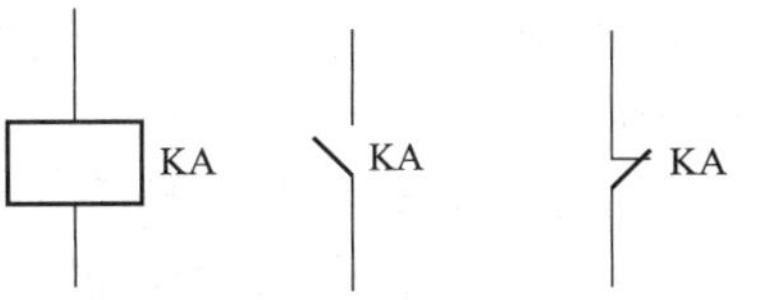

（a）线圈　（b）常开触点　（c）常闭触点

图 2.26　中间继电器的图形符号和文字符号

③时间继电器

感受部分在感受外界信号后，经过一段时间才能使执行部分动作的继电器，叫作时间继电器。即当吸引线圈通电或断电以后，其触点经过一定延时才动作，以控制电路的接通或分断；时间继电器的种类很多，主要有直流电磁式、空气阻尼式、电动式、电子式等几大类。

a. 直流电磁式时间继电器

该类继电器用阻尼的方法来延缓磁通变化的速度，以达到延时的目的；其结构简单、运行可靠、寿命长、允许通电次数多，但仅适用于直流电路，延时时间较短。一般通电延时仅为 0.1～0.5 s，而断电延时可达 0.2～10 s。因此，直流电磁式时间继电器主要用于断电延时。

b. 空气式时间继电器

该类继电器由电磁机构、工作触点及气室三部分组成，它的延时是靠空气的阻尼作用来实现的。常见的型号有 JS7-A 系列，按其控制原理有通电延时和断电延时两种类型。

图 2.27 所示为 JS7-A 空气阻尼式时间继电器的工作原理图。

当通电延时型时间继电器电磁铁线圈 1 通电后，将衔铁 4 吸下，于是顶杆 6 与衔铁间出现一个空隙，当与顶杆相连的活塞 12 在弹簧 7 作用下由上向下移动时，在橡皮膜 9 上面形成空气稀薄的空间(气室)，空气由进气孔 11 逐渐进入气室，活塞因受到空气的阻力，不能迅速下降，在降到一定位置时，杠杆 15 使延时触点 14 动作(常开触点闭合，常闭触点断开)。线圈断电时，弹簧使衔铁和活塞等复位，空气经橡皮膜与顶杆之间推开的气隙迅速排出，触点瞬时复位。

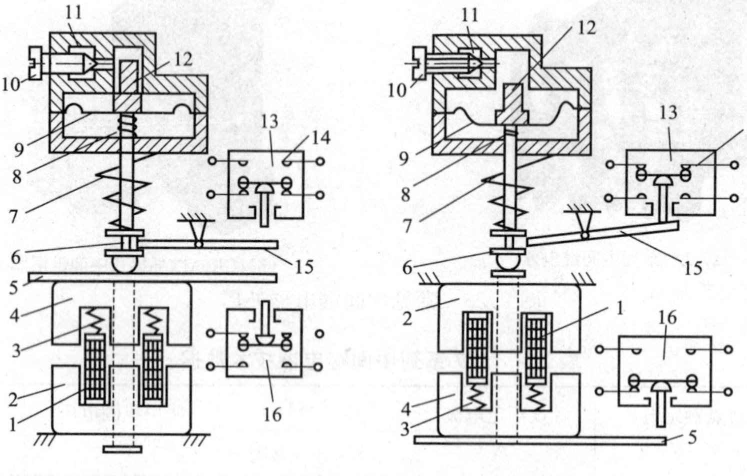

图 2.27　JS7-A 系列时间继电器工作原理图

1—线圈；2—静铁芯；3、7、8—弹簧；4—衔铁；5—推板；6—顶杆；9—橡皮膜；10—螺钉；11—进气孔；12—活塞；13、16—微动开关；14—延时触点；15—杠杆

断电延时型时间继电器与通电延时型时间继电器的原理和结构相同，只是将其电磁机构翻转 180°后再安装。

空气阻尼式时间继电器延时时间有 0.4～180 s 和 0.4～60 s 两种规格，具有延时范围较宽、结构简单、工作可靠、价格低廉、寿命长等优点，是机床交流控制线路中常用的时间继电器。它的缺点是延时精度较低。

表 2.5 列出了 JS7-A 型空气阻尼式时间继电器技术数据，其中 JS7-2A 型和 JS7-4A 型既带有延时动作触点，又带有瞬时动作触点。

表 2.5　JS7-A 型空气阻尼式时间继电器技术数据

型号	触点额定容量		延时触点对数				瞬时动作触点数量		线圈电压/V	延时范围/s
	电压/V	电流/A	线圈通电延时		线圈断电延时					
			常开	常闭	常开	常闭	常开	常闭		
JS7-1A	380	5	1	1					50 Hz：24、36、127、220、380	0.4～60 及 0.4～180
JS7-2A			1	1			1	1		
JS7-3A					1	1				
JS7-4A					1	1	1	1		

国内生产的新产品 JS23 系列，可取代 JS7-A、B 及 JS16 等老产品。JS23 系列时间继电器的型号意义如下：

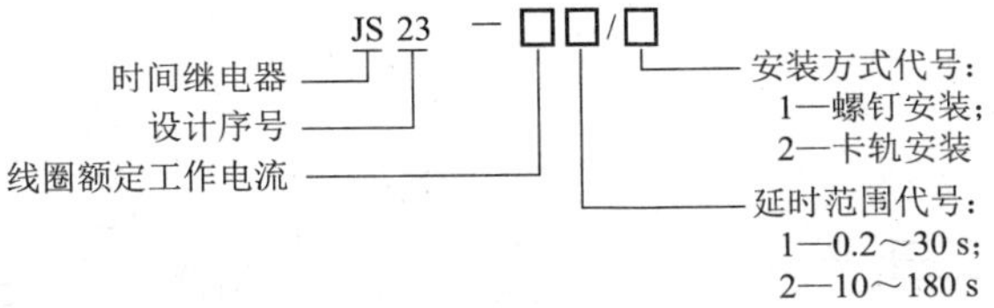

c. 电动机式时间继电器

该类继电器由同步电动机、减速齿轮机构、电磁离合系统及执行机构组成，电动机式时间继电器延时时间长（可达数十小时）、延时精度高，但结构复杂、体积较大，常用的有 JS10、JS11 系列和 7PR 系列。

d. 电子式时间继电器

该类继电器的早期产品多是阻容式，近期开发的产品多为数字式，又称计数式，它是由脉冲发生器、计数器、数字显示器、放大器及执行机构组成的，具有延时时间长、调节方便、精度高的优点，有的还带有数字显示，应用很广，可取代阻容式、空气式、电动机式等时间继电器。该类时间继电器只有通电延时型，延时触点均为 2NO、2NC，无瞬时动作触点。国内生产的产品有 JSS1 系列，其型号意义如下：

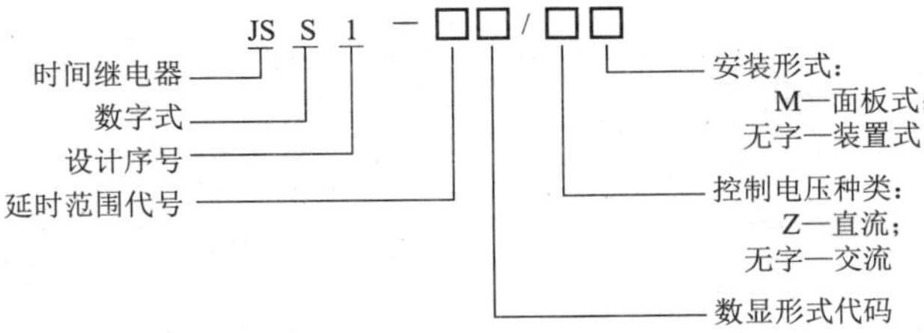

JSS1 系列电子式时间继电器型号中数显形式代码的含义见表 2.6 所列。

表 2.6　JSS1 系列数显形式代码含义

代码	无	A	B	C	D	E	F
意义	不带数显	2 位数显递增	2 位数显递减	3 位数显递增	3 位数显递减	4 位数显递增	4 位数显递减

在大型养路机械的电气控制应用中，时间继电器十分常见，它主要用于电路的延时控制。

时间继电器根据其线圈类型可以分为通电延时型和断电延时型两种。时间继电器有瞬动触点和延时触点，在电路分析时要十分注意。时间继电器的图形符号如图 2.28 所示，文字符号用 KT 来表示：

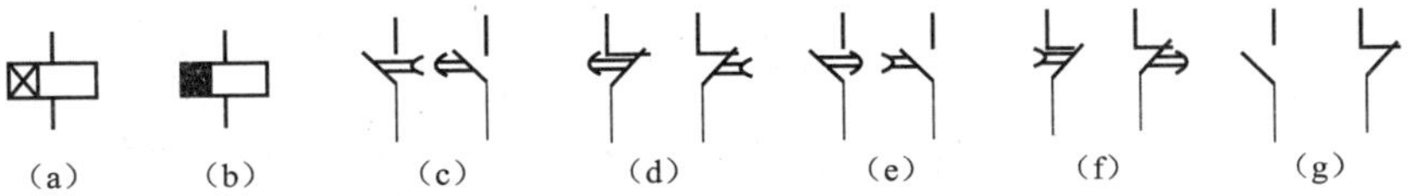

图 2.28　时间继电器的图形符号和文字符号

(a)通电延时线圈；(b)断电延时线圈；(c)通电延时闭合常开触点；(d)通电延时断开常闭触点；
(e)断电延时断开常开触点；(f)断电延时闭合常闭触点；(g)瞬动触点

通电延时继电器是当时间继电器线圈通电，达到所设延时后，其延时常开触点闭合，延时常闭触点断开；当线圈断电时，各延时触点瞬时动作恢复为初始状态。

断电延时继电器是当时间继电器线圈通电时，各延时触点瞬时动作，而线圈断电以后触点呈延时置位工作状态，当所设延时到达后，延时触点又恢复为初始状态。

如图 2.29 所示，时间继电器在大型养路机械 WD320 照明电路中的应用。

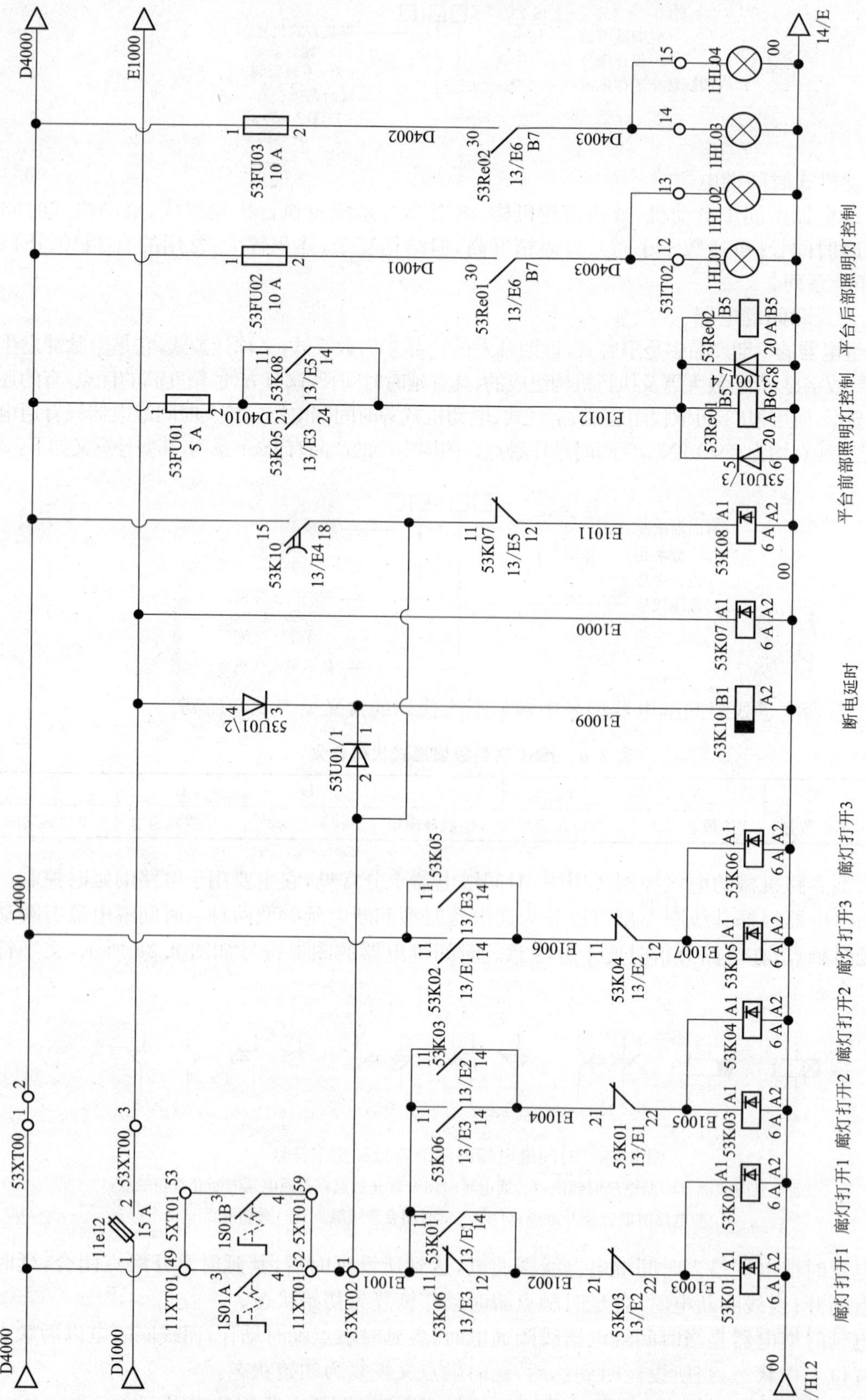

图2.29　WD320照明电路图

正常状态：打开主电以后，照明灯不亮，关掉主电源之后照明灯亮，30 s 之后熄灭，用于夜间作业后，操作人员离开的照明。

蓄电池接通后，照明灯亮，30 s 后复位开关自动复位，断开电路，照明灯不亮。

在图中 D4000 连接蓄电池，D1000 连接主电源：

(a)仅主电打开时，照明灯不亮。

(b)主电打开，按下 1S01A 或 1S01B 使蓄电池接入，此时，53K05 起作用，53K08 不起作用，照明灯亮。

(c)主电不打开，只有蓄电池供电，按下 1S01A 或 1S01B，53K08 得电，照明灯亮。

(d)主电打开时，灯不亮，关断主电以后，灯亮，延时时间到后灯灭。

④热继电器

电动机在实际运行中常遇到过载情况，若电动机过载不大，时间较短，只要电动机绕组不超过允许温升，这种过载是允许的。但是长时间过载，绕组超过允许温升时，将会加剧绕组绝缘的老化，缩短电动机的使用年限，严重时会将电动机烧毁。因此，应采用热继电器作电动机的过载保护。图 2.30 所示为常见热继电器的外形。

图 2.30　常见热继电器外形

a. 热继电器的结构及工作原理

热继电器是利用电流通过元件所产生的热效应原理而反时限动作的继电器，专门用来对连续运行的电动机进行过载及断相保护，以防止电动机过热而烧毁。它主要由加热元件、双金属片和触点组成。双金属片是它的测量元件，由两种具有不同线膨胀系数的金属通过机械辗压而制成，线膨胀系数大的称为主动层，小的称为被动层。加热双金属片的方式有四种：直接加热、热元件间接加热、复合式加热和电流互感器加热。

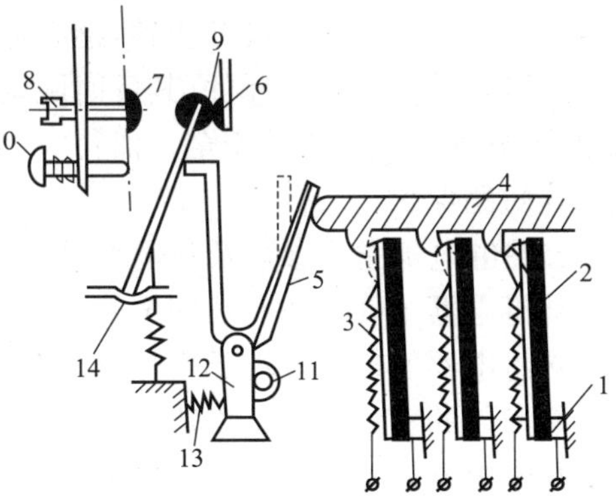

图 2.31　热继电器的结构原理图

1—双金属片固定支点；2—双金属片；3—热元件；4—导板；5—温度补偿片；6—静触点；7—常开触点；8—复位螺钉；9—动触点；10—复位按钮；11—旋钮；12—支撑件；13—压簧；14—推杆

图 2.31 所示是热继电器的结构原理图。热元件 3 串接在电动机定子绕组中，电动机绕组电流即为流过热元件的电流。当电动机正常运行时，热元件产生的热量虽能使双金属片 2 弯曲，但还不足以使继电器动作；当电动机过载时，热元件产生的热量增大，使双金属片弯曲位移增大，经过一定时间后，双金属片弯曲到推动导板 4，并通过温度补偿片 5 与推杆 14 将触点 9 和 6 分开。触点 9 和 6 为热继电器串于接触器线圈回路的常闭触点，断开后使

接触器失电，接触器的常开触点断开电动机的电源以保护电动机。调节旋钮 11 是一个偏心轮，它与支撑件 12 构成一个杠杆，转动偏心轮，改变它的半径，即可改变温度补偿片 5 与导板 4 接触的距离，因而达到调节整定动作电流的目的。此外，靠调节复位螺钉 8 来改变常开触点 7 的位置，使热继电器能工作在手动复位和自动复位两种工作状态。手动复位时，在故障排除后要按下复位按钮 10 才能使触点恢复与静触点 6 相接触的位置。

b. 带断相保护的热继电器

三相电动机的一根接线松开或一相熔丝熔断，是造成三相异步电动机烧坏的主要原因之一。如果热继电器所保护的电动机是星形接法，那么当线路发生一相断电时，另外两相电流增大很多，由于线电流等于相电流，流过电动机绕组的电流和流过热继电器的电流增加比例相同，因此普通的两相或三相热继电器可以对此做出保护。如果电动机是三角形接法，则发生断相时，由于电动机的相电流与线电流不等，流过电动机绕组的电流和流过热继电器的电流增加比例不相同，而热元件又串接在电动机的电源进线中，按电动机的额定电流即线电流来整定，整定值较大，因而当故障线电流达到额定电流时，在电动机绕组内部，电流较大的那一相绕组的故障电流将超过额定相电流，便有过热烧毁的危险。所以三角形接法必须采用带断相保护的热继电器。带有断相保护的热继电器是在普通热继电器的基础上增加一个差动机构，对三个电流进行比较。带断相保护的热继电器结构如图 2.32 所示。

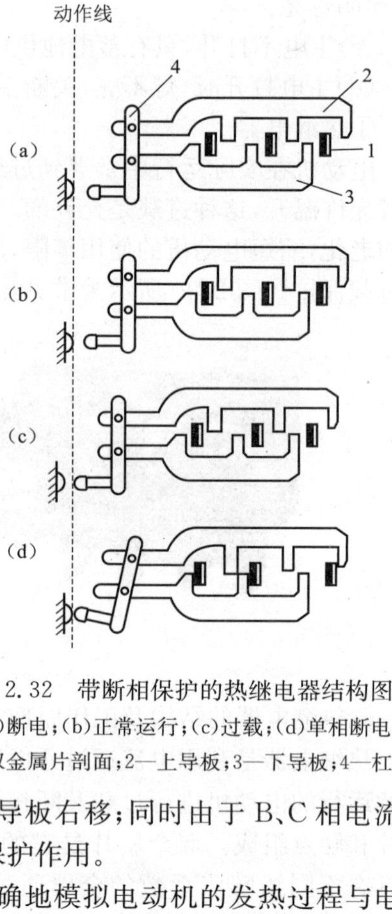

图 2.32　带断相保护的热继电器结构图
(a)断电；(b)正常运行；(c)过载；(d)单相断电
1—双金属片剖面；2—上导板；3—下导板；4—杠杆

当一相（设 A 相）断路时，A 相（右侧）热元件温度由原正常热状态下降，双金属片由弯曲状态伸直，推动导板右移；同时由于 B、C 相电流较大，推动导板向左移，使杠杆扭转，继电器动作，起到断相保护作用。

热继电器采用发热元件，其反时限动作特性能比较准确地模拟电动机的发热过程与电动机温升，确保了电动机的安全。值得一提的是，由于热继电器具有热惯性，不能瞬时动作，故不能用作短路保护。

c. 热继电器主要参数及常用型号

热继电器主要参数有热继电器额定电流、相数，热元件额定电流，整定电流及调节范围等。

热继电器的额定电流是指热继电器中，可以安装的热元件的最大整定电流值。

热元件的额定电流是指热元件的最大整定电流值。

热继电器的整定电流是指能够长期通过热元件而不致引起热继电器动作的最大电流值。通常热继电器的整定电流是按电动机的额定电流整定的。对于某一热元件的热继电器，可手动调节整定电流旋钮，通过偏心轮机构，调整双金属片与导板的距离，能在一定范围内调节其电流的整定值，使热继电器更好地保护电动机。

JR16、JR20 系列是目前广泛应用的热继电器，其型号意义如下：

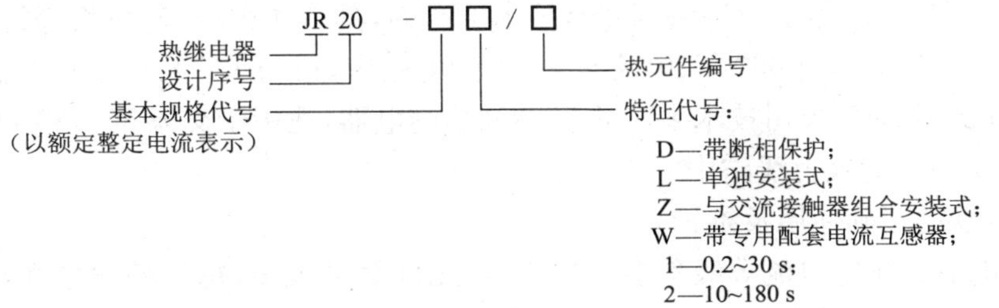

表 2.7 列出了 JR16 系列热继电器的主要参数。

表 2.7　JR16 系列热继电器的主要规格参数

型　号	额定电流/A	热元件规格	
		额定电流/A	电流调节范围/A
JR16－20/3 JR16－20/3D	20	0.35 0.5 0.72	0.25～0.35 0.32～0.5 0.45～0.72
JR16－20/3 JR16－20/3D	20	1.1 1.6 2.4 3.5 5.0 7.2 11.0 16.0 22	0.68～1.1 1.0～1.6 1.5～2.4 2.2～3.5 3.2～5.0 4.5～7.2 6.8～11 10.0～16 14～22
JR16－60/3 JR16－60/3D	60	22 32 45 63	14～22 20～32 28～45 45～63
JR16—150/3 JR16—150/3D	150	63 85 120 160	40～63 53～85 75～120 100～160

热继电器的图形符号和文字符号如图 2.33 所示。

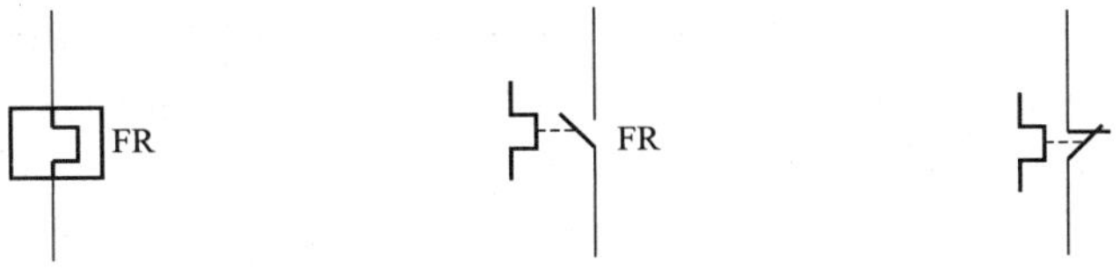

（a）热元件　（b）常开触点　（c）常闭触点

图 2.33　热继电器的图形符号和文字符号

目前，新型热继电器也在不断推广使用。3UA5、3UA6 系列热继电器是引进德国西门子公司技术生产的，适用于交流电压至 660 V、电流 0.1～630 A 的电路中，而且热元件的整定电流各型号之间重复交叉，便于选用；其中 3UA5 系列热继电器可安装在 3TB 系列接触器上组成电磁启动器。

LR1-D 系列热继电器是引进法国专有技术生产的，具有体积小、寿命长等特点，适用于交流 50 Hz 或 60 Hz、电压至 660 V、电流至 80 A 的电路中，可与 LC 系列接触器插接组合在一起使用。引进德国 BBC 公司技术生产的 T 系列热继电器，适用于交流 50～60 Hz、电压660 V 以下、电流至 500 A 的电力线路中。

d. 热继电器的正确使用及维护

(a)热继电器的额定电流等级不多，但其发热元件编号很多，每一种编号都有一定的电流整定范围。在使用时应使发热元件的电流整定范围中间值与保护电动机的额定电流值相等，再根据电动机运行情况通过调节旋钮去调节整定值。

(b)对于重要设备，一旦热继电器动作后，必须待故障排除后方可重新启动电动机，应采用手动复位方式；若电气控制柜距离操作地点较远，且从工艺上又易于看清过载情况，则可采用自动复位方式。

(c)热继电器和被保护电动机的周围介质温度尽量相同，否则会破坏已调整好的配合情况。

(d)热继电器必须按照产品说明书中规定的方式安装。当与其他电器装在一起时，应将热继电器置于其他电器下方，以免其动作特性受其他电器发热的影响。

(e)使用中应定期去除尘埃和污垢并定期通电校验其动作特性。

⑤速度继电器

速度继电器又称为反接制动继电器。它的主要作用是与接触器配合，实现对电动机的制动。也就是说，在三相交流异步电动机反接制动转速过零时，自动切除反相序电源。图 2.34 所示为其结构原理图。

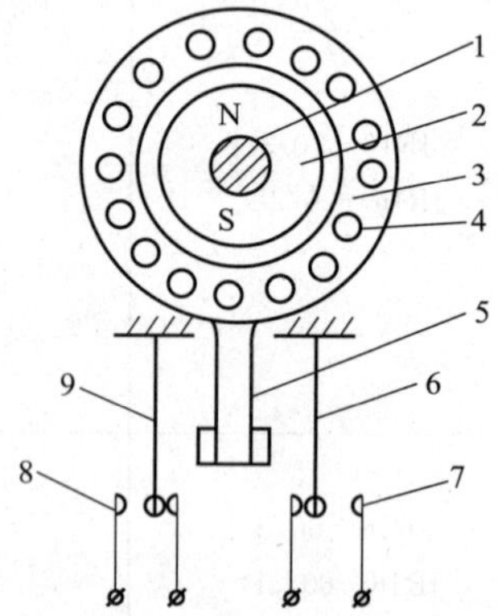

图 2.34　速度继电器结构原理图

1—转轴；2—转子；3—定子；4—绕组；5—摆锤；6、9—簧片；7、8—静触点

速度继电器主要由转子、圆环(笼型空心绕组)和触点三部分组成。

转子由一块永久磁铁制成，与电动机同轴相连，用以接收转动信号。当转子(磁铁)旋转时，笼型绕组切割转子磁场产生感应电动势，形成环内电流。转子转速越高，这一电流就越大。此电流与磁铁磁场相作用，产生电磁转矩，圆环在此力矩的作用下带动摆杆，克服弹簧力而顺着转子转动的方向摆动，并拨动触点改变其通断状态(在摆杆左右各设一组切换触点，分别在速度继电器正转和反转时发生作用)。当调节弹簧弹性力时，可使速度继电器在不同转速时切换触点，改变通/断状态。

速度继电器的动作速度一般不低于 120 r/min，复位转速约在 100 r/min 以下，该数值可以调整。工作时，允许的转速高达 1 000～3 600 r/min。由速度继电器的正转和反转切换触点的动作，来反映电动机转向和速度的变化。常用的型号有 JY1 和 JFZ0。

速度继电器的图形符号和文字符号如图 2.35 所示。

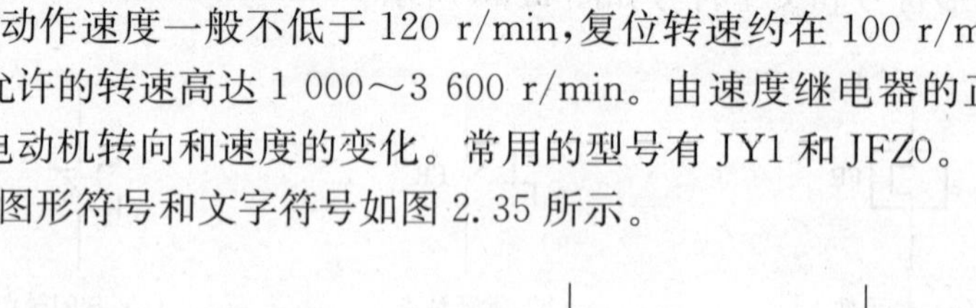

(a) 转子　(b) 常开触点　(c) 常闭触点

图 2.35　速度继电器的图形符号和文字符号

任务 2.2　液压控制阀的用法

2.2.1　工作任务

通过学习液压控制阀知识，能承担以下工作任务：

(1)掌握电磁换向阀的工作原理和结构；

(2)掌握电液伺服阀的工作原理和结构。

2.2.2　相关配套知识

1. 电磁换向阀

(1)工作原理

电磁换向阀是依靠电磁铁吸力推动阀芯在阀体内作相对运动来变换液流方向或实现液流的通与断的。它是通过一个电磁线圈来控制阀芯位置，切断或接通气源以达到改变流体流动方向的目的，从而达到对阀门开关的控制。在大型养路机械中，机械装置一般都由液压缸控制，所以会用到电磁换向阀来控制液压流动方向。

当有电流通过线圈时，静铁芯吸合动铁芯，改变滑阀芯的位置，发生励磁作用，动铁芯带动滑阀芯并压缩弹簧，从而改变流体的方向。当线圈失电时，依靠弹簧的反作用力推动滑阀芯，顶回动铁芯，使流体按原来的方向流动。图 2.36 所示为电磁阀的工作原理图。

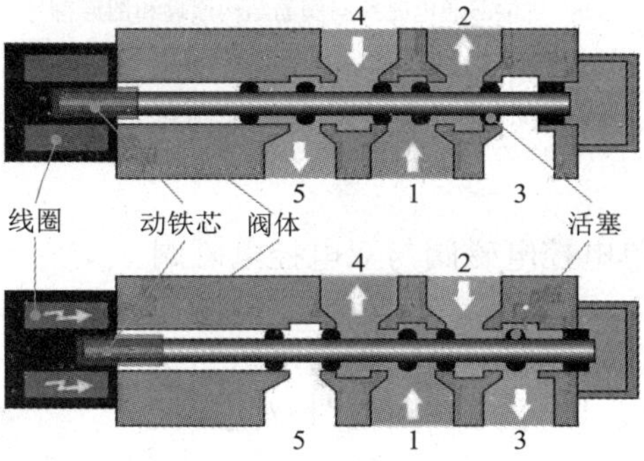

图 2.36　电磁阀的工作原理

电磁换向阀按使用电源的不同，有交流和直流两种；按衔铁工作腔是否有油，又可分成干式型和湿式型两种。交流电磁铁启动力大，吸合、释放快，换向时间约为 0.01～0.03 s，但换向冲击大、噪声大、易发热，因而换向频率不能太高(不能超过 30 次/min)；若阀芯被卡住或电压降较大时，电磁吸力明显减小，若阀芯未动作，其线圈很容易烧坏。故常用于换向平稳性要求不高、换向频率不高的液压系统中。直流电磁铁工作可靠、噪声小、发热小、换向冲击小，换向频率可达 120 次/min，若衔铁因某种原因未正常吸合时，线圈一般不会被烧坏，但它启动力小，换向时间较长(约为 0.05～0.08 s)，还需配直流电源。故常用于换向性能较高的液压系统中。电磁换向阀的工作位置，一般为二位和三位，油口通道数多为二通、三通、四通、五通。二位阀有一个电磁铁，靠弹簧复位，三位阀有两个电磁阀。

图 2.37(a)所示为两位三通电磁换向阀的结构原理和图形符号。当电磁铁不通电时(常态位)，其油口 P 与 A 相通、油口 B 断开；当电磁铁通电时，衔铁 1 右移，通过推杆 2 使阀芯 3 推压弹簧 4 右移置右端部，油口 P 与 B 相通，同时 P 与 A 断开。当电磁铁断电释放时，弹簧 4 推动阀芯复位。图 2.37(b)为三位四通电磁换向阀的结构原理和图形符号。

电磁换向阀操纵方便，常借助于按钮开关、行程开关、限位开关、压力继电器、电接点压力表等所发出的电信号进行控制，易于实现自动化。

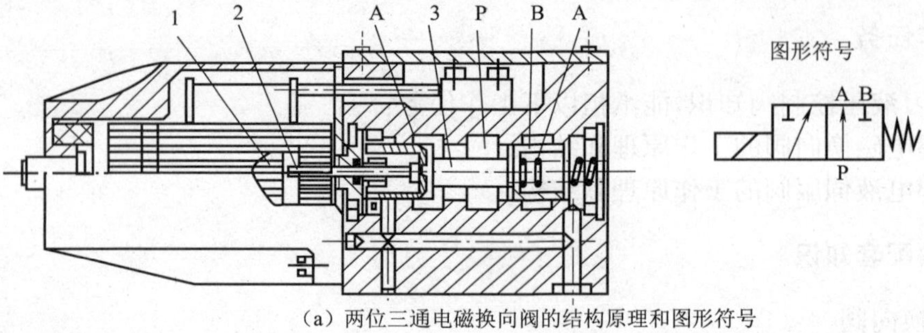

（a）两位三通电磁换向阀的结构原理和图形符号

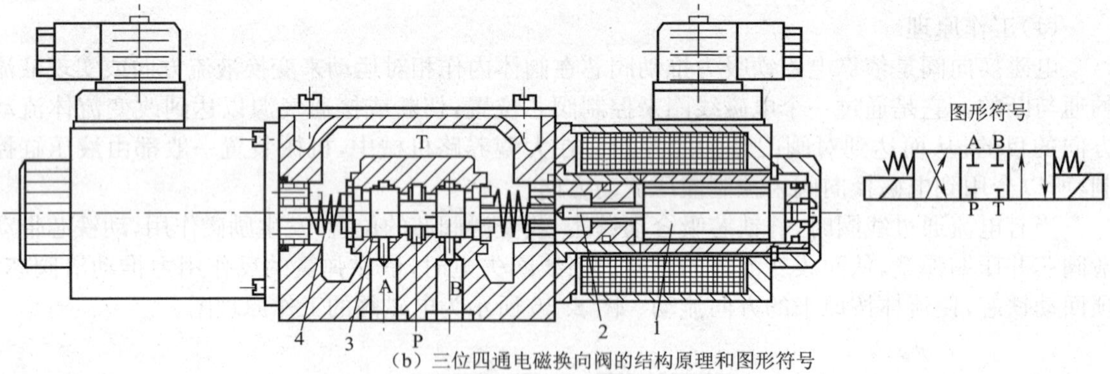

（b）三位四通电磁换向阀的结构原理和图形符号

图 2.37　电磁换向阀

1—衔铁；2—推杆；3—阀芯；4—弹簧

(2)分类

根据电磁阀带线圈可分为单电控电磁阀与双电控电磁阀。

①单电控电磁阀

单电控电磁阀只有一个电磁铁控制。当线圈通电后带动阀芯使滑阀换向，当失电后靠弹簧反作用力将滑阀复位，滑阀位置与“通电”“断电”相对应。

②双电控电磁阀

双电控电磁阀用两个电磁铁控制，每个方向的控制都必须给定电信号才能够实现。对于两个位置的，双电控具有掉电保持的作用，当两边线圈都掉电时，滑阀位置取决于最后某个电磁铁线圈得到过的电信号；对于三个位置的，一般是三位五通阀，带中位机构的多，靠线圈得电后将阀体移位后，失电后弹簧复位到中位。

(3)电磁阀图形符号

电磁阀中的“位”指的是为了改变气体方向，阀芯相对于阀体所具有的不同的工作位置，图形中有几个方格就是几位。“通”的含义则指换向阀与系统相连的通口，与方框相连的接口数有几个即为几通。方格中的“┬”和“┴”符号表示各接口互不相通。

(4)单电控与双电控电磁阀的区别

图 2.38 和图 2.39 为部分常见单电控电磁阀与双电控电磁阀的图形符号。在气路(或液路)上来说，两位三通电磁阀具有 1 个进气孔、1 个出气孔、1 个排气孔。

在电气上来说，两位三通电磁阀一般为单电控，两位三通电磁阀分为常闭型和常开型两种。常闭型指线圈没通电时气路是断的，常开型指线圈没通电时气路是通的。常闭型两位三通电磁阀动作原理：给线圈通电，气路接通，线圈一旦断电，气路就会断开，这相当于“点动”。

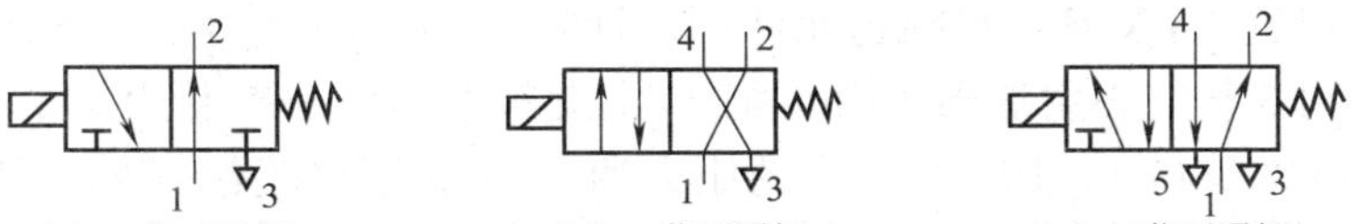

（a）二位三通阀　（b）二位四通阀　（c）二位五通阀

图 2.38　单电控电磁阀的图形符号

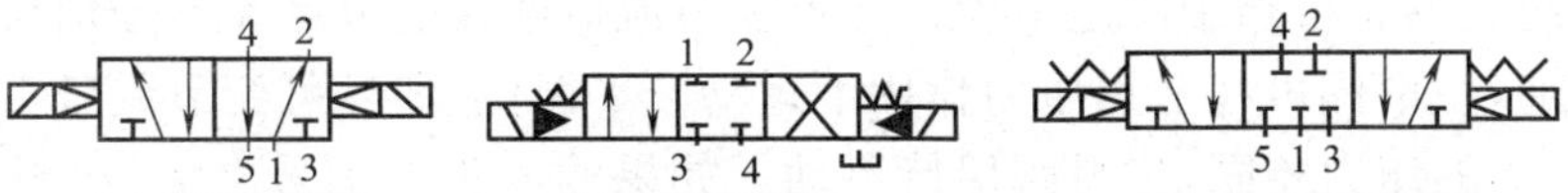

（a）两位五通阀　（b）三位四通阀　（c）三位五通阀

图 2.39　部分双电控电磁阀的表示

在气路(液路)上来说,两位五通电磁阀具有 1 个进气孔(接进气气源)、1 个正动作出气孔和 1 个反动作出气孔(分别提供给目标设备的一正一反动作的气源)、1 个正动作排气孔和 1 个反动作排气孔。

在电气上来说,两位五通双电控电磁阀动作原理:给正动作线圈通电,则正动作气路接通(正动作出气孔有气),即使给正动作线圈断电后正动作气路仍然是接通的,将会一直维持到给反动作线圈通电为止。给反动作线圈通电,则反动作气路接通(反动作出气孔有气),即使给反动作线圈断电后反动作气路仍然是接通的,将会一直维持到给正动作线圈通电为止;这相当于“自锁”。

2. 电液伺服阀

电液伺服阀是一种将小功率电信号转换为大功率液压能输出,以实现对流量和压力控制的转换装置。电液伺服阀按输出的液压参数不同,可分为流量伺服阀和压力伺服阀,其中流量伺服阀应用广泛,在此仅介绍流量伺服阀。

(1)滑阀式电液伺服阀

图 2.40(a)所示为两级滑阀式位置反馈电液伺服阀的结构原理图。该阀由电磁部分、控制滑阀和主阀组成。电磁部分是一力矩马达,动圈靠弹簧定位,前置放大器采用滑阀式结构。

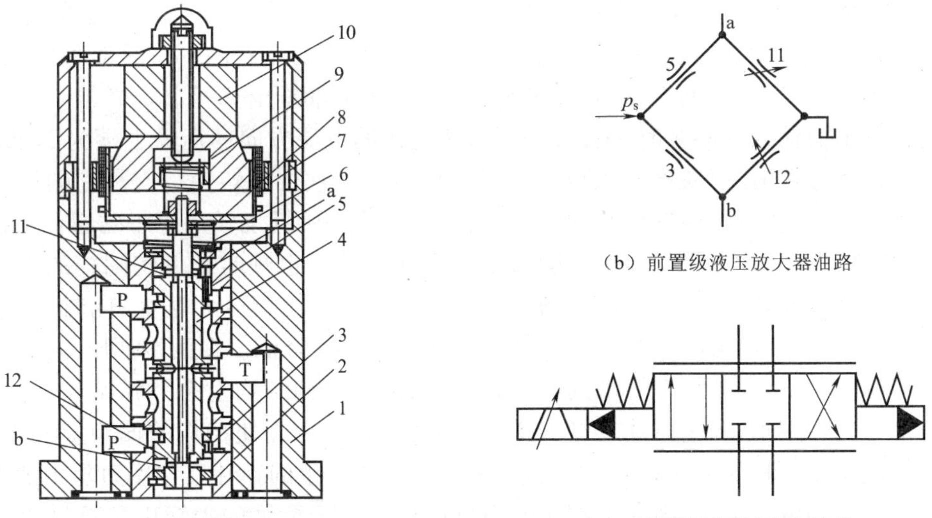

(a)结构图　（b）前置级液压放大器油路　（c）二级四通电液伺服阀符号

图 2.40　滑阀式两级四通电液伺服阀

1—阀体;2—阀座;3、5—固定节流口;4—主滑阀;6—小滑阀;7—线圈(动圈);8—下弹簧;9—上弹簧;10—磁钢(永久磁铁);11、12—可变节流口

压力油由 P 口进入，A、B 口接执行元件，T 口回油。动圈 7 与小滑阀 6 固连，用弹簧 8、9 定位对中。小滑阀 6 与空心主滑阀 4 内孔配合，小滑阀上的两条控制边与主滑阀上的两个横向孔形成两个可变节流口 11、12。P 口来的压力油一路经主控油路，一路经固定节流口 3、5，可变节流口 11、12，小滑阀环形槽和主滑阀中部的横向孔到 T 口回油，形成如图 2.40(b)所示的前置液压放大油路(桥路)。可见，前置级液压放大器是由两个固定节流口 3、5 和两个可变节流口 11、12 组成的。桥路中固定节流口与可变节流口连接的节点 a、b 分别与主滑阀上下两个抬肩端面连通，主滑阀可在节点压力作用下运动。平衡位置时，可变节流口 11、12 开口大小相同，故节点 a、b 的压力相同，主滑阀保持不动。如果输入正向信号电流，小滑阀在动圈作用下向下运动，可变节流口 11 减小、12 增大，a 点压力增大、b 点压力减小，作用于主滑阀上下端的液压力失去平衡，主滑阀在这一作用力作用下随之向下运动，随之节流口 11 增大、12 减小，当主滑阀向下运动的距离与小滑阀一致时，可变节流口 11、12 的开口大小重新相等，节点 a、b 的压力相同，主滑阀停止运动，主滑阀就停留在新的平衡位置，这时，压力油由 P 腔到达 A 腔供给执行元件，B 腔通 T 腔回油，伺服阀有压力油输出。输入的电流信号反向时，阀的动作过程与此相反，油流反向，伺服阀 P 通 B、A 通 T，有压力油输出。

上述工作过程中，动圈的位移量、一级阀阀芯的位移量与主阀芯的位移量均相等。因为动圈的位移量与输入的电流信号成正比，所以输出的流量和输入的电流信号成正比。

(2)喷嘴—挡板式电液伺服阀

图 2.41 所示为喷嘴—挡板式电液伺服阀结构原理图，它由电磁和液压两部分组成。电磁部分由永久磁铁 1、两个导磁体 9、线圈 8 和衔铁 2 等组成，它的作用是把输入的电信号转变为力矩，使衔铁偏转，以便控制液压部分，一般称它为力矩马达。液压元件是一个两级液压伺服阀，前置放大级是双喷嘴挡板式液压伺服阀，功率放大级是滑阀式液压伺服阀。压力为 p 的油液从进油口进入，经过滤器 6 后再分别流经两个节流孔 g 进入滑阀 7 两端的油腔，再从两个喷嘴 4 与挡板 5 中间的缝隙排出。

衔铁由扭轴 3 支撑，当无控制电流输入线圈 8 时，衔铁处于两个导磁体的中间位置。挡板 5 处于两个喷嘴 4 的中间位置。因两边的喷嘴孔 k 和两个固定节流孔 g 的参数分别是相等的，所以滑阀 7 两端油腔中的油压 p_a 和 p_b 相等；又因滑阀的左右两部分是对称的，所以滑阀处于中间平衡位置，伺服阀的 P、A、B、T 口均封闭，无压力油输出。

当有控制电流输入线圈 8 时，衔铁被磁化，若通入的电流方向使衔铁上端为 N 极，下端为 S 极，由图 2.42 可看出，衔铁连同挡板 5 顺时针偏转。衔铁的偏转使得支承它的扭轴 3 产生扭矩变形，并产生一个抵抗衔铁偏转的弹性反转矩，当这一弹性反转矩等于磁通在衔铁上产生的转矩时，衔铁就处于相对平衡位置。同时连同衔铁的挡板也顺时针偏转同样的角度，这时，左喷嘴与挡板间的间隙减小，液流阻力增加，因此滑阀左端的油压 p_a 增大；同时，由于右喷嘴与挡板间的间隙加大，液流阻力减小，使滑阀右端的油压 p_b 降低。在两端油压差的作用下，滑阀被推向右移，并且带动挡板 5 下端的小球右移，挡板本身的结构上是一弹簧片，它在电磁力和滑阀推动力的作用下，产生弯曲变形。弹簧片的变形，一方面使挡板的偏移量减小，从而使滑阀两端的油压差也相应减小；另一方面，弹簧片变形所产生的弹性反作用力阻止滑阀向右移动。当力矩马达的电磁力矩、滑阀两端压差通过挡板作用于衔铁的力矩以及喷嘴压力作用于挡板的力矩三者平衡时，衔铁 2 处于一个新的平衡位置，同时作用于滑阀 7 的液压力与力反馈杆的变形弹性力相互平衡，滑阀 7 在离开零位的一段距离上处于一个新的平衡位置。此时，滑阀向右移动了相应位移量，反之，滑阀向左移动相应位移，伺服阀 P 与 A 通、B 与 T 通，伺服阀输出相应的流量。

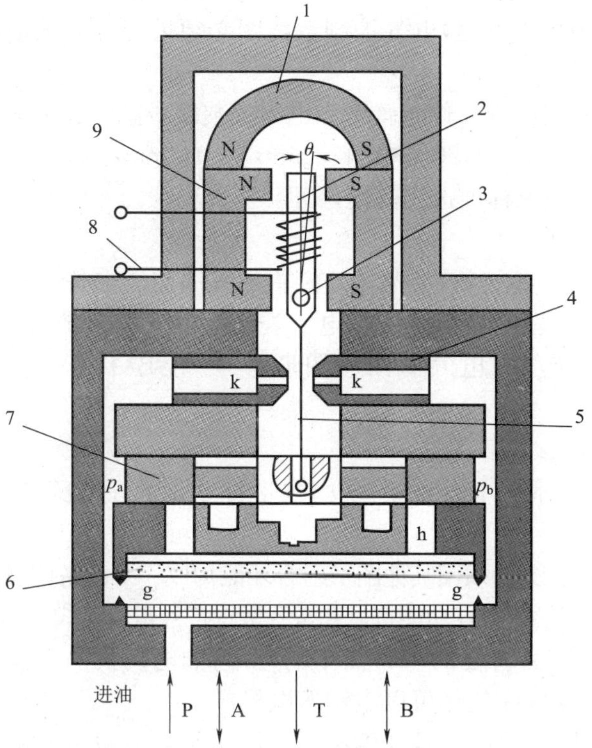

图 2.41　电液伺服阀工作原理

1—永久磁铁；2—衔铁；3—扭轴；4—喷嘴；5—挡板；
6—过滤器；7—滑阀；8—线圈；9—导磁体

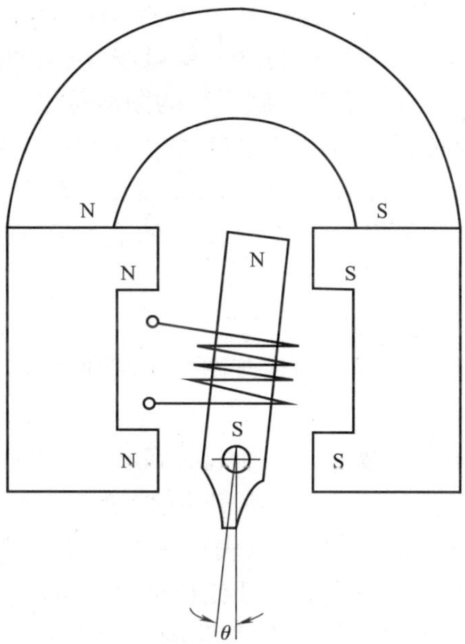

图 2.42　力矩马达的磁通变化情况

滑阀 7 的位移、喷嘴 4 与挡板 5 之间的间隙、衔铁 2 的转角都依次和输入电流成正比，因此这种阀的输出流量也和输入电流成正比。输入电流反向时，输出流量也反向。

任务 2.3　电气控制线路的基本环节

2.3.1　工作任务

通过学习电气控制线路的基本环节，能承担以下工作任务：

(1)掌握电气原理图的绘图原则及读图方法；

(2)掌握三相异步电动机的启动控制线路的工作原理；

(3)掌握变频调速的工作原理；

(4)能够正确分析电动机正反转控制、制动控制、点动与长动控制、多地点多条件控制、顺序控制、自动循环控制等电路的工作原理；

(5)能够设计功能简单的电气控制线路。

2.3.2　相关配套知识

1. 电气图识图及制图标准

电气控制线路是由许多电气元器件按具体要求而组成的一个系统。为了表达生产机械电气控制系统的原理、结构等设计意图，同时也为了方便电气元器件的安装、调整、使用和维修，必须将电气控制系统中各电气元器件的联结用一定的图形表示出来，这种图就是电气控制系统图。为了便于设计、阅读分析、安装和使用控制线路，电气控制系统图必须采用统一规定的符号、文字和标准的画法。

电气控制系统图一般有 3 种：电气原理图、电气元件布置图和电气安装接线图。各种图的图纸尺寸一般选用 297 mm×210 mm、297 mm×420 mm、420 mm×594 mm、594 mm×841 mm四种幅面，特殊需要可按《机械制图》国家标准选用其他尺寸。

(1)常用电气控制系统的图示符号

我国早已加入 WTO，电气工程技术要与国际接轨，要与 WTO 中的各国交流电气工程技术，必须具备通用的电气工程语言，因此，国家标准局参照国际电工委员会(IEC)颁布的有关文件，制定了我国电气设备的有关国家标准，如《电气简图用图形符号》(GB/T 4728.1—2018)等。

①图形符号

图形符号通常用于图样或其他文件，以表示一个设备或概念，包括符号要素、一般符号和限定符号。

a. 符号要素：是一种具有确定意义的简单图形，必须同其他图形组合才能构成一个设备或概念的完整符号；如接触器常开主触点的符号就由接触器触点功能符号和常开触点符号组合而成。

b. 一般符号：用以表示一类产品或此类产品特征的一种简单的符号；如电动机的一般符号为“*”，“*”号用 M 代替可以表示电动机，用 G 代替可以表示发电机。

c. 限定符号：用于提供附加信息的一种加在其他符号上的符号。限定符号一般不能单独使用，但它可以使图形符号更具多样性。例如，在电阻器一般符号的基础上分别加上不同的限定符号，就可以得到可变电阻器、压敏电阻器、热敏电阻器等。

②文字符号

文字符号适用于电气技术领域中技术文件的编制，用以标明电气设备、装置和元器件的名称及电路的功能、状态和特征。文字符号分为基本文字符号和辅助文字符号。

a. 基本文字符号：基本文字符号有单字母符号和双字母符号两种。单字母符号是按拉丁字母顺序将各种电气设备、装置和元器件划分为 23 个大类，每一类用一个专用单字母符号表示，如“C”表示电容器类，“R”表示电阻器类。

双字母符号：由一个表示种类的单字母符号与另一字母组成，组合形式是单字母符号在前，另一个字母在后的次序列出。如“F”表示保护器件类，“FU”则表示熔断器。

b. 辅助文字符号：辅助文字符号是用以表示电气设备、装置和元器件以及电路的功能、状态和特征的，如“L”表示限制，“RD”表示红色等。辅助文字符号也可以放在表示种类的单字母符号后边组成双字母符号，如“SP”表示压力传感器，“YB”表示电磁制动器等。为简化文字符号，若辅助文字符号由两个以上字母组成时，允许只采用其第一位字母进行组合，如“MS”表示同步电动机。辅助文字符号还可以单独使用，如“ON”表示接通，“M”表示中间线等。

c. 补充文字符号的原则：如基本文字符号和辅助文字符号不能满足使用要求时，可按国家标准中文字符号组成原则予以补充。

ⓐ在不违背国家标准文字符号编制原则的条件下，可采用国际标准中规定的电气技术文字符号。

ⓑ在优先采用基本文字符号和辅助文字符号的前提下，可补充国家标准中未列出的双字

母符号和辅助文字符号。

ⓒ使用文字符号时，应按有关电气名词术语国家标准或专业技术标准中规定的英文术语缩写而成。基本文字符号不得超过两个字母，辅助文字符号一般不能超过三个字母。例如，表示“启动”，采用“START”的前两位字母“ST”作为辅助文字符号；而表示“停止（STOP）”的辅助文字符号必须再加一个字母，为“STP”。因拉丁字母“I”和“O”容易同阿拉伯数字“1”和“0”混淆，所以不允许单独作为文字符号使用。

常用的电气图形、文字符号见表 2.8 所列。

③接线端子标记

三相交流电源引入线采用 L_1、L_2、L_3标记，中性线为 N。电源开关之后的三相交流电源主电路分别按 U、V、W 顺序进行标记，接地端为 PE。电动机分支电路各接点标记采用三相文字代号后面加数字来表示，数字中的十位数表示电动机代号，个位数表示该支路接点的代号，从上到下按数值的大小顺序标记。如 U_{11}表示 M_1电动机的第一相的第一个接点代号，U_{21}为 M_2电动机第一相的第一个接点代号，以此类推。电动机绕组首端分别用 U_1、V_1、W_1标记，尾端分别用 U_2、V_2、W_2标记，双绕组的中点则用 U_3、V_3、W_3标记；也可以用 U、V、W 标记电动机绕组首端，用 U′、V′、W′标记绕组尾端，用 U″、V″、W″标记双绕组的中点。

表 2.8　常用电气图形、文字符号新旧对照表

名称	新标准 图形符号	新标准 文字符号	旧标准 图形符号	旧标准 文字符号	名称	新标准 图形符号	新标准 文字符号	旧标准 图形符号	旧标准 文字符号
一般三相电源开关	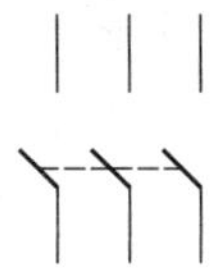	QS	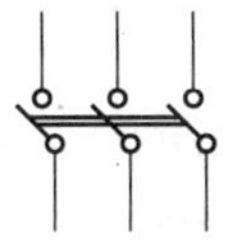	K	按钮 复合	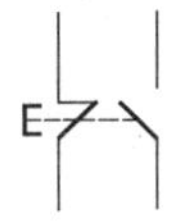	SB	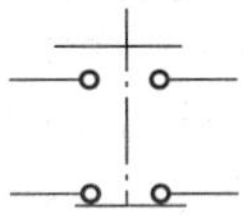	AN
低压断路器	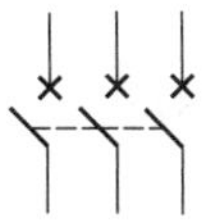	QF	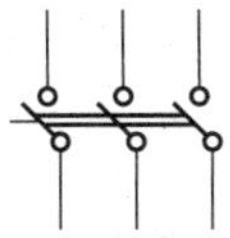	UZ	接触器 线圈	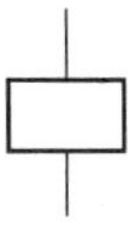	KM	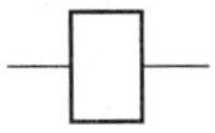	C
位置开关 常开触点		SQ	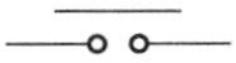	XK	主触点			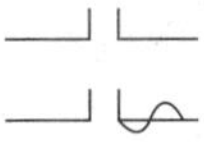	
常闭触点					常开辅助触点				
复合触点	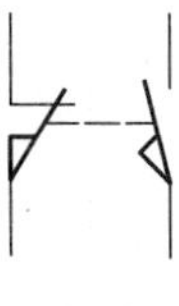		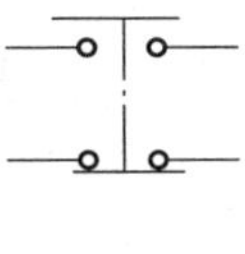		常闭辅助触点				

续上表

名称	新标准 图形符号	新标准 文字符号	旧标准 图形符号	旧标准 文字符号	名称	新标准 图形符号	新标准 文字符号	旧标准 图形符号	旧标准 文字符号
熔断器	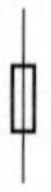	FU		RD	速度继电器 常开触点	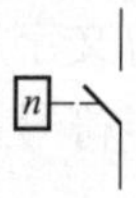	KS	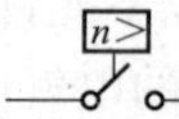	SDJ
按钮 启动	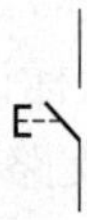	SB	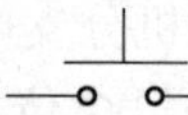	QA	速度继电器 常闭触点	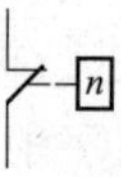		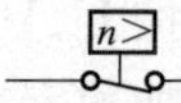	
按钮 停止	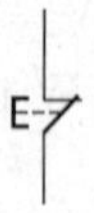			TA	制动电磁铁	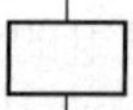	YB	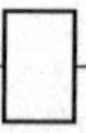	DT
时间继电器 线圈	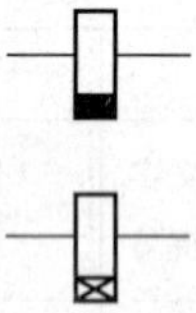	KT	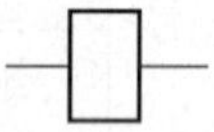	SJ	继电器 欠电压继电器线圈	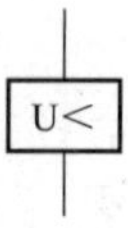	KV	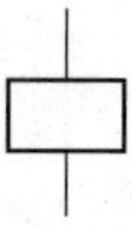	QYJ
时间继电器 常开延时闭合触点	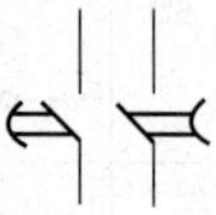				继电器 过电流继电器线圈	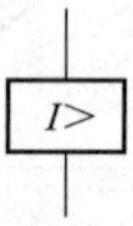	KA	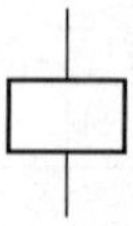	GLJ
时间继电器 常闭延时打开触点	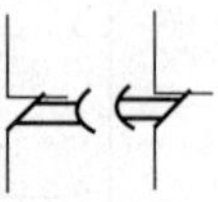				继电器 欠电流继电器线圈	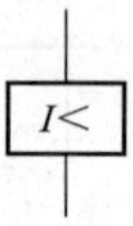		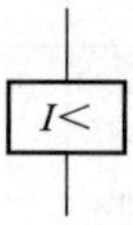	QLJ
时间继电器 常闭延时闭合触点	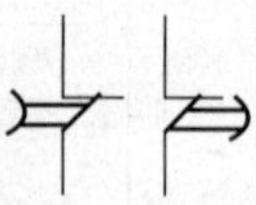		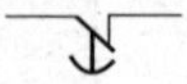		继电器 常开触点		相应继电器符号		相应继电器符号
时间继电器 常开延时打开触点	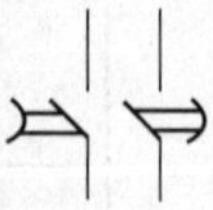				继电器 常闭触点	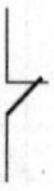			

续上表

名称		新标准 图形符号	新标准 文字符号	旧标准 图形符号	旧标准 文字符号
热继电器	热元件	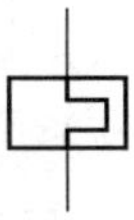	FR	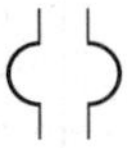	RJ
	常闭触点			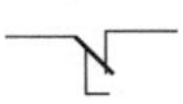	
继电器	中间继电器线圈	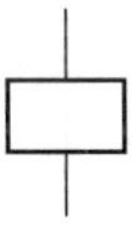	KA	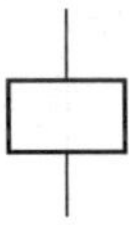	ZJ
桥式整流装置			VC		ZL
照明灯			EL		ZD
信号灯			HL		XD
电阻器		 或 	R	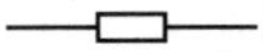	R
接插器		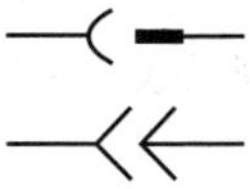	XS		CZ
电磁铁		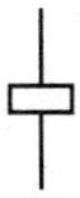	YA	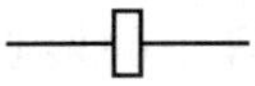	DT

名称	新标准 图形符号	新标准 文字符号	旧标准 图形符号	旧标准 文字符号
万能转换开关	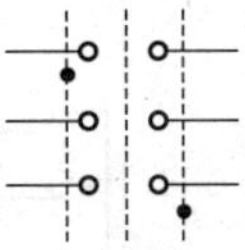	SA	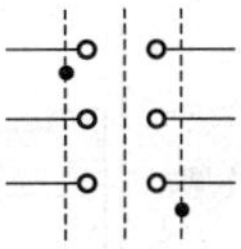	HK
电磁离合器	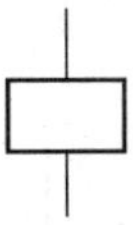	YC	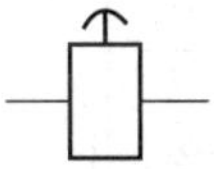	CH
电位器	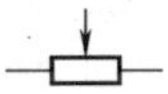	RP	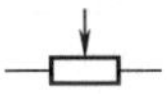	W
并励直流电动机	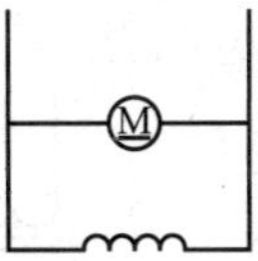	M	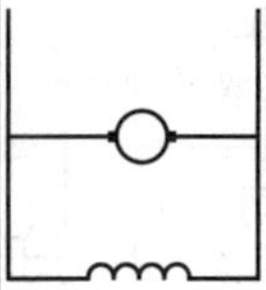	ZD
他励直流电动机	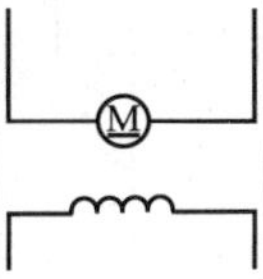		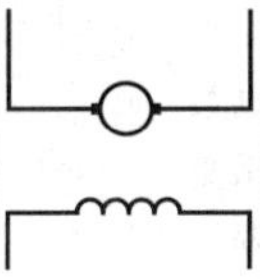	
复励直流电动机	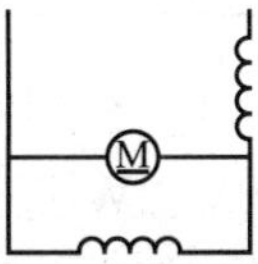		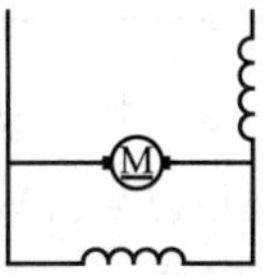	
直流发电机		G		ZF
三相笼型异步电动机	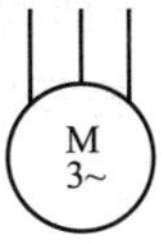	M		D
三相绕线式异步电动机	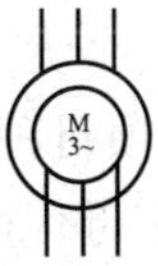		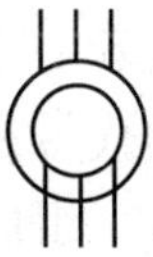	

续上表

名称	新标准		旧标准		名称	新标准		旧标准	
	图形符号	文字符号	图形符号	文字符号		图形符号	文字符号	图形符号	文字符号
电磁吸盘	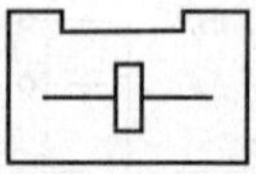	YH	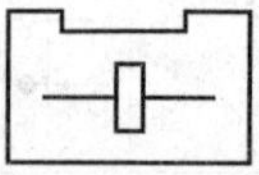	DX	三相自耦变压器	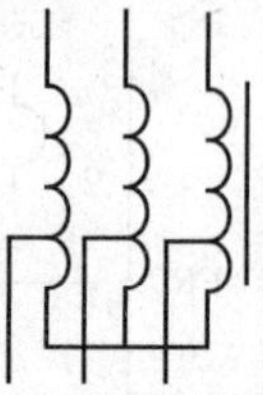	T	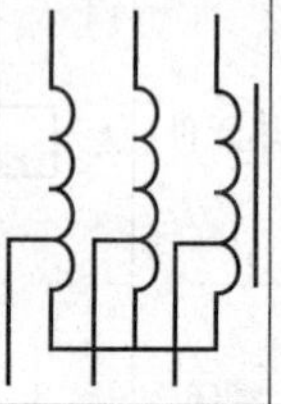	ZOB
串励直流电动机	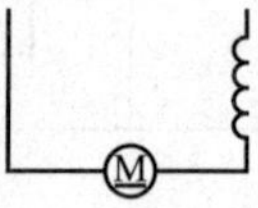	M	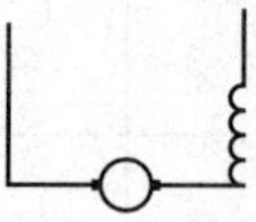	ZD	半导体二极管	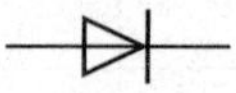	VD		D
单相变压器	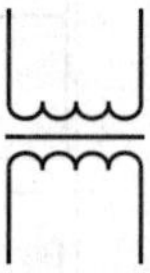		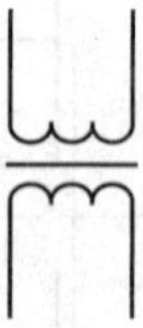	B	PNP 型三级管	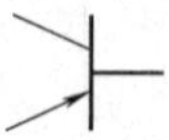	VT	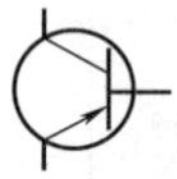	T
整流变压器		T		ZLB					
照明变压器				ZB					
控制电路电源用变压器		TC		B	NPN 型三级管	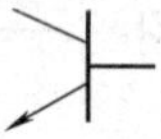		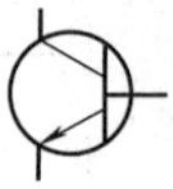	

分级三相交流电源主电路采用三相文字 U、V、W 的前面加上阿拉伯数字 1、2、3 等来标记，如 1U、1V、1W，2U、2V、2W 等。控制电路采用阿拉伯数字编号，一般由三位或三位以下的数字组成。标注方法按“等电位”原则进行，在垂直绘制的电路中，标号顺序一般由上而下编号，凡是线圈、绕组、触点或电阻、电容等元件所间隔的线段，都应标以不同的电路标号。

④项目代号

在电路图上，通常用一个图形符号表示的基本件、部件、组件、功能单元、设备、系统等，称为项目。项目代号是用以识别图、图表、表格中和设备上的项目种类，并提供项目的层次关系、种类、实际位置等信息的一种特定的代码。通过项目代号可以将图、图表、表格、技术文件中的项目与实际设备中的该项目一一对应和联系起来。

一个完整的项目代号由 4 个相关信息的代号段（高层代号、位置代号、种类代号、端子代号）组成。一个项目代号可以由一个代号段组成，也可以由几个代号段组成。通常，种类代号可单独表示一个项目，而其余大多应与种类代号组合起来，才能较完整地表示一个项目。

种类代号是用于识别项目种类的代号，是项目代号中的核心部分。种类代号一般由字母代码和数字组成，其中的字母代码必须是规定的文字符号。例如 KM_2 表示第二个接触器。

在集中表示法和半集中表示法的图中，项目代号只在图形符号旁标注一次，并用机械连接线连接起来。在分开表示法的图中,项目代号应在项目每一部分旁都要标注出来。

(2)电气原理图

用图形符号和项目代号表示电路各个电气元件连接关系和电气工作原理的图称为电气原理图。由于电气原理图结构简单、层次分明、适于分析、研究线路工作原理等特点,因而广泛应用于设计和生产实际中,图2.43所示即为CW6132型普通车床电气原理电路图。

在绘制电气原理图时,一般应遵循以下原则:

①电气原理图应采用规定的标准图形符号,按主电路与辅助电路分开,并依据各电气元件的动作顺序等原则而绘制。其中主电路就是从电源到电动机大电流通过的路径。辅助电路包括控制电路、照明电路、信号电路及保护电路等,由继电器和接触器的线圈、继电器的触点、接触器的辅助触点、按钮、照明灯、信号灯、控制变压器等电气元件组成。

②电器应是未通电时的状态;二进制逻辑元件应是置零时的状态;机械开关应是循环开始前的状态。

③控制系统内的全部电机、电器和其他器械的带电部件,都应在原理图中表示出来。

④在原理图上方将图分成若干图区,并标明该区电路的用途与作用;在继电器、接触器线圈下方列有触点表,以说明线圈和触点的从属关系。

⑤原理图上应标出各个电源电路的电压值、极性、频率及相数,某些元器件的特性(如电阻、电容、变压器的数值等),不常用电器(如位置传感器、手动触点等)的操作方式、状态和功能。

⑥动力电路的电源电路绘成水平线,受电部分的主电路和控制保护支路,分别垂直绘制在动力电路下面的左侧和右侧。

⑦原理图中,各个电气元件在控制线路中的位置,不按实际位置画出,应根据便于阅读的原则安排,但为了表示是同一元件,电器的不同部件要用同一文字符号来表示。

⑧电气元件应按功能布置,并尽可能按工作顺序排列,其布局顺序应该是从上到下、从左到右。

⑨电气原理图中,有直接联系的交叉导线连接点,要用黑圆点表示;无直接联系的交叉导线连接点不画黑圆点。

(3)电气元件布置图

电气元件布置图所绘内容为原理图中各元器件的实际安装位置,可按实际情况分别绘制,如电气控制箱中的电器板、控制面板等。电气元件布置图是控制设备生产及维护的技术文件,电气元件的布置应注意以下几个方面。

①体积大和较重的电气元件应安装在电器安装板的下面,而发热元件应安装在电器板的上面。

②强电弱电应分开。弱电应屏蔽,防止外界干扰。

③需要经常维护、检修、调整的电气元件安装位置不宜过高或过低。

④电气元件的布置应考虑整齐、美观、对称。外形尺寸与结构类似的电器安装在一起,以利于加工、安装和配线。

⑤电气元件布置不宜过密,要留有一定间距,如有走线槽,应加大各排电器间距,以利于布线和维护。

布置图根据电气元件的外形绘制,并标出各元件间距尺寸。每个电气元件的安装尺寸及其公差范围,应严格按产品手册标准标注,作为底板加工依据,以保证各电器顺利安装。在电器布置图中，还要选用适当的接线端子板或接插件，按一定顺序标上进出线的接线号。图2.44为与图 2.43 对应的电器箱内的电气元件布置图。图中 FU_1～FU_4 为熔断器、KM 为接触器、FR 为热继电器、TC 为照明变压器、XT 为接线端子板。

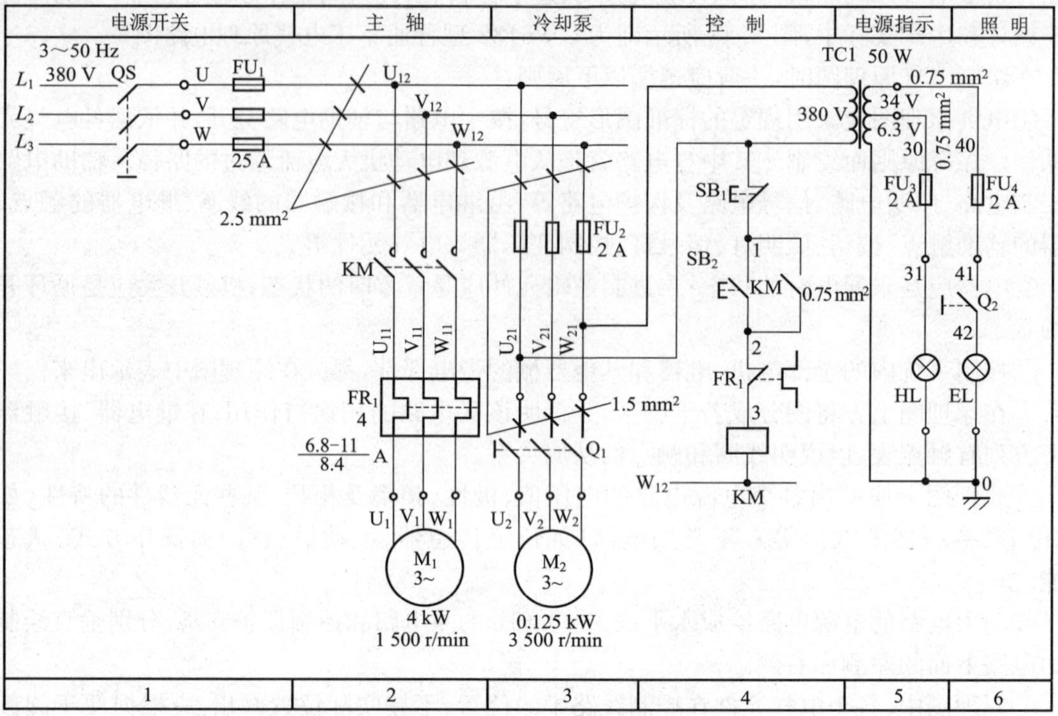

图 2.43　CW6132 型普通车床电气原理电路图

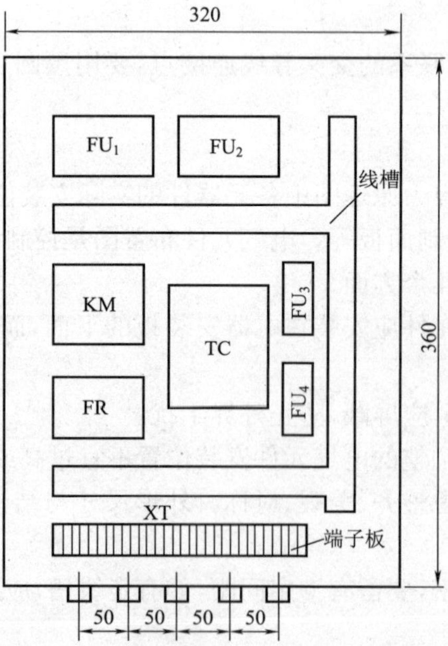

图2.44　CW6132 型普通车床电气元件布置图(单位：mm)

(4)电气安装接线图

安装接线图是电气原理图的具体实现形式，它是用规定的图形符号按各电气元件相对位置而绘制的实际接线图，因而可以直接用于安装配线。由于电气安装图在具体的施工、维修中能够起到电气原理图无法起到的作用，所以它在生产现场得到了普遍应用。电气安装接线图是根据电器位置布置最合理、连接导线最经济等原则来安排的。一般来说，绘制电气安装接线图应按照下列原则进行：

①接线图中的各电气元件的图形符号、文字符号及接线端子的编号应与电气原理图一致，并按电气原理图连接。

②各电气元件均按其在安装底板中的实际安装位置绘出，元件所占图面按实际尺寸以统一比例绘制。

③一个元件的所有部件绘在一起，并且用点划线框起来，即采用集中表示法。有时将多个电气元件用点划线框起来，表示它们是安装在同一安装底板上的。

④安装底板内外的电气元件之间的连线通过接线端子板进行连接，安装底板上有几个接至外电路的引线，端子板上就应绘出几个线的接点。

⑤绘制安装接线图时，走向相同的相邻导线可以绘成一股线。图 2.45 是某生产机械电气安装接线图。

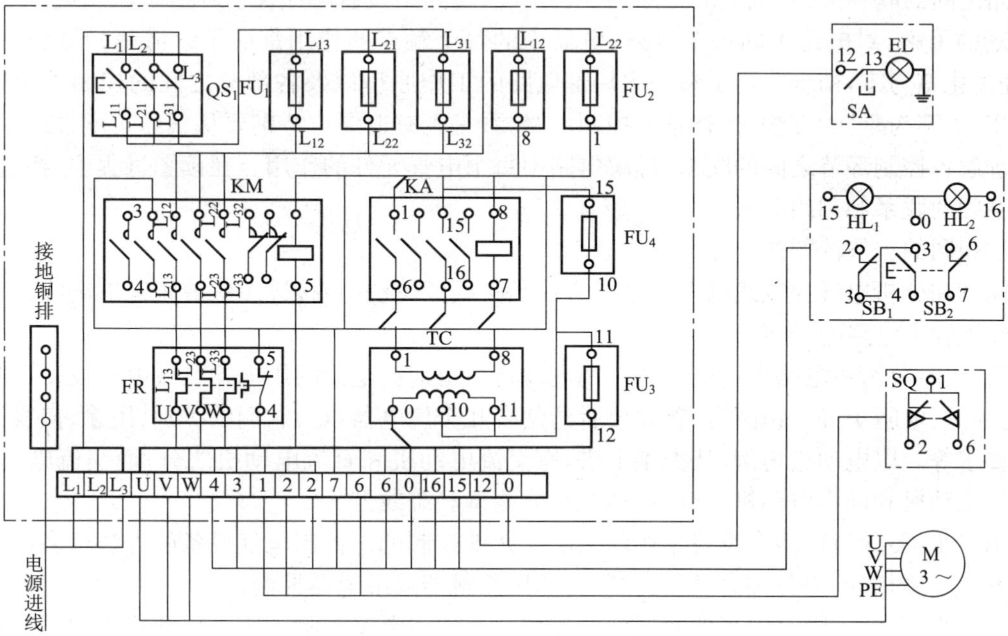

图 2.45　某生产机械电气安装接线图

(5)阅读和分析电气控制线路图的方法

①识图的基本方法

a. 电气控制线路图识图的基本方法：先机后电、先主后辅、化整为零、集零为整、统观全局、总结特点。

b. 先机后电：首先了解生产机械的基本结构、运行情况、工艺要求、操作方法，以期对生产机械的结构及其运行有个总体的了解，进而明确对电力拖动的要求，为分析电路作好前期准备。

c. 先主后辅：先阅读主电路，看设备由几台电动机拖动，各台电动机的作用，结合加工工艺分析电动机的启动方法，有无正反转控制，采用何种制动方式，采用哪些电动机保护措施；然后再分析辅助电路。从主电路入手，根据每台电动机、电磁阀等执行电器的控制要求去分析它们的控制内容（包括启动、方向控制、调速和制动等）。

d. 化整为零：在分析控制电路时，根据主电路中各电动机、电磁阀等执行电器的控制要求，逐一找出控制电路中的控制环节，将电动机控制电路，按功能不同划分为若干个局部控制电路来进行分析；其步骤为：①从执行电器（电动机、电磁阀等）着手，看主电路上有哪些控制电器的触点，根据其组合规律看控制方式；②根据主电路的控制电器主触点文字符号，在控制电路中找到有关的控制环节及环节间的相互联系，对各台电动机的控制电路划分成若干个局部电路，每一台电动机的控制电路，又按启动环节、制动环节、调速环节、反向运行环节来分析电路；③设想按动了某操作按钮（应记住各信号元件、控制元件或执行元件的原始状态），查看电路，观察电气元件的触点是如何控制其他电气元件动作的，再查看这些被带动的控制电气元件的触点是如何控制执行电器或其他电气元件动作的，并随时注意控制电气元件的触点使执行电器做何运动，进而驱动被控机械做何运动，还要继续追查执行元件带动机械运动时，会使哪些信号元件状态发生变化。

e. 集零为整、统观全局、总结特点：在逐个分析完局部电路后，还应统观全部电路，看各局部电路之间的联锁关系，机电液之间的配合情况，电路中设有哪些保护环节。以期对整个电路有清晰的了解，对电路中的每个电路、电器中的每个触点的作用都应了解清楚。最后总体检查，经过化整为零，初步分析了每一个局部电路的工作原理以及各部分之间的控制关系后，还必须用“集零为整”的方法，检查整个控制电路，看是否有遗漏。特别要从整体角度去进一步检查和理解各控制环节之间的联系，理解电路中每个电气元件的作用。在读图过程中，特别要注意相互间的联系和制约关系。

②识图的查线读图法

阅读和分析电气控制线路图的基本方法是查线读图法（直接读图法或跟踪追击法）。

a. 识读主电路的步骤

第一步：分清主电路中用电设备。用电设备系指消耗电能的用电器具或电气设备，如电动机、电弧炉、电阻炉等。识图时，首先要看清楚有几个用电器以及它们的类别、用途、接线方式、特殊要求等。以电动机为例，从类别上讲，有交流电动机和直流电动机之分；而交流电动机又有感应电动机和同步电动机；感应电动机又分笼型和绕线型。

第二步：要弄清楚用电设备是用什么电气元件控制的。控制电气设备的方法很多，有的直接用开关控制，有的用各种启动器控制，有的用接触器或继电器控制。

第三步：了解主电路中其他元器件的作用。通常主电路中除了用电器和控制用的电器（如接触器、继电器）外，还常接有电源开关、熔断器以及保护电器。

第四步：查看电源。查看主电路电源是三相 380 V 还是单相 220 V；主电路电源是由母线汇流排供电或配电屏供电的（一般为交流电），还是从发电机供电的（一般为直流电）。

b. 识读辅助电路的步骤

由于有各种不同类型的生产机械设备，它们对电力拖动也提出了各不相同的要求，表现在电路图上有种种不相同的辅助电路。辅助电路包含控制电路、信号电路和照明电路。

分析控制电路可根据主电路中各电动机和执行电器的控制要求，逐一找出控制电路中的控制环节，将控制电路“化整为零”，按功能不同划分成若干个局部控制电路来进行分析。如果控制电路较复杂，则可先排除照明、显示等与控制关系不密切的电路，以便集中精力进行分析。控制电路一定要分析透彻。分析控制电路的最基本的方法是“查线读图”法。

第一步：查看电源。查看电源的种类，即是交流的还是直流的。电源是从什么地方接来的，及其电压等级。电源一般是从主电路的两条相线上接来，其电压为 380 V；也有从主电路的一条相线和零线上接来，电压为 220 V；此外，也可以从专用隔离电源变压器接来，常用电压有127 V、36 V 等。当辅助电路为直流时，其电压一般为 24 V、12 V、6 V 等。

第二步：看辅助电路是如何控制主电路的。对复杂的辅助电路，在电路图中，整个辅助电路构成一条大回路。在这个大回路中又分成几条独立的小回路，每条小回路控制一个用电器或一个动作。当某条小回路形成闭合回路有电流流过时，在回路中的电气元件（接触器或继电器）则动作，把用电设备（如电动机）接入电源或从电源切除。

第三步：研究电气元件之间的联系。电路中一切电气元件都不是孤立的，而是互相联系、互相制约的。在电路中有用电气元件 A 控制电气元件 B，甚至又用电气元件 B 去控制电气元件 C。这种互相制约的关系有时表现在同一个回路，有时表现在不同的几个回路中，这就是控制电路中的电气联锁。

第四步：研究其他电气设备和电气元件，如整流设备、照明灯等。要了解它们的线路走向和作用。

上面所介绍的读图方法和步骤，只是一般的通用方法，需通过对具体电路的分析逐步掌握、不断总结，才能提高识图能力。

2. 三相异步电动机启动控制线路

三相异步电动机的结构简单、价格便宜、坚固耐用、运行可靠、维修方便。与同容量的直流电动机比较，异步电动机具有体积小、重量轻、转动惯量小的特点。因此，在各类企业中异步电动机得到了广泛的应用。三相异步电动机的控制线路大多采用接触器、继电器、刀开关、按钮等有触点电器组合而成。由于三相异步电动机的结构不同，分为笼型异步电动机和绕线式异步电动机。两者的构造不同、启动方法也不同，它们的启动控制线路差别更大。下面，对它们的启动控制线路分别加以介绍。

（1）笼型异步电动机直接启动控制

所谓直接启动，就是利用刀开关或接触器将电动机定子绕组直接接到额定电压的电源上，故又称全压启动。直接启动的优点是启动设备与操作都比较简单，其缺点就是启动电流大、启动转矩不大。对于小容量鼠笼型异步电动机，因电动机启动电流小，且体积小、惯性小、启动快，一般来说，对电网、对电动机本身都不会造成影响。因此，可以直接启动，但必须根据电源的容量来限制直接启动电动机容量。

在工程实践中，直接启动可按下列经验公式核定

$$\frac{I_Q}{I_N}\leqslant\frac{3}{4}+\frac{P_H}{4P_N} \tag{2.1}$$

式中，I_Q是电动机的启动电流（A）；I_N是电动机的额定电流（A）；P_N是电动机的额定功率（kW）；P_H是电源的总容量（kV · A）。

①采用刀开关直接启动控制

采用瓷底胶盖闸刀开关、转换开关或铁壳开关控制电动机的启动和停止，是最简单的手动控制线路。

图 2.46 是采用刀开关直接启动电动机的控制线路，其中 M 为被控三相异步电动机，QS

是刀开关，FU 是熔断器。合上开关 QS，电动机将通电并旋转。断开 QS，电动机将断电并停转。开关是电动机的控制电器，熔断器是电动机的保护电器。冷却泵、小型台钻、砂轮机的电动机一般采用这种启动控制方式。

②采用接触器直接启动控制

图 2.47 所示为接触器控制电动机向旋转的电路。由图可见，主电路由刀开关 QS、熔断器 FU_1、接触器 KM 的主触点、热继电器 FR 的发热元件和电动机 M 组成。控制电路由熔断器 FU_2、热继电器 FR 的动断触点 FR、停止按钮 SB_1、启动按钮 SB_2、接触器 KM 的线圈及其辅助动合触点 KM 组成。

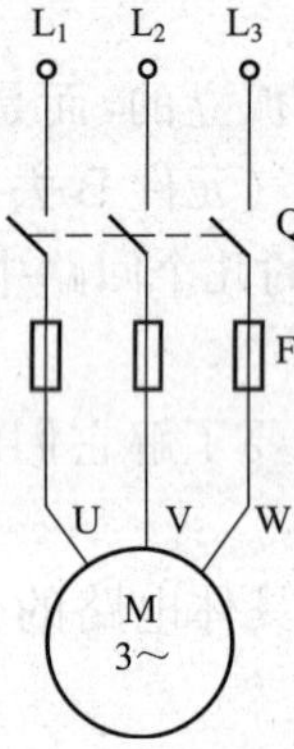

图 2.46　刀开关控制线路

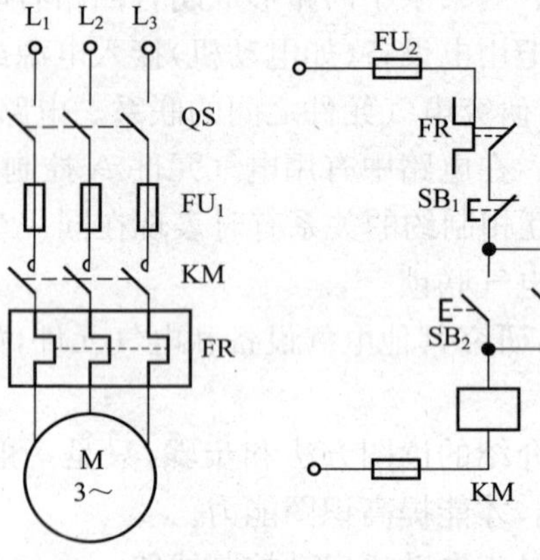

图 2.47　接触器控制电动机直接启动线路

在主电路中，串接热继电器 FR 的三相热元件；在控制电路中，串接热继电器 FR 的动断触点。一旦过载，FR 的热元件动作，其动断触点断开，切断控制电路，电动机失电停转。

在启动按钮两端并联有接触器 KM 的辅助动合触点 KM，使该电路具有自锁功能。

线路的工作过程如下：

合上QS ⟶ 按下SB_2 ⟶ KM线圈得电 ⟶ KM自锁触点闭合
　　　　　　　　　　　　　　　　 ⟶ KM主触点闭合 ⟶ 电动机M起动运转

线路具有以下保护功能。

短路保护：由熔断器 FU 实现主电路、控制电路的短路保护。短路时，FU 的熔体熔断，切断电路。熔断器可作为电路的短路保护，但达不到过载保护的目的。

过载保护：由热继电器 FR 实现。由于热继电器的热惯性比较大，即使热元件流过几倍电动机额定电流，热继电器也不会立即动作。因此，在电动机启动时间不太长的情况下，热继电器是经得起电动机启动电流冲击而不动作的。只有在电动机长时间过载的情况下，串联在主电路中的热继电器 FR 的热元件(双金属片)因受热产生变形，能使串联在控制电路中的热继电器 FR 的动断触点断开，断开控制电路，使接触器 KM 线圈失电，其主触点释放，切断主电路使电动机断电停转，实现对电动机的过载保护。

欠压和失压保护：依靠接触器本身的电磁机构来实现。当电源电压由于某种原因而严重下降(欠压)或消失(失压)时，接触器的衔铁自行释放，电动机失电停止运转。控制电路具有欠压和失压保护，具有三个优点：①防止电源电压严重下降时，电动机欠压运行；②防止电源电压恢复时，电动机突然自行启动运转造成设备和人身事故；③避免多台电动机同时启动造成电网电压的严重下降。

(2)笼型异步电动机降压启动控制

笼型异步电动机直接启动控制线路简单、经济、操作方便；但对于容量大的电动机来说，由于启动电流大、电网电压波动大，必须采用降压启动的方法，限制启动电流。

降压启动是指启动时降低加在电动机定子绕组上的电压，待电动机转速接近额定转速后再将电压恢复到额定电压下运行。由于定子绕组电流与定子绕组电压成正比，因此降压启动可以减小启动电流，从而减小电路电压降，也就减小了对电网的影响。但由于电动机的电磁转矩与电动机定子电压的平方成正比，将使电动机的启动转矩相应减小，因此降压启动仅适用于空载或轻载下启动。

常用的降压启动方法有定子电路串电阻(或电抗)降压启动、Y-△降压启动、自耦变压器降压启动等。对降压启动控制的要求：不能长时间降压运行；不能出现全压启动；在正常运行时应尽量减少工作电器的数量。

①定子电路串电阻(或电抗)降压启动

电动机启动时，在三相定子电路上串接电阻 R，使定子绕组上的电压降低，启动后再将电阻 R 短路，电动机即可在额定电压下运行。

图 2.48 是时间继电器控制的定子电路串电阻降压启动控制线路。该线路是根据启动过程中时间的变化，利用时间继电器延时动作来控制各电气元件的先后顺序动作，时间继电器的延时时间按启动过程所需时间整定。其工作原理如下：当合上刀开关 QS，按下启动按钮 SB_2 时，KM_1 立即通电吸合，使电动机在串接定子电阻 R 的情况下启动，与此同时，时间继电器 KT 通电开始计时，当达到时间继电器的整定值时，其延时闭合的动合触点闭合，使 KM_2 通电吸合，KM_2 的主触点闭合，将启动电阻 R 短接，电动机在额定电压下进入稳定正常运转。

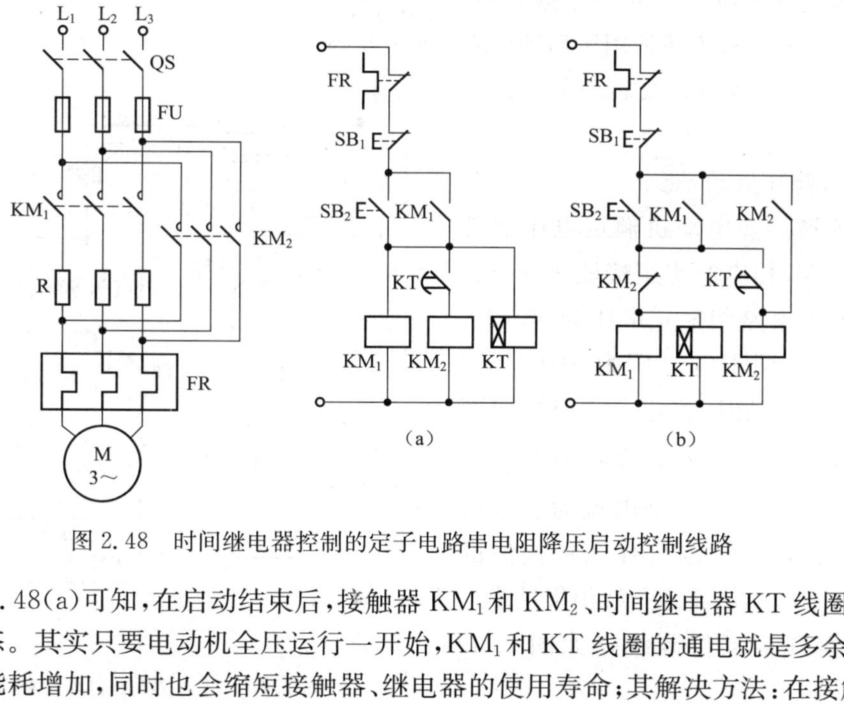

图 2.48　时间继电器控制的定子电路串电阻降压启动控制线路

分析图 2.48(a)可知，在启动结束后，接触器 KM_1 和 KM_2、时间继电器 KT 线圈均处于长时间通电状态。其实只要电动机全压运行一开始，KM_1 和 KT 线圈的通电就是多余的了。因为这不仅使能耗增加，同时也会缩短接触器、继电器的使用寿命；其解决方法：在接触器 KM_1

和时间继电器 KT 的线圈电路中串入 KM_2 的动断触点，KM_2 要有自锁，如图 2.48(b)中线路所示。这样当 KM_2 线圈通电时，其动断触点断开使 KM_1、KT 线圈断电。

线路的工作过程如下：

合上QS → 按下SB_2 → KM_1线圈得电 →
- → KM_1自锁触点闭合
- → KM_1主触点闭合 → 电动机M串电阻减压起动
- → KT线圈得电 —延时→ KM_2线圈得电 →
  - → KM_2自锁触点闭合
  - → KM_2主触点闭合（R被短接）→ 电动机全压运行
  - → KM_2常闭触点断开 → KM_1、KT线圈断电释放

定子所串电阻一般采用 ZX1、ZX2 系列的铸铁电阻。铸铁电阻功率大，允许通过的电流较大，注意三相所串电阻应相等。每相串接的降压电阻可用下述经验公式进行估算：

$$R = 190\frac{I_q - I_q'}{I_q I_q'} \tag{2.2}$$

式中，I_q 是未串接电阻前的启动电流(A)，可取 $I_q = 4 \sim 7I_N$；I_q'是串接电阻后的启动电流(A)，可取 $I_q' = 2 \sim 3I_N$；I_N 电动机的额定电流(A)。

电阻功率可用 $P = I_N^2 R$ 公式计算。由于启动电阻 R 仅在启动过程中接入，并且启动时间又很短，所以实际选用的电阻功率可减少到计算值的 1/4～1/3。若电动机定子回路只串接两相启动电阻，则电阻值按式(2.2)计算值的 1.5 倍计算。

定子串电阻降压启动的方法不受定子绕组接线形式的限制，启动过程平滑、设备简单，但启动转矩按电压下降比例的平方倍下降，能量损耗大。故此种方法适用于启动要求平稳、电动机轻载或空载及启动不频繁的场合。

②Y-△降压启动

三相笼型异步电动机额定电压通常为 380/220 V，相应的绕组接法为Y-△，这种电动机每相绕组额定电压为 380 V。我国采用的电网供电电压为 380 V；所以，当电动机启动时，将定子绕组接成Y形，加在每相定子绕组上的启动电压只有△形接法的 $1/\sqrt{3}$，启动电流为△形接法的 1/3，启动力矩也只有△形接法的 1/3。启动完毕后，再将定子绕组换接成△形。Y-△降压启动控制线路如图 2.49 所示。

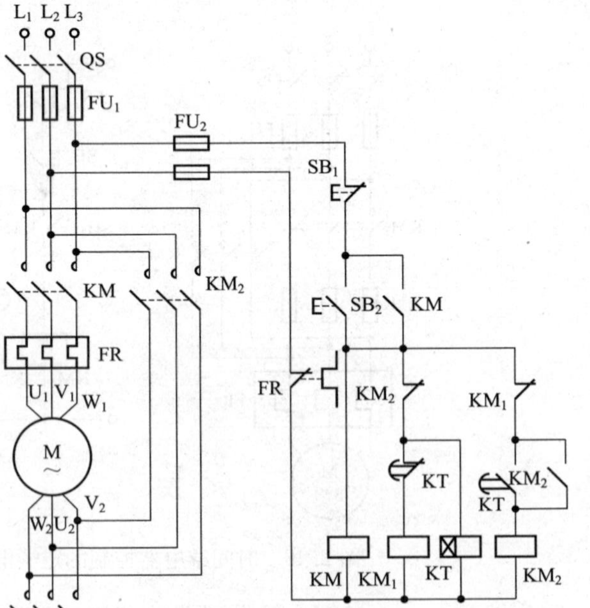

图 2.49　Y-△降压启动控制线路

线路的工作过程如下：

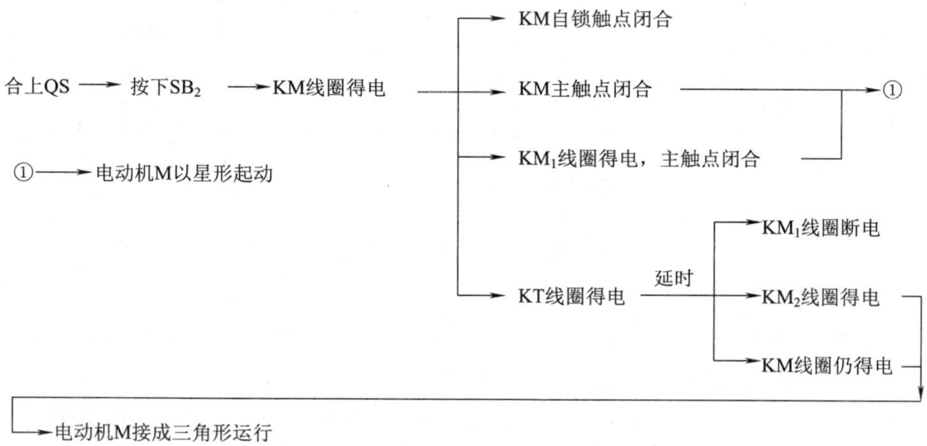

Y-△降压启动方式，设备简单经济，启动过程中没有电能损耗，启动转矩较小只能空载或轻载启动，只适用于正常运转时为三角形连接的电动机。我国设计的 Y 系列电动机，4 kW以上的电动机的额定电压都用三角形接 380 V，就是为了适用Y-△降压启动而设计的。

③自耦变压器降压启动

这种降压启动方式是利用自耦变压器来降低加在电动机定子绕组上启动电压的。启动时，变压器的绕组联结成星形，其一次侧接电网，二次侧接电动机定子绕组。改变自耦变压器抽头的位置可以获得不同的启动电压，实际应用中自耦变压器一般有 65%、85%等抽头。启动完毕，将自耦变压器切除，电动机直接接电源，进入全压运行。控制线路如图 2.50 所示。

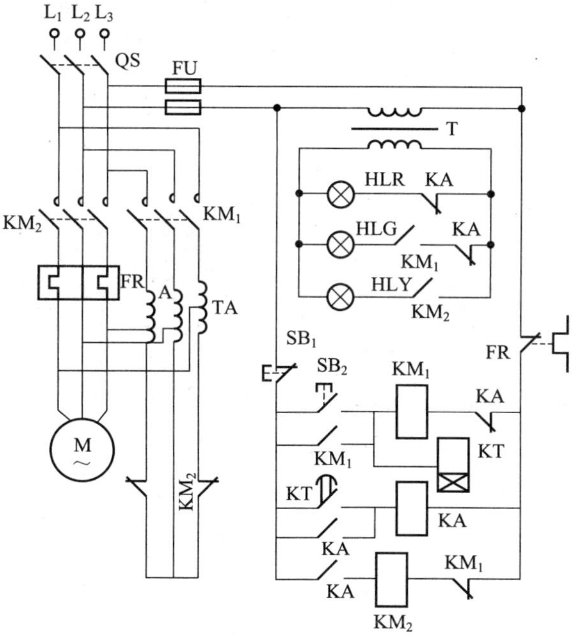

图 2.50　自耦变压器降压启动控制线路

线路的工作过程如下：

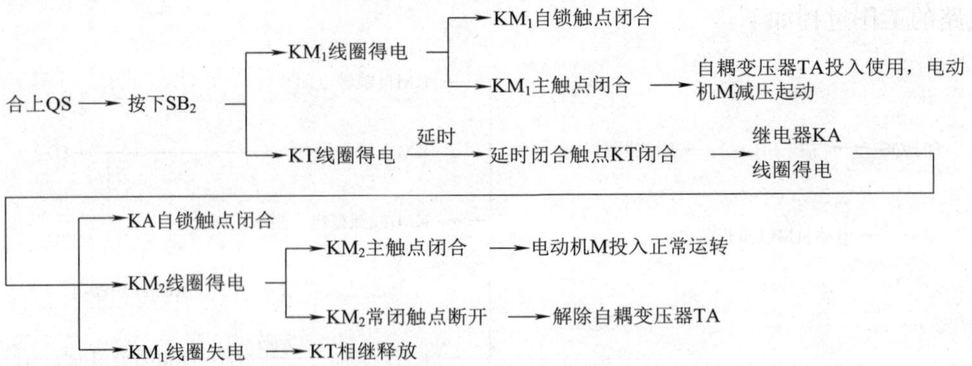

在本线路中，设有信号指示灯，由电源变压器 T 提供工作电压。电路通电后，红灯 HLR 亮；启动后，由于 KM_1 常开辅助触点的闭合，绿灯 HLG 亮；运转后，由于 KA 吸合，KA 的常闭触点断开，HLR、HLG 均熄灭，黄色指示灯 HLY 亮。按下停止按钮 SB_1，电动机 M 停机，由于 KA 恢复常闭状态，HLR 亮。

自耦变压器降压启动适用于电动机容量较大、正常工作时接成丫或△的电动机。通常自耦变压器可用调节抽头变比的方法改变启动电流和启动转矩的大小，以适应不同的需要。它比串接电阻降压启动效果要好，但自耦变压器设备庞大、成本较高，而且不允许频繁启动。

3. 三相异步电动机正反转控制线路

在生产实际中，常常要求生产机械实现正反两个方向的运动。如工作台的前进、后退，起重机吊钩的上升、下降等，这就要求电动机能够实现正反转。由电动机原理可知，改变电动机三相电源的相序，就能改变电动机的转向。

(1)按钮控制的电动机正反转控制线路

图 2.51 所示为两个按钮分别控制两个接触器来改变电动机相序，实现电动机正反转的控制线路。KM_1 为正向接触器，KM_2 为反向接触器。

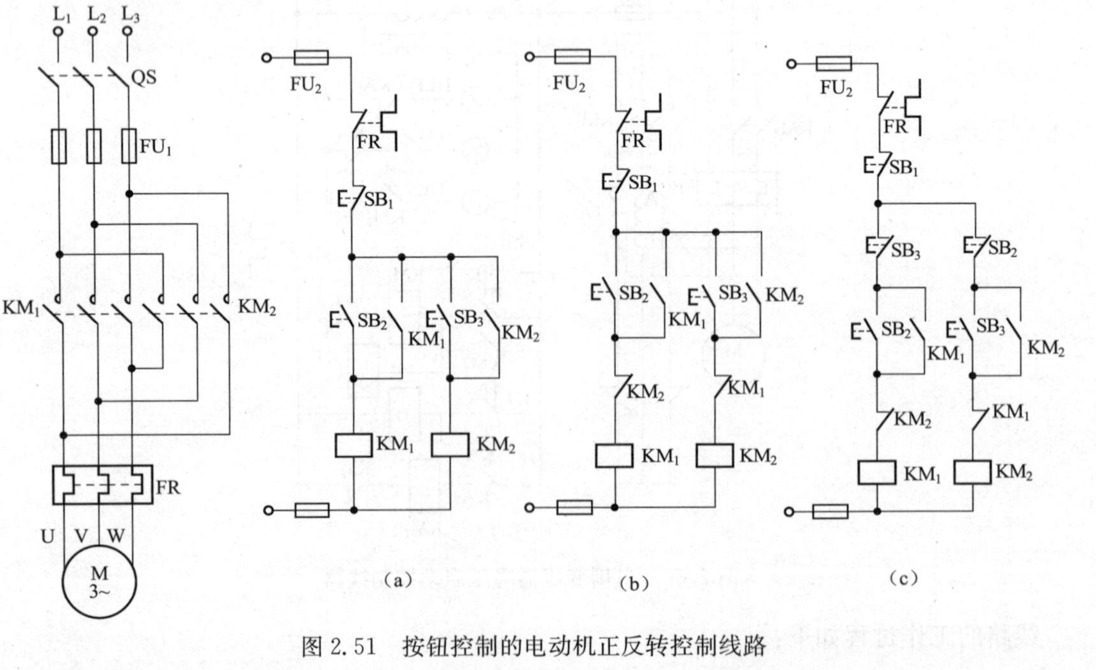

图 2.51　按钮控制的电动机正反转控制线路

图 2.51(a)所示线路的工作过程如下：

①正转

合上QS → 按下正转按钮SB_2 → KM_1线圈得电 → KM_1自锁触点闭合；KM_1主触点闭合 → 电动机M正转

②反转

合上QS → 按下反转按钮SB_3 → KM_2线圈得电 → KM_2自锁触点闭合；KM_2主触点闭合 → 电动机M反转

③停止

按下SB_1 → KM_1（KM_2）线圈断电，主触点释放 → 电动机M断电停止

不难看出，如果同时按下 SB_2和 SB_3，KM_1和 KM_2线圈就会同时通电，其主触点闭合造成电源两相短路，因此，这种电路不能采用。图 2.52(b)是在图 2.52(a)基础上扩展而成，将 KM_1、KM_2常闭辅触点串接在对方线圈电路中，形成相互制约的控制，称为互锁或联锁控制。这种利用接触器(或继电器)常闭触点的互锁又称为电气互锁。该电路欲使电动机由正转到反转，或由反转到正转必须先按下停止按钮，而后再反向启动。

图 2.51(b)的线路只能实现“正—停—反”或者“反—停—正”控制，这对需要频繁改变电动机运转方向的机械设备来说，是很不方便的。对于要求频繁实现正反转的电动机，可用图 2.51(c)控制电路控制，它是在图 2.51(b)电路基础上将正转启动按钮 SB_2与反转启动按钮 SB_3的常闭触点串接在对方常开触点电路中，利用按钮的常开、常闭触点的机械连接，在电路中互相制约的接法，称为机械互锁。这种具有电气、机械双重互锁的控制电路是常用的、可靠的电动机正反转控制电路，它既可实现“正—停—反—停”控制，又可实现“正—反—停”控制。

(2)行程开关控制的电动机正反转控制线路

机械设备中如龙门刨工作台、高炉的加料设备等均需自动往返运行，而自动往返的可逆运行通常是利用行程开关来检测往返运动的相对位置，进而控制电动机的正反转来实现生产机械的往复运动。

图 2.52 为机床工作台往复运动的示意图。行程开关 SQ_1、SQ_2分别固定安装在床身上，反映加工终点与原位。撞块 A、B 固定在工作台上，随着运动部件的移动分别压下行程开关 SQ_1、SQ_2，往返运动。

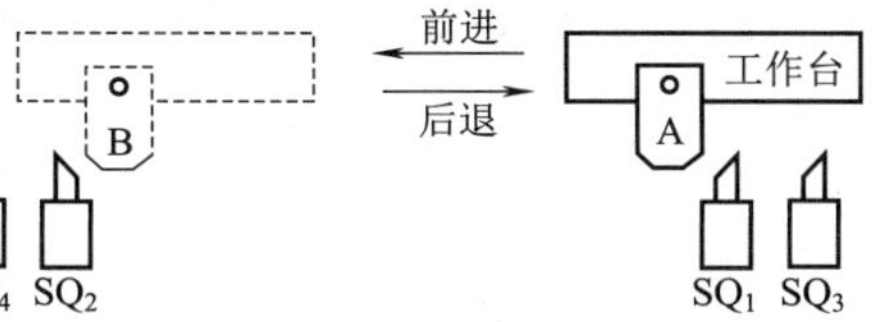

图 2.52　工作台往复运动示意图

图 2.53 为往复自动循环的控制电路。图中 SQ_1、SQ_2为工作台后退与前进限位开关，SQ_3、SQ_4为正反向极限保护用行程开关，防止 SQ_1、SQ_2失灵时造成工作台从床身上冲出去的事故。这种利用行程开关，根据机械运动位置变化所进行的控制，称为行程控制。

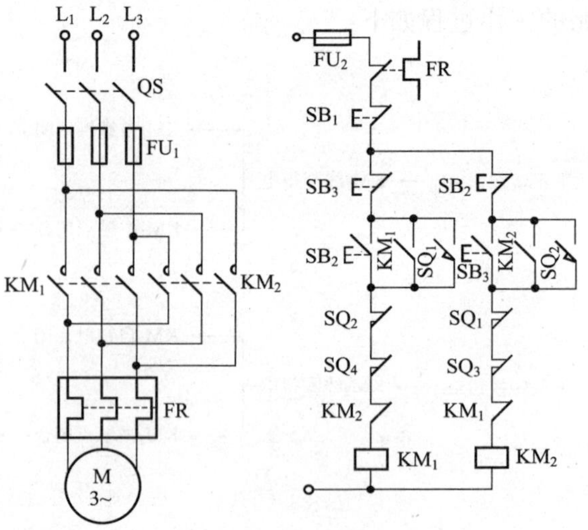

图 2.53　往复自动循环控制电路

线路的工作过程如下：

合上QS → 按下SB_2 → KM_1线圈得电 → KM_1自锁触点闭合；KM_1主触点闭合 → 电动机M正转，拖动工作台前进 →

工作台前进到预定位置，压下SQ_2 → SQ_2常闭触点断开 → KM_1断电 → 电动机M断电，工作台停止前进；SQ_2常开触点闭合 → KM_2线圈得电 → KM_2自锁触点闭合；KM_2主触点闭合 →

电动机M改变电源相序而反转，工作台后退 → 工作台退到设定位置，压下SQ_1 → SQ_1常闭触点断开 → KM_2线圈断电 → 电动机M停止后退；SQ_1常开触点闭合 → KM_1线圈得电 → 电动机M又正转，工作台又前进 →

如此往复循环，直至按下停止按钮SB_1 → KM_1（或KM_2）线圈断电 → 电动机M停止运转

4. 三相异步电动机制动控制线路

三相异步电动机切断电源后，由于惯性，总要经过一段时间才能完全停止。有些生产机械要求迅速停车，有些生产机械要求准确停车。所以常常需要采用一些使电动机在切断电源后就迅速停车的措施，这种措施称为电动机的制动。制动方式有电气机械结合的方法和电气的方法。前者如电磁机械制动，后者有能耗制动和反接制动等，本节主要介绍能耗制动和反接制动。

(1)能耗制动控制线路

能耗制动是在电动机脱离三相交流电源后，给定子绕组加一直流电源，产生静止磁场，从而产生一个与电动机原转矩方向相反的电磁转矩以实现制动。

图 2.54 所示为按速度原则控制的可逆运行能耗制动控制线路，用速度继电器取代了时间继电器。当电动机脱离交流电源后，其惯性转速仍很高，速度继电器的常开触点仍闭合，使KM_3得电通入直流电进行能耗制动。速度继电器 KS 与电动机用虚线相连表示同轴。

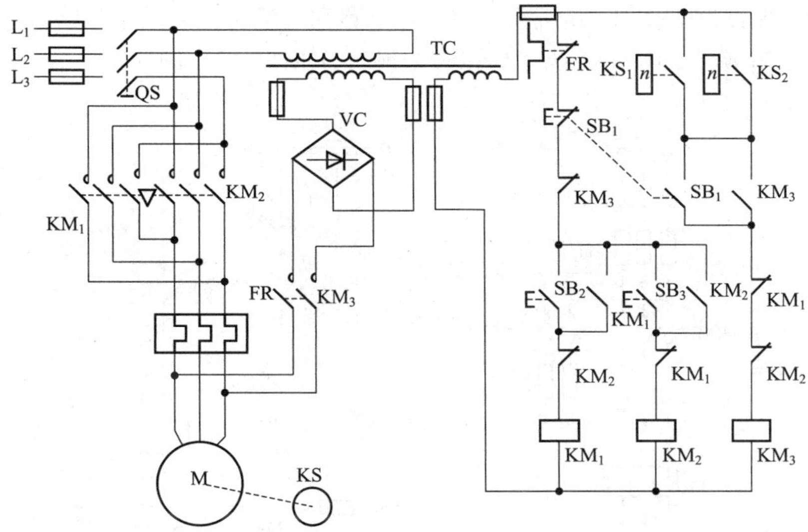

图 2.54　按速度原则控制的可逆运行能耗制动控制线路

线路的工作过程如下：

①启动

合上QS → 按下SB_2（正）或SB_3（反） → KM_1（正）或KM_2（反）通电并自锁 → 电动机M正（反）向运行，此时速度继电器相应触点KS_1或KS_2闭合，为停车时接通KM_3、实现能耗制动作准备

②制动停车

按下SB_1 → KM_1（正）或KM_2（反）线圈断电 →
- KM_1（正）或KM_2（反）主触点断开 → 电动机M断电，惯性运转，KS常开触点继续闭合 ↓
- KM_1（正）或KM_2（反）互锁触点闭合 → KM_3线圈得电并自锁 → 直流电通入电动机M定子绕组，进行能耗制动

当电动机M转速$n \approx 0$时，KS常开触点复位 → KM_3断电释放 → 切断电动机M直流电源，制动结束

能耗制动的优点是制动准确、平稳，且能量损耗小，但需附加直流电源装置，设备费用较高；制动力较小、特别是到低速阶段，制动力更小。因此，能耗制动一般只适用于制动要求平稳准确的场合，如磨床、立式铣床等设备的控制线路中。

(2)反接制动控制线路

反接制动是将运动中的电动机电源反接(即将任意两根相线接法交换)以改变电动机定子绕组中的电源相序，从而使定子绕组的旋转磁场反向，转子受到与原旋转方向相反的制动力矩而迅速停止转动。

反接制动过程中，当制动到转子转速接近零值时，如不及时切断电源，则电动机将会反向旋转。为此，必须在反接制动中，采取一定的措施，保证当电动机的转速被制动到接近零值时迅速切断电源，防止反向旋转。在一般的反接制动控制线路中常利用速度继电器进行自动控制。

反接制动控制线路如图 2.55 所示。它的主电路和正反转控制的主电路基本相同,只是增加了 3 个限流电阻 R。图中 KM_1 为正转运行接触器,KM_2 为反接制动接触器。

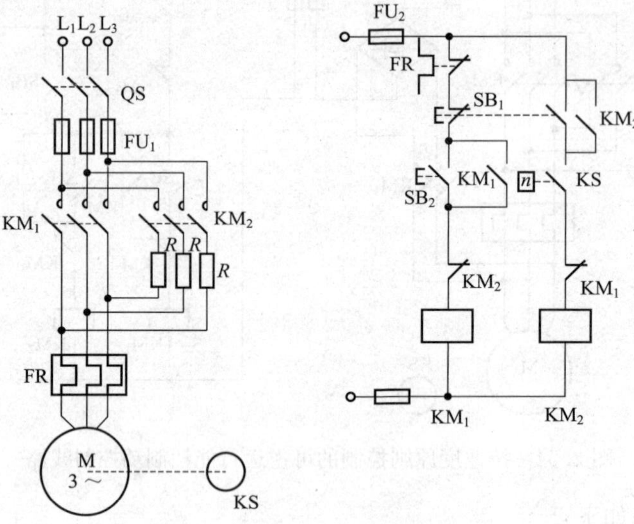

图 2.55　单向运行反接制动控制线路

线路的工作过程如下:

①启动

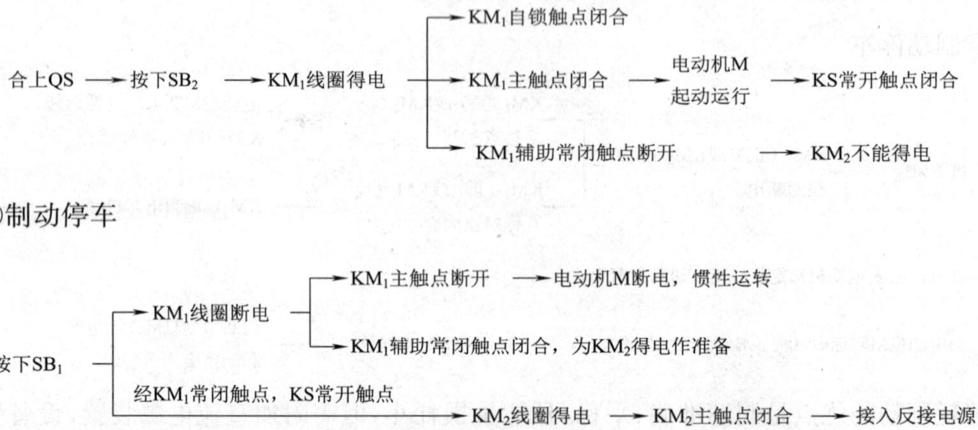

②制动停车

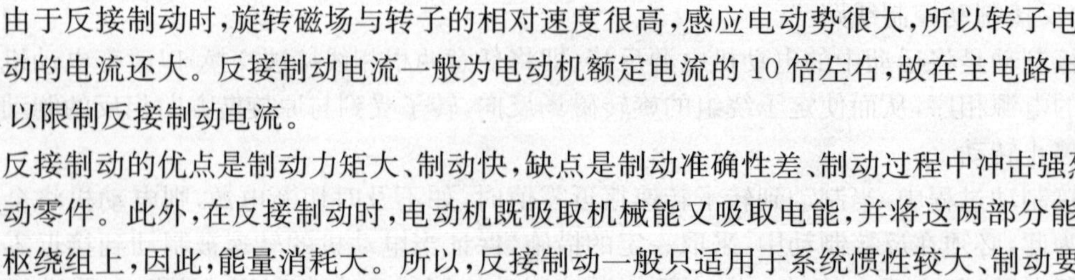

由于反接制动时,旋转磁场与转子的相对速度很高,感应电动势很大,所以转子电流比直接启动的电流还大。反接制动电流一般为电动机额定电流的 10 倍左右,故在主电路中串接电阻 R 以限制反接制动电流。

反接制动的优点是制动力矩大、制动快,缺点是制动准确性差、制动过程中冲击强烈、易损坏传动零件。此外,在反接制动时,电动机既吸取机械能又吸取电能,并将这两部分能量消耗于电枢绕组上,因此,能量消耗大。所以,反接制动一般只适用于系统惯性较大、制动要求迅速且不频繁的场合。

5. 三相笼型异步电动机调速控制线路

根据异步电动机的基本原理可知，交流电动机转速公式如下：

$$n=(60f/p)(1-s) \tag{2.3}$$

式中，p 是电动机极对数；f 是供电电源频率；s 是转差率。

由式(2.3)分析，通过改变供电电源频率 f、电动机极对数 p 以及转差率 s 都可以实现交流异步电动机的速度调节，具体可以归纳为变极调速、变转差率调速和变频调速三大类。下面主要介绍变频调速。

由式 2.3 可见，改变异步电动机的供电频率，即可平滑地调节同步转速，实现调速运行。变频调速是利用电动机的同步转速随频率变化的特性，通过改变电动机的供电频率进行调速的方法。在交流异步电动机的诸多调速方法中，变频调速的性能最好，调速范围大、稳定性好、运行效率高。采用通用变频器对笼型异步电动机进行调速控制，由于使用方便、可靠性高并且经济效益显著，所以逐步得到推广应用。通用变频器的特点是其通用性，是指可以应用于普通的异步电动机调速控制的变频器。除此之外还有高性能专用变频器、高频变频器、单相变频器等。

(1)变频器的基本结构原理

变频器的基本结构由主电路、内部控制电路板、外部接口及显示操作面板组成，软件丰富，各种功能主要靠软件来完成。变频器主电路分为交—交和交—直—交两种形式。交—交变频器可将工频交流直接变换成频率、电压均可控制的交流，又称直接式变频器。而交—直—交变频器则是先把工频交流通过整流器变成直流，然后再把直流变换成频率、电压均可控制的交流，又称间接式变频器。目前常用的通用变频器即属于交—直—交变频器，以下简称变频器。变频器的基本结构原理如图 2.56 所示。

由图 2.56 可见，变频器主要由主回路，包括整流器、中间直流环节、逆变器和控制回路组成，分述如下。

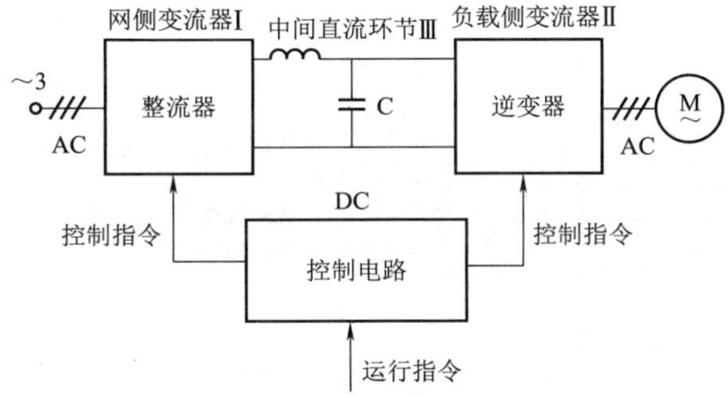

图 2.56　变频器的基本结构

①整流器：一般的三相变频器的整流电路由三相全波整流桥组成。它的主要作用是对工频的外部电源进行整流，并给逆变电路和控制电路提供所需要的直流电源。整流电路按其控制方式可以是直流电压源也可以是直流电流源。

②中间直流环节：直流中间电路的作用是对整流电路的输出进行平滑，以保证逆变电路和控制电源能够得到质量较高的直流电源。当整流电路是电压源时，直流中间电路的主要元器件是大容量的电解电容，而当整流电路是电流源时，平滑电路则主要由大容量电感组成。此外，由于电动机制动的需要，在直流中间电路中有时还包括制动电阻以及其他辅助电路。

③逆变器:逆变电路是变频器最主要的部分之一。它的主要作用是在控制电路的控制下将平滑电路输出的直流电源转换为频率和电压都任意可调的交流电源。逆变电路的输出就是变频器的输出,它被用来实现对异步电动机的调速控制。

④控制电路:变频器的控制电路包括主控制电路、信号检测电路、门极(基极)驱动电路、外部接口电路以及保护电路等几个部分,也是变频器的核心部分。控制电路的优劣决定了变频器性能的优劣。控制电路的主要作用是将检测电路得到的各种信号送至运算电路,使运算电路能够根据要求为变频器主电路提供必要的门极(基极)驱动信号,并对变频器以及异步电动机提供必要的保护。此外,控制电路还通过 A/D、D/A 等外部接口电路接收/发送多种形式的外部信号和给出系统内部工作状态,以便使变频器能够和外部设备配合进行各种高性能的控制。

(2)变频器的外部接口电路

随着变频器的发展,其外部接口电路的功能也越来越丰富。外部接口电路的主要作用就是为了使用户能够根据系统的不同需要对变频器进行各种操作,并和其他电路一起构成高性能的自动控制系统。变频器的外部接口电路通常包括以下的硬件电路,逻辑控制指令输入电路、频率指令输入输出电路、过程参数监测信号输入输出电路和数字信号输入输出电路等。而变频器和外部信号的连接则需要通过相应的接口进行的,如图 2.57 所示。

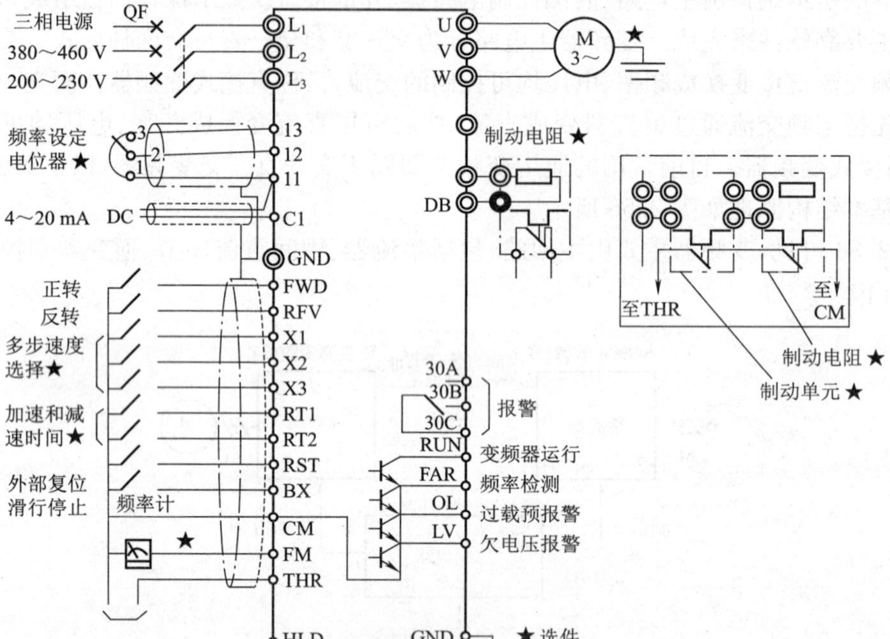

图 2.57　通用变频器的外部接口示意图

由图可见,外部信号接口主要有以下内容。

①多功能输入端子和输出接点:在变频器中设置了一些输入端子和输出接点,用户可以根据需要设定并改变这些端子和接点的功能,以满足使用需要。如逻辑控制指令输入端子,频率控制信号输入输出端子等。

②多功能模拟输入输出信号接点:变频器的模拟输入信号主要包括过程参数,如温度压力等指令及其参数的设置、直流制动的电流指令、过电流检测值;模拟输出信号主要包括输出电

流检测、输出频率检测。多功能模拟输入输出信号接点的作用就是使操作者可以将上述模拟输入信号输入变频器，并利用模拟输出信号检测变频器的工作状态。

③数字输入输出接口：变频器的数字输入输出接口主要用于和数控设备以及 PLC 的配合使用。其中，数字输入接口的作用是使变频器可以根据数控设备或 PLC 输出的数字信号指令运行，而数字输出接口的作用则主要是通过脉冲计数器给出变频器的输出频率。

④通信接口：变频器还具有 RS-232 或 RS-485 的通信接口。这些接口的主要作用是和计算机或 PLC 进行通信，并按照计算机或 PLC 的指令完成所需的动作。

(3)应用举例

图 2.58 所示为使用变频器举例，此线路实现电动机正、反向运行并调速和点动功能。根据功能要求，首先要对变频器编程并修改参数来选择控制端子的功能，将变频器 DIN_1、DIN_2、DIN_3 和 DIN_4 端子分别设置为正转运行、反转运行、正向点动和反向点动功能。图中 KA_1 为变频器的输出继电器，定义为正常工作时，KA_1 触点闭合，当变频器出现故障时或者电动机过载时触点打开。

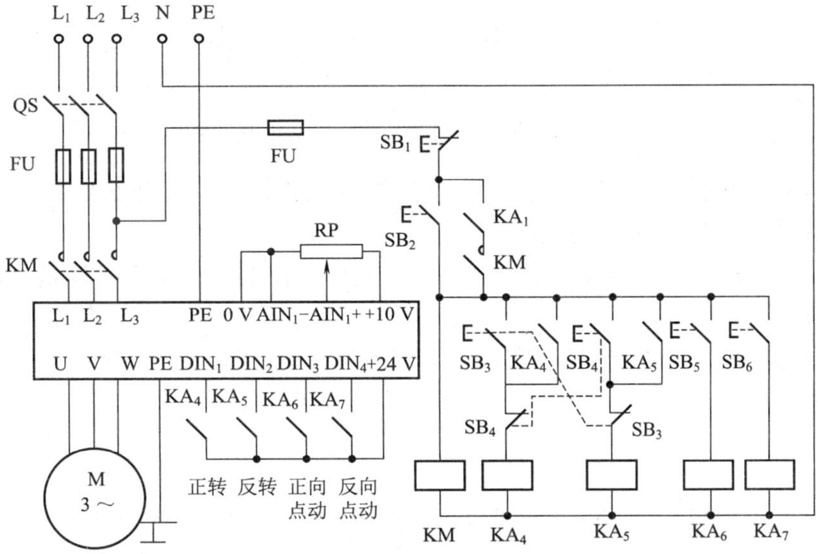

图 2.58　使用变频器的异步电动机可逆调速控制线路

按启动按钮 SB_2，接触器触点 KM 通电并自锁，若变频器有故障则不能自锁。变频器通过接触器触点 KM 接通电源上电。SB_3、SB_4 为正、反向运行控制按钮，运行频率由电位器 RP 给定。SB_5、SB_6 为正、反向点动运行控制按钮，点动运行频率可由变频器内部设置。按钮 SB_1 为总停止控制。

6. 异步电动机的其他基本控制线路

实际工作中，电动机除了有启动、正反转、制动等控制要求外，还有其他一些控制要求，如机床调整时的点动，多电动机的先后顺序控制、多地点多条件控制、联锁控制、步进控制以及自动循环控制等。在控制电路中，为满足机械设备的正常工作要求，需要采用多种基本控制电路组合起来完成所要求的控制功能。

(1)点动与长动控制

生产机械长时间工作，即电动机连续运转，称为长动控制。点动控制就是当按下按钮时，电动机转动，松开按钮后，电动机停转。点动起停时间的长短由操作者手动控制。在生产实际中，有的生产机械需要点动控制，有的既需要长动（连续运行）控制，又需要点动控制。点动与连续运行的主要区别在于是否接入自锁触点，点动控制加入自锁后就可以连续运行。如需要在连续状态和点动状态两者之间进行选择时，需选择联锁控制线路。具有点动与长动功能的控制线路如图 2.59 所示。

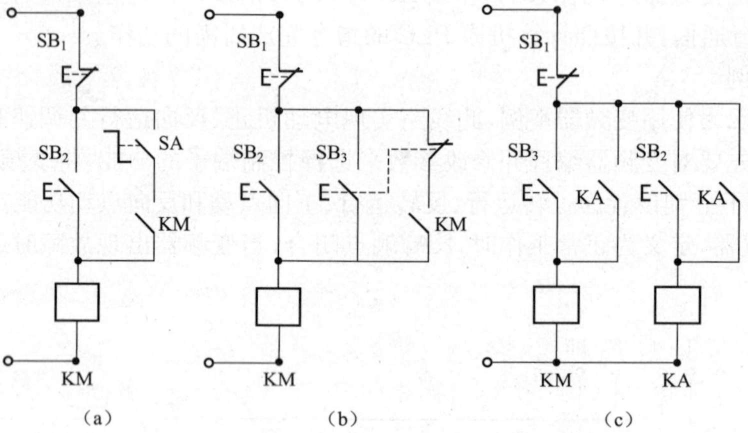

图 2.59　实现点动与长动功能的控制线路

图 2.59(a)是用选择开关 SA 来选择点动控制或长动控制。打开 SA，按下 SB_2 就是点动控制；合上 SA，按下 SB_2 就是长动控制。

图 2.59(b)是复合按钮 SB_3 来实现点动控制或长动控制。按下 SB_2 就是长动控制；按下 SB_3 则实现点动控制。

图 2.59(c)是采用中间继电器来实现点动控制或长动控制；其工作情况如下。

点动工作时：

按下 SB_3 → KM 线圈得电 → KM 主触点闭合 → 电动机通电运转

松开 SB_3 → KM 线圈失电 → KM 主触点断开 → 电动机断电停止

长动工作时：

按下 SB_2 → 中间继电器 KA 线圈得电 → KA 自锁触点闭合

按下 SB_2 → 中间继电器 KA 线圈得电 → KA 常开触点闭合 → KM 线圈得电 → KM 主触点闭合 → 电动机通电长时间运转

(2)多地点与多条件控制

在一些大型机械设备中，为了操作方便，常要求在多个地点进行控制；在某些设备上，为了保证操作安全，需要多个条件满足，设备才能开始工作，这样的要求可通过在控制线路中串联或并联电器的动断触点和动合触点来实现。

图 2.60 为多地点控制线路。接触器 KM 线圈的得电条件为按钮 SB_2、SB_4、SB_6 中的任一动合触点闭合，KM 辅助动合触点构成自锁，这里的动合触点并联构成逻辑或的关系，任一条件满足，就能接通电路；KM 线圈失电条件为按钮 SB_1、SB_3、SB_5 中任一动断触点打开，动断触点串联构成逻辑与的关系，其中任一条件满足，即可切断电路。

图 2.61 为多条件控制线路。接触器 KM 线圈得电条件为按钮 SB_4、SB_5、SB_6 的动合触点全部闭合，KM 的辅助动合触点构成自锁，即动合触点串联成逻辑与的关系，全部条件满足，才能接通电路；KM 线圈失电条件是按钮 SB_1、SB_2、SB_3 的动断触点全部打开，即动断触点并联构成逻辑或的关系，全部条件满足，切断电路。

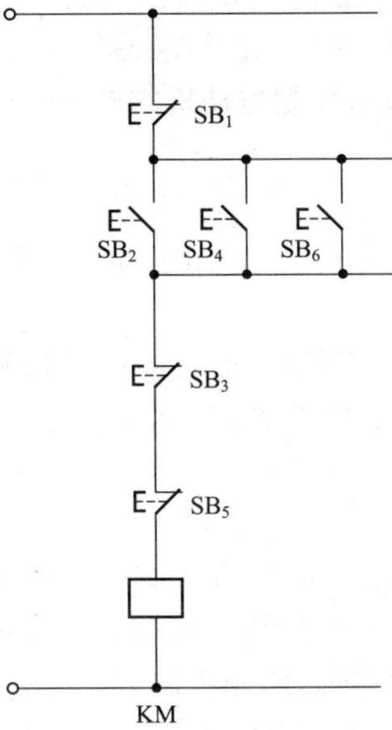

图 2.60　多地点控制线路

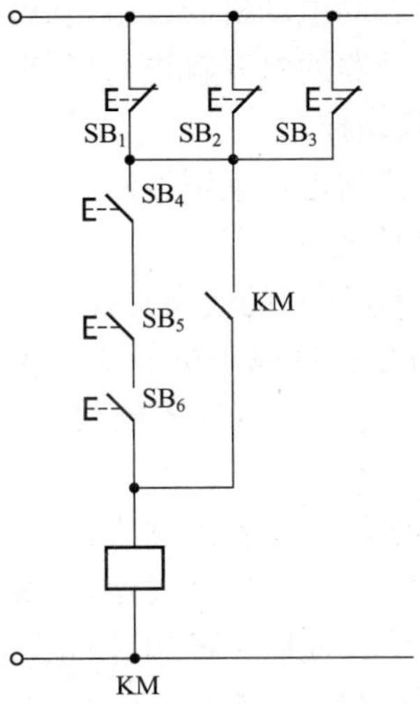

图 2.61　多条件控制线路

(3)顺序控制

在机床的控制线路中，常常要求电动机的起停有一定的顺序。例如磨床要求先启动润滑油泵，然后再启动主轴电动机；龙门刨床在工作台移动前，导轨润滑油泵要先启动；铣床的主轴旋转后，工作台方可移动等。顺序工作控制线路有顺序启动、同时停止控制线路，有顺序启动、顺序停止控制线路，还有顺序启动、逆序停止控制线路。图 2.62 为两台电动机的顺序控制线路。

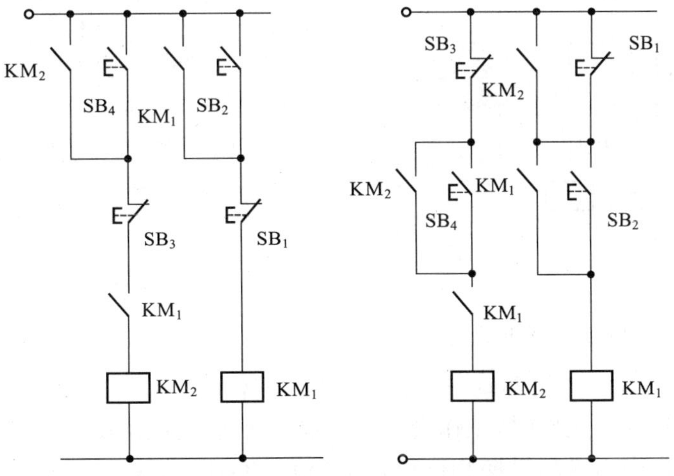

(a) 顺序起动、同时停止　(b) 顺序起动、逆序停止

图 2.62　两台电动机的顺序控制线路

图 2.62(a)是顺序启动、同时停止控制线路。在这个线路中，只有 KM_1 线圈通电后，其串入 KM_2 线圈电路中的常开触点 KM_1 闭合，才使 KM_2 线圈有通电的可能。按下 SB_1 按钮、两台电动机同时停止。

图 2.62(b)是顺序启动、逆序停止控制线路。停车时，必须按 SB_3 按钮，断开 KM_2 线圈电路，使并联在按钮 SB_1 下的常开触点 KM_2 断开后，再按 SB_1 才能使 KM_1 线圈断电。

通过上面的分析可知，要实现顺序动作，可将控制电动机先启动的接触器的常开触点串联在控制后启动电动机的接触器线圈电路中，用若干个停止按钮控制电动机的停止顺序，或者将先停的接触器的常开触点与后停的停止按钮并联即可。

(4)联锁控制

联锁控制也称互锁控制，是保证设备正常运行的重要控制环节，常用于制约不能同时出现的电路接通状态。

图 2.63 所示的线路是控制两台电动机不准同时接通工作的控制线路，图中接触器 KM_1 和 KM_2 分别控制电动机 M_1 和 M_2，其动断触点构成互锁即联锁关系，当 KM_1 动作时，其动断触点打开，使 KM_2 线圈不能得电，同样 KM_2 动作时，KM_1 线圈无法得电工作，从而保证任何时候，只有一台电动机转动工作。

由接触器动断触点构成的联锁控制也常用于具有两种电源接线的电动机控制线路中，如前述电动机正反转控制线路，构成正转接线的接触器与构成反转接线的接触器，其动断触点在控制线路中构成联锁控制，使正转接线与反转接线不能同时接通，防止电源短路。除接触器动断触点构成联锁关系外，在运动复杂的设备上，为防止不同运动之间的干涉，常设置用操作手柄和行程开关组合构成的联锁控制。这里以某机床工作台进给运动控制为例，说明这种联锁关系，其联锁控制线路如图 2.64 所示。

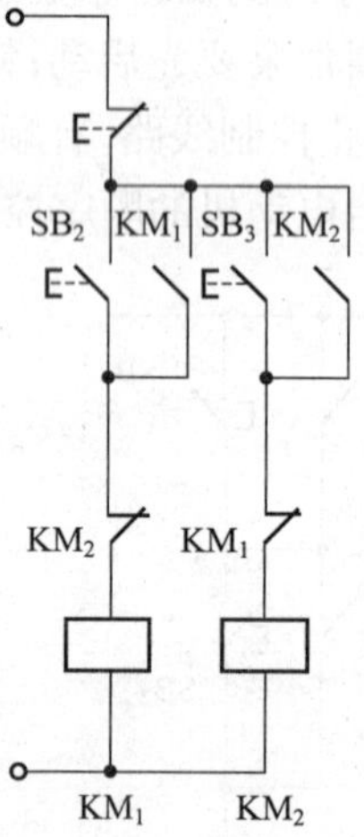

图 2.63　两台电动机联锁控制线路图

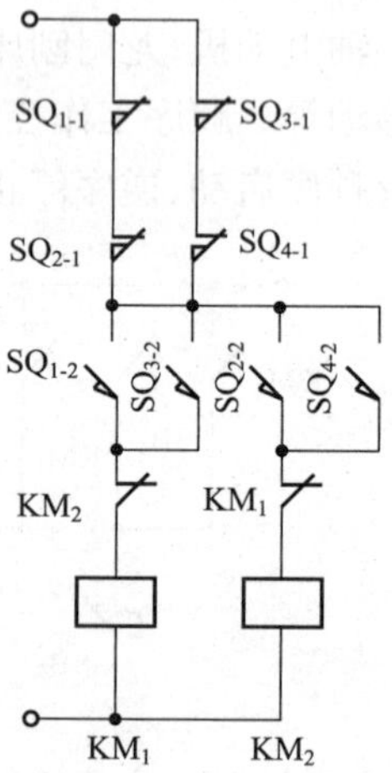

图 2.64　机床工作台进给联锁控制线路

机床工作台由一台电动机驱动，通过机械传动链传动，可完成纵向(左右两方向)和横向(前后方向)的进给移动。工作时，工作台只允许沿一个方向进给移动，因此各方向的进给运动之间必须联锁。工作台由纵向手柄和行程开关 SQ_1、SQ_2 操作纵向进给，横向手柄和行程开关 SQ_3、SQ_4 操作横向进给，实际上两操作手柄各自都只能扳在一种工作位置，存在左右运动之间或前后运动之间的制约，只要两操作手柄不同时扳在工作位置，即可达到联锁的目的。操作手柄有两个工作位和一中间不工作位，正常工作时，只有一个手柄扳在工作位，当由于误动作等意外事故使两手柄都被扳到工作位时，联锁电路将立即切断进给控制电路，进给电动机停转，工作台进给停止，防止运动干涉损坏机床的事故发生。图 2.64 是工作台的联锁控制线路，KM_1、KM_2为进给电动机正转和反转控制接触器，纵向控制行程开关 SQ_1、SQ_2动断触点串联构成的支路与横向控制行程开关 SQ_3、SQ_4动断触点串联构成的支路并联起来组成联锁控制电路。当纵向操作手柄扳在工作位，将会压动行程开关 SQ_1（或 SQ_2），切断一条支路，另一支路由横向手柄控制的支路因横向手柄不在工作位而仍然正常通电，此时 SQ_1（或 SQ_2）的动合触点闭合，使接触器 KM_1（或 KM_2）线圈得电，电动机 M 转动，工作台在给定的方向进给移动，当工作台纵向移动时，若横向手柄也被扳到工作位，行程开关 SQ_3 或 SQ_4受压，切断联锁电路，使接触器线圈失电，电动机立即停转，工作台进给运动自动停止，从而实现进给运动的联锁保护。

（5）自动循环控制

实际生产中，很多设备的工作过程包括若干工步，这些工步按一定的动作顺序自动地逐步完成，并且可以不断重复地进行，实现这种工作过程的控制即是自动工作循环控制。根据设备的驱动方式，可将自动循环控制线路分为两类：一类是对由电动机驱动的设备实现工作循环的自动控制，另一类是对由液压系统驱动的设备实现工作的自动循环控制。从电气控制的角度来说，实际上控制线路是对电动机工作的自动循环实现控制和对液压系统工作的自动循环实现控制。

①电动机工作的自动循环控制

电动机工作的自动循环控制，实质上是通过控制线路按照工作循环图确定的工作顺序要求对电动机进行启动和停止的控制。

设备的工作循环图标明动作的顺序和每个工步的内容，确定各工步应接通的电器，同时还注明控制工步转换的转换主令。自动循环工作中的转换主令，除启动循环的主令由操作者给出外，其他各步转换的主令均来自设备工作过程中出现的信号，如行程开关信号、压力继电器信号、时间继电器信号等，控制线路在转换主令的控制下，自动地切换工步，切换工作电器，实现工作的自动循环。

a. 单机自动循环控制线路

常见的单机自动循环控制是在转换主令的作用下，按要求自动切换电动机的转向，如前述由行程开关操作电动机正反转控制，或是电动机按要求自动反复起停的控制，图 2.65 所示为自动间歇供油的润滑系统控制线路。图中 KM 为控制液压泵电动机起停的接触器，KT_1 控制油泵电动机工作供油的时间，KT_2控制停止供油间断的时间。合上开关 SA 以后，液压泵电动机启动，间歇供液循环开始。

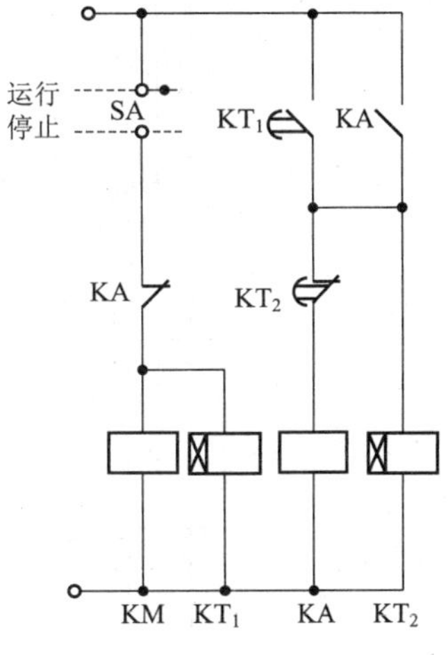

图 2.65　自动间歇供油的润滑系统控制线路

b. 多机自动循环控制线路

实际生产中有些设备是由多个动力部件构成，并且各个动力部件具有自己的工作循环过程，这些设备工作的自动循环过程是由某些单机工作循环组合构成。通过对设备工作循环图的分析，即可看出，控制线路实质上是根据工作循环图的要求，对多个电动机实现有序的起、停和正反转的控制。图 2.66 为由两个动力部件构成的机床运动简图及工作循环图，图中行程开

关 SQ_1 为动力头Ⅰ的原位开关，SQ_2 为终点限位开关；SQ_3 为动力头Ⅱ的原位开关，SQ_4 为终点限位开关，M_1 是动力头Ⅰ的驱动电动机，M_2 是动力头Ⅱ的驱动电动机。

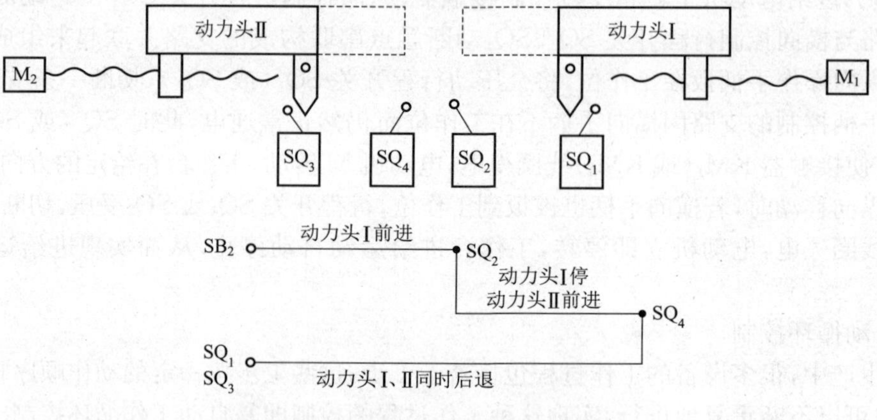

图 2.66　机床运动简图及工作循环图

图 2.67 是机床工作自动循环的控制线路，SB_2 为工作循环开始的启动按钮，KM_1 与 KM_3 分别为 M_1 电动机的正转和反转控制接触器；KM_2 与 KM_4 分别为 M_2 的正转和反转控制接触器。

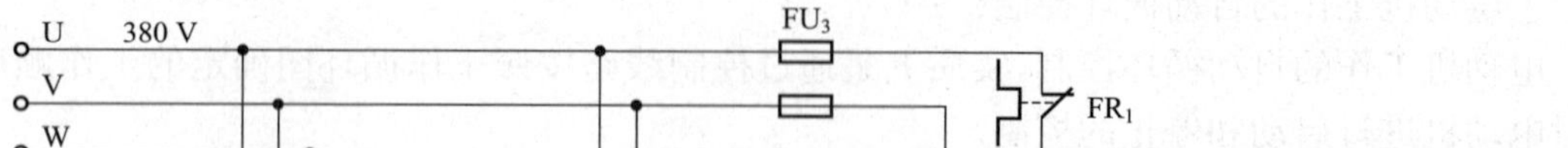

图 2.67　机床工作自动循环的控制线路

机床工作自动循环过程分为三个工步，启动按钮 SB_2 按下，开始第一个工步，此时电动机 M_1 的正转接触器 KM_1 得电工作，动力头Ⅰ向前移动，到达终点位后，压下终点限位开关 SQ_2，SQ_2 信号作为转换主令，控制工作循环由第一工步切换到第二工步，SQ_2 的动断触点使 KM_1 线圈失电，M_1 电动机停转，动力头Ⅰ停在终点位，同时 SQ_2 的动合触点闭合，接通 KM_2 的线圈电路，使电动机 M_2 正转，动力头Ⅱ开始向前移动，至终点位时，此时 SQ_4 的动断触点切断 M_2 电动机的正转控制接触器 KM_2 的线圈电路，同时其动合触点闭合使电动机 M_1 与 M_2 的反转控制接触器 KM_3 与 KM_4 的线圈同时接通，电动机 M_1 与 M_2 反转，动力头Ⅰ和Ⅱ由各自的终点位向原位返回，并在到达原位后分别压下各自的原位行程开关 SQ_1 和 SQ_3，使 KM_3、KM_4 失电，电动机停转，两动力头停在原位，完成一次工作循环。

电路中反转接触器 KM_2 与 KM_4 的自锁触点并联，分别为各自的线圈提供自锁作用。当动力头Ⅰ与Ⅱ不能同时到达原位时，先到达原位的动力头压下原位开关，切断该动力头控制接触器的线圈电路，相应的接触器自锁触点也复位断开，但另一自锁触点仍然闭合，保证接触器线圈不会失电，直到另一动力头也返回到达原位，并压下原位行程开关，切断接触器线圈电路，结束循环。

②液压系统工作的自动循环控制

液压传动系统能够提供较大的驱动力，并且运动传递平稳、均匀、可靠、控制方便。当液压系统和电气控制系统组合构成电液控制系统时，很容易实现自动化，电液控制被广泛地应用在各种自动化设备上。电液控制是通过电气控制系统控制液压传动系统按给定的工作运动要求完成动作。

液压动力滑台工作自动循环控制是一典型的电液控制，下面将其作为例子，分析液压系统工作自动循环的控制线路。

液压动力滑台是机床加工工件时完成进给运动的动力部件，由液压系统驱动，自动完成加工的自动循环。滑台工作循环的工步顺序与内容，各工步之间的转换主令，同电动机驱动的自动工作循环控制一样，由设备的工作循环图给出。电液控制系统的分析通常分为三步：工作循环图分析，以确定工步顺序及每步的工作内容，明确各工步的转换主令；液压系统分析，分析液压系统的工作原理，确定每工步中应通电的电磁阀线圈，并将分析结果和工作循环图给出的条件通过动作表的形式列出，动作表上列有每个工步的内容、转换主令和电磁阀线圈通电状态；控制线路分析，是根据动作表给出的条件和要求，逐步分析电路如何在转换主令的控制下完成电磁阀线圈通断电的控制。液压动力滑台一次工作进给的控制线路如图 2.68 所示。

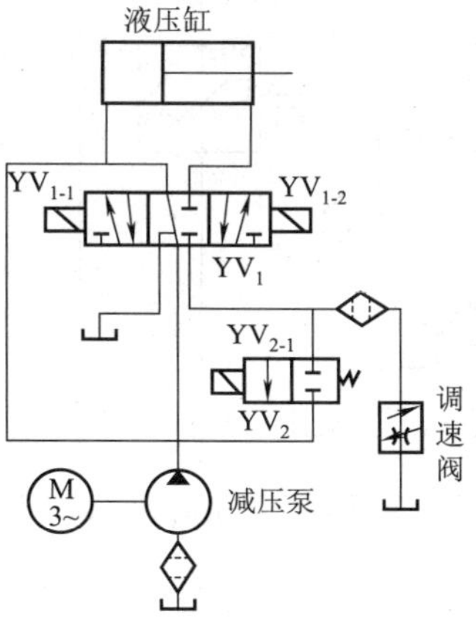

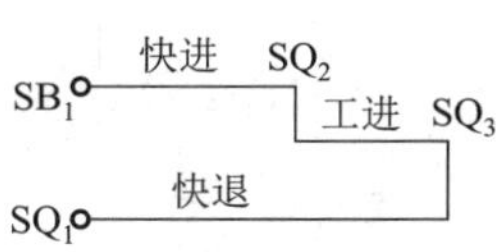

滑台	电磁阀			转换主令
	YV_{1-1}	YV_{1-2}	YV_{2-1}	
快进	+	−	+	SB_1
工进	+	−	−	SQ_2
快退	−	+	−	SQ_3
停止	−	−	−	SQ_1

（a）原理示意图和动作表

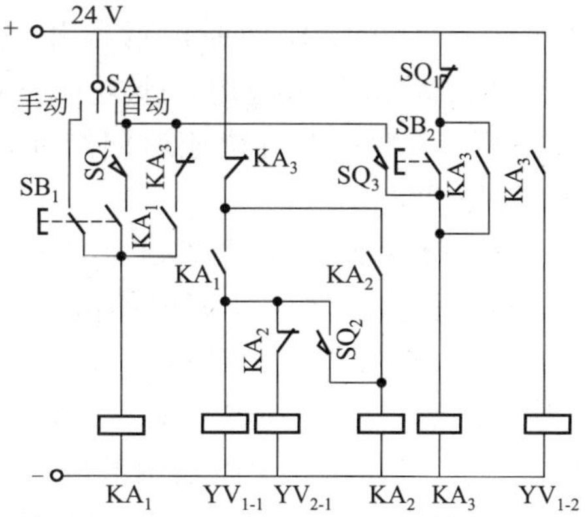

（b）控制线路

图 2.68 液压动力滑台电液控制系统

在图 2.68(a)中可以看到，液压动力滑台的自动工作循环共有 4 个工步：滑台快进、工进、快退及原位停止；分别由行程开关 SQ_2、SQ_3、SQ_1 及按钮 SB_1 控制循环的启动和工步的切换。对应于四个工步，液压系统有四个工作状态，满足活塞的四个不同运动要求；其工作原理如下：

动力滑台快进，要求电磁换向阀 YV_1 在左位，压力油经换向阀进入液压缸左腔，推动活塞右移，此时电磁换向阀 YV_2 也要求位于左位，使得油缸右腔回油经 YV_2 阀返回液压缸左腔，增大液压缸左腔的进油量，活塞快速向前移动，为实现上述油路工作状态，电磁阀线圈 YV_{1-1} 必须通电，使阀 YV_1 切换到左位，YV_{2-1} 通电使 YV_2 切换到左位。动力滑台前移到达工进起点时，压下行程开关 SQ_2，动力滑台进入工进的工步。动力滑台工进时，活塞运动方向不变，但移动速度改变，此时控制活塞运动方向的阀 YV_1 仍在左位，但控制液压缸右腔回油通路的阀 YV_2 切换到右位，切断右腔回油进入左腔的通路，而使液压缸右腔的回油经调速阀流回油箱。调速阀节流控制回油的流量，从而限定活塞以给定的工进速度继续向右移动，YV_{1-1} 保持通电，使阀 YV_1 仍在左位，但是 YV_{2-1} 断电，使阀 YV_2 在弹簧力的复位作用下切换到右位，满足工进油路的工作状态。工进结束后，动力滑台在终点位压动终点限位开关 SQ_3，转入快退工步。滑台快退时，活塞的运动方向与快进、工进时相反，此时液压缸右腔进油、左腔回油，阀 YV_1 必须切换到右位，改变油的通路，阀 YV_1 切换以后，压力油经阀 YV_1 进入液压缸的右腔，左腔回油经 YV_1 直接回油箱，通过切断 YV_{1-1} 的线圈电路使其失电，同时接通 YV_{1-2} 的线圈电路使其通电吸合，阀 YV_1 切换到右位，满足快退时液压系统的油路状态。动力滑台快速退回到原位以后，压动原位行程开关 SQ_1，即进入停止状态。此时要求阀 YV_1 位于中间位的油路状态，YV_2 处于右位，当电磁阀线圈 YV_{1-1}、YV_{1-2}、YV_{2-1} 均失电时，即可满足液压系统使滑台停在原位的工作要求。

图 2.68(b)控制线路中，SA 为选择开关，用于选定滑台的工作方式。开关扳在自动循环工作方式时，按下启动按钮 SB_1，循环工作开始。SA 扳到手动调整工作方式时，电路不能自锁持续供电，按下按钮 SB_1，可接通 YV_{1-1} 与 YV_{2-1} 线圈电路，滑台快速前进，松开 SB_1，YV_{1-1}、YV_{2-1} 线圈失电，滑台立即停止移动，从而实现点动向前调整的动作。SB_2 为滑台快速复位按钮，当由于调整前移或工作过程中突然停电的原因，滑台没有停在原位不能满足自动循环工作的启动条件，即原位行程开关 SQ_1 不处于受压状态时，通过电压下复位按钮 SB_2，接通 YV_{1-2}，滑台即可快速返回至原位，压下 SQ_1 后停机。

在上述控制电路的基础上，加上延时元件，可得到具有进给终点延时停留的自动循环控制线路，其工作循环及控制电路如图 2.69 所示。当滑台工进到终点时，压动终点限位开关 SQ_3，接通时间继电器 KT 的线圈电路，KT 的动断触点使 YV_{1-1} 线圈失电，阀 YV_1 切换到中间位置，使滑台停在终点位，经一定时间的延时后，KT 的延时动合触点接通滑台快速退回的控制电路，滑台通过进入快退的工步，退回原位后行程开关 SQ_1 被压下，切断电

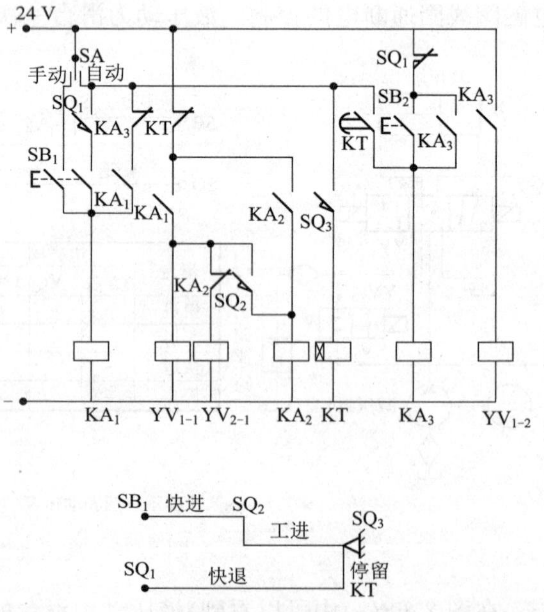

图 2.69　具有终点延时停留功能的滑台控制线路

磁阀线圈 $YV_{1\text{-}2}$ 的电路，滑台停在原位。其他工步的控制和调整控制方式，带有延时停留的控制电路与无终点延时停留的控制电路相同。

任务 2.4　常见机械设备电气控制系统分析

2.4.1　工作任务

通过常见机械设备电气控制系统分析，能承担以下工作任务：

(1)掌握电气控制系统的分析方法；

(2)培养阅读电气控制回路的能力。

2.4.2　相关配套知识

本部分通过分析典型机械设备的电气控制系统，一方面进一步学习掌握电气控制线路的组成以及各种基本控制电路在具体的电气控制系统中的应用，同时学习掌握分析电气控制线路的方法，提高阅读电路图的能力，为进行电气控制系统的设计打下基础；另一方面通过了解一些具有代表性的典型机械设备的电气控制系统及其工作原理，为以后实际工作中对机械设备电气控制线路的分析、调试及维护打好基础。

机械设备电气控制系统的分析步骤如下：

(1)设备运动分析，对由液压系统驱动的设备还需进行液压系统工作状态分析。

(2)主电路分析，确定动力电路中用电设备的数目、接线状况及控制要求，控制执行件的设置及动作要求，如交流接触器主触点的位置，各组主触点分、合跳动作要求，限流电阻的接入和短接等。

(3)控制电路分析，分析各种控制功能的实现。

1. 车床电气控制线路

车床是机械加工中应用极为广泛的一种机床，主要用于加工各种回转表面(内外圆柱面、圆锥表面、成型回转表面等)、回转体的端面、螺纹等。车床的类型很多，主要有卧式车床、立式车床、转塔车床、仿形车床等。

车床通常由一台主电动机拖动，经由机械传动链，实现切削主运动和刀具进给运动的输出，其运动速度由变速齿轮箱通过手柄操作进行切换。刀具的快速移动、冷却泵和液压泵等，常采用单独电动机驱动。不同型号的车床，其主电动机的工作要求不同，因而由不同的控制电路构成，但是由于卧式车床运动变速是由机械系统完成的，且机床运动形式比较简单，因此相应的控制电路也比较简单。本节以 CA6140 卧式车床为例，进行电气控制系统的分析。

(1)主要结构和运动形式

车床结构示意图如图 2.70 所示，主要有主轴变速箱、进给箱、溜板箱、溜板与刀架、尾架、床身等几部分组成。车床运动形式主要有两种：一种是主运动，是指安装在主轴箱中的主轴带动工件的旋转运动；另一种是进给运动，是指溜板箱带动溜板和刀架直线运动。刀具安装在刀架上，与溜板一起随溜板箱沿主轴轴线方向实现进给移动，主轴的传动和溜板箱的移动均由主电动机驱动。在加工的过程中，还需提供切削液，并且为了减轻工人的劳动强度和节省辅助工作时间，要求带动刀架移动的溜板箱能够快速移动。

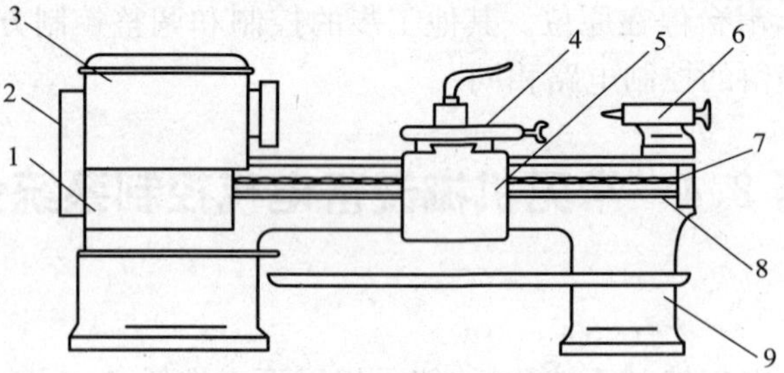

图 2.70　普通车床结构示意图

1—进给箱；2—挂轮箱；3—主轴变速箱；4—溜板与刀架；
5—溜板箱；6—尾架；7—丝杆；8—光杆；9—床身

(2)电力拖动与控制要求

①主电动机 M_1。主轴电动机选用三相笼型异步电动机，不进行调速，主轴采用齿轮箱进行机械有级调速；车削螺纹时要求主轴有正反转，一般由机械方法实现，主轴电动机只作单向旋转；主轴电动机容量不大，可采用直接启动。

②电动机 M_2 拖动冷却泵。冷却泵电动机和主轴电动机要实现顺序控制，采用直接启动停止方式，为连续工作状态，不需要正反转和调速。

③快速移动电动机 M_3，电动机可根据使用需要，随时手动控制启停。

④主电动机和冷却泵电动机部分应具有过载保护。

⑤应具有局部安全照明装置。

(3)电气控制线路分析

CA6140 型普通车床的电气控制系统电路如图 2.71 所示，使用的电气元件符号与功能说明见表 2.9。

表 2.9　CA6140 型普通车床电气元件符号与功能说明

序号	符号	名称与用途	序号	符号	名称与用途
1	M_1	主轴电动机	10	QS_2	冷却泵电动机开关
2	M_2	冷却泵电动机	11	SA	照明开关
3	M_3	快速移动电动机	12	FU、$FU_{1\text{-}3}$	熔断器
4	KM_1	主电动机启动接触器	13	FR_1	主电动机过载保护热继电器
5	KM_2	冷却泵电动机启动接触器	14	FR_2	冷却泵电动机保护热继电器
6	KM_3	快移电动机启动接触器	15	EL	照明灯
7	SB_1	主电动机停止按钮	16	HL、$HL_{1\text{-}3}$	指示灯
8	SB_2	主电动机启动按钮	17	QS_1	隔离开关
9	SB_3	快移电动机点动按钮	18	TC	控制变压器

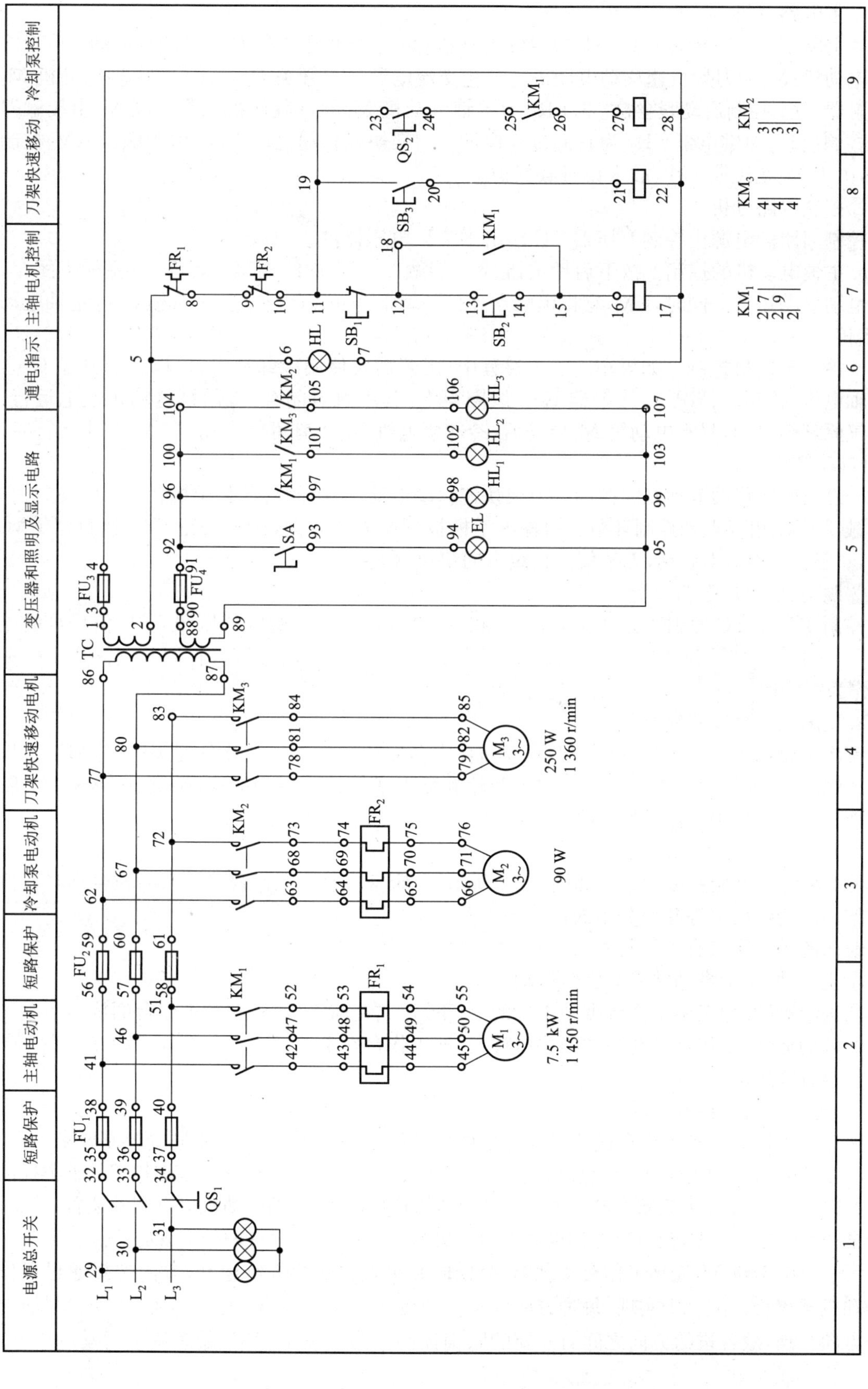

图2.71　CA6140车床的电气控制原理图

①主电路分析

主电路中共有三台电动机：M_1为主轴电动机，带动主轴旋转和刀架作进给运动；M_2为冷却泵电动机；M_3为刀架快速移动电动机。三相交流电源通过开关 QS_1 引入。主轴电动机 M_1 由接触器 KM_1控制启动，热继电器 FR_1 为主轴电动机 M_1的过载保护。冷却泵 M_2由接触器 KM_2控制启动，热继电器 FR_2 为它的过载保护。刀架快速移动电动机 M_3由接触器 KM_3控制启动，由于 M_3是短期工作，故未设过载保护。

②控制电路分析

控制回路的电源由控制变压器 TC 输出 127 V 电压提供。

a. 主轴电动机的控制。按下启动按钮 SB_2，接触器 KM_1的线圈得电动作，其主触点闭合，主轴电动启动运行。同时，KM_1有自锁触点和另一副常开触点闭合。按下按钮 SB_1，主轴电动机 M_1停车。

b. 冷却电动机控制。如果车削加工过程中，工艺需要使用冷却液时，可以合上开关 QS_2，在主轴电机 M_1运转情况下，接触器 KM_2线圈得电，其主触点闭合，冷却泵电动机通电运行。由电气原理图可知，只有电动机 M_1启动后，冷却泵电机 M_2才有可能启动，当 M_1停止运行时，M_2也自动停止。

c. 刀架快速移动电动机的控制。刀架快速移动电动机 M_3的启动是由按钮 SB_3来控制，它与接触器 KM_3组成点动控制环节。将操纵手柄扳到所需的方向，压下按钮 SB_3，接触器 KM_3得电，主触点闭合，M_3启动，刀架就向指定方向快速移动。

③照明、信号灯电路分析

控制变压器 TC 的副边分别输出 36 V 和 127 V 电压，作为机床低压照明灯、信号灯的电源。EL 为机床的低压照明灯，由开关 SA 控制；HL 为电源的信号灯。它们分别采用 FU 和 FU_3作为短路保护。

2. 铣床电气控制线路

铣床主要用于加工各种形式的平面、斜面、成形面和沟槽等。安装分度头后，能加工直齿齿轮或螺旋面，使用圆工作台则可以加工凸轮和弧形槽。铣床应用广泛，种类很多，X62W 卧式万能铣床是应用最广泛的铣床之一。

(1)主要结构与运动形式

X62W 卧式万能铣床的结构如图 2.72 所示，由床身、主轴、工作台、悬梁、回转台、溜板、刀杆支架、升降台、底座等几部分组成。

铣床的运动形式有以下几种。

①主运动：主轴带动铣刀的旋转运动。

②进给运动：加工中工作台带动工件的上、下、左、右、前、后运动和圆工作台的旋转运动。

③辅助运动：工作台带动工件的快速移动，即工作台在上下、前后、左右 3 个相互垂直方向上的快速直线运动。

(2)电力拖动与控制要求

机床的主轴运动和工作台进给运动分别由单独的电动机拖动，并有不同的控制要求。

①主轴电动机 M_1空载时可直接启动，要求有正反转实现顺铣和逆铣。根据铣刀的种类提前预选方向，加工中不变换旋转方向。由于主轴变速机构惯性大，主轴电动机应有制动装置。同时从安全和操作方便考虑，换刀时主轴也处于制动状态，主轴电动机可在两处实现起停控制操作。

②进给电动机 M_2拖动工作台实现纵向、横向和垂直方向的进给运动，方向选择通过操作手柄和机械离合器配合来实现，每种方向要求电动机有正反转运动。任一时刻，工作台只能向一个方向移动，故各进给方向之间有必要的联锁控制。为提高生产率，缩短调整运动的时间，

工作台有快速移动。

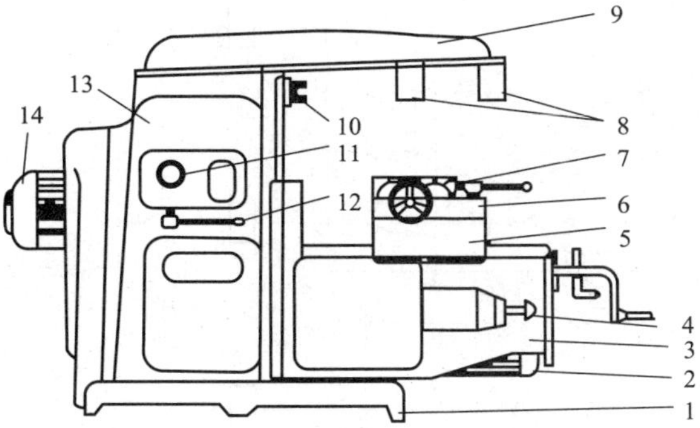

图 2.72　X62W 型卧式万能铣床结构示意图

1—底座；2—进给电动机；3—升降台；4—进给变速手柄及变速箱；5—溜板；6—转动部分；7—工作台；8—刀杆支架；9—悬梁；10—主轴；11—主轴变速箱；12—主轴变速手柄；13—床身；14—主轴电动机

③根据工艺要求，主轴旋转与工作台进给应有先后顺序控制。加工开始前，主轴开动后，才能进行工作台的进给运动。加工结束时，必须在铣刀停止转动前，停止进给运动。

④主轴与工作台的变速由机械变速系统完成。为使齿轮易于啮合，减小齿轮端面的冲击，要求变速时电动机有变速冲动（瞬时点动）控制。

⑤铣削时的冷却液由冷却泵电动机 M_3 拖动提供。

⑥当主轴电动机或冷却泵电动机过载时，进给运动必须立即停止，以免损坏刀具和机床。

⑦使用圆工作台时，要求圆工作台的旋转运动和工作台的纵向、横向及垂直运动之间有联锁控制，即圆工作台旋转时，工作台不能向任何方向移动。

（3）电气控制线路分析

X62W 型铣床控制线路如图 2.73 所示。该电路有两个突出的特点：一个是采用电磁离合器控制；另一个是机械操作与电气开关动作密切配合进行。铣床控制电路所用的电气元件符号与功能说明见表 2.10。

表 2.10　X62W 型卧式万能铣床电气元件符号与功能说明

序　号	符号	名称与用途	序　号	符号	名称与用途
1	M_1	主轴电动机	13	SQ_7	主轴变速瞬动开关
2	M_2	进给电动机	14	SB_1、SB_2	主轴启动按钮
3	M_3	冷却泵电动机	15	SB_3、SB_4	主轴停止按钮
4	SA_1	圆工作台转换开关	16	SB_5、SB_6	工作台快速移动按钮
5	SA_3	冷却泵开关	17	KM_3	主轴电动机控制接触器
6	SA_4	照明开关	18	KM_2	主轴反接制动接触器
7	SA_5	主轴换向开关	19	KM_4、KM_5	进给电动机正、反转接触器
8	SQ_1	工作台向右进给行程开关	20	KM_6	快速移动控制接触器
9	SQ_2	工作台向左进给行程开关	21	KM_1	冷却泵电动机接触器
10	SQ_3	工作台向前及向下进给开关	22	YB	工作台快移牵引电磁铁
11	SQ_4	工作台向后及向上进给开关	23	QS	电源开关
12	SQ_6	进给变速瞬动开关			

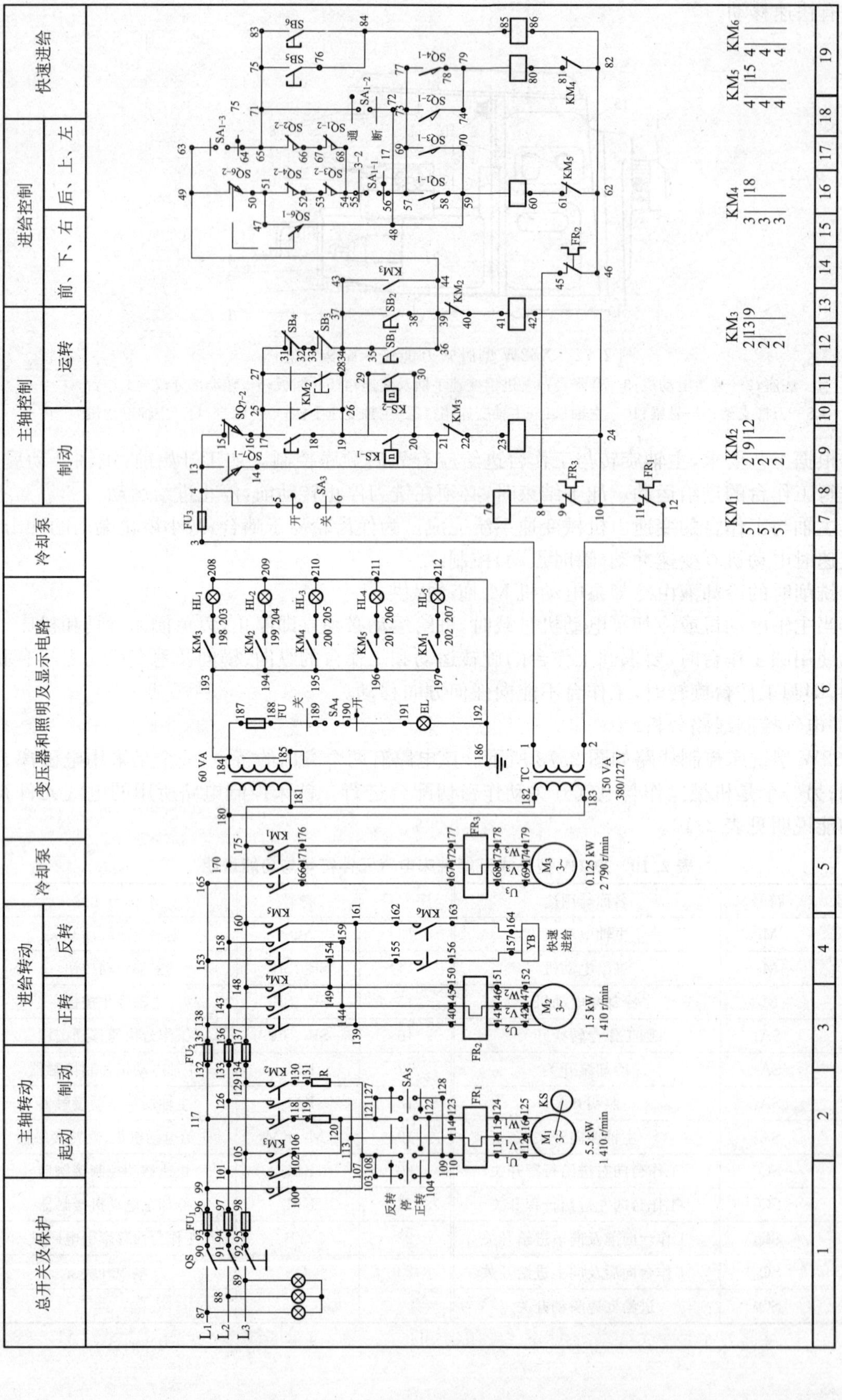

图2.73 X62W型万能铣床的电气控制原理图

①主电路分析

铣床共有三台电动机拖动。M_1为主轴电动机，用接触器KM_3直接启动，用转换开关SA_5实现正反转控制，用制动接触器KM_2串联不对称电阻R实现反接制动；M_2为进给电动机，其正、反转由接触器KM_4、KM_5实现，快速移动由接触器KM_6控制电磁铁YB实现；冷却泵电动机M_3由接触器KM_1控制。每台电动机均有热继电器作过载保护。

②控制电路分析

a. 主轴电动机的控制

控制线路的启动按钮SB_1和SB_2是异地控制按钮，方便操作。SB_3和SB_4是停止按钮。KM_3是主轴电动机M_1的启动接触器，KM_2是主轴反接制动接触器，SQ_7是主轴变速冲动开关，KS是速度继电器。

(a)主轴电动机的启动控制。启动前先合上电源开关QS，再把主轴转换开关SA_5扳到所需要的旋转方向，然后按启动按钮SB_1（或SB_2），接触器KM_3得电动作，其主触点闭合，主轴电动机M_1启动。

(b)主轴电动机的停车制动。当铣削完毕，需要主轴电动机M_1停车，此时电动机M_1运转速度在120 r/min以上时，速度继电器KS的常开触点闭合，为停车制动作好准备。预使M_1停车时，就按下停止按钮SB_3（或SB_4），KM_3断电释放，由于KM_3主触点断开，电动机M_1断电作惯性运转，紧接着接触器KM_2线圈得电吸合，电动机M_1串电阻R反接制动。当转速降至120 r/min以下时，速度继电器KS常开触点断开，接触器KM_2断电释放，停车反接制动结束。

(c)主轴变速冲动控制。变速时，拉出变速手柄，转动变速盘，选择需要的转速，此时凸轮机构压下，使冲动行程开关SQ_7常闭触点先断开，使M_1断电。随后SQ_7常开触点接通，接触器KM_2线圈得电动作，M_1反接制动。当手柄继续向外拉至极限位置，SQ_7不受凸轮控制而复位，M_1停转。接着把手柄推向原来位置，凸轮又压下SQ_7，使常开触点接通，接触器KM_2线圈得电，M_1反转一下，以利于变速后齿轮啮合，继续把手柄推向原位，SQ_7复位，M_1停转，操作结束。

b. 工作台进给电动机的控制

转换开关SA_1是控制圆工作台的，在不需要圆工作台运动时，转换开关扳到“断开”位置，此时SA_{1-1}闭合、SA_{1-2}断开、SA_{1-3}闭合；当需要圆工作台运动时将转换开关扳到“接通”位置，则SA_{1-1}断开、SA_{1-2}闭合、SA_{1-3}断开。

(a)工作台左右（纵向）进给。工作台的左右（纵向）运动是由当工作台纵向运动是由“工作台纵向操作手柄”来控制。手柄三个位置：向左、向右、零位（停止）。当手柄扳到向左或向右位置时，手柄有两个功能，一是压下位置开关SQ_1或SQ_2；二是通过机械机构将电动机的传动链拨向工作台下面的丝杆上，使电动机的动力唯一地传到该丝杆上，工作台在丝杆带动下做左右进给。在工作台两端各设置一块挡铁，当工作台纵向运动到极限位置时，挡铁撞到纵向操作手柄，使它回到中间位置，工作台停止运动，从而实现纵向运动的终端保护。

工作台向右进给：主轴电动机M_1启动后，将操纵手柄向右扳，其联动机构压动位置开关SQ_1，常开触点SQ_{1-1}闭合，常闭触点SQ_{1-2}断开，接触器KM_4通电吸合，电动机M_2正转启动，带动工作台向右进给。

工作台向左进给：控制过程与向右进给相似，只是将纵向操作手柄拨向左，这时位置开关SQ_2被压着，SQ_{2-1}闭合、SQ_{2-2}断开，接触器KM_5通电吸合，电动机反转，工作台向左进给。

(b)工作台前后（横向）和上下（升降）进给。操纵工作台上下和前后运动是用同一手柄完成的。该手柄有五个位置，即上、下、前、后和中间位置。当手柄扳向上或向下时，机械上接通了垂直进给离合器；当手柄扳向前或扳向后时，机械手上接通了横向进给离合器手柄在中间位置时，横向和垂直进给离合器均不接通。

在手柄扳到向下或向前位置时，手柄通过机械联动机构使位置开关 SQ_3 被压动，接触器 KM_4 通电吸合，电动机正转；在手柄扳到向上或向后时，位置开关 SQ_4 被压动，接触器 KM_5 通电吸合，电动机反转。

此五个位置是联锁的，各方向的进给不能同时接通，所以不可能出现传动紊乱的现象。

工作台向上（下）运动：把横向和升降操作手柄扳到向上（下）位置，并联动机构一方面接通垂直传动丝杆的离合器；另一方面它使位置开关 SQ_4（SQ_3）动作，KM_5（KM_4）获电，电动机 M_2 反（正）转，工作台向上（下）运动。将手柄扳回中间位置，工作台停止运动。

工作台向前（后）运动：手柄扳到向前（后）位置，机械装置将横向传动丝杆的离合器接通，同时压动位置开关 SQ_3（SQ_4），KM_4（KM_5）获电，电动机 M_2 正（反）转，工作台向前（后）运动。

c. 水平工作台进给运动间的联锁控制

真实机床在上下前后四个方向进给时，又操作纵向控制这两个方向的进给，将造成机床重大事故，所以必须联锁保护。当上下前后四个方向进给时，若操作纵向任一方向，SQ_{1-2} 或 SQ_{2-2} 两个开关中的一个被压开，接触器 KM_4（KM_5）立刻失电，电动机 M_2 停转，从而得到保护。

同理，当纵向操作时又操作某一方向而选择了向左或向右进给时，SQ_1 或 SQ_2 被压着，它们的常闭触点 SQ_{1-2} 或 SQ_{2-2} 是断开的，接触器 KM_4 或 KM_5 都由 SQ_{3-2} 和 SQ_{4-2} 接通。若发生误操作，而选择上、下、前、后某一方向的进给，就一定使 SQ_{3-2} 或 SQ_{4-2} 断开，使 KM_4 或 KM_5 断电释放，电动机 M_2 停止运转，避免了机床事故。

(a)进给冲动。机床为使齿轮进入良好的啮合状态，将变速盘向里推。在推进时，挡块压动位置开关 SQ_6，首先使常闭触点 SQ_{6-2} 断开，然后常开触点 SQ_{6-1} 闭合，接触器 KM_4 通电吸合，电动机 M_2 启动。但它并未转起来，位置开关已 SQ_6 已复位，首先断开 SQ_{6-1}，而后闭合 SQ_{6-2}。接触器 KM_4 失电，电动机失电停转。这样，使电动机接通一下电源，齿轮系统产生一次抖动，使齿轮啮合能顺利进行。要冲动时按下冲动开关 SQ_6，模拟冲动。

(b)工作台快速移动。在工作台向某个方向运动时，按下按钮 SB_5 或 SB_6（两地控制），接触器闭合 KM_6 通电吸合，它的常开触点（4 区）闭合，电磁铁 YB 通电（指示灯亮）模拟快速进给。

(c)圆工作台的控制。把圆工作台控制开关 SA1 扳到“接通”位置，此时 SA_{1-1} 断开、SA_{1-2} 接通、SA_{1-3} 断开，主轴电动机启动后，圆工作台即开始工作，其控制电路是：电源—SQ_{4-2}—SQ_{3-2}—SQ_{1-2}—SQ_{2-2}—SA_{1-2}—KM_4 线圈—电源。接触器 KM_4 通电吸合，电动机 M_2 运转。

铣床为了扩大机床的加工能力，可在机床上安装附件圆工作台，这样可以进行圆弧或凸轮的铣削加工。拖动时，所有进给系统均停止工作，只让圆工作台绕轴心回转。该电动带动一根专用轴，使圆工作台绕轴心回转，铣刀铣出圆弧。在圆工作台开动时，其余进给一律不准运动，若有误操作动了某个方向的进给，则必然会使开关 SQ_1～SQ_4 中的某一个常闭触点将断开，使电动机停转，从而避免了机床事故的发生。按下主轴停止按钮 SB_3 或 SB_4，主轴停转，圆工作台也停转。

d. 冷却泵电动机的控制和照明电路

需要启动冷却泵时扳动开关 SA_3，接触器 KM_1 通电吸合，电动机 M_3 运转冷却泵启动。机床照明是由变压器 T 供给 36 V 电压，工作灯由 SA_4 控制。

项目小结

本项目主要介绍了大型养路机械电气基本元件的基本概念和基础知识，包括常见低压电器、液压控制阀等；同时对传统电气控制线路的分析方法做了简要介绍，并举例分析了两种常见机械设备电气控制系统。熟知该部分内容便于学习者掌握分析电路的工作原理的分析方法和设计方法，这也是分析大型养路机械电气控制系统的理论基础。

复习思考题

1. 开启式负荷开关用在什么场合？选用方法及安装注意事项有哪些？

2. 常用熔断器的种类有哪些？

3. 两台电动机不同时启动，一台电动机额定电流为 14.8 A，另一台电动机额定电流为 6.47 A，试选择用作短路保护熔断器的额定电流及熔体的额定电流。

4. 常用主令电器有哪些？在电路中各起什么作用？

5. 写出下列电器的作用、图形符号和文字符号。

熔断器　组合开关　按钮开关　自动空气开关　交流接触器　热继电器　时间继电器

6. 简述交流接触器在电路中的作用、结构和工作原理。

7. 中间继电器与交流接触器有什么差异？什么条件下中间继电器也可以用来启动电动机？

8. 时间继电器 JS7 的原理是什么？如何调整延时时间？画出图形符号并解释各触点的动作特点。

9. 在电动机的控制线路中，熔断器和热继电器能否相互代替？为什么？

10. 电动机的启动电流大，启动时热继电器应不应该动作？为什么？

11. 熔断器如何选择？

12. 电气控制线路图识图的基本方法是什么？

13. 电气原理图中，QS、FU、KM、KT、KA、SB、SQ 分别是什么电气元件的文字符号？

14. 三相笼型异步电动机降压启动的方法有哪几种？

15. 什么是能耗制动？什么是反接制动？各有什么特点及适用场合？

16. 变频器的基本结构原理是什么？

17. 长动与点动的区别是什么？如何实现长动？

18. 多台电动机的顺序控制线路中有哪些规律可循？

19. 试述电液控制线路的分析过程。

20. 设计一个笼型异步电动机的控制线路，要求：①能实现可逆长动控制；②能实现可逆点动控制；③有过载、短路保护。

21. 设计 2 台笼型异步电动机的起停控制线路，要求：①M_1 启动后，M_2 才能启动；②M_1 如果停止，M_2 一定停止。

22. 设计 3 台笼型异步电动机的起停控制线路，要求：①M_1 启动 10 s 后，M_2 自动启动；②M_2 运行 6 s 后，M_1 停止，同时 M_3 自动启动；③再运行 15 s 后，M_2 和 M_3 停止。

项目3　柴油机控制系统及整车电源

项目描述

柴油机的启停控制电路主要基于柴油机的启动停机操作过程，熟悉这一过程，进行电路的分析就相当顺畅，尤其对停机电磁阀、喷油电磁阀的工作原理的掌握也是分析电路的重点。对于油门电机的结构及功能我们要有清晰认识，进而在电机控制电路的分析中明确电路的作用，最后对于挂挡降功，我们要从使用的情景模式下出发，分析不同模式下降功的作用及原理。

整车电源的供电分为蓄电池供电和柴油机自带的发电机供电，通过电路分析真实的来分清其供电模式，同时要对各个模块的供电有清晰的认识。从整体的角度出发对电压转换电路的原理图进行分析。通过本项目的学习重点了解整车电路的供电线路、电源板的功能、蓄电池的充放电、电压转换芯片。

学习目标

1. 能力目标

(1)能正确分析柴油机启停控制过程。

(2)能够读懂整车电源电路图。

(3)能学会分析电压转换电路。

2. 知识目标

(1)掌握启动电磁阀、停机电磁阀、喷油电磁阀的作用。

(2)掌握启动电机的组成及功能。

(3)掌握整车电源的供电模式。

(4)熟悉柴油机的预热启动停机过程。

(5)掌握油门电机的控制功能及组成。

(6)熟悉油门电机调试的相关步骤。

任务3.1　柴油机控制系统中相关元器件的认知

3.1.1　工作任务

通过学习柴油机控制系统中的电磁阀以及启动马达，能够完成以下任务：

(1)掌握启动电磁阀、停机电磁阀、喷油电磁阀的作用；

(2)掌握启动电机的组成及功能。

3.1.2　相关配套知识

1. 柴油机控制系统中相关的电磁阀

(1)启动电磁阀

启动电磁阀又称作启动加浓电磁阀,其目的是为了改善柴油机的冷启动性能。电磁阀工作时,使其增大启动时的供油量(称为启动加浓),可以提高气缸内混合气的浓度,以使发动机容易启动。发动机启动以后,相应的继电器断电,从而切断加浓电磁阀的电源,这样使发动机启动后使用正常的供油量。如果该阀出现故障,就会导致柴油机不能启动或启动后柴油机的供油量过大,柴油机就很可能会严重冒黑烟或动力不足。

(2)停机电磁阀

柴油机的启动和停机主要是通过控制启动电机和停机电磁阀的不同动作来实现的。停机电磁阀可以与发动机的监控系统(如机油压力,机油温度,转速等)结合起来使用,可用于出现故障后自动停车。停机电磁阀安装在发动机上,通过执行机构控制高压油泵齿条。在发动机运转时,电磁阀得电放开齿条自由移动,燃油回路接通;电磁阀断电时,弹簧力使齿条移到供油零电位,燃油回路断开,发动机停机。

(3)喷油电磁阀

柴油机预热控制中,在柴油机各进气管的开始端装有两个火焰加热塞对进气管空气进行预热。启动柴油机之前,火焰加热塞先得电预热,加热 30～40 s 后,火焰加热塞电热管的温度达到 900 ℃以上。在启动瞬间,喷油电磁阀得电打开,燃油经进油口喷到加热电阻丝附近的空间中,燃油雾化、蒸发并与空气混合后迅速燃烧,再经滤网与喷孔喷出火焰,以加热流经各进气管的空气,以保证柴油机在外界环境温度−25 ℃内顺利启动。

一般火焰加热塞得电预热时,应不超过 1 min,柴油机启动后,立即将火焰加热塞断电;如启动不成,应间隔 1 min 作第二次启动。否则,火焰加热塞的寿命要降低。

加热电阻丝的作用是根据低温程度不同,显示出火焰加热塞不同的预热时间。加热电阻丝内有一双金属片活动触点,在加热电阻丝通电加热一定时间后,使动触点与静触点接触,预热指示灯发亮,停止预热。注意:预热时间过长,火焰加热塞容易烧坏短路,造成加热电阻丝烧坏、预热继电器烧坏。

2. 启动电机

(1)启动电机的工作原理

要使发动机开始自动地运转,必须先用外力转动发动机的曲轴。启动电机(启动马达)就是安装在发动机上,将蓄电池的电能转化为机械能,通过传动机构驱动发动机上的飞轮和曲轴旋转实现发动机的启动。

(2)启动电机的结构及组成

启动马达一般由直流串励式电动机、传动机构、电磁开关三部分构成。直流串励式电动机是用来产生转矩,将蓄电池输入的电能转换为机械动能。传动机构,或称啮合机构,在发动机启动时,使启动马达的驱动齿轮,啮合入发动机的飞轮齿圈,将启动马达上的转矩传给发动机曲轴,使活塞作往复运动,气缸内的可燃混和气燃烧膨胀做功,推动活塞向下运动使曲轴旋转,发动机才能自行运转,工作循环才能自动进行。在发动机启动后,使启动马达自动脱开飞轮齿圈。电磁开关:启动马达的控制装置,用来接通和切断启动马达与蓄电池之间的电路。注意启动发动机时不要连续多次打火,这样会引起启动马达发烫。

任务 3.2 整车电源的控制电路分析

3.2.1 工作任务

通过学习电源系统的组成和电压转换电路,能够完成以下任务:

(1)掌握整车电源的供电模式;

(2)掌握电源板的功能及蓄电池的充放电;

(3)熟悉电压转换电路的作用。

3.2.2 相关配套知识

1. 整车电源系统功能组成

整车电源系统主要向前后司机室、作业系统、作业照明、空调、暖风系统、程控系统、激光接收器、GVA(轨道参数自动处理系统)、记录仪供电,以及向主蓄电池和 GVA 的蓄电池充电。

整车电源系统框图如图 3.1 所示。

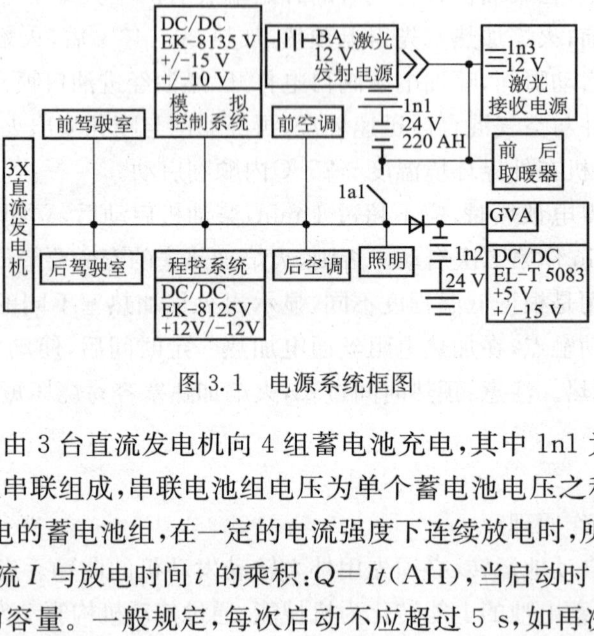

图 3.1 电源系统框图

从图中可以看出,由 3 台直流发电机向 4 组蓄电池充电,其中 1n1 为 24 V、220 AH 的主蓄电池,由两个蓄电池串联组成,串联电池组电压为单个蓄电池电压之和,容量等于单个蓄电池的容量。一个充足电的蓄电池组,在一定的电流强度下连续放电时,所输出的总电量称为容量。容量 Q 为放电电流 I 与放电时间 t 的乘积:$Q=It$(AH),当启动时,要在短时间内以大电流放电,此时称为启动容量。一般规定,每次启动不应超过 5 s,如再次启动,最好停顿 2～3 min。1n2 为作业电瓶电源,向 GVA 供电的 24 V 蓄电池,由发电机直接向它充电。1n3 为 12 V 的蓄电池,当未使用激光准直时,由主蓄电池经充电电路限流降压后向它充电;当使用激光准直时,由它向激光接收器供电,它是捣固车激光接收电源。BA 为捣固车激光发射电源,是 20 AH、12 V 的干式蓄电池,它装于激光发射器的电源箱中,未使用时,放于车上由 1n1 经插头、电源箱内的充电控制板向它充电;当投入使用时,由它向激光发射管供电。

在全车的供电中,有三种电源板:EK-8125V、EK-8135V 和 EL-T5083。

EK-8125V:该板用于程控系统,它是一块基于 PWM 控制的开关电源。内含过流和过压保护电路，输入为 19～32 V，输出稳定在 12 V，输出电流可达 3～5 A。

EK-8135V：该板用于模拟控制系统中。全车共有 4 块投入使用。输入电源为 24 V，经一开关电源 DC/DC 变换模块后输出±15 V 电源，±15 V 经稳压后输出±10 V。±15 V 主要用于模拟控制中向集成运放电路提供电源，±10 V 则用作传感器和给定值的电源。±10 V 的负载能力被限制在 40 mA。该板中电位器 P1 用于校正＋10 V，P2 用于校正－10 V。

EL-T5083：该板用于 GVA 中，用来将＋24 V 电源变换为 GVA 系统中所需的＋5 V 和±15 V电源。该板用 PWM 控制集成电路构成的单端正激式开关电源，输入与输出隔离，输出电压的稳定度较高。它输出的＋5 V 主要用于向计算机电路供电，±15 V 用于运放和 D/A 及采样保持电路等。

2. 整车电源电路说明

如图 1-9 所示，柴油机自身带有 3 个小发电机 1m9、1m9a、1m9b，通过皮带轮与柴油机连接，柴油机转动发电机发出电压通过保险 1U54/e1、1U57/e1、1U57/e2 将电供到母线 202 上，然后通过 B13 箱的自动开关 13ex 向各路供电。其中向主电池充电是经 202 母线、13r1 分流器、保险 1u55、主开关接点充电。同时通过 1u56 的四个保险分别给加热器、激光系统、GVA 系统供电。另有 243 线给启动报警电路供电，通过二极管 5n2 和自动开关 5e10 到报警电路。还有 3 个小发电机的电压通过 1u59 保险 A38、A38a、A29 到报警电路图中 29U1 的端子上，供监测发电机电压用途。此外有一个 w 信号取自 3 个小发电机中之一，供发动机转速显示用。在柴油机没有启动前，由主蓄电池反向给 202 母线供电。在分流器两端接有充放电电流表 5g1，负责监视充放电电流。

3. 电压转换电路的分析

因 09-32 型捣固车电控油门控制系统中要用到＋12 V 及＋5 V 电压，而 09-32 型捣固车能提供的为两组＋12 V 电瓶串联得到的＋24 V 直流电压，故电路系统设计了电压变换电路，如图 3.2 及图 3.3 所示。

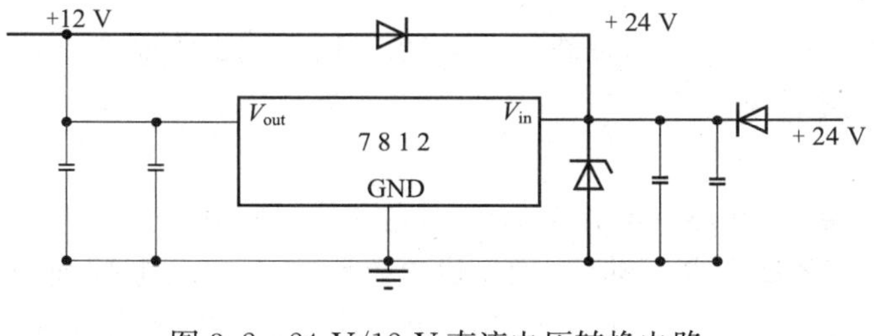

图 3.2　24 V/12 V 直流电压转换电路

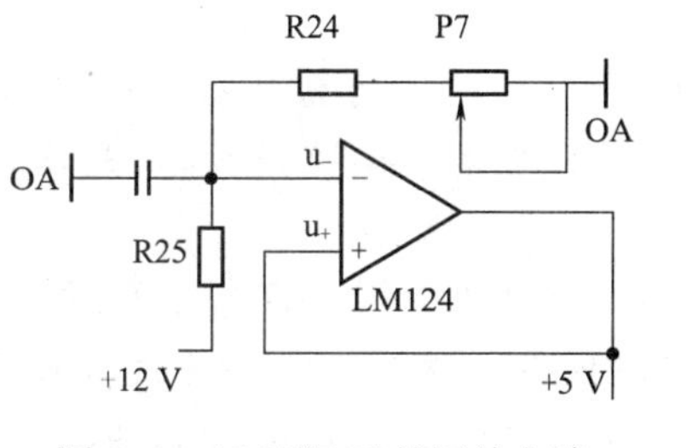

图 3.3　12 V/5 V 的运放电路

图 3.2 是 24 V 到 12 V 转换电路，为提高它的电压的稳定性，采用了三端稳压器 7812 和稳压管来稳定电压。78 表示正压输出，7812 表示＋12 V 的电压输出，主要用来把＋24 V 电压转换为稳定的＋12 V 电压。稳压管及与其并联的二个电容用来保证输入电压稳定在＋24 V左右不大的范围内，并过滤脉冲信号。

图 3.3 是 12 V 转换 5 V 的运放电路，主要由 LM124 运算放大器中的一级放大器及其外围电阻组成。其电路模型可以近似由理论公式计算得出。设电位器电阻为 P7，在(0～1 kΩ)内变化；其他：R24＝6.49 kΩ，R25＝10 kΩ。根据运放计算理论，可得

$$u_- \approx u_+ = 5\ \mathrm{V} \qquad \frac{12-u_-}{R25} = \frac{u_-}{R24+P7}$$

把已知的值代入上式，可得

$$P7 = 0.65\ \mathrm{k\Omega}$$

从上面的计算可知，通过调整 P7 电位器，在 $P7=0.65\ \mathrm{k\Omega}$ 时，可在放大器输出端得到 $+5\ \mathrm{V}$电压。$P7=0.65\ \mathrm{k\Omega}$ 在电位器阻值范围内，能满足实际要求。

任务 3.3 了解柴油机的控制原理

3.3.1 工作任务

通过学习柴油机控制系统的组成，正确认识柴油机预热、启动和停机过程，能够完成以下任务：

(1)了解柴油机控制系统的组成；

(2)能够正确分析柴油机的启停控制过程。

3.3.2 相关配套知识

1. 柴油机控制系统的组成

08-32 型捣固车的柴油机启停控制及整车电源电路图见项目 1 中的图 1.9。

柴油机的控制系统包括柴油机的供电部分，柴油机的预热及启动控制、停机控制。捣固车作业和自走行的动力均来源于车上的柴油机，它的供电电源由两部分构成：柴油机停机时由车上的 24 V 蓄电池(两组+12 V 的蓄电池串联)提供；柴油机启动后，由自带的三台直流小发电机并联对整车供电，同时向蓄电池充电，通过开关向整车各个部位提供电源。柴油机的启动控制和停机控制主要是通过启动及停机电路对捣固车发动机的启停进行联锁逻辑控制，来实现启动马达和停机电磁阀的不同动作。柴油机的预热控制主要改善柴油机在冬天的启动性能；在柴油机启动之前，对柴油机的各进气管空气进行预热，以保证柴油机顺利进入启动状态。

2. 柴油机的启动控制

(1)准备

在启动之前电源主开关 1a1，自动开关 5e6、5e9、13e2、13e3、13e8 和 13e12 均应合上以接通启动所需的电路，钥匙开关 5b9 插入并合上。

(2)预热

将钥匙开关 5b8 或 11b8 拉至第 1 位，则预热继电器 13Re3 得电动作，预热电阻开始预热，同时，继电器 5u5/D 也得电而自保持，13Re2 失电不动作，则停机电磁阀 1S6、气动电控油门电磁阀 1S71 得电，燃油回路开通。当预热一定时间后，信号灯 5h4 和 11h4 亮，此时预热结束。

(3)启动

将钥匙开关 5b8 或 11b8 拉至第 2 位。此时，1S91 喷油电磁阀得电开始喷油，13Re1 得电，辅助启动电磁阀 1S592 和启动马达得电，且启动离合器合上。于是柴油机启动条件得到满足而启动起来，此时松开 5b8 或 11b8，启动电机失电，启动离合器脱离，但继电器 5u5/D 自保持而保持油路畅通，柴油机继续运转。

3. 柴油机的停机控制

开关 1b20～1b25、2b45、4b16 和 5b29 任一被压下闭合时，继电器 5u5/D 失电，13Re2 得电，停机电磁阀 1S6、气动电控油门电磁阀 1S71 失电，从而切断供油回路使柴油机停机。

为了确保在启动柴油机之前不能接通作业系统电源、变矩器不能挂挡，以确保安全运行，将作业闭锁信号和走行闭锁信号引入到继电器 5u6/B 上，因为一旦作业系统得电或变矩器挂挡，则继电器 5u6/B 得电，其常闭触点断开，13Re1 不能得电，导致启动电磁阀，启动电机不能得电，于是柴油机不能启动。

通过对柴油机启停控制电路的分析，我们必须清楚，如果作业过程中，因某种原因导致柴油机停机，此时如要再次启动柴油机，请务必检查以下三个条件，确保同时满足才能再次启动柴油机：

①确保紧急停机按钮 2b45 未压下；

②作业电源开关 2b20 未合上；

③变矩器前后挡位开关 1u11 和 1u11a 未挂挡。

任务 3.4　发动机油门电机的控制

3.4.1　工作任务

D09-32 型连续式捣固车在走行、捣固作业时所需要的动力是由柴油机提供的，而柴油机的转速是通过柴油机的油门电机直接控制。所以，油门电机控制的好坏对于捣固车的正常作业，有着至关重要的作用。通过学习油门电机控制系统的功能，油门电机控制电路的组成，油门电机的电路分析及调试，能够完成以下任务：

(1)掌握油门电机的控制功能及组成；

(2)熟悉油门电机调试的相关步骤。

3.4.2 相关配套知识

1. 油门电机控制系统的功能

发动机油门电机控制电路是主要用于对发动机的转速进行调节的控制部件。通过外部开关的选择组合，可实现对高速走行、工作走行、工作怠速以及启动发动机时最低转速的控制。通过在前后司机室的油门控制手柄可任意调节发动机的转速。油门电机控制电路的控制对象是油门电机，通过对油门电机两端施加不同极性的电压，可使电机正反向转动。通过机械结构将电机的旋转转换成执行机构往返的直线运动，拉动钢丝绳使发动机的油门控制阀的开口变大或变小，调节进入发动机的油量，达到控制发动机转速的目的(图 3.4)。

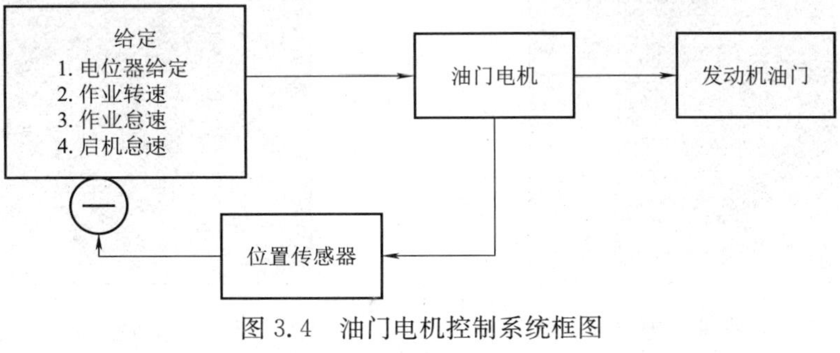

图 3.4　油门电机控制系统框图

2. 油门电机

(1)油门电机的内部结构

油门电机外形是一个长方形的盒子，根据油门电机的工作原理，里面是由一个直流电动机、减速机构和将旋转运动转换成直线运动的机构组成，并带有位置传感器、上下限位开关。电机引出的两根线接到控制板的驱动端，位置传感器引出的三根线接到控制板的反馈端。电机内的上下限位开关串在电机的主电路里，与二极管并联。上下限位开关的位置调整在长方形盒子的顶端有两个调整螺丝 S1、S2，用于调节电机伸缩杆伸出和缩回的极限长度，起到保护电机的作用。电机内部示意图如图 3.5 所示。

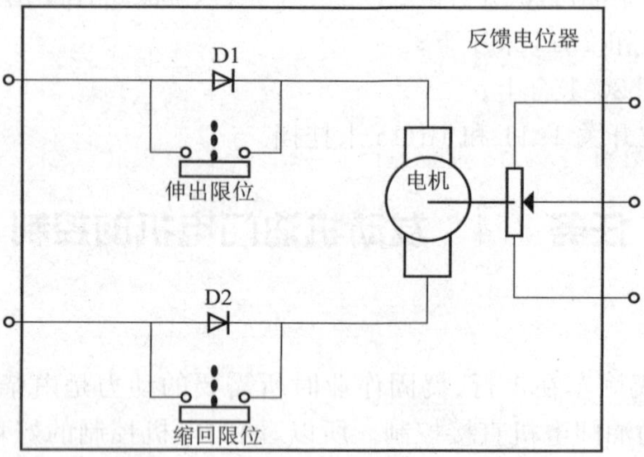

图 3.5　油门电机内部结构示意图

(2)油门电机控制电路的组成

油门电机控制电路由控制电路板、外部开关、外部油门调节电位器、位置反馈电位器通过外部线路组合而成。外部开关通过逻辑组合可实现前后司机室控制的转换、作业速度给定、怠速的转换。前后司机室各有一个手柄电位器通过 80b1(79b1)的组合决定是前司机室控制还是后司机室控制。作业速度的选择由 79b2(80b2)决定，怠速的选择由 2b54 决定。图 3.6 和图 3.7 为前后司机室油门电机控制盒。

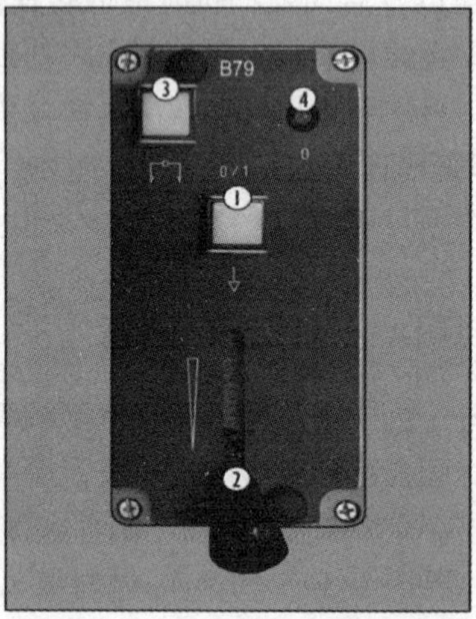

图 3.6　前司机室油门电机控制盒

1—油门电机接通 79b1；2—发动机的油门控制手柄 79f1；
3—作业最高转速(接通—断开)79b2；
4—空转状态指示灯(作业怠速)79h1

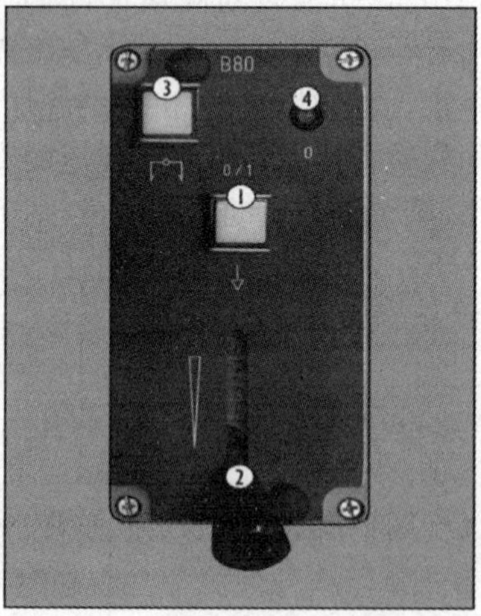

图 3.7　后司机室油门电机控制盒

1—油门电机接通 80b1；2—发动机的油门控制手柄 80f1；
3—作业最高转速(接通—断开)80b2；
4—空转状态指示灯(作业怠速)80h1

3. 油门电机控制电路的分析

油门电机的控制电路如图 3.8 所示。在发动机没有启动前，A43(端子 19)没有电，RE1 的常闭接点是闭合的。启动前，油门电机的初始位置由 P2 决定，调节 P2 使发动机的油门处在能够启动点火的位置即可。当发动机启动后，A43 有电，RE1 的常开点闭合，常闭接点断开，将油门电机的控制切换到可控状态。且当 80b1(79b1)、79b2(80b2)、2b54 都不接地时，油门的控制权便掌握在前驾驶室。油门的大小调节由前驾驶室的电位器控制，其通路：前驾电位器→OP3D(－)→OP3D(OUT)→RE4 常闭→RE3 常闭→RE2 常闭→RE1 常开→OP2D(－)与位置反馈信号(＋)比较→OP2D(OUT)→手动开关的常闭→A 放大器(－)→B 放大器(＋)与 A(＋)B(－)比较。

当 OP2D 的输出电压小于 3.6 V，电机正转；当 OP2D 的输出电压在 3.6～6.4 V 之间电机不转；当 OP2D 的输出电压大于 6.4 V，电机反转。电机的正转和反转决定油门电机拉杆的伸出和缩回，通过钢丝绳开启油门控制阀的开口大小，使发动机的转速得以控制。此电路是一个位置反馈的闭环控制系统，油门电机转动时带动内部的反馈电位计转动，电位器的中心点输出电压代表油门电机的位置。当给定电压和反馈电压相等时，电机停转，油门的电控阀处在给定的位置，使发动机在给定的转速下工作。当开关 79b1 接地，不管 80b1 动作与否控制权都由后驾驶室控制，其通路：后驾电位器→OP3C(－)→OP3C(OUT)→RE4 常开— RE3 常闭→RE2 常闭→RE1 常开→OP2D(－)与位置反馈信号(＋)比较→OP2D(OUT)→手动开关的常闭→A 放大器(－)B 放大器(＋)与 A(＋)B(－)比较。当 OP2D 的输出电压小于 3.6 V，电机正转；当 OP2D 的输出电压在 3.6～6.4 V 之间电机不转；当 OP2D 的输出电压大于 6.4 V，电机反转。要想解除后驾的控制，必须将 79b1 断开，80b1 接地，切断 RE4 的自保回路，才能将后驾控制转到前驾控制。因为在 80b1 断开的情况下，RE5 不得电，常闭接点闭合；79b1 接地后，RE4 常开接点闭合与 RE5 的常闭点串联，相当于将 79b1 的常开点短路，构成 RE4 的自保回路，即便 79b1 断开，RE4 仍然得电。只有将 80b1 接地后，RE5 得电，常闭点断开才能切断 RE4 的得电回路，从而转到前驾控制。79b2(80b2)是作业转速的转换开关，79b2(80b2)接地 2 次，双稳态电磁开关 RE3 转换一次。RE3 常闭点断开，切断前、后驾控制，常开点闭合，接通作业控制，由电位器 P4 调整转速。P4 电位器在电路板上，根据作业转速的要求调整即可。2b54 是怠速转换开关，2b54 接地，RE2 得电。RE2 常闭点断开，切断前、后驾和作业转速控制；RE2 常开点闭合，接通怠速控制，由电位器 P3 调整转速。P3 电位器在电路板上，根据怠速的要求调整即可。

油门电机内部的位置反馈电位器，根据电机的位置输出不同的电压值，与给定的电压值进行比较，当位置达到给定的位置时，使油门电机停止转动。此电位器不可外部调整。P5 电位器用于微调电机停止的位置，补偿反馈电位器在合适的位置使电机停止转动。手动调整开关用来配合机械进行调整，确保油门电机最大位置、最小位置和机械匹配。另外，当前驾、后驾控制失灵时可用于应急调速。

4. 油门电机控制电路调试

油门电机控制电路调试应抓住给定回路和反馈这两个重点环节。

(1)给定回路整定：前后司机室的转换开关 79b1(80b1)都处于断开位(5,3)，此时由前电位器 79f1 调节油门的大小。如果 79b1 开关接通，80b1 断开，此时由电位器 80f1 调节油门的大小。在 80b1 断开的情况下，79b1 开关闭合后再断开，其状态保持不变，仍由电位器 80f1 调节油门的大小。只有当 80b1 接地，才转到电位器 79f1 调节油门的大小。

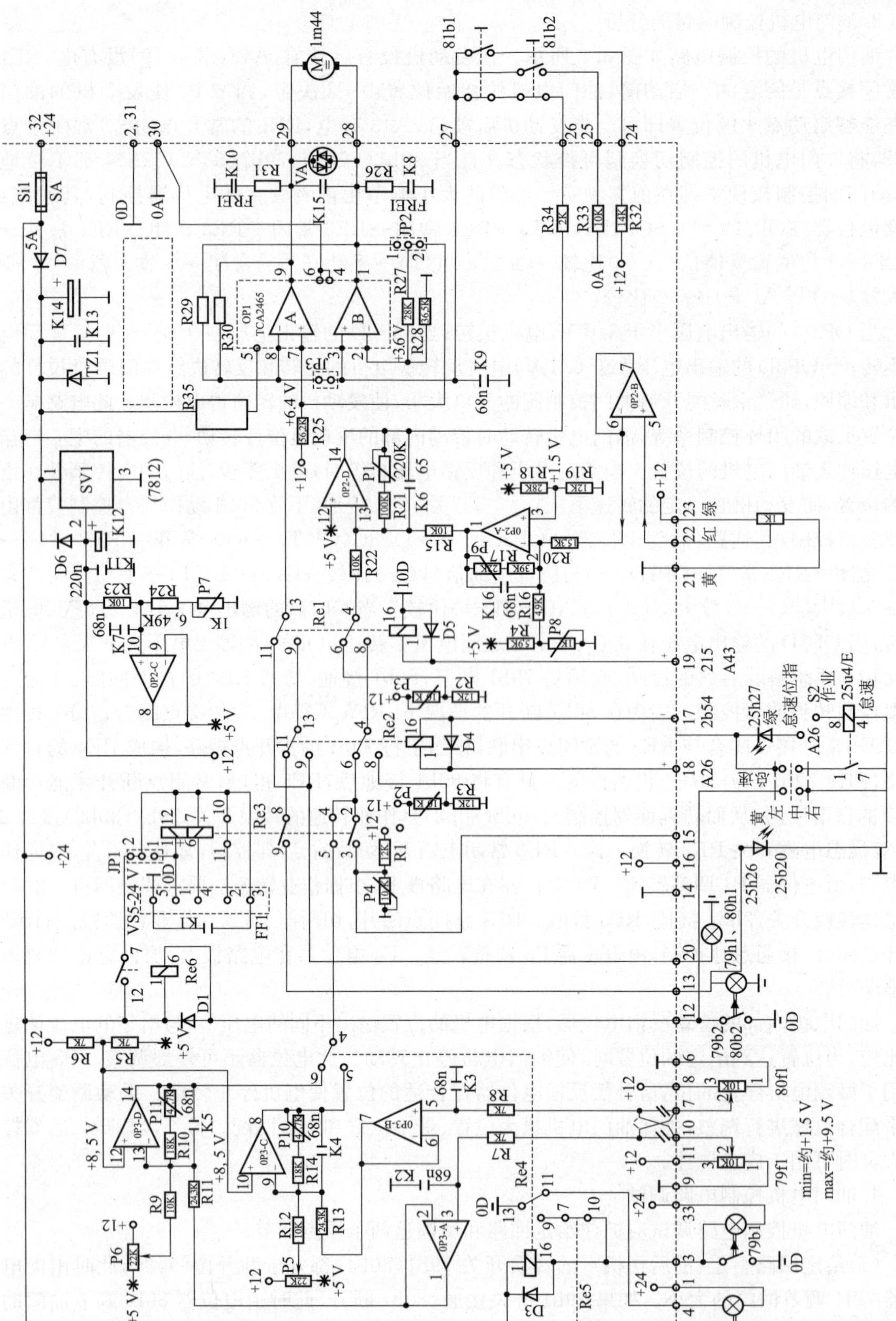

图3.8 油门电机的控制电路

在未接油门电机前，先对主、副电位器的上、下位控制进行调整，方法如下：

①80b1 断开，79b1 断开，调整电位器 80f1 至油门最小位置，测量 7 端为 1.5 V。如果不是 1.5 V 左右，将电位器定位螺丝松开，旋转电位器使之达到 1.5 V。同时验证电位器至油门最大位置，测量 7 端为 9.5 V。如果不是 9.5 V 左右对电位器进行校正，正常情况下调整下位后，上位自然可满足，除油门电位器损坏。

②在上述状态下，先将给定电位器调至 1.5 V，测量 OP3D-14 应保持在 8.5 V，如不满足，调整板上电位器 P6 使之达到。然后再将给定电位器调至 9.5 V，测量 OP3D-14，应保证在 1.5 V，如不满足，再调节 P11 使 OP3D-14 达到 1.5 V。

③80b1 断开，79b1 闭合，调整电位器与②步骤一样。此时测量 OP3C-1，应在给定最小时为 8.5 V，不满足应调节 P5；给定最大时为 1.5 V，不满足应调节 P10。至此给定回路调整完毕。

(2)油门电机(内部极限开关)的调整未接 B81 时，模拟 B81 开关动作，26—27 断开。

①最小油门极限调整。25－27 短接，81b2 开关接通，使油门电机的拉杆伸出(油门电机供油最小)。测量伸出长度，以缺口端与伸出端之间的距离为测量长度 $L_1=75$ mm，如图 3.9 所示。应使油门电机内部开关断开，未断开前测量油门电机电阻 10.3 Ω 左右，断开后测量电阻为 MΩ 以上。如果 $L_1\neq75$ mm，可通过调整油门电机的调整螺丝 S1 使之满足。

②最大油门极限调整。通过 81b1 开关接通，24—27 短接，使油门电机的拉杆缩回(油门电机供油最大)。测量伸出长度以缺口端与伸出端之间的距离为测量长度 $L_2=18$ mm，如图 3.10所示。应使油门电机内部开关断开，同理可测油门电机电阻进行判断是否断开。如果 $L_2\neq18$ mm，可通过调整油门电机的调整螺丝 S2 使之满足。

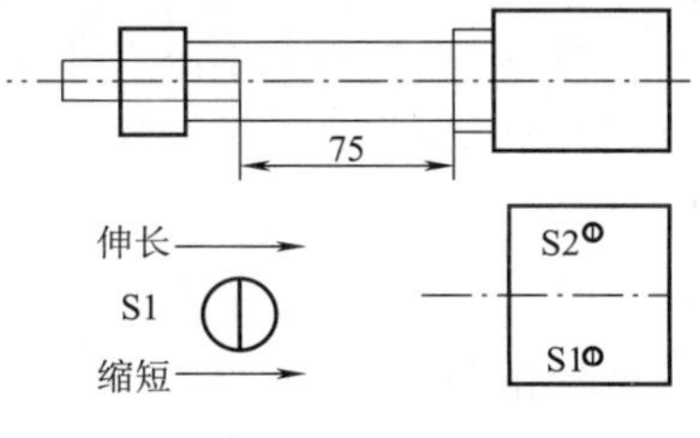

图 3.9　最小油门拉杆伸出长度

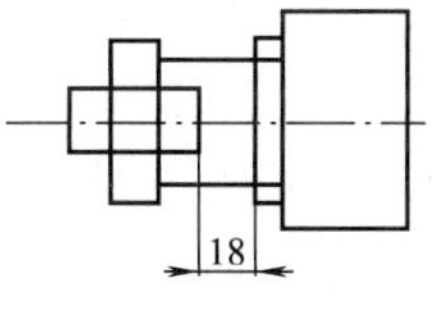

图 3.10　最大油门拉杆伸出长度

③反馈电位器的调节

当给定电位器和油门电机的上、下极限调整完成后，再将油门电机的电机线和反馈电位器的线接到对应的端子上。端子对应如图 3.11 所示。

反馈电位器的接线非常重要，接错了轻者不停机(一直上或一直下到极限)，重者会烧坏电路板的器件。如将电位器的中心点接到 23 端(＋12 V)，则当中心头滑动到 21 端时，就会将＋12 V 对地短路，造成板上的 7812 烧坏或 SA 保险烧断。严重时会将油门电机内部的反馈电位器烧坏，这种现象是绝对要禁止的。稳妥的办法是用万用表测量三根线，确保中心抽头接线正确。中心抽头接线正确不会造成器件损坏。而白和绿线接的端子不对，或电机线黑和蓝接的不对(即不能接成负反馈)，只会造成电机不能在要控制的位置不停机，不会烧坏器件。但油门电机的上、下极限调整不合适，如油门电机

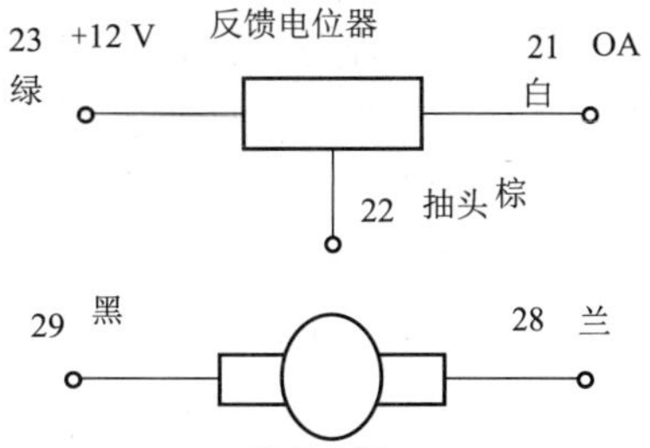

图 3.11　反馈电位器与油门电机对应端子

到了最大位或最小位，不能把内部极限开关断开，此时又是正反馈，则会造成油门电机两端电压很大，电流长时间存在，就会把板上的输出管 P25 热烧坏。如果这五根线接的都正确，则油门给定电位器在任何位置都可使油门电机移动并准确停止在给定的位置，此时测量 28、29 端应为 0。如果有电压存在，就不正常，有可能是油门电机的钢丝绳调节不合适。若给定电位器给出一个最大油门，即油门电机拉杆往回缩到 20 mm 处，由于钢丝绳的调节长度不够，在油门电机还没有缩回到 20 mm 处时，钢丝绳已经将发动机的油门拉到最大的机械位，油门电机无法继续缩回。也就是说反馈电位器此时反馈值不足以抵消给定值，在驱动管上有较大电压和较大电流，这种状态时间长就会造成驱动管烧坏或将电机烧坏。

(4)工作转速的调整

将 79b2 或 80b2 或 2b54 向右接地，油门电机处于工作速度状态，通过调整 P4 满足工作状态时的速度，工作转速 2 000～2 150 r/min，25h26、79b2、80b2 灯都亮。

(5)怠速调整

将 2b54 向左接地或将端子 17 接地，油门电机处于工作速度状态，通过调整 P2 满足第一怠速 850～900 r/min、79h1/80h1 灯亮；通过调整 P3 调整第二怠速（工作怠速）1100～1 300 r/min，25h27/79h1/80h1 灯都亮。

5. WD-320 油门控制电路

(1)在前驾驶室控制。

①控制升油门。

由 A26 来的＋24 V 电经作业按钮 79b2（此时该按钮没有被按下）的 3 脚和 2 脚，T4 的 4 脚和 3 脚接触并得电，81u1C 此时在失电状态下，1 脚和 2 脚接通，由上面来的电经 A1 使 81d2 得电动作，11 脚和 14 脚闭合，由 A26 来的＋24 V 电经 81r1 使 T14 端子得电，1m44 得电后正转，油门上升，直到 2 300 r 后停止上升（2 300 r 是油门机械位置调整好了的）

②控制降油门。

由 A26 来的＋24 V 的电经 79b1 的 3 脚和 4 脚到 81u1A 的常闭触点（此时 81u1A 不得电，因为 1b356 没有感应到 1 000 r，感应到 1 000 r 时才输出接地信号，81u1A 才得电动作）再到 81d1，使 81d1 得电动作，11 脚和 14 脚闭合，同样由 A26 来的＋24 V 电使 T13 端子得电，1m44 得电后反转，油门转速下降，当下降到 1 000 r 时，1b356 感应式接地开关，输出接地信号，81u1A 电磁阀得电动作，1 脚和 2 脚断开，切断了油门电机 1m44 的供电电路而停止转动，此时油门控制在 1 000 r 的怠速。

(2)当打开作业电源后，使用作业转速时（作业电源打开，1b357 得电，因为感应开关通电后才有作用）按下作业转速按钮，79b2 的 3 脚和 4 脚闭合—T5 得电—81u1C 的 1 脚和 2 脚—81d2 得电动作，11 脚和 14 脚闭合，1m44 得电正转，油门上升，当转速上升至 2 000 r 时，1b357 产生接地信号，T12 接地，81u1C 得电动作，常闭触点断开，油门电机 1m44 停止转动，此时转速保持在 2 000 r，同时，79b2 信号灯被点亮（也可以用油门手柄来控制作业转速在 2 000 r，79b2 的信号灯也会被点亮）。

(3)81u1B 继电器的作用；避免高转速情况下停机后，再起机时，转速太高。起到保护作用。

A43 是从发动机起机电路中接过来的，停机后失电，当发动机转速在高速情况下突然停机时，A43 失电，81u1B 的 1 脚和 2 脚接通，81u1A 的 1 脚和 2 脚得电，1m44 得电反转，转速下降至怠速 1 000 r。

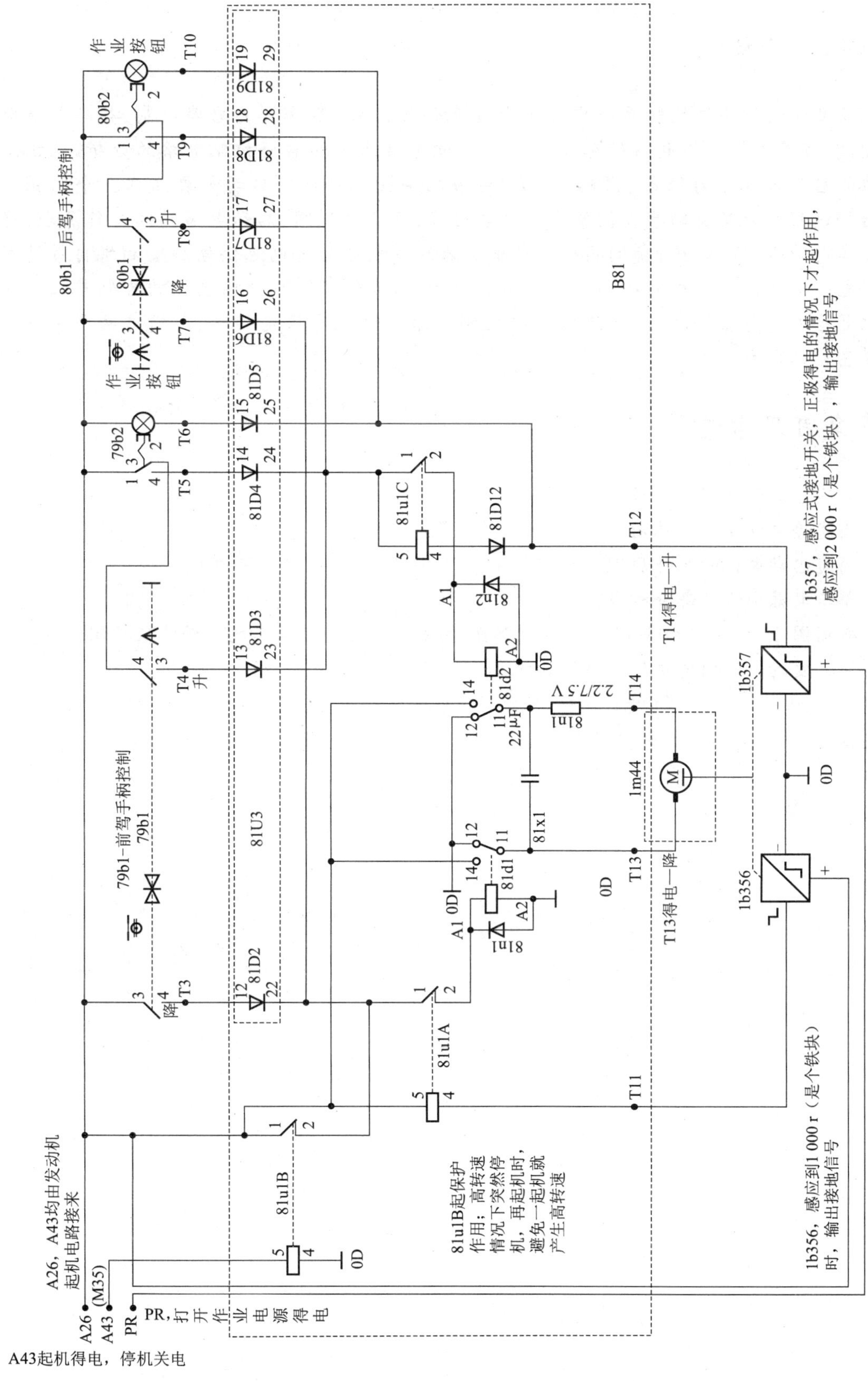

图3.12　WD320油门电机控制图

项目小结

本项目包括柴油机控制系统中相关电气元件的认知、柴油机的启停控制、整车电源电路的组成，以及电压转换电路的分析过程。通过对柴油机的启停控制电路的分析，认识到柴油机的启动过程分为准备、预热、启动，柴油机停机后要再次启动需要注意三个联锁信号。启停过程的分析有助于我们学习停机电磁阀、喷油电磁阀、启动电磁阀的工作原理；通过对整车电源框图的认识，我们明确了整车电源的供电分为蓄电池供电和柴油机自带的发电机供电。对于油门电机的控制功能及组成的学习，我们了解到油门电机的控制与油门拉杆的位置检测有着密切的关系，油门电机控制电路调试也和给定回路、反馈这两个重点环节有着密切的联系。

复习思考题

1. 简述启动电磁阀的作用。
2. 简述停机电磁阀的作用。
3. 简述启动电机的工作原理。
4. 整车电源由哪几部分构成？
5. 根据图 1.9 所示的 08-32 型启动电路图，分析 08-32 型捣固车的启动停机控制过程。
6. 简述发动机油门电机控制系统的组成。

项目 4 捣固装置升降控制系统

项目描述

捣固升降系统是捣固车作业的重要系统，捣固控制系统可以精确地控制捣固装置的升降、夹持、伸缩、偏转，以及外捣固装置的角度控制，并与下降深度、捣固深度传感器构成闭环系统，在程序控制系统的严格控制下进行捣固作业，并将捣固装置的位置信号反馈到程控系统，供程控系统进行逻辑控制和联锁。本项目首先学习捣固升降控制系统中相应的传感器、电路板等基本元件，在捣固升降控制系统分析之前，要从整体框架和功能上来熟悉升降控制系统，然后结合集成运放在电路系统中的应用来分析捣固装置升降主通道和辅助通道电路。

学习目标

1. 能力目标

(1)能正确区分深度传感器的类型。

(2)能够简述捣固升降控制系统。

(3)能学会分析捣固升降控制系统。

2. 知识目标

(1)掌握深度传感器的分类及使用。

(2)掌握记录仪传感器的使用。

(3)掌握集成运放的分析方法。

(4)掌握捣固系统的组成及工作原理。

(5)熟悉捣固装置升降主通道的通路。

(6)熟悉捣固装置升降辅助通道的通路。

任务 4.1 捣固装置升降控制系统中相关元器件的认知

4.1.1 工作任务

通过学习捣固装置升降控制系统中相关电气元件，了解拨盘电位器、夹持时间调整电位器，以及深度传感器和记录仪传感器的使用、集成运放的符号及用法，能够完成以下任务：

(1)掌握拨盘电位器与捣固深度之间的线性关系；

(2)掌握深度传感器的类型及作用；

(3)掌握集成运放的用法。

4.1.2　相关配套知识

1. 拨盘电位器

捣固装置升降控制系统是一个包括电路、液压部件和传感器组成的闭环控制系统。当进行捣固作业时，捣固头的下插深度给定由控制面板上的拨盘电位器决定，拨盘电位器的输出电压值随给定捣固深度而线性变化，当给定深度为 400 mm 时输出电压为－10 V。捣固深度通过安装在捣固装置左右两侧的深度传感器来检测，深度传感器的输出电压作为反馈信号，与拨盘电位器输出电压的差值构成闭环系统的控制信号。

2. 夹持时间调整电位器

在捣固车作业时，捣固夹持方式可选择为当捣固深度达到后，夹持方式选为“自动”，捣镐自动夹持。此时捣固夹持时间是由夹持时间调整电位器来确定的，夹持结束后捣镐自动张开，捣固装置自动提升。

3. 深度传感器

(1)用途

深度传感器主要用于测量捣固头的作业深度，其输出电压作为捣固装置升降控制系统的反馈信号。

(2)分类

①1330 型深度传感器

a. 传感器特点

1330 型深度传感器如图 4.1 所示。该传感器采用精密铝合金壳体，坚固耐用；传感器的核心部件是由高精度电位器及精加工齿轮等各种精密结构件组成，工作性能稳定、精度高。该深度传感器的全量程为 815 mm，测量范围为±400 mm，外接±10 V 电源。1330 型传感器分左型、右型两种，分别安装于捣固装置两侧，适用于 08-32 型捣固车等大型养路机械。

图 4.1　1330 型深度传感器

b. 功能与原理

如图 4.2 所示，安装于捣固头上的轴销，插入到深度传感器的拨叉凹槽内，当捣固头上下作业运动时，轴销拖动拨叉沿着滑杆上、下运动，固定在拨叉上的细钢丝绳，经过滑轮，拽动带螺旋槽的绳轮一起转动，与绳轮共轴的是一高精度的小模数齿轮，通过另一与之啮合的齿轮再拖动一高精度电位器，使电位器轴转动而发生偏转，并输出电位差；最终将拨叉的直线运动转换成电位器的电压输出。电位器电压输出与位移量呈线性关系，电位差有正负之分，可判断位移方向。

c. 安装与维护

为了保证传感器的测量精度，要求传感器安装使用时尽量竖直安装，紧固件连接牢固可靠，并使拨叉的上、下运动灵活。由于该传感器安装于捣固头附近，振动剧烈，加上捣固头作业时尘土飞扬，工作频率较高，从而使防松、耐磨、防尘成为异常突出的问题。为了防止松动，除了工艺上选用合理的配合外，在各易松部位均涂了防松胶，还将齿轮、电位器等安装于一个密封的容器内，以防止尘土侵入。

深度传感器在正常作业时不需要额外的维修工作，只需定期清除表面尘土，但由于捣固车工作环境恶劣，传感器工作频繁，如钢丝绳、张力弹簧、轴承、精密齿轮及电位器损坏时，则会影响传感器作业精度，这时就要及时更换和维护。

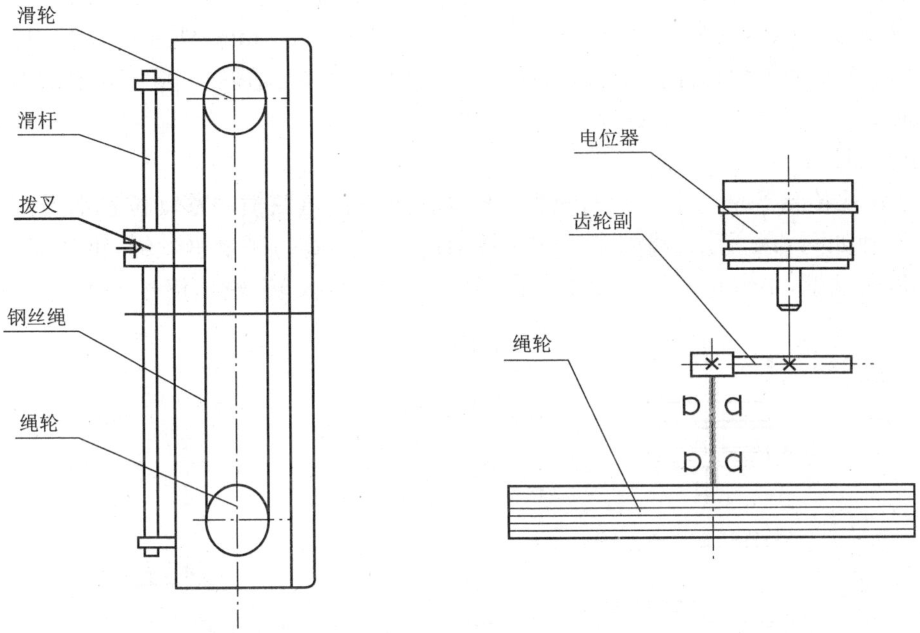

图 4.2　1330 深度传感器工作原理图

ⓐ钢丝绳：1330 型深度传感器所用的钢丝绳为 EL-T576.1.35，长度为 3.5 m，若发现有一股钢丝绳断裂或折叠时，则必须更换整根钢丝绳，更换时注意调节张紧弹簧的张力，保证钢丝绳张力适中。若张力过小，钢丝绳易脱槽，而张力过大会使磨损加剧，从而缩短弹簧寿命。

ⓑ张力弹簧：弹簧所用的材料为不锈钢钢丝，丝径为 ϕ1.85 mm。如发现钢丝绳松动，拉力不够，则需要更换弹簧，注意弹簧两端与钢丝绳联结必须用 ϕ5 mm 紫铜管压扁联结。

ⓒ轴承：轴承是 1330 型深度传感器敏感传动零件，轴承状态好坏直接影响传感器作业精度，所以当传感器出现故障时，则要判别装在 1330 型深度传感器内不同轴承的状态，如轴承损坏时需及时更换。

ⓓ电位器：1330 型深度传感器所用的电位器为 EL-T500，线性度±0.075%。电位器是传感器心脏，当传感器掉信息时，首先要检查电位器状态，如发现螺丝、焊点松动、导线断裂及电位器输出无阻值等故障时，则需要及时维修和更换。更换时要对导线做上标记，以免极性接错。更换电位器后的传感器必须进行相关技术参数测试，测试合格后才能装车使用。

ⓔ齿轮副：1330 型深度传感器所用的齿轮为高精度、小模数齿轮。齿轮副由大齿轮和小齿轮组成，齿轮副状态好坏直接影响到传感器线性度及间隙误差等技术参数，所以当传感器线性度及间隙误差超标时，则需要检查齿轮副的状态，如发现螺丝、螺母松动，大小齿轮啮合间隙过大等故障时，则需要及时调整和更换。更换齿轮副后的传感器必须进行相关技术参数测试，测试合格后才能装车使用。

②750 型滚轮式传感器

a. 传感器特点

750 型滚轮式传感器如图 4.3 所示。传感器结构紧

图 4.3　750 型滚轮式传感器

凑，测量钢丝绳收放功能全由卷收弹簧来完成，卷收弹簧安装在绳轮内。为提高传感器测量精度，在大齿轮上面有一消除齿轮间隙装置，同时为防止钢丝绳脱槽，传感器前面有一钢丝绳导向装置。该深度传感器的全量程为 780 mm，测量范围为±390 mm，外接±10 V 电源，操作力为 2～10 N。750 型传感器体积小、耐振动、性能稳定、精度高，适用于 08-475 道岔捣固车等大型养路机械。

b. 功能与原理

750 型轮式传感器是用来测量捣固头的作业深度及拨道弦横向移动位置信号。滚轮式传感器工作原理如图 4.4 所示，捣固车工作时带动传感器里面的测量钢丝绳，钢丝绳拽动绳轮，绳轮与小齿轮共轴，小齿轮再与大齿轮啮合，再拖动电位器旋转，输出信号电压。

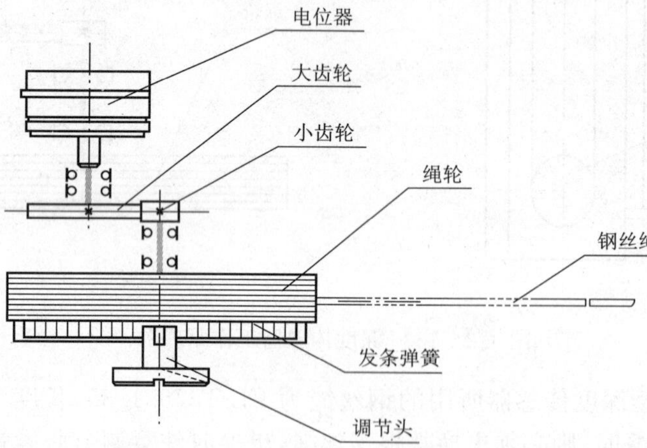

图 4.4　750 型滚轮式传感器工作原理图

c. 安装与维护

750HG 型轮式传感器在正常作业时不需要额外的维修工作，只需定期清除表面尘土，但由于捣固车工作环境恶劣，加上传感器工作频繁、振动剧烈，如钢丝绳、卷收弹簧、轴承、精密齿轮及电位器等损坏时，则会影响传感器作业精度，这就需要及时更换和维护。

ⓐ钢丝绳：750HG 型轮式传感器所用的钢丝绳为 EL-T576.1.35，长度为 2 340 mm，若发现有一股钢丝绳断裂或折叠时，则必须更换整根钢丝绳。更换时注意将钢丝绳拉力调节2～10 N，保证钢丝绳伸缩灵活。

ⓑ卷收弹簧：卷收弹簧是 750HG 型轮式传感器关键零件，钢丝绳收放功能全由卷收弹簧来完成，发现钢丝绳拉力不够时就必须调节卷收弹簧工作卷数，保证钢丝绳初始拉力在 2～10 N之间，如卷收弹簧折断就必须更换。

ⓒ轴承：轴承是 750HG 型轮式传感器敏感传动零件，轴承状态好坏直接影响传感器作业精度，所以当传感器出现故障时，则要判别装在 750HG 型轮式传感器内各种轴承的状态，如轴承生锈、磨损严重、游隙增大等就需及时更换。

ⓓ电位器：750HG 型轮式传感器所用的电位器为 EL-T500，线性度±0.05%。电位器是传感器心脏，当传感器掉信息时，首先要检查电位器状态，如发现螺丝、焊点松动，导线断裂及电位器输出无阻值等故障时，则需要及时维修和更换，更换时要对导线做上标记，以免极性接错。更换电位器后的传感器必须进行相关技术参数测试，测试合格后才能装车使用。

ⓔ齿轮副：750HG 型轮式传感器所用的齿轮为高精度、小模数齿轮。齿轮副由大齿轮和

小齿轮组成，齿轮副状态好坏直接影响到传感器线性度及间隙误差等技术参数，所以当传感器线性度及间隙误差超标时，则需要检查齿轮副的状态，如发现螺丝、螺母松动，大小齿轮啮合间隙过大等故障时，则需要及时调整和更换，更换齿轮副后的传感器必须进行相关技术参数测试，测试合格后才能装车使用。

4. 记录仪传感器

①传感器特点

如图 4.5 所示为 856 型记录仪传感器，传感器采用精密铝合金壳体，坚固耐用；传感器的全量程为 246 mm，测量范围为±120 mm，外接±10 V 电源，操作力≤0.3 N。856 型记录仪传感器线性度好、工作性能稳定、精度高，能承受风沙、雨、雪等恶劣环境的侵袭。适用于 08-32 型捣固车、09-32 型捣固车、08-475 岔道捣固车等大型养路机械。

图 4.5　856 型记录仪传感器

②功能与原理

856 型记录仪传感器是用于测量捣固车作业后线路的矢距值，然后将该值送往记录仪。在捣固车前后两端装有两个测量小车，靠液压装置紧靠于轨道一侧，两小车之间张紧一根钢丝绳，两小车的距离为 H。当曲率半径 R 值不一样时，矢距值 h 也不一样。因此只要测出 h 值即可知道 R 值的大小。张紧于前后测量小车上的钢丝绳穿过该传感器的拨叉，拖动拨叉左右移动，固定在拨叉上的钢丝绳通过一个滑轮，拽动绳轮转动，然后再通过离合器，带动电位器旋转，从而将拨叉的线位移转换成电位器的角位移输出电压。记录仪传感器工作原理图如图 4.6所示。

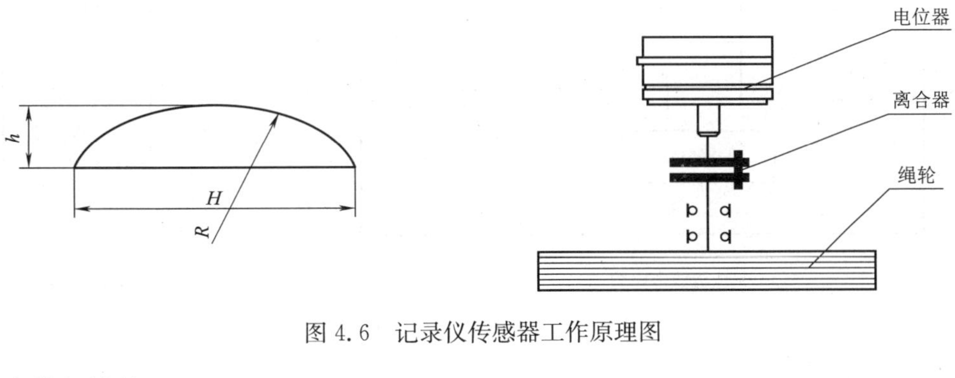

图 4.6　记录仪传感器工作原理图

③安装与维护

该传感器在正常作业时不需要额外的维修工作，只需定期清除表面尘土，但由于捣固车工作环境恶劣，传感器工作频繁，如钢丝绳、张力弹簧、轴承、离合器及电位器等损坏时，则会影响传感器作业精度，这时就要及时更换和维护。

a. 钢丝绳

856 型记录仪传感器所用的钢丝绳为长度为 1.5 m，若发现有一股钢丝绳断裂或折叠时，则必须更换整根钢丝绳，更换时注意张紧弹簧张力，保证钢丝绳张力适中。

b. 弹簧

弹簧所用的材料为不锈钢钢丝，丝径为 $\phi 1.2$ mm，弹簧伸长量为 9～11 mm 范围之间，如发现弹簧超过这个范围之间，则表明弹簧张力不够，钢丝绳会松动，需要更换弹簧。

c. 轴承

轴承是 856 型记录仪传感器敏感传动零件，轴承状态好坏直接影响传感器作业精度，所以当传感器出现故障时，则要判别装在 856 型记录仪传感器上不同轴承的状态，如轴承损坏时需及时更换。

d. 电位器

856 型记录仪传感器所用的电位器为 EL-T500。当传感器掉信息时，首先要检查电位器状态，如发现螺丝、焊点松动，导线断裂及电位器输出无阻值等故障时，则需要及时维修和更换，更换时要对导线做上标记，以免极性接错。

e. 离合器

离合器是由上、下离合器和离合器轴组成的，离合器轴固定在上离合器上。它的好坏直接影响传感器线性度及间隙误差等技术参数，如发现离合器轴与下离合器孔配合松动时则及时更换。更换离合器后的传感器必须进行相关技术参数测试，测试合格后才能装车使用。

5. 集成运算放大器的组成和符号

集成运算放大器(简称集成运放)实际上是一个高增益、直接耦合的多级放大器。由于采用直接耦合，所以集成运放既可以放大交流信号，也可以放大变化极为缓慢的信号。

集成运放的类型很多，电路也不尽一致，然而在电路结构上有共同之处，一般由输入级、中间级、输出级和偏置电路几部分组成，如图 4.7 所示。

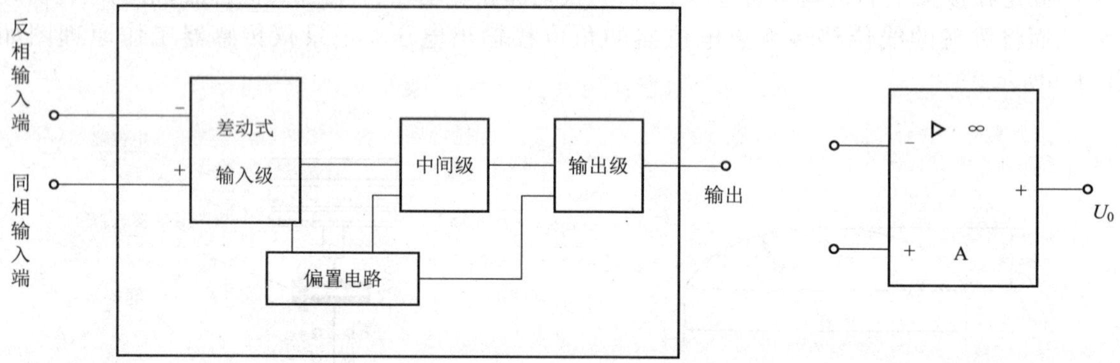

(a) 集成运放电路图　　(b) 集成运放电路符号

图 4.7　集成运放的组成和符号

集成运放的电路符号如图 4.7(b)所示，它有两个输入端、一个输出端。一个输入端称为反相输入端，用－号标出；一个输入端称为同相输入端，用＋号标出。当两个输入端对地电位相等时，其输出端电压 $U_0=0$，即具有零输入时零输出的特点。当给两个输入端输入大小相等、极性相同的信号电压时，称为输入共模信号。要求集成运放对共模信号不起放大作用，理想的集成运放输入共模信号时其共模输出为零。实际上，电路不可能完全理想，一般希望共模信号的电压放大倍数 Auc 尽量地小。当两个输入端输入大小相等、极性相反的信号电压时，称为输入差模信号。集成运放对差模信号有放大作用，差模信号的电压放大倍数越大越好。

当反向输入端电压 U_- 大于同相输入端电压 U_+ 时，输出端 U_0 为负；反之 U_0 为正。

图 4.8 所示是集成运放的典型接线图，图中②、③是输入端；⑥是输出端；①、⑤是调零端，通过外接电位器使电路保证零输入时零输出；⑧、⑨是相位补偿端，外接电容进行相位补偿，以防止电路自激；⑦是正电源端；④是负电源端。

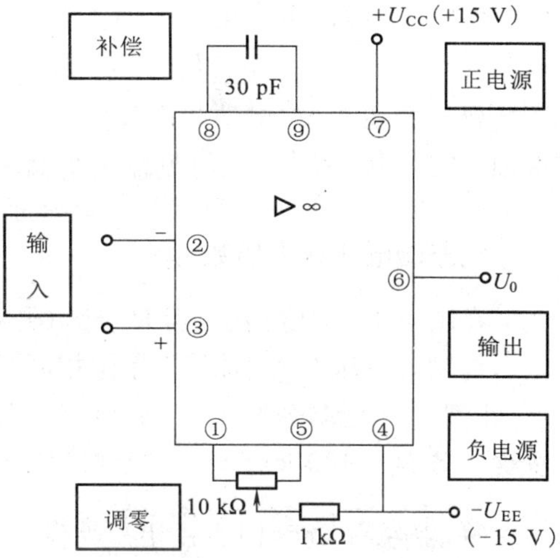

图 4.8　集成运放的典型接线图

(1)分析电路的两个重要根据

根据集成运放理想化条件，如果集成运放是工作在传输特性的线性区，可以导出简化电路分析的两个重要根据。

①虚短：集成运放两输入端之间的电压为零，即 $U_-=U_+$。

②虚断：集成运放两输入端电流为零，即 $I_-=I_+=0$。

(2)集成运放的应用

集成运放在大型养路机械的控制电路中进行信号运算的应用很多，我们重点讲述以下几种。

①比例运算电路

a. 反相比例运算电路

反相比例运算电路如图 4.9 所示。输入信号 U_i 通过 R_1 接到反相输入端，同相输入端通过电阻 R_2 接地。由图可知：因虚断 $i_+=i_-=0$，所以 $i_1\approx i_f$ 即 $i_1=\dfrac{u_i-u_-}{R_1}=i_f=\dfrac{u_--u_0}{R_F}$；因虚短 $u_-=u_+=0$，所以 $u_0=-\dfrac{R_F}{R_1}u_i$。

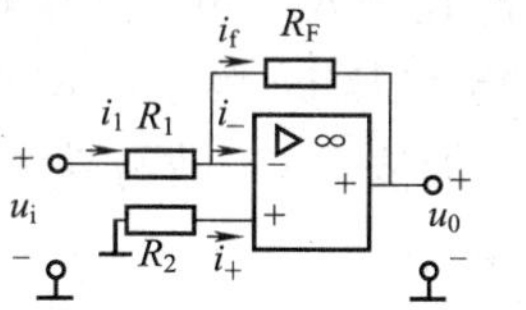

图 4.9　反相比例运算电路图

由于 R_1 和 R_f 均为线性元件，所以电路的输出电压 U_0 与输入电压 U_i 成比例(线性)关系，且输出电压与输入电压反相，故该电路对输入信号实现了反相比例运算。

若取 $R_1=R_F$，则 $u_0=-u_i$，说明电路的输出与输入电压大小相等、相位相反，实现了反相运算，称为反相器。

b. 同相比例运算电路

同相比例运算电路如图 4.10(a)所示。电路的输入信号 U_i 从同相输入端输入，反相输入端通过电阻 R_1 接地，输出电压仍通过 R_f 反馈到反相输入端。

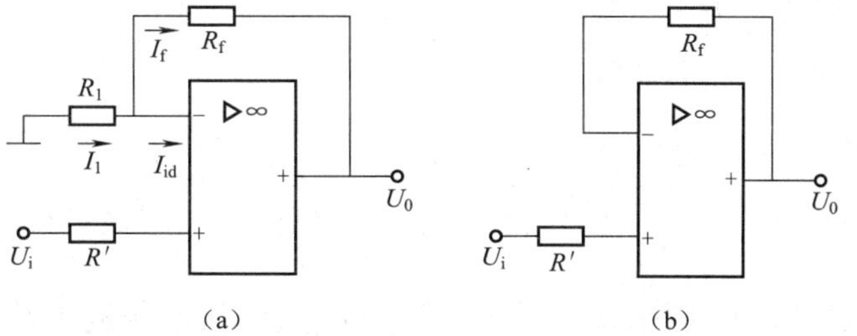

图 4.10　同相比例运算电路

由虚短可得　$U_+=U_-=U_i$

由虚断可得　$I_1=I_f$

由图 4.10(a)可求出

$$I_1=\frac{0-U_-}{R_1}=-\frac{U_i}{R_1}=I_f=\frac{U_--U_0}{R_f}=\frac{U_i-U_0}{R_f}=\frac{U_i}{R_f}-\frac{U_0}{R_f}$$

得到　$U_0=\left(1+\frac{R_f}{R_1}\right)U_i$；可见输出与输入电压同相且成比例关系，即可完成同相比例运算。

电路的电压放大倍数为　$A_{uf}=1+\frac{R_f}{R_1}$

在图 4.10(a)电路中，当 $R_1\to\infty$(开路)时，变为图 4.10(b)所示电路，这时 $U_0=U_i$ 即输出电压与输入电压的大小相等、相位相同，称为电压跟随器。

[例 1]　电路如图 4.10(a)所示。若 $R_1=5.1\ \text{k}\Omega$，$R_f=100\ \text{k}\Omega$，当 $U_0=1$ V 时，$U_i=$ 为多少。若 $R_f=100\ \text{k}\Omega$，$A_{uf}=20$ 时，R_1 为多少。

解：由公式 $U_0=\left(1+\frac{R_f}{R_1}\right)U_i$ 可得

$$U_i=\frac{R_1}{R_f+R_1}U_0=\frac{5.1}{100+5.1}\times 1=0.049\ (\text{V})$$

$$R_1=\frac{R_f}{A_{uf}-1}=\frac{100\times 10^3}{20-1}=5.26\ (\text{k}\Omega)$$

c. 加法器

加法运算电路如图 4.11 所示。输入输出之间的关系为

$$U_0=-\left(\frac{R_f}{R_1}U_{i1}+\frac{R_f}{R_2}U_{i2}\right)$$

若 $R_1=R_2=R_f$，则有 $U_0=-(U_{i1}+U_{i2})$，该式表明，输出电压 U_0 等于两输入电压之和，即可完成两个信号的加法运算，故称为加法运算电路，负号表示输出与输入电压反相。

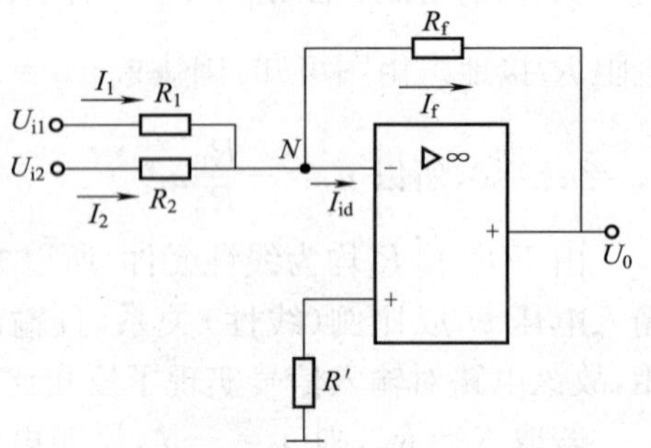

图 4.11　加法运算电路

[例 2]　在图 4.12 所示加法运算电路中，已知 $U_{i1}=0.2$ V，$U_{i2}=-0.3$ V，$U_{i3}=0.4$ V，$R_1=20\ \text{k}\Omega$，$R_2=10\ \text{k}\Omega$，$R_3=5\ \text{k}\Omega$，$R_f=20\ \text{k}\Omega$。试求输出电压 U_0 和电阻 R' 之值。

解：由公式 $U_0=-\left(\frac{R_f}{R_1}U_{i1}+\frac{R_f}{R_2}U_{i2}\right)$ 可得

$$U_0=-\left(\frac{R_f}{R_1}U_{i1}+\frac{R_f}{R_2}U_{i2}+\frac{R_f}{R_3}U_{i3}\right)=-\left(\frac{20}{20}\times 0.2-\frac{20}{10}\times 0.3+\frac{20}{5}\times 0.4\right)$$
$$=-(0.2-0.6+1.6)=-1.2\ (\text{V})$$

$$R'=R_1/\!/R_2/\!/R_3/\!/R_f=\frac{1}{\frac{1}{20\times 10^3}+\frac{1}{10\times 10^3}+\frac{1}{5\times 10^3}+\frac{1}{20\times 10^3}}=2.5\ (\text{k}\Omega)$$

②减法器

减法运算电路如图 4.13 所示，输入信号 U_{i1} 和 U_{i2} 分别从反相输入端和同相输入端加入，这种输入方式称为差动输入。

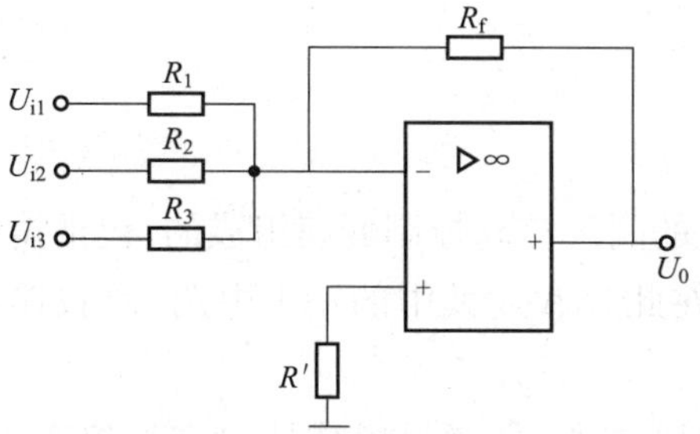

图 4.12　例 2 电路图

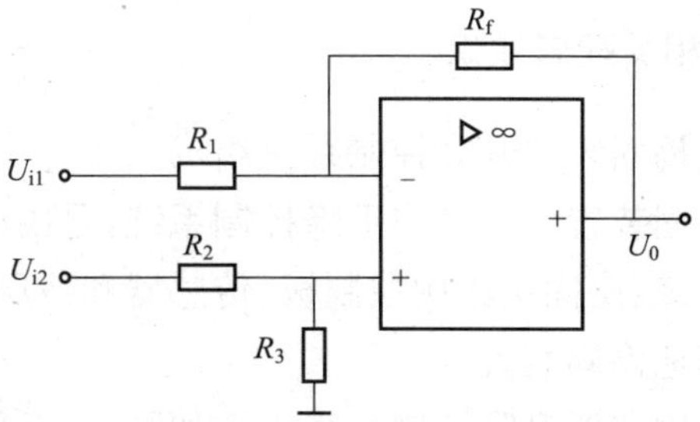

图 4.13　减法运算电路

输入输出之间的关系为

$$U_0=-\frac{R_f}{R_1}U_{i1}+\frac{R_3}{R_2+R_3}\left(1+\frac{R_f}{R_1}\right)U_{i2}$$

若 $R_1=R_2$，$R_f=R_3$，可得 $U_0=-\frac{R_f}{R_1}(U_{i1}-U_{i2})$，该式说明，输出电压与两个输入电压的差值成比例，即可完成两个信号的减法运算，故称为减法运算电路。

［**例 3**］　电路如图 4.14 所示，已知 $U_{i1}=0.2$ V，$U_{i2}=-0.3$ V，$U_{i3}=0.4$ V，$R_1=20$ kΩ，$R_2=25$ kΩ，$R_3=50$ kΩ，$R_4=50$ kΩ，$R_5=100$ kΩ，$R_{f1}=R_{f2}=100$ kΩ，$R'=10$ kΩ。求 U_{01} 和 U_0。

解：由公式 $U_0=-\left(\frac{R_f}{R_1}U_{i1}+\frac{R_f}{R_2}U_{i2}\right)$得

$$U_{01}=-\left(\frac{R_{f1}}{R_1}U_{i1}+\frac{R_{f1}}{R_2}U_{i2}\right)=-\left(\frac{100}{20}\times 0.2-\frac{100}{25}\times 0.3\right)=0.2\ (\text{V})$$

由式 $U_0=-\frac{R_f}{R_1}(U_{i1}-U_{i2})$得

$$U_0=-\frac{R_{f2}}{R_3}(U_{01}-U_{i3})=-\frac{100}{50}\times(0.2-0.4)=0.4\ (\text{V})$$

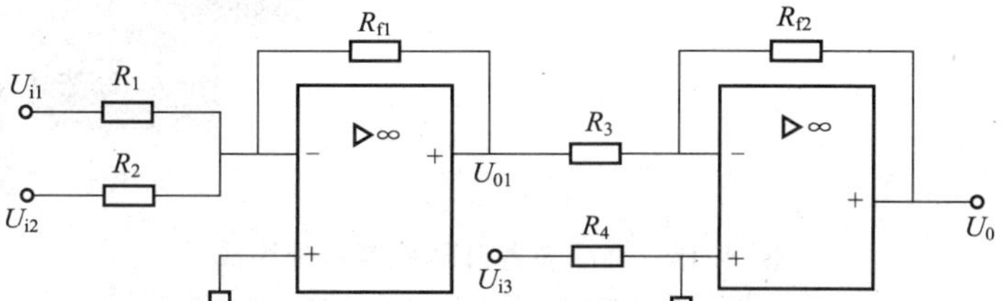

图 4.14　电路图

任务 4.2　捣固装置升降控制系统的认知

4.2.1　工作任务

通过学习捣固升降控制系统的组成及工作原理，能够完成以下任务：

(1)能够画出捣固装置提升与下降控制系统的重要组成；

(2)正确分析捣固升降控制系统的电路。

4.2.2 相关配套知识

1. 捣固装置升降控制系统组成

捣固装置的提升与下降控制系统，是由两个独立的闭环自动控制回路组成的，包括捣固深度输入级、捣固头比例控制板、传感器和液压部件。在此只叙述其中的一个电路，此叙述也适用于其他捣固装置。

捣固装置升降控制系统组成如图 4.15 所示。捣固作业时，通过电位器设定好捣固深度，通过深度指示器显示捣固深度设定值，同时输入级又有比例阀的电流显示表来指示比例阀的电流情况，当踩下踏板后，信号经过捣固头比例控制板处理后，使得比例阀工作，驱动捣固装置执行油缸升降带动捣镐动作，并由捣固深度传感器来检测捣固装置是否到位。

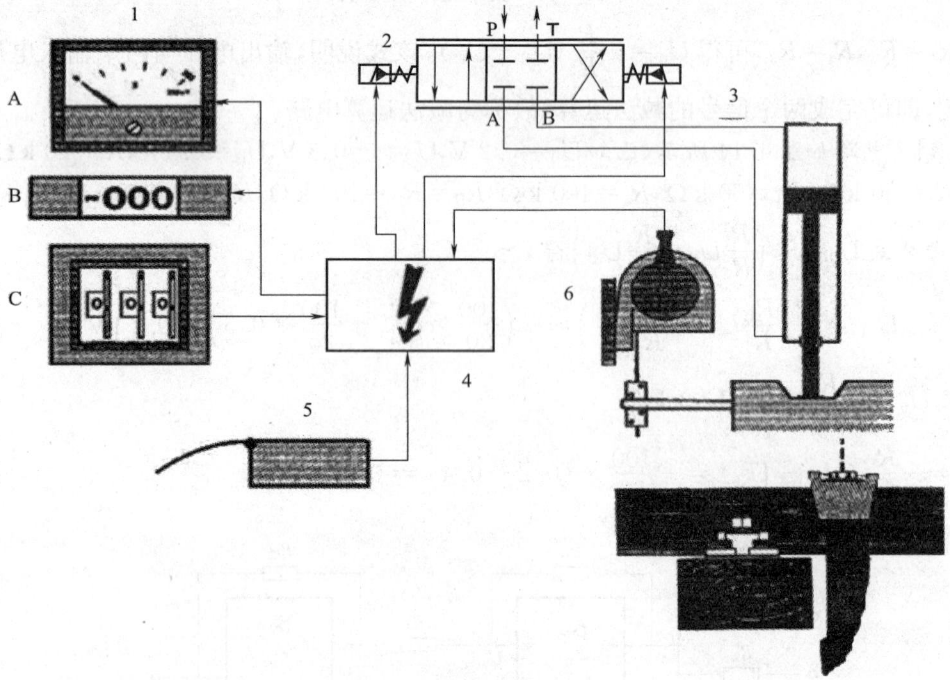

图 4.15　捣固装置升降控制系统组成

1—输入级(A 为比例电流显示表、B 为捣固深度指示器、C 为捣固深度给定电位器)；2—比例阀；3—捣固装置执行油缸；4—捣固头比例控制板；5—捣固装置踏板；6—捣固深度传感器

2. 捣固装置升降控制工作原理

捣固装置升降控制系统的电路原理图如图 4.16 所示。捣固装置有左右两个，分别由装在 B2 箱内的左右两个捣固头比例控制板控制。捣固深度的给定是由装在 B2 箱面板上的拨盘电位器 2f13 设定的，电位器的输出电压随着给定捣固深度线性变化。实际的捣固深度由深度传感器测得(左 1f14，右 1f15)，测得的输出电压作为系统的反馈信号，最大输出电压为±10 V，零点以上为负、零点以下为正。左右两侧捣固头的上升和下降由比例伺服阀驱动，左侧比例伺服阀(上升伺服阀 1S19，下降伺服阀 1S17)右侧比例伺服阀(上升伺服阀 1S20，下降伺服阀 1S18)。

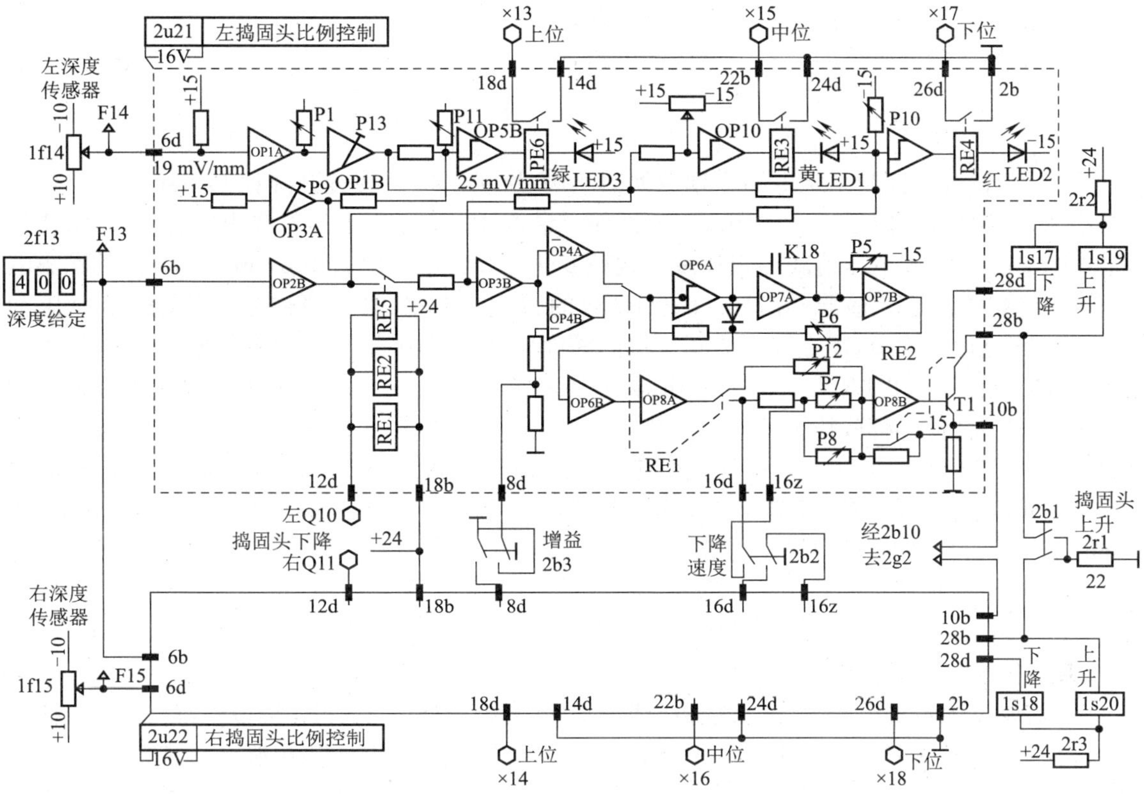

图 4.16　捣固装置升降控制系统的电路图

捣固系统负责捣固作业，当需要捣固装置下降时，来自程控系统的捣固装置下降信号产生(左 Q10，右 Q11)，使端子 12d 接地，继电器 RE1、RE2、RE5 常开触点闭合，使电路接通，控制板的深度给定信号(2f13)经过滤波和放大电路处理后驱动控制捣固头左右两侧的下降比例伺服阀(左下降 1S17，右下降 1S18)动作，此时流过比例伺服阀的控制电流为 570 mA 左右，捣固装置开始下降。当捣固装置下降到指定深度时，来自深度传感器(左 1f14，右 1f15)的反馈电压与深度给定信号的差值经过反馈电路处理后，使得比例伺服阀电流减小到 0，捣固装置停止下降。

当完成捣固需要捣固装置提升时，来自程控系统的捣固装置下降信号消失(左 Q10，右 Q11)，使端子 12d 不接地，继电器 RE1、RE2、RE5 失电，继电器常闭触点复位，接入运放。捣固装置上升高度的给定电压由运放输出电压决定，该值经过滤波和放大处理后形成捣固头上升伺服电流通路(该电流最大值约 500 mA)，驱动控制捣固头的上升比例伺服阀(左上升 1S19，右上升 1S20)动作，捣固装置上升。当捣固装置上升到指定高度时，反馈信号与指定高度的差值经电路处理后，使得上升比例伺服阀电流减小到 0，捣固装置停止上升。

任务 4.3　捣固装置升降控制系统分析

4.3.1　工作任务

捣固装置升降控制系统是一个包括电路、液压部件和传感器组成的闭环控制系统。通过捣固装置升降控制系统电路图的学习，明确捣固深度的给定，捣固深度的反馈，捣固信号的产生等内容，能够完成以下任务：

(1)能够正确分析捣固装置下降控制电路；

(2)能够正确分析捣固装置上升控制电路。

4.3.2 相关配套知识

捣固装置升降控制系统电路原理图如图 4.16 所示。捣固装置升降控制系统是一个包括电路、液压部件和传感器组成的闭环控制系统。装在 B2 箱面板上的拨盘电位器 2f13 担任捣固深度给定，其输出电压值随给定深度而线性变化。当给定深度为 400 mm 时，2f13 的输出电压为－10V。深度传感器(左 1f14，右 1f15)的输出电压作为反馈信号，最大输出电压为±10 V，零点以上为负，零点以下为正。捣固深度反馈信号由插件的 6d 端子送入运算放大器 OP1A 的同相端。OP1A 为一电压跟随器，起隔离作用。运放 OP1B 担任捣固装置位置的调零并兼作放大倍数调整，其闭环放大倍数通过电位器 P13 可在 0.78～1.5 之间调整，正常工作时应调在 1.32 倍。由 2f13 来的深度给定负电压信号经插件的 6b 端子送到运放 OP2B 的反相端。OP2B 为一反相器，其输出的正电压经继电器 Re5 的触点送到运放 OP3B 的反相端，在 OP3B 中与来自 OP1B 的反馈信号相比较，OP3B 将给定信号和反馈信号的差值进行倒相，以满足后级运放 OP4B(捣固装置下降时)和 OP4A(捣固装置上升时)的极性要求。OP4B 和 OP4A 为捣固装置下降和上升控制调节器。

1. 捣固装置下降控制电路分析

当需要捣固装置下降时，来自程控电路的捣固装置下降信号产生(左 Q10，右 Q11)。插件的 12d 端子接 OD，18b 端子的＋24 V 电压使继电器 Re1、Re2、Re5 得电吸合。来自 2f13 的深度给定信号经 OP2B、Re5 的闭合触点和 OP3B 送到 OP4B。由于 OP4B 的放大倍数较大(约 4.55 倍)，当捣固装置尚未来得及下降时，OP4B 输出约－14 V 的饱和电压。该电压经 OP6B 和 OP8A 两次倒相，再经 P7 送到 OP8B 的反相端，OP8B 输出的正电压使晶体管 T1 导通，电流加大，＋24 V 电压经 2r2(2r3)→捣固装置下降比例伺服阀(左 1S17，右 1S18)→端子 28d→RE2 得电闭合触点→T1→R76→OD，此时比例伺服阀流过最大值为 570 mA 左右的控制电流，捣固装置开始下降。

当捣固装置下降到指定深度时，深度传感器(左 1f14，右 1f15)来的正极性反馈电压送到调节器 OP4B，使 OP4B 的输出退出负饱和回 0，并出现数值不大的正电压，再经 OP6B、OP8A、OP8B 的作用使 T1 截止，比例伺服阀电流减小到 0，捣固装置停止下降。

2. 捣固装置上升控制电路分析

当捣固完成需要捣固装置上升时，来自程控电路的捣固装置下降信号(左 Q10，右 Q11)消失，继电器 Re1、Re2、Re5 断电。捣固装置上升高度的给定电压由 OP3A 的输出电压决定。OP3A 的输入电压为固定＋15 V，其输出电压可在－1.25～－6.95 V 之间调节，在作业时捣固装置的上升高度可在 50～263 mm 之间调节。一般规定捣固装置的作业上位在 0 位以上 100 mm 处，因此应调节 P9 使 OP3A 的输出电压为 25 mV×100＝2.5 V。此时由运放 OP4A 担任调节器。和捣固装置下降时一样，OP4A 输出的负电压经 OP6B、OP8A、P12、OP8B 使 T1 导通，电流增大，此时＋24 V 电压经 2r2、上升比例伺服阀 1S19(1S20)、28b、T1、R76，到 OD，形成捣固头上升伺服电流通路(该电流最大值约 500 mA)，捣固装置上升。当捣固装置上升到指定高度时，OP4A 输出电压回零位，T1 截止，捣固装置停止上升。电阻 R76 为比例伺服电流取样电阻，阻值为 1 Ω。将 R76 上的电压经开关 2b10 加到 0.75 V 满度的电压表 2g2 上，即可从 2g2 上读出伺服电流值。

不论捣固装置下降或上升，当给定电压刚加入时，即捣固单元下降信号 Q10、Q11 刚到来或消失的瞬间，捣固装置还来不及动作，此时 OP4B 或 OP4A 输出负饱和电压，约－14 V，该电压除了送到 OP6B，同时还送到 OP6A，使 OP6A 输出－14 V 左右的负饱和电压。由于 OP6A 对负输入电压处于开环放大状态，放大倍数极大，此负饱和电压将一直保持，该电压送到 OP7A 的反相端。在此以前 OP7A 已经有－10.6 V 的输出电压，此电压与经 P5 来的－15 V电压相叠加，使 OP7B 输出＋12.2 V 的电压。此电压经 P6 送到 OP6B 的输入端与来自 OP4B 或 OP4A 的－14 V 电压恰好相互抵消。此时 OP6B 输出电压为零。OP8A 输出亦为 0，但来自 P8、R78 的－15 V 预置电压，已经加到 OP8B 的输入端，使 T1 导通，比例伺服阀中流过预置电流。由于 OP7A 为一积分器，来自 OP6A 的－14 V 电压送来后，使 OP7A 的输出电压从－10.6 V 逐渐变成＋10.6 V。这时 OP7B 的输出电压也从＋12.2 V 逐渐变到 0，OP6B 的输出电压从 0 逐渐变到＋14 V。因此比例伺服阀 1S17～1S20 的电流从预置电流逐渐上升到最大值，这样就可以避免捣固头的冲击。

当捣固装置动作到位时，比例阀中通过预置电流 250 mA，但比例阀的阀值电流为 200 mA，即是说此时比例阀中仍有液压油通过，这就迫使捣固装置到达指定的位置时仍继续移动。当深度传感器来的反馈电压的绝对值比给定电压的绝对值略大时，使得 OP4B 或 OP4A 的输出电压变为正值。只要有很小的正电压加到 OP6A 的输入端，OP6A 立刻输出正饱和电压，约＋14 V，该正电压加到 OP6B，使 OP6B 负饱和，OP8A 正饱和，晶体管 T1 立即截止，比例伺服阀电流降到 0，捣固装置停止动作。随着 OP6A 输出的＋14 V 电压对电容 K18 的充电，OP7A 的输出由＋10.6 V 逐渐向－10.6 V 变化，OP7B 的输出也由 0 逐渐升高到＋12.2 V，为捣固装置下一步动作的缓冲做好准备。

当比例伺服阀工作时，线圈中首先流过一定的预置电流或称偏置电流，让滑阀克服弹簧的作用力使阀口处于临界开放状态。该预置电流系在 OP8A 输出电压为 0 的情况下通过调节 P8 来确定的，一般调到 250 mA 左右。捣固装置上升比例伺服阀中的预置电流由于电路中串入了电阻 R72 要比下降比例伺服阀中的预置电流略小一些。B2 面板上的“下降速度”控制开关 2b2 扳到 2 位，即闭合位时，经插件的 16d、16z 端子将电阻 R64 短接，下降比例伺服阀中的电流较大。当 2b2 扳到 1 位，即断开位时，R64 接入，伺服电流减小，捣固装置下降的速度减慢。

项目小结

本项目主要介绍了拨盘电位器、深度传感器、记录仪传感器以及几种常见的集成运放的作用；通过重点学习捣固升降控制系统的组成，明确了捣固控制系统是一个闭环的控制回路，结合捣固深度的给定、捣固作业深度的反馈，更容易理解捣固升降控制系统的工作原理，进而对捣固升降控制系统的电路分析有清晰的认识。

复习思考题

1. 深度传感器分几种类型，各自的作用是什么？
2. 记录仪传感器的作用是什么？
3. 集成运放分析的两个重要依据是什么？
4. 简述捣固装置升降控制系统的组成。
5. 简述捣固装置升降控制系统的工作原理。

项目 5　拨道控制系统

项目描述

拨道作业的目的是为了消除线路方向偏差使曲线圆顺、直线直。捣固车进行拨道作业时，拨道量的大小和方向是由安装在捣固车上的线路方向偏差检测装置测出的，经电路调理后输出控制信号，给电液伺服控制的拨道机构自动地进行拨道作业。本项目首先从拨道系统的应用角度出发，根据拨道系统的功能框图来学习前端模拟控制系统、拨道模拟控制系统和超量拨道控制系统的主要功能。针对于激光准直系统，重点学习准直系统的组成及工作原理。

学习目标

1. 能力目标

(1)能正确区分正矢传感器的结构、分类。

(2)能理解三点法和四点法的检测原理。

(3)能掌握拨道总信号的形成。

2. 知识目标

(1)掌握正矢传感器的结构及用法。

(2)熟悉拨道系统的组成及工作原理。

(3)了解手动拨道动作分析过程。

(4)熟悉前端模拟控制系统和拨道模拟控制系统的功能及作用。

(5)熟悉超量拨道控制系统功能及作用。

(6)熟悉激光准直系统组成及工作原理。

任务 5.1　拨道控制系统中相关元器件的认知

5.1.1　工作任务

通过学习拨道控制系统中相关电气元件，了解旋转电位器、数字电位器、正矢传感器的使用，能够完成以下任务：

(1)了解电位器的作用；

(2)掌握正矢传感器的工作原理。

5.1.2　相关配套知识

(1)旋转电位器

电位器实际上就是可变电阻器，由于它在电路中的作用是获得与输入电压(外加电压)成一定关系的输出电压，因此称之为电位器。电位器通常由电阻体和可移动的电刷组成。当电刷沿电阻体移动时，在输出端即获得与位移量成一定关系的电阻值或电压。广泛应用于电子电路中，一般起调节电压和电流大小的作用。电位器阻值的单位与电阻器相同，基本单位也是欧姆，用符号 Ω 表示。电位器在电路中一般用字母 R 或 RP 表示，图 5.1 是其电路图形符号。

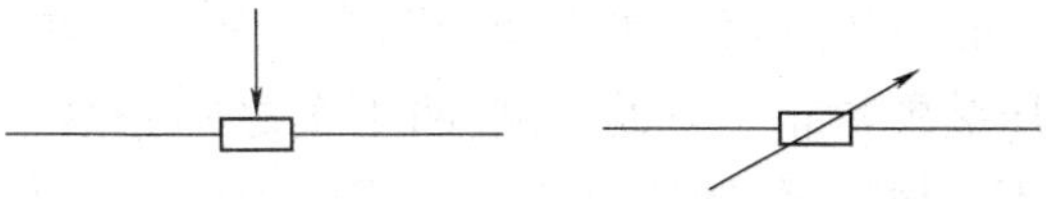

图 5.1　电位器图形符号

电位器在电路中的主要作用有以下几个方面：

a. 用作分压器

当调节电位器的转柄或滑柄时，动触点在电阻体上滑动，此时在电位器的输出端可获得与电位器外加电压和可动臂转角或行程成一定关系的输出电压。

b. 用作变阻器

电位器用作变阻器时，应把它接成两端器件，这样在电位器的行程范围内，便可获得一个平滑连续变化的电阻值。

c. 用作电流控制器

当电位器作为电流控制器使用时，其中一个选定的电流输出端必须是滑动触点引出端。在捣固车的拨道控制系统中，我们主要用于人工输入移动量(拨道误差)的调整电位计。

(2)数字电位器

数字电位器一般是由角度传感器电路、数据处理电路、信号转换电路组成的半导体集成电路。角度传感器电路是数字电位器的重要组成部分，它将角度变化量采集转换成随角度变化的模拟信号。数据处理电路是一种特殊的模/数转换电路，转换后的数字量代表 0～360°的角度值。信号转换电路根据需要将角度值转换成模拟量(电压/电流)信号或串行数字信号输出。与机械式电位器相比，数字电位器取消了电阻基片和电刷；其优点为：调节精度高；没有噪声，有极长的工作寿命；无机械磨损；用于自动控制系统可以实现对角度位置的精确测量，也可以利用输出反馈信号与角度变化成线性比例的特性，通过驱动转轴实现输出调节功能。在捣固车的拨道控制系统中，我们主要用数字电位器精确输入曲线修正值或前端轨道偏移量到控制系统中。

(3)矢距传感器

①传感器的特点

如图 5.2 所示为 609 型正矢传感器，主要用于测量线路曲线的矢距。传感器采用精密铝合金壳体，坚固耐用；传感器的核心部件采用高精度电位器及精加工齿轮等各种精密结构件，线性度好、工作性能稳定、精度高。适用于 08-32 型捣固车、09-32 型捣固车、08-475 型岔道捣固车、WD-320 型线路动力稳定车等大型养路机械。

图 5.2　609 型正矢传感器

②功能与原理

正矢传感器工作原理如图 5.3 所示。在 08-32 型捣固车前后两端装有两个测量小车，靠液压装置紧靠于轨道一侧，两小车之间张紧一根钢丝绳，两小车的距离为 H。当曲率半径 R 值不一样时，矢距值 h 也不一样。因此只要测出 h 值即可知道 R 值的大小。张紧于前后测量小车上的钢丝绳穿过该传感器的拨叉，拖动拨叉左右移动，固定在拨叉上的钢丝绳通过两个滑轮，拽动绳轮转动，然后再通过一对啮合齿轮，带动电位器旋转，从而将拨叉的线位移转换成电位器的输出信号电压。

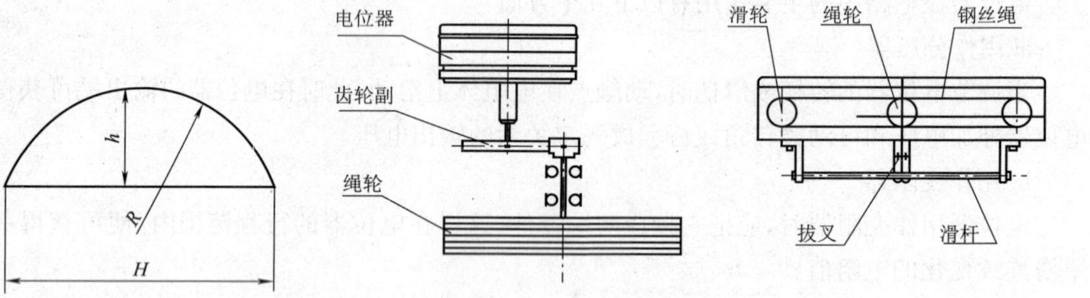

图 5.3　609 型正矢传感器工作原理图

注意：在每次捣固作业前一定要注意清除轨道间的障碍物，因为该传感器安装在捣固车底部，距轨面较近，易与轨道内障碍物碰撞，特别是捣固作业时冲击较大，如果碰到障碍物极易损坏传感器。

(4)电液伺服阀

电液伺服阀既是电液转换元件，又是功率放大元件，它能够把微小的电气信号转换成大功率的液压能(流量和压力)输出，从而实现了一些重型机械设备的伺服控制。液压伺服系统是使系统的输出量，如位移、速度或力等，能自动地、快速而准确地跟随输入量的变化而变化，与此同时，输出功率被大幅度地放大。

电液伺服阀主要由电力转换器、力位移转换器、前置级放大器和功率放大器等四部分组成。电力转换器包括力矩马达(转动)或力马达(直线运动)，可把电气信号转换为力信号。力位移转换器包括钮簧、弹簧管或弹簧，可把力信号变为位移信号而输出。前置级放大器包括滑阀放大器、喷嘴挡板放大器、射流管放大器。功率放大器(滑阀放大器)：由功率放大器输出的液体流量则具有一定的压力，驱动执行元件进行工作。

拨道控制系统中的电液伺服阀，它根据来自程控的自动拨道开始信号，接受拨道总信号来驱动伺服阀使液压拨道系统进行拨道，当拨道总信号变为 0，电液伺服阀中无电流而停止拨道。

任务 5.2　拨道控制系统组成及工作原理的学习

5.2.1　工作任务

08-32 型捣固车采用单弦检测装置检测线路方向偏差，它有四点法拨道作业、三点法拨道作业及激光准直作业三种偏差自动检测拨道方式。具体的作业模式如下：

1. 四点法拨道作业

四点法检测原理是以检测圆曲线的方法为基础，用四点法测量轨道并通过比较两个正矢来控制拨道系统，减少存在的误差，使彼此适应，得到准直后的线路。在直线区段和圆曲线区段，测量系统和准直系统是全自动作业的；在缓和曲线区段，则需要设置手动或自动设置修正值。

2. 三点法拨道作业

三点法检测是以检测直线为基础，轨道通过三点测量，并根据指定的理论正矢进行拨道，在进行圆曲线检测时，需要手动或者自动输入相应的理论矢距值，否则圆曲线的整正就无法进行。

3. 激光准直作业

激光准直仅用于长直线路的作业。

通过学习拨道控制系统的组成及工作原理，能够完成以下任务：

(1)能够掌握拨道总信号的形成。

(2)能读图分析拨道系统的组成。

(3)能正确区分三点法和四点法的工作原理。

5.2.2　相关配套知识

1. 拨道系统组成

拨道系统是由一个闭环的控制系统组成，包括相应的测量装置、电子控制和执行拨道的液压机构等。拨道控制系统如图 5.4 所示。

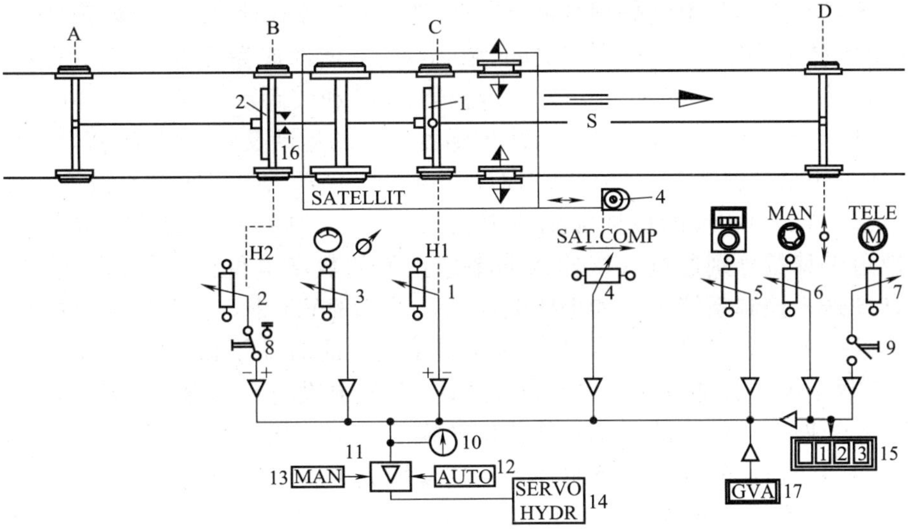

图 5.4　拨道控制系统组成

1—测量拨道正矢“H_1”的拨道传感器；2—测量拨道正矢“H_2”的拨道传感器；3—零点电位计；4—测量状况依赖于捣固小车的自适应位置传感器；5—人工输入曲率修正值(V、F、W 及相应的 HV、HF、HW)的数字电位计；6—人工输入移动量(拨道误差)的调整电位计；7—遥控输入移动量(TELE 操作、激光或者准直装置的遥控操作)的调整电位计；8—三点测量系统选择器；9—TELE 操作选择器；10—拨道指示器；11—拨道总信号；12—自动拨道控制信号；13—拨道系统的人工控制；14—液压拨道系统的伺服控制；15—修正值指示器；16—三点拨道的弦固定叉；17—GVA 系统(轨道几何形状自动调整)；18—遥控接收调整马达；A—后张紧小车；B—测量小车；C—拨道小车；D—前张紧小车；S—拨道弦

检测小车(A、B、C、D)用气压预加载到所选择的基准轨上,在A、D检测小车之间,拉一根钢丝弦线作为检测基准,A点检测小车上的气缸把钢丝弦线拉紧,在A端不能左右移动,在B、C检测小车各装有一个测量矢距的传感器,弦线穿过矢距传感器上的拨叉,当线路方向有偏差时,弦线带动拨叉使矢距传感器上的电位器转动,输出一对模拟矢距的电压值 H_1、H_2。经运算放大器输出一个比较偏差信号D1,与前端轨道偏移量FD(人工提供)或GVA来的拨道修正信号V(自动给出)进行比较,输出拨道总信号D2给电液伺服阀HY,HY将电信号转换成液压信号,使液压油进入拨道油缸,拨道油缸推拉拨道轮R使轨道左右移动来消除线路偏差。拨道系统控制信号具体如图5.5所示。

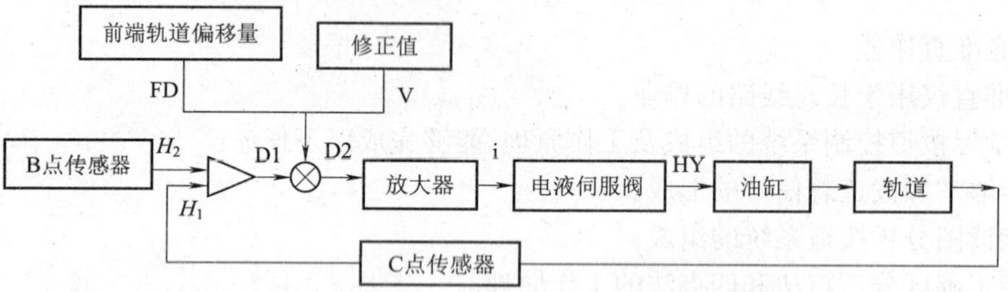

图5.5　拨道信号图

2. 拨道系统的工作原理

拨道系统的控制电路图如图5.6所示。

(1)四点法工作原理

四点法检测拨道系统是一个按已整正过的圆曲线的B点矢量距离为设定信号,C点矢量距离为反馈信号组成的电液伺服控制系统。四个小车放在轨道上,并被预加载压向某一股钢轨,测量钢弦被张紧于A、D小车之间,弦AD的方向即成为准直方向,三点拨道的弦固定叉16(对应图5.4,后同)被抬起。拨道传感器1f01和矢距测量传感器1f02的叉子卡于钢弦AD上,传感器的拨叉由钢弦带动,而传感器拨叉的运动又将带动传感器中的电位器旋转,这样就将矢矩量转换为与矢距值相对应的电信号,并送入电子控制系统。矢矩 H_2 乘以矢距比之后以(与 H_1)相反的极性加到拨道信号总线上。同时,在前驾驶室中将曲线修正值或前端轨道偏移量分别通过人工输入曲率修正值的数字电位计5和人工输入移动量的调整电位计6送入控制系统中。如果线路曲线已输入GVA中,GVA已通过内部线路与控制系统相连,GVA即会将修正值自动送到控制系统。此时就不再需通过数字电位计5输入,而必须将数字电位器置于000-0 mm上,但GVA中没有前端轨道偏移量FD值送出。调整电位计6经四点式的偏差减小率的比例变换后再加至拨道信号总线上,同时还有零点校正信号和曲线修正信号加至信号总线上。这就形成了拨道的总信号。

拨道总信号一路送到拨道指示器10(19g3和33g4),当拨道完成时,拨道指示表应指向0位;另一路则送到拨道伺服放大器。自动拨道时,伺服放大器受控于来自程控的自动拨道开始信号Q1A,伺服放大器控制拨道伺服阀而使液压拨道系统进行拨道。拨道时,矢距传感器将矢距 H_1,检测出来又回送到总信号线上。当矢矩传感器检测到的矢矩 H_1 达到要求时拨道总信号变为0,伺服阀中无电流而停止拨道。当手动拨道时,拨道总信号不参与拨道控制,仅手动拨道信号直接控制伺服系统进行拨道,但拨道指示表仍继续指示。当拨道指示表针指向0位时则停止拨道,这样就完成了手动拨道。

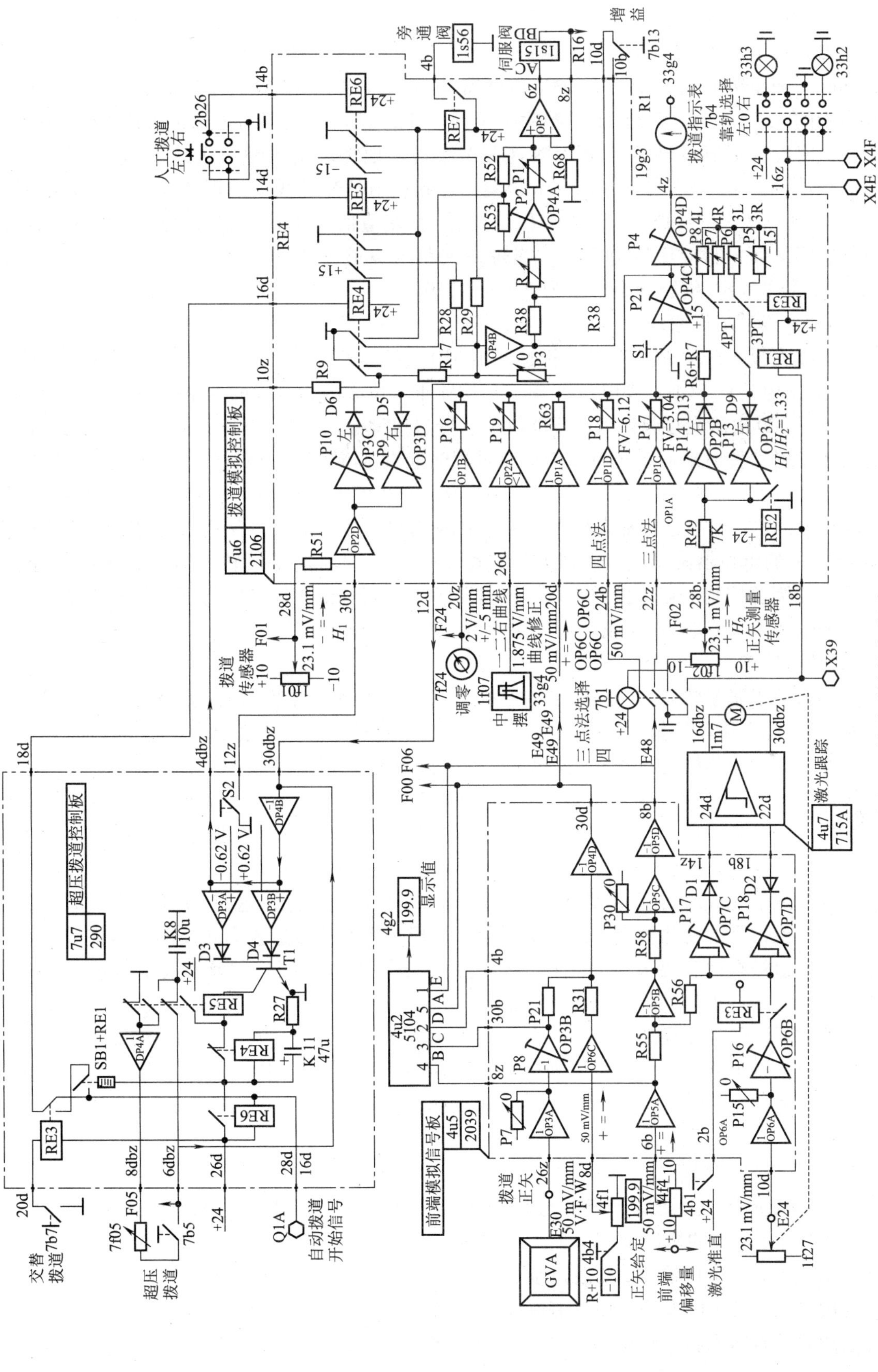

图5.6　拨道系统的电路图

(2)三点法工作原理

三点式拨道的钢弦固定叉卡于钢弦上。三点式与四点式的选择开关 7b1 置于三点式,这样就切除了测量拨道正矢“H_2”的拨道传感器 2(1f02),即不使用矢距 H_2 测量传感器。在前驾驶室中的人工输入曲率修正值的数字电位计 5(4f1)送入作业点的理论正矢值,而不再是送入四点式时的修正值;当使用 GVA 时,GVA 会自动地将理论矢距值送到拨道控制回路中。此时需将数字电位 4f1 置于 000-0 mm 位置。送到拨道信号总线上的理论矢距与从拨道传感器 1f01 送到总线上的线路实际矢距 H_1 值比较,其差值信号送去控制伺服放大器,通过控制拨道伺服阀从而控制液压拨道系统。当理论矢距与拨道传感器 1f01 的矢距 H_1 的差值为 0 时,拨道指示于 0 位,伺服阀中电流为 0,停止拨道。

(3)激光拨道工作原理

激光准直投入开关 9(TELE 操作选择器 4b1)置于 ON 位,无论使用三点式还是使用四点式拨道,数字电位计 5(4f1)和电位计 6(4f4)均置于 0 位。因为直线的理论矢距 $H=0$,而前端轨道偏移量 FD 由激光接收器处于 FD 值传感器(1f27)输入[取代电位计 6(4f4)]。机器正前方的激光发射器发射来的激光束成为作业过程的准直基准方向。当机器前端的轨道线路向左偏移或向右偏移时,激光接收器的跟踪控制电路将驱动电机 18(1m7)控制激光接收器左右移动,使激光接收器始终处于激光光束正好打中的地方。激光接收器又通过拉弦带动 FD 值传感器 1f27 中的电位器随激光接收器的左右移动而旋转,从而将前端轨道偏移量 FD 值转换成电信号送入拨道控制电路。拨道时,当传感器 1f01 检测到的矢距 H_1 与 FD 值送到拨道信号总线上的信号差为 0 时,就完成了对该作业点的准直作业。

(4)超量拨道

当钢轨处于张紧状态,并有很大的弹性时,用通常的拨道方法完成拨道后,钢轨将向原来的位置反弹,即并未将钢轨拨到所要求的位置上。在这种情况下就需要使用超量拨道,通过对钢轨的拨道以消除弹性变量的影响,如对重型钢轨的拨道作业。

拨道开关 7b5 接通,通过 7f05 可调节超量拨道量。在拨道开始前,合成的拨道信号被存入一存储器中。在拨道一开始时,存储器中的信号通过一定的比例与原来的拨道信号加在一起进行拨道。这样,在这个方向的拨道量就比要求进行的拨道量多出了一个拨道值。当两者和信号的拨道值完成时,控制电路就将来自存储器中的信号切除。这时,由于在合成的拨道信号中超量拨道信号的切除使得合成的拨道信号变成一个与原拨道方向相反的拨道信号。这个信号使得轨道被拨回到要求的位置上,这样通过超量拨道电路的控制就解决了对重型钢轨进行拨道作业时所产生的回弹问题。

3. 拨道系统的控制模块

从拨道系统电路图中我们可以知道,拨道系统主要有前端模拟控制系统、拨道模拟控制系统和超量拨道控制系统,以及激光接收跟踪控制电路构成。以下我们重点介绍下各个系统的主要功能。

(1)前端模拟控制系统

在拨道系统中,送入前端模拟信号板 4u5(EK-2039LV)的模拟信号共有 4 路:

①来自于 GVA 的拨道量(E30);

②来自于数字电位器 4f1 的拨道量;

③由电位器 4f4 送来的前端轨道偏移量,即 FD 值;

④激光准直时来自于传感器 1f27 的 FD 信号。

前两个信号实际上具有同样的意义并可互相取代。即当使用 GVA 时，4f1 置于 0 位不使用，当不使用 GVA 时，则由 4f1 输入拨道值(正矢值或修正值)。后两个信号也具有同样的意义。只是在曲线作业时必须使用 4f4 来输入前端轨道偏移量 FD，而不能使用 1f27 来代替。1f27 只有在直线段用激光准直作业时才取代 4f4 的输入，此时 4f4 置于 0 位。

来自 GVA 的拨道信号从插件的 26Z 端子输入送到运放 OP3A 的同相端。OP3A 构成一电压跟随器，起阻抗变化和隔离的作用，从 OP3A 输出的信号输入到运放 OP3B 的反相端。OP3B 的反相端还有一路输入信号：由 P7 分压送来的信号；当从 GVA 送到 26Z 端子的信号为 0 时，OP3B 输出端的信号也应为 0，但由于运放的零点偏移，可能使 OP3B 的输出端并不为 0。此时可通过电位器 P7 的调节使得 OP3B 输出为 0。OP3B 在此构成反相放大器，P8 用来调节放大器的放大倍数，可使该级放大器的放大倍数在－0.864～－1.221 之间变化。由于从 26Z 输入的信号是 50 mV/mm，而要求 OP3B 的输出信号也是 50 mV/mm，所以理论上要求 OP3B 反相放大器的放大倍数为－1。但实际上输入信号可能或多或少地存在偏差，所以加入了 P8 用来调节放大倍数。OP3B 的输出信号分为两路：一路经端子 30b 送到 4u2 的 C 端再经变换后送到拨道指示表 4g2 去显示；另一路则经电位器 P21 送到运放 OP4D 的反相输入端。

来自数字电位器 4f1 的拨道信号送到插件的 8d 端子送到 OP6C 的同相端。OP6C 构成一电压跟随器，经 OP6C 阻抗变化和隔离后经电阻 R31 又送到运放 OP4D 的反相端。OP4D 为一加法器，P21 用于对来自 GVA 的拨道信号进行校正。OP4D 的输出为来自于 4f1 的信号与来自于 GVA 的经过处理的信号之和。故当使用 GVA 时，4f1 必须置于零位，否则送到后面的控制电路的信号为 4f1 的拨道值与 GVA 来的拨道值之和，这将导致拨道错误！而当使用手动输入时，要求 GVA 输出信号为零。由于 OP3A 是电压跟随器，在手动操作时，最好也开着 GVA，只是必须使 GVA 工作于长直线，即要求 GVA 的输出为 0。

OP4D 输出的拨道值信号经插件的 30d 端子送出。该信号分为三路：①送到 4u2 的 A 端子经变换后供拨道表 4g2 显示；②送到 B7 拨道控制电路板 7u6 的 20d 端子；③送到 40 路信号检测板 7u15(F00)。

开关 4b4 用来选择 4f4 送入的矢距是左矢距还是右矢距。前端拨道偏移量 FD 从电位器 4f4 送出，经插件 6b 输入送到电压跟随器 OP5A。OP5A 的输出经电阻 R55 送到 OP5B 的反相端。OP5B 为一加法器，0P5A 的输出信号同时经端子 8z 送到 4u2 的 B 端，经变换后送到 4g2 显示。

当采用激光准直时，4b1 接通，端子 2b 得＋24V 电源，继电器 Re3 得电吸合，FD 值传感器 1f27 将信号传送到插件的 10d 端子，送到由 OP6A 构成的电压跟随器。1f27 送出的信号为 23.1 mV/mm。这个信号到 OP6B 构成的零点可调反相放大器。P15 用于零点的调节，要求 OP6B 的输出信号为 50 mV/mm。那么通过调节由 OP6B 中设置的电位器 P16 就能调节放大倍数使 OP6B 的输出信号满足要求。

由于 Re3 得电吸合，OP6B 的输出信号经 Re3 的常开触点再经 R56 也送到 OP5B 反相端。此时 OP5B 的输出电压为

$$V_{\mathrm{OP5B-1}}=-(V_{\mathrm{OP6B-1}}+V_{\mathrm{OP5A-1}})$$

所以在进行激光准直作业时一定要调节 4f4，当 4u2 上的开关在 4 位时，使 4g2＝0.0 mm，即 $V_{\mathrm{OP5A-1}}=0$。OP5B 的输出信号一路经插件端子 4b 送到 4u2 的 D 端，经变换后供 4g2 显示人工激光准直的 FD 值，另一路经 R58 送到 OP5C。

在 OP5C 的输入端还设计了调零电位器 P13，用以校准运放的零偏。当 OP5C 来的信号

为 0 时，调节 P13，OP5C 输出可在正负 0.175 V 之间变化。OP5C 和 OP5D 均为放大倍数为 1 的反相放大器即反相器。

由 4f4 送来的 FD 信号(激光准直时是 1f27 送来的 FD)经过放大、调零和极性变换，最后从 OP5D 经插件 8b 端子送出。这个信号为完整的 FD 信号，分别送至：①4u2 的端子 E 经变换后到拨道显示表 4g2 显示；②三点式与四点式的选择开关 7b1；三点式时将这个信号送到拨道控制板 7u6 的 22z 端子，四点式时则送至 7u6 的 24b 端子；③40 路信号检测板 7u15(F06)。

(2)拨道模拟控制系统

拨道模拟控制系统主要完成以下几项功能。

①形成拨道控制的总信号：拨道模拟控制板是整个拨道控制系统的中心，参与拨道控制的六路模拟信号全部输入到该板中，形成拨道控制总信号。

②拨道指示：形成的拨道控制总信号经过运放处理后一路送入拨道指示电路，将拨道的指示方向和拨道量的大小送往拨道指示表 19g3 和 33g4，形成对拨道量的指示。另外一路送往超量拨道控制板。

③调节拨道速度和调节伺服阀电流：送往超量拨道控制板的信号经过处理后又送回拨道模拟控制板，该信号主要用于自动拨道和手动拨道过程中，拨道伺服电流的调节。刚开始拨道时，拨道系统以最大伺服电流拨道，随着拨道过程的进行，通常当接近给定拨道值时，拨道伺服电流减小，拨道速度减小。

4. 总拨道信号的形成

该板是整个拨道模拟控制的中心，参与拨道控制的六路模拟信号全部输入到该板中。它们分别经过极性变换、阻抗变换隔离后，进入到一个加法器，形成拨道的总模拟信号，这个加法器由 OP4C 及其外围电路构成。参与拨道控制的六路模拟信号为

V_{H_2}——矢距测量传感器 1f02 来的信号(H_2)；

V_{H_1}——拨道传感器 1f01 来的信号(H_1)；

V_{H}——三点式时的理论矢距或四点式时的拨道值；

V_0——调零电位器 7f24 来的调零信号；

V_{FD}——前端拨道偏移量(来自于前驾驶室)；

V_{CC}——曲线修正信号(来自于中摆 1f07)。

该加法器具有放大作用，必须注意保证这六路信号之间的相互比例。

①从前驾驶室来的拨道信号 V_{H}(E49，F00)。

该信号从插件 20d 端子输入到达由 OP1A 组成的电压跟随器后，仍为 50 mV/mm。从 OP1A 输出送入加法器 OP4C。加法器输出的信号为 0.5 V/mm，则加法器对 V_{H} 信号的放大倍数 K_{H} 为

$$K_{\mathrm{H}}=\frac{0.5\ \mathrm{V}}{50\ \mathrm{mV}}=10\text{ 倍}$$

其他的五路信号均以此放大倍数 K_{H} 为基准进行比较。

②拨道传感器 1f01 来的矢距信号 V_{H_1}(F01)。

此信号从插件 28d 端子输入，经电阻 R51 后分为两路。一路从端子 30b 送出到 7u7 的 12z 端子，这一路信号用于调试时从 7u7 中经开关 s2 将其短路(正常工作时应将 7u7-S2 断开)；另一路信号则至 OP2D 形成的电压跟随器，然后从 OP2D 输出到 OP3C 和 OP3D 的同相端。在这里，OP3C 和 OP3D 所形成的电路将输入的信号按正负极性进入相应的放大器. 这

样，对于正负极性的信号可以分别进行调节。

当 V_{H_1} 信号为正极性时，OP2D 输出正信号经 OP3C 送入加法器。

当 V_{H_1} 信号为负极性时，OP2D 输出负信号经 OP3D 送入加法器。

拨道传感器的信号应与拨道信号 V_H 具有相同的比例，但必须极性相反，拨道传感器 1f01 来的信号为 23.1 mV/mm，经加法器后的输出应为 0.5 V/mm，故经计算 P9 或 P10 为 0.568 kΩ。实际上 P9 和 P10 均是 1 kΩ 的电位器，即使在输入信号存在一定的误差时也能使加法器的输出为 0.5 V/mm。

③矢距测量传感器 1f02 来的信号 V_{H_2}(F02)。

V_{H_2} 从插件的 28b 端子输入，经 R49 后到 OP2B、OP3A 和 Re2 的常开触点。三点式作业时，由于 Re2 得电其常开触点闭合将此信号短路。四点式作业时，根据其极性(正或负)通过相应的放大器送到加法器。该信号的处理电路与拨道传感器信号 V_{H_1} 的处理电路相同。当 V_{H_2} 信号为正时，通过运放 OP2B 后进到加法器；当 V_{H_2} 为负时，则通过 OP3A 进入加法器。

四点式作业时，由于矢距比 $H_1/H_2=1.33$ 的存在，H_2 需乘以比例系数 1.33 后才能和 H_1 的信号进行比较，所以加法器对 V_{H_2} 的放大倍数：

$$K_{H_2}=1.33K_{H_1}=28.789$$

在这里，电位器 P13 和 P14 用来校准对矢距测量传感器信号的放大，以满足各信号间的比例关系。

④前端拨道偏移量信号 V_{FD}(E48，F06)。

三点法作业时：V_{FD} 信号经三点式与四点式的选择开关 7b1(置于三点式)后从插件的 22z 端子输入，经 OP1C 电压跟随器后送入加法器。此时 24b 端子悬空使 OP1D 输出为零。前端拨道偏移信号为 50 mV/mm，需经过三点式的方向偏差残留系数变换后，构成总拨道信号的一部分。电位器 P17 来校准 OP4C 对 FD 的放大量

四点法作业时：7b1 开关置四点式位置，此时 V_{FD} 信号经 7b1 后从插件的 24b 进入，经 OP1D 送到加法器。此时 22z 端子悬空使得 OP1C 输出为零，即此路无信号送到加法器。电位器 P18 来校准 OP4C 对 FD 的放大量。

⑤调零电位器 7f24 来的信号 V_0(F24)。

该信号从插件 20z 端子输入，到 OP1B 形成的电压跟随器输入端，经阻抗变换隔离后送入加法器。

$V_0=2$ V/mm，而加法器输出为 0.5 V/mm，则 $K_{V_0}=\dfrac{0.5\ \text{V}}{2\ \text{V}}=0.25$，电位器 P16 调节调零放大系数。加于 7f24 上的电压为±10 V，所以 7f24 能够校准的零点范围为−5～+5 mm。

⑥曲线修正信号 V_{cc}(F07，来自于中摆)。

V_{cc} 信号(F07)来自于作业区的电子摆 1f07，电子摆所测出的信号是线路的超高。为什么线路的超高信号与拨道有关呢？

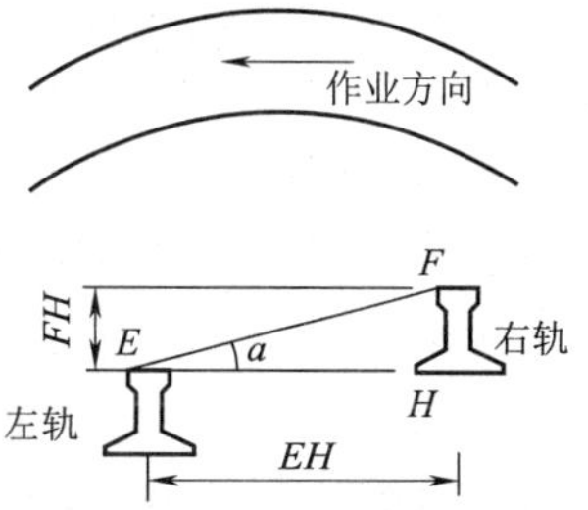

图 5.7　曲线超高对矢距的修正原理

如图 5.7所示，机械作业于一条左轨上，其右轨比左轨高。在拨道小车上的拨道传感器所测出的矢距是图 5.7 中 EF 方向的矢距，而不是水平方向的拨道矢距。实际输入拨道系统的拨道值是水平方向的拨道矢距，于是实际拨道完成后的线路就达不到要求的拨道矢距值。由于线路超高 FH 的存在，使得拨道的矢距在水平方向 EH 上的实际值比理论要求的拨道值小，即 $EH=EF\times$

$\cos\alpha$，为了消除这个误差，就需将线路的超高信号输入拨道系统以使拨道值达到理论要求。

对于实际作业的线路，曲线矢距修正值的引入应使得拨道向高轨一侧进行修正。来自于中摆的超高信号 V_{cc}(F07)从插件的26d端子输入到OP2A组成的反相放大器。OP2A的输出送到加法器，1f07输出的信号为25 mV/mm，意为每毫米的超高产生25 mV的电压输出。而对于其引起的拨道值是要求当中摆输出电压为3.75 V时引起的拨道量为2 mm，即当线路超高为3.75 V÷(25 mV/mm)=150 mm时，应修正的拨道量为2 mm，此时在加法器的输出端应为2 mm×0.5 V/mm=1 V，则电压放大倍数 K_{cc}=1 V÷3.75 V=0.267倍。P19为一只50 kΩ的电位器，用于校调曲线修正信号的放大量。

经过对上述六路信号的分析，可以得到图5.8所示的拨道信号合成图。

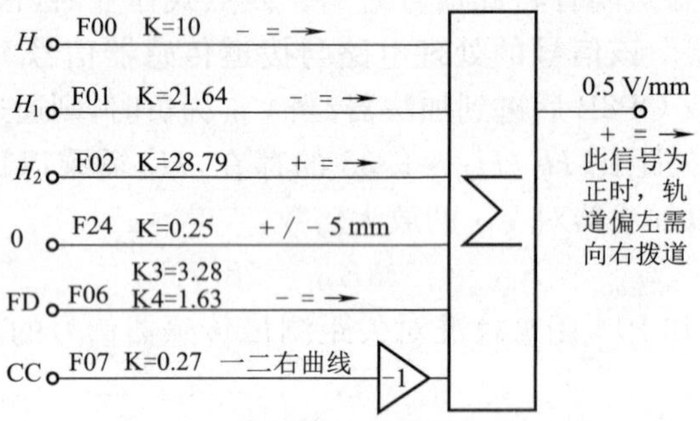

图5.8 拨道信号的综合

除了以上所介绍的六路信号输入到加法器以外，在插件板内还加入了三点法和四点法的左、右靠轨调零信号。

⑦插件内的三点法和四点法的左右靠轨调零信号+15 V经由R6、R7送入加法器，此路信号引起的输出为 V_1。

当选择三点法或四点法的左靠或右靠轨时，由于Re1和Re3的相应动作总会接通P5、P6、P7、P8中的一路而将−15 V引入加法器。我们在此以四点法左靠轨来说明，此时−15 V经P8、Re3和Re1的触点送入加法器，此路信号引起的输出为 V_2，所以，+15 V和−15 V两路信号叠加输出的信号 V 为 $V=V_1+V_2$，由于加法器输出端信号为0.5 V/mm，则经计算电位器P8能够调零的范围为−4.24～+9.24 mm。对于另外三种状态，因为它们的电路参数完全相同，虽然每种状态(三点法左靠轨、三点法右靠轨、四点法左靠和四点法右靠轨)下在拨道总信号中可能引起的零点误差不尽相同，但它们的调零范围都为−4.24～+9.24 mm。

(1)拨道指示电路

拨道总信号从运放OP4C输出分成两路，一路经端子12d输出到7u7拨道超量控制板的端子30dbz，另一路送入拨道指示电路，经端子4z输出到拨道指示表19g3和33g4。拨道表的指示方向可根据需要调定，指示值的大小也可调节(通过调节运放OP4D的放大倍数)。拨道指示表19g3和33g4实际为0.5 mA的电流表。通常指示表从零位到红色区域的边缘之间代表1.5 mm的误差。并且，当拨道总信号存在着向右拨道的拨道量时，使指示表偏向右侧。例如，当4f1=1.5 mm，4b4置于左位，其他所有输入到拨道系统的信号为零，此时，拨道指示表应指于右侧红色区域边缘。

(2)拨道调节放大器

从加法器输出的拨道总信号，从7u6端子12d送到7u7的30dbz经反相后又从B拨道模拟板 7u6 的 10z 端子送回，经 R9 后分为两路：

①一路至 Re4 常闭触点。当自动拨道信号尚未到来时，Re4 未得电，其常闭触点将拨道总信号短路，以使拨道伺服阀中无电流而不进行拨道。只有当存在自动拨道信号时，才将拨道信号传递到后级。

②另一路经 R17 送入运放 OP4B 的反相端，手动拨道信号也经电阻 R28 或 R29 后送到这里。OP4B 对手动拨道信号的放大倍数为−2 倍(负号表示极性)。另外还设置了一个调零电位器 P3。当 Re4 未动作，并且无手动拨道信号(即 Re5 和 R6 不动作时)时，调节 P3 使拨道伺服阀 1S15 中电流为零。

当手动拨道开关 2b26 转至右位或左位(手动右拨道或左拨道)时，14b 或 14d 接地，Re6 或 Re5 得电，其常开触点吸合，将−15 V 或+15 V 经 R29 或 R28 送入 OP4B 反相端形成手动右拨道或左拨道信号。

从 OP4B 输出的拨道总信号一路经 10b 到 7b13，另一路则至 R38，再经调节放大器 OP4A 后输出。调节放大器由 OP4A 及外围元件组成，如图 5.9 所示。

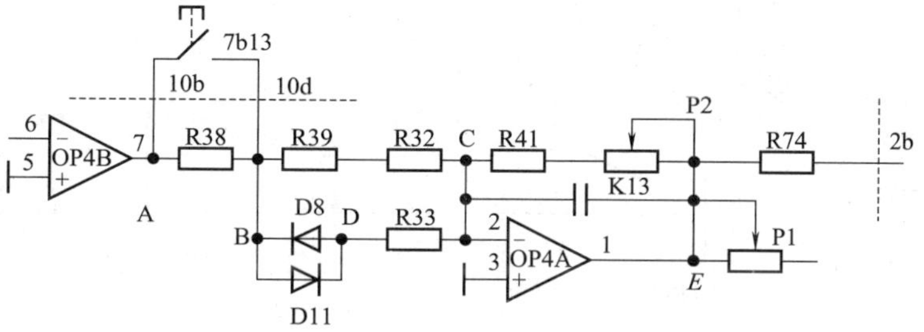

图 5.9　调节放大器电路图

为便于分析，在图中用字母标出了各个电压点，下面分两种情况来说明。

①增益开关 7b13 闭合

此时电阻 R38 被短接。刚开始拨道时，由矢距传感器来的反馈电压较小，拨道给定电压较大，运放 0P4A 处于饱和状态，拨道系统以最大伺服电流拨道。随着拨道过程的进行，反馈电压越来越趋近给定值。通常在达到给定拨道值前 3～4 mm 时，OP4A 开始退出饱和，拨道伺服电流开始减小，拨道速度减小。电位器 P2 用来调定在到达拨道值前运放开始退出饱和的 3～4 mm。OP4A 退出饱和后，放大倍数逐渐减小，当距拨道终点的距离为 1.44 mm 时，OP4A 的放大倍数进一步减小，伺服电流随之减小，拨道速度进一步变慢。

②增益开关 7b13 断开

A、C 间的等效电阻增大，OP4A 的放大倍数降低，0P4A 退出饱和时距拨道终点的距离为 6.82 mm，当距拨道终点的距离为 1.9 mm 时，OP4A 的放大倍数进一步降低，伺服电流随之减小，拨道速度进一步变慢。

通过上述说明，我们可以看出增益开关 7b13 短接与断开，改变的 OP4A 的放大倍数及接近拨道终点时伺服电流开始减小的时间。图 5.10 为调节放大器的输入输出曲线。

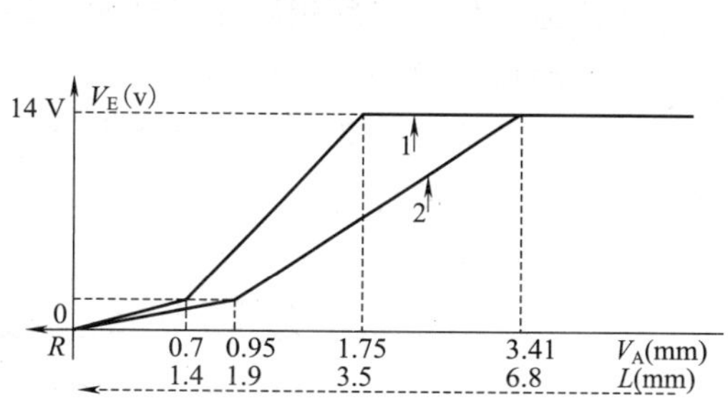

图 5.10　调节放大器的输入输出曲线

L—总拨道量；1—7b13 闭合时的 $|V_E|$；2—7b13 断开时的 $|V_E|$

图 5.10 的说明：(1)L 是要求完成的拨道量；(2)由于伺服阀电流正比于 V_E 的绝对值，所以图中所示的 V_E 的绝对值曲线也是伺服阀中的电流变化曲线；(3)由于拨道有着左右之分，也就是信号有正负之分以表示拨道方向之不同，图中使用信号的绝对值。

从图 5.10 可以看出：(1)7b13 断开时(置 1 位)，当达到拨道给定值前 6.8 mm 时伺服阀中电流开始减小，拨道速度变慢；当达到拨道给定值前 1.9 mm 时伺服电流变得更慢；(2)当 7b13 闭合时，则拨道速度直到拨道给定值前 3.5 mm 时才开始变慢；当达到拨道给定值前 1.4 mm时，拨道速度变得更慢。

(3)伺服放大器

电路如图 5.11 所示，拨道总信号从 A 点输入，P1 用来调节伺服阀中的最大电流，即当 V_A 为前级运放 OP4A 的饱和输出电压时，调节 P1 使伺服阀中获得所需的最大伺服电流。伺服阀的最大伺服电流 $I_{smax}=15$ mA，当没有自动拨道信号而手动拨道时，R53 被短接，以使用较小的伺服电流(拨道速度)进行手动拨道。

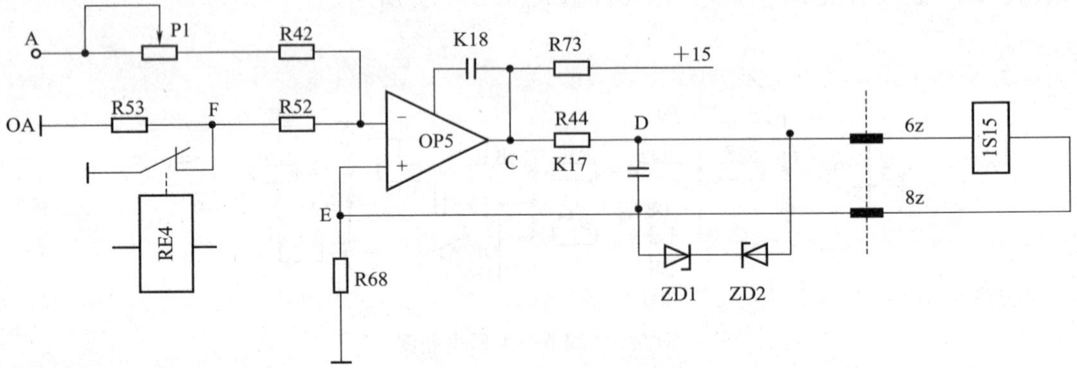

图 5.11 拨道伺服放大器

K17 和 ZD1 与 ZD2 相串联的两支路均是保护电路。因伺服阀 1S15 是感性负载，电路断开时两端会产生较高的过电压。为避免过电压损坏运放，加入 K17 和 ZD1、ZD2 来吸收过电压。在该电路板中还有一继电器 Re7。当自动拨道信号或手动拨道信号存在时，Re7 均得电吸合，使与插件 4b 端子相连的旁通电磁阀 1S56 得电以控制拨道的液压回路。

5. 超量拨道控制系统

该板主要实现下列功能：

①将拨道总信号经反相后输出到拨道控制板 7u6 去，以形成拨道总信号的通路；

②实现超量拨道的控制功能；

③实现交替拨道功能即是当每来两次自动拨道信号 Q1A，只有一次执行拨道作业，这就是交替拨道的意义所在。

任务 5.3 激光准直测量系统

5.3.1 工作任务

我国铁路大型捣固车都装备有激光准直测量系统。08-32 型和 09-32 型捣固车装有激光一维准直系统，可满足捣固车的自动拨道作业要求；08-475 型重型道岔捣固车和 09-3X 型组合式捣固作业车装有激光二维准直系统，可以满足其自动起拨道作业要求。通过对激光准直测量系统的学习，能够完成以下任务：

(1)了解激光准直系统的组成；

(2)了解激光准直系统的工作原理。

5.3.2 相关配套知识

1. 08-32 型和 09-32 型捣固车激光测量系统工作原理

(1)一维激光准直系统的组成

08-32 型、09-32 型捣固车装备的 JZT 型激光准直系统，基本工作原理是"光电接收一机械跟踪"，光学接收元件采用灵敏度很高的硅光电池；激光接收器只在水平方向自动跟踪(称作"一维激光系统")。JZT 型激光准直系统适用于捣固车在长直线路时，引导捣固车实现自动拨道作业。该系统主要由激光发射器、激光接收器、接收跟踪架、发射调整架等组成，如图 5.12 所示，最大工作距离 600～800 m。

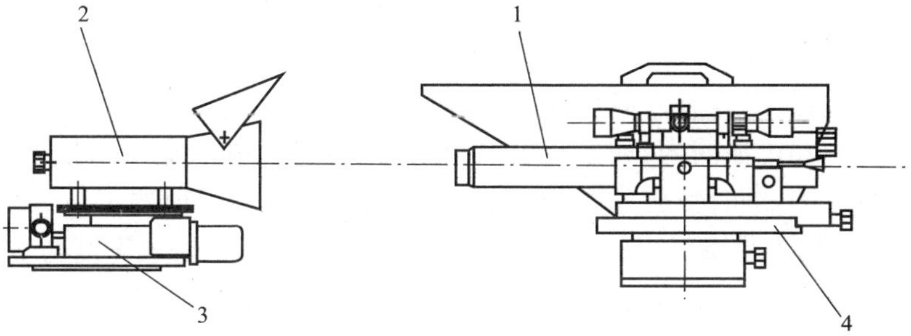

图 5.12　JZT 型激光准直系统

1—发射器；2—接收器；3—接收跟踪架；4—发射调整架

①激光发射器

激光发射器的组成如图 5.13 所示。激光发射器主要作用即打开电源开关，发射器前端射出红色激光束。发射器输出功率小(光束功率仅 3 mW 左右)，不会对人眼造成任何伤害。

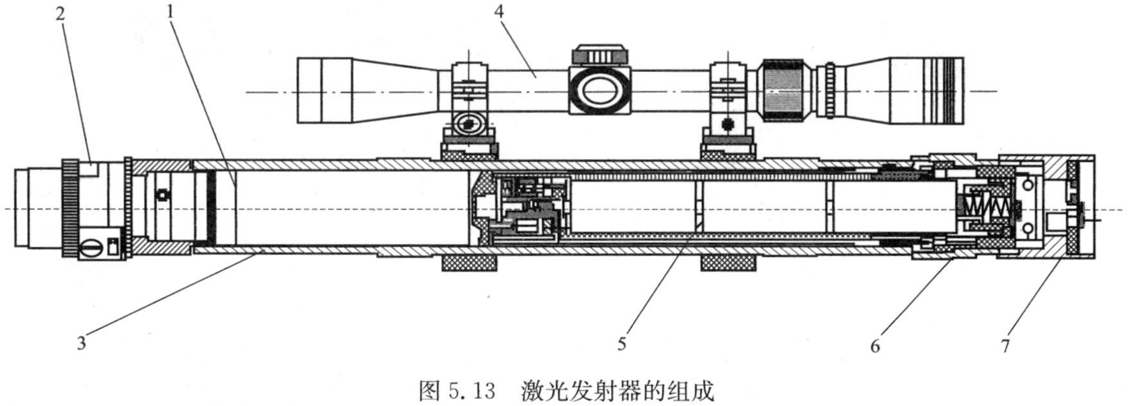

图 5.13　激光发射器的组成

1—激光器及光学扩束系统；2—光束调平装置；3—外筒；4—瞄准镜；5—电池；6—联结套；7—尾端控制器

激光器及光学扩束系统将半导体激光器射出的片状激光束矫形扩束为直径 16 mm 的平行光束。

尾端控制器由电源开关和电量指示器组成，如图 5.14 所示。打开电源开关，发射器前端应有红色激光束射出。尾端控制器上的电量显示器，左端的第一个红色指示灯为工作指示灯，只要电源接通，此灯应常亮。右端第一个绿色指示灯亮，表示电池电量很足；当发射器工作一段时间后，电池的电量逐渐降低，电量指示灯相应向左退移，当左端的第二个红色指示灯亮或所有指示灯亮时，表示电池电量已严重不足，必须更换新电池。

图 5.14　尾端控制器

1—电源开关；2—电量指示器

此时应关掉电源，逆时针旋开联结套，将尾端控制器取下，取出旧电池，将 3 节 1 号干电池（正极向前）装入发射器电池筒内；如是充电电池组，则将充足电的电池组换上；将尾端控制器复原（注意对准定位销），顺时针旋紧联结套，此时可以继续使用发射器了。

柱面镜的作用是将由物镜射出的直径 20 mm 的平行激光束扩展成宽度为 20 mm 的垂直光带（距离 100 m 处光束高 2 m），满足捣固车在有竖曲线的线路上作业的需要。调节微调旋钮可校准扇形光束的垂直状态，当水平泡处于水平状态时，扇形光束与地平面垂直，如图 5.15 所示。

瞄准镜的作用是寻找目标，将激光束迅速对准接收器，如图 5.16 所示。瞄准镜的目镜中心有一十字丝，十字丝的垂丝应与激光束重合，横丝应与激光束中心相交。

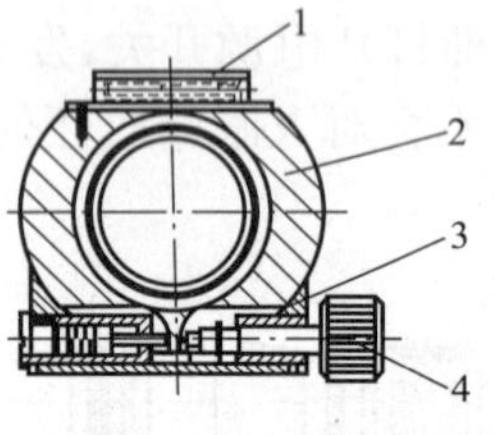

图 5.15　光束调平装置

1—水平泡；2—柱面镜筒；3—外筒；4—微调旋钮

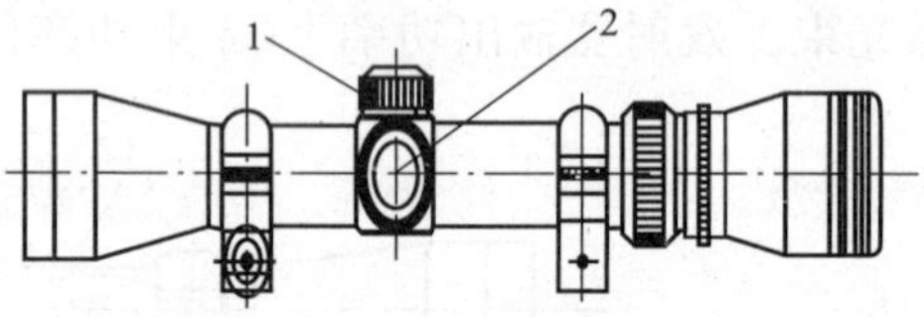

图 5.16　瞄准镜

1—横丝调整钮；2—垂丝调整钮

②接收器

激光接收器的组成如图 5.17 所示。激光接收器的作用：柱面镜将接收到的垂直条状激光束，还原成圆形光斑；经过窄波滤光镜，投射到光电接收屏上；光信号被转换成电信号，由接收电路板转换成控制电信号，输出给司机室内的接收控制电路板。

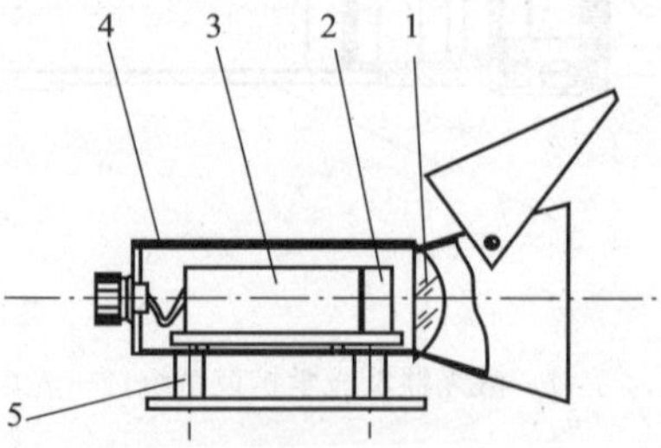

图 5.17　激光接收器的组成

1—柱面镜；2—光电接收屏；3—电路盒；4—外壳；5—减振器

③发射器调整架

发射器调整架的组成如图 5.18 所示。发射调整架支撑着激光发射器，可以左右横移、水平横移、水平旋转、垂直旋转,精确调整激光束对准目标。水平方向瞄准方法:左右旋转水平旋转台,使发射器大致对准接收屏中央,顺时针方向旋紧水平旋转锁紧钮,然后仔细旋转水平微调钮,使得瞄准镜的垂丝精确对准接收屏中央,此时捣固车前端的接收中位指示灯亮(或左、右指示灯有节奏的交替闪烁)。

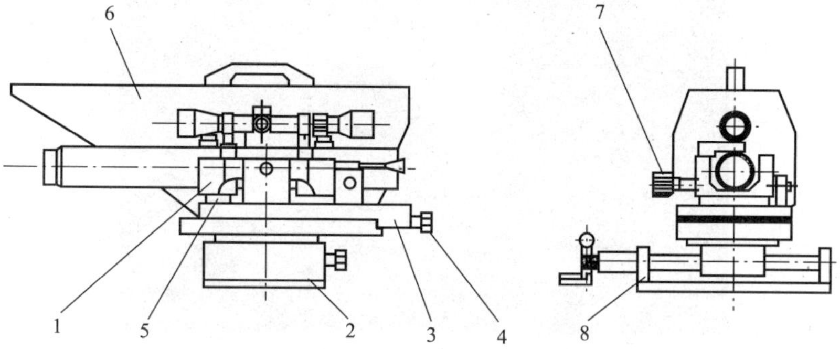

图 5.18 发射器调整架的组成

1—筒架;2—底座;3—水平旋转台;4—水平旋转锁紧钮;5—垂直微调钮;6—护罩;7—水平微调钮;8—横移摇架

垂直方向瞄准方法:左右旋转垂直微调钮,使瞄准镜的横丝对准接收屏中央。

④接收跟踪架

接收跟踪架的组成如图 5.19 所示。接收跟踪架的主要作用:将偏离激光束中心的接收器自动移回中心,并将偏离量传输给拨道控制系统。

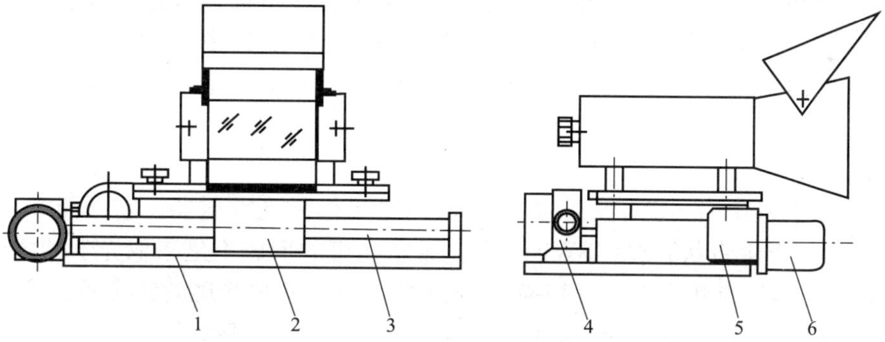

图 5.19 接收跟踪架的组成

1—底架;2—移动座;3—传动丝杠;4—位移传感器;5—减速器;6—伺服电机

(2)JZT 型激光准直系统的工作原理

定位于捣固车前方数百米远轨道上的激光发射器如图 5.20 所示,向捣固车前端的激光接收器射出一束扇形激光束,激光接收器将自动跟踪过程中产生的位移量转换成相应的电信号,经控制电路处理后,指导捣固车的拨道机构进行拨道作业。

当激光束准确对准接收器中央时,接收电路处于平衡状态,无任何信号输出;捣固车中位指示灯亮(远距离时,由于激光束在空气中会发生漂移,捣固车的左右指示灯有节奏地交替闪烁)。

当捣固车沿着左右弯曲的轨道前进时,接收器会偏离激光束,这时接收器立即输出左路或右路控制信号,通过接收控制电路板(EK-104V)触发接收跟踪架的伺服电机启动,驱动接收器向激光束中心移动，同时牵动位移传感器，向捣固车拨道控制系统输出相应的位移值，操纵拨道装置将轨道拨至正确的位置，从而实现捣固车自动拨道功能。

图 5.20　安装在激光小车上的激光发射器

2. 08-475 型和 09-3X 型捣固车激光测量系统工作原理

08-475 型、09-3X 型捣固车装备的“KHR 型抄平准直激光测量系统”，采用以电荷耦合器件（即 CCD 传感器）为接收元件，信号光源的位置偏差量可直接读出，不需要机械跟踪。激光器发出的激光束是圆形点光斑，接收器收到激光束后，经透镜会聚成焦点，投射在“面阵 CCD 传感器”上，经过信号处理系统的采样、放大，直接转换成水平和垂直方向的偏差量。这种激光准直系统称作“二维激光系统”，可应用于长平直线路的测量以确定起道量和拨道量。在坡度变化的线路只能确定拨道量而无法确定起道量。KHR 型抄平准直激光测量系统在对轨道进行处理的同时测得起道量和拨道量，并将其传送到捣固车的抄平/拨道系统。

该系统主要由激光发射器、发射电池箱、激光接收器、发射调整架等组成。最大工作距离 150～250 m。

（1）激光发射器

采用输出功率为 0～7 mW、波长为 670 nm 的半导体激光发射器。它既能产生点状光斑（“POINT”），也能产生带状光斑（“SWEEP”）。带状光斑的形成不是采取光学的方法，而是采用机械摆动的方式，使点状光斑垂直扫描，形成带状光斑。两种光斑的转换通过发射器后部的选择开关来实现。由于采用机械摆动，耗电量较大，因此仍然需要配备 12 V 蓄电瓶。

（2）激光接收器

激光接收器装有一块 200 mm×200 mm 的有玻璃屏保护的菲涅尔透镜，激光束照射在透镜上，会聚到后方的 ICCD（电荷耦合摄像器件）上，形成一个光学图像；ICCD 器件对于图像的快速扫描结果，可测得激光束的上下和左右的位置（如果使用带状光斑，则只能测出其左右位置）。为排除环境杂光的干扰，ICCD 器件只对经调制的激光束敏感。由于 CCD 器件具有体积小、分辨率高、动态范围大、灵敏度高和实时传输等优点，在自动测量和图像识别等领域得到广泛应用。

（3）激光束的调整

激光束相对于激光接收器中心的位置可通过安装在捣固车前端三个水平布置的指示灯和三个垂直布置的指示灯显示以及司机室内控制面板的显示。

司机室内控制箱面板的显示如图 5.21 所示：

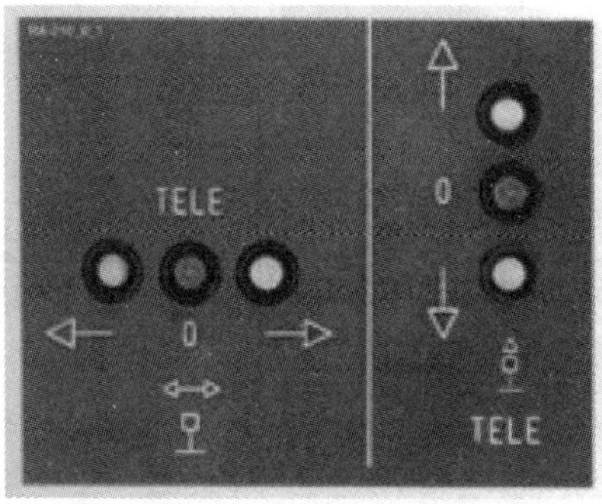

图 5.21　激光显示控制板

在没有激光束照射到激光接收器的情况下，所有的指示灯熄灭。水平布置的指示灯表明激光束的位置在零位的左侧或右侧。垂直布置的指示灯表明激光束的位置在零位的上侧或下侧。若中间指示灯点亮，则表明激光束的位置在激光接收器的中央。

项目小结

本项目主要讲授拨道系统基本电气元件、拨道系统的组成及工作原理、手动拨道动作分析、前端模拟控制系统、拨道模拟控制系统、超量拨道控制系统以及激光准直系统的准直及工作原理。

复习思考题

1. 正矢传感器的作用是什么？
2. 简述三点法拨道与四点法拨道的区别。
3. 拨道系统中前端模拟控制系统中有哪几路模拟信号？
4. 拨道模拟控制系统主要完成哪些功能？
5. 参与拨道模拟控制的模拟信号有哪几路？

项目 6　起道抄平系统

项目描述

起道抄平系统主要讲授起道抄平系统中的传感器、起道系统的组成及工作原理、起道系统中的前端模拟控制系统、沉降补偿及超高预置控制系统以及起道模拟控制系统。从起道抄平系统的应用角度出发，重点学习抄平传感器在捣固车上的安装结构及应用，根据起道系统控制框图来学习前端模拟控制系统、沉降补偿、超高预置控制系统及起道模拟控制系统的功能组成，

学习目标

1. 能力目标

(1)能掌握横平与纵平的检测方法。

(2)能掌握总起道信号的形成。

2. 知识目标

(1)掌握抄平传感器的组成及工作原理。

(2)熟悉起道系统的组成及工作原理。

(3)了解前端模拟控制系统。

(4)熟悉起道模拟控制系统。

(5)熟悉沉降补偿及超高预置控制系统。

任务 6.1　起道抄平系统中相关元器件的认知

6.1.1　工作任务

通过学习起道抄平控制系统中抄平传感器、电子摆、测量轮的结构及用法，能够完成以下任务：

(1)掌握抄平传感器的用法；

(2)掌握电子摆的测量原理。

6.1.2　相关配套知识

1. 抄平传感器

(1)传感器概述

2044 型抄平传感器是大型养路机械的专用传感器，用于测量轨道前后的坡度量即纵向高度差。采用高精度电位器及精密加工零部件组成传感器的核心，线性度好、工作性能稳定、精度高，适用于 08-32 型捣固车等大型养路机械。2044 型抄平传感器如图 6.1 所示。

(2)功能与原理

2044 型抄平传感器分左、右型两种，两种传感器其内部结构相同，但平衡框架安装方向相反。2044 型抄平传感器安装在捣固车上部，左右两侧各装一台，互相独立，通过传感器平衡框架上的滑块与捣固车上端张紧钢丝绳联结，随捣固车上端张紧钢丝绳上下运动，拖动抄平传感器平衡框架转动，同时通过同步带和离合器，按一定比例拽动电位器一起转动，输出信号电压。抄平传感器工作原理如图 6.2 所示。

图 6.1　2044 型抄平传感器

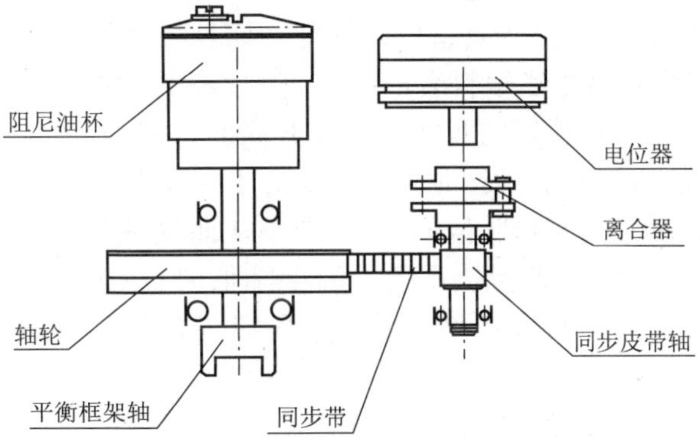

图 6.2　2044 抄平传感工作原理图

(3)安装与维护

为了保证传感器的测量精度，要求传感器安装使用时，安装尽量平稳，紧固件连接牢固可靠，并使平衡框架上、下摆动灵活。抄平传感器在正常作业时不需要额外的维修工作，只需定期清除表面尘土，但由于捣固车工作环境恶劣，传感器工作频繁，若发现硅油漏油；同步皮带松动；轴承、离合器及电位器损坏时，则会影响传感器作业精度，这时就要及时更换和维护。若发现传感器因故障而影响工作时，则需要判别故障原因，查找易出故障的零部件，如硅油、防油密封轴承、电位器等零件。

①硅油：2044 型抄平传感器所用的硅油为甲基硅油。只要 2044 型抄平传感器工作正常无需更换硅油，若发现漏油明显而影响工作时，则需要更换硅油。更换办法：打开阻尼杯盖，慢慢将油倒入阻尼杯内，不断摇动滑杆，使硅油均匀分布，直至全部注满。在常温下放置 24 h，使硅油完全渗透，再加至满。

②轴承：轴承是 2044 型抄平传感器敏感传动零件，轴承的好坏直接影响传感器作业精度，若发现传感器平衡框架上滑杆上下摆动不灵活，操作力偏大时，则需要及时更换轴承，

③同步皮带：同步皮带是 2044 型抄平传感器传动主要零件，若同步皮带松动或损坏时，会影响传感器精度(间隙误差)，则需要及时调整或更换，组装时要调节同步皮带张力适中。

④滑块：滑块材料为尼龙，如发现滑块磨损严重时，则需要及时更换，更换滑块只要把滑杆两端螺母打开，换上新的滑块即可，注意换上时滑杆两端螺母必须上防松胶。

⑤电位器：2013 型大抄平传感器所用的电位器为 EL-T500，线性度±0.007 5%。电位器是传感器心脏，当传感器掉信息时，首先要检查电位器状态，如发现螺丝、焊点松动，导线断裂及电位器输出无阻值等故障时，则需要及时维修和更换，更换时要对导线做上标记，以免极性接错。

⑥离合器：离合器是由上下离合器和离合器轴组成的，离合器轴固定在离合器上。它的好坏直接影响传感器线性度及间隙误差等技术参数，如发现离合器轴与下离合器孔配合松动时则及时更换。

注意：2013 型大抄平传感器的轴承，同步皮带，离合器和电位器等零件更换后，必须进行

相关技术参数测试，测试合格后才能装车使用。

2. 电子摆

(1)传感器概述

2036 型电子摆传感器是大型养路机械上专用传感器，主要用于检测左右钢轨高度差。在直道上用于测量左右钢轨是否水平，弯道上用于检测超高量。适用于 08-32 型捣固车、09-32 型捣固车、WD320 型动力稳定车、08-475 型岔道捣固车等大型养路机械。

由于 2036 电子摆分辨率高，工作条件恶劣(振动大、尘土多、温差影响大)不但要求机械加工、放大电路等具备较高精度。而且摆锤间隙 H(图 6.3)补偿塑料套的膨胀、阻尼油的黏度变化三者需要很好的匹配。温度升高时，阻尼油黏度减小，因而摆锤阻尼减小，又由于补偿塑料套受温度升高而膨胀使间隙 H 减小从而摆锤阻尼增加，最终三者保持平衡。温度降低时，以上三者类似道理而保持平衡状态。所以无论温度上升或下降，只要三者之间匹配合理就能保证摆锤阻尼稳定，确保电子摆信号输出的稳定和精度。

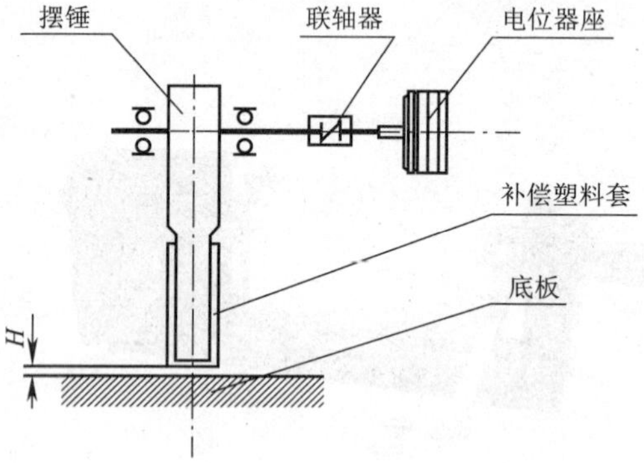

图 6.3　2036 型电子摆传感器工作原理

(2)功能与原理

电子摆传感器用于检测左右钢轨高度差。在直道上用于测量左右钢轨是否处于同一水平，弯道上用以检测超高量。它的工作原理如图 6.3 所示。利用一摆锤，在重力作用下，当钢轨左右有高度差时摆锤偏转一角度，与摆锤共轴的电位器也相应偏转同样角度，于是电位器输出一微小电压，再经过线性放大后作为电子摆输出。

(3)安装维护

①电路板：在 2036 电子摆中有一块信号调节电路板，该板主要有调零、调节左右超高的放大量、提供±10 V 基准电源三个功能作用。电位器 P1 用来调零，P2、P3 分别用来调节左、右超高的放大量。

②硅油：2036 电子摆所用的硅油为甲基硅油。只要电子摆工作正常无需更换硅油，为保持电子摆工作稳定，必须保持硅油的清洁，一般每两年更换一次硅油，如有污物或水汽渗入，则必须更换硅油。更换硅油办法如下：

a. 在电子摆底部有一放油孔，卸下放油孔塞，让硅油缓慢流出，时间约 3 h。

b. 卸电子摆罩盖。

c. 清洗旧油和杂物，以确保所有零件清洁和干燥。

d. 加硅油，数量 0.25 L，并摆动摆锤使硅油均匀分布整个摆锤阻尼面上。

e. 重新组装。

③电位器：2036 电子摆所用的电位器为 EL-T595A，线性度±0.05%。电位器是传感器心脏，当传感器掉信息时，首先要检查电位器状态，如发现螺丝、焊点松动，导线断裂及电位器输出无阻值等故障时，则需要及时维修和更换，更换时要对导线做上标记，以免极性接错。更换电位器后的传感器必须进行相关技术参数测试，测试合格后才能装车使用。

④轴承：2036 电子摆所用的轴承为 6000P4，轴承状态好坏直接影响到传感器作业精度，当轴承发生故障时，如磨损严重、生锈、游隙增大等，都必须更换轴承，更换办法如下：

a. 卸下电子摆罩盖。

b. 卸下电位器、电连接器、电位器座、锁紧螺母等，取出旧轴承，换上新轴承。

c. 新换上的轴承必须加仪表油，再组装卸下零件，除电连接器螺钉外，其余螺钉都要上乐泰胶。更换后的传感器必须进行相关技术参数测试，测试合格后才能装车使用。

⑤水准仪：如发现水准仪损坏时，则必须更换水准仪，更换办法如下。

a. 卸下观察板及观察底板，卸下螺钉，换上新水准仪。

b. 把电子摆放在水平平板上，调节螺钉使水准仪气泡位于刻度中央，再把电子摆转动180°，检查水准仪气泡位置。

c. 水准仪调节后调节螺钉必须上乐泰胶。

⑥止挡螺栓：当电子摆非工作状态时长距离运行中，则必须用止挡螺栓锁住摆锤，以免摆锤来回晃动而影响电子摆寿命；当电子摆工作状态时止档螺栓则用排气堵代替。

3. 测量轮

2002S 型测量轮传感器是用来测量作业行走距离的。它带动两个距离测量传感器，其中一个传感器的输出送至 GVA 用以标定走行距离，另一个传感器的输出送至记录仪作为距离标记，当测量轮在轨面上滚动时，通过离合器带动与之共轴的 GVA 距离脉冲发生器，另一端通过一副锥齿轮、软轴，再拖动一个记录仪距离脉冲传感器。测量轮的外形如图 6.4 所示。

图 6.4 测量轮

测量轮每转动一圈走行 700 mm，此时 GVA 距离脉冲传感器发出 700 个脉冲，相当于每个脉冲对应轨面距离 1 mm。另一端的锥齿轮通过一根软轴拖动一记录仪距离脉冲传感器。测量轮每转动 1.428 圈，轨面走行距离为 1 m，记录仪距离脉冲传感器转一圈，输出 18 个脉冲给记录仪走行定标。测量轮对轮径的要求相当严格，轮径的理论值为 ϕ222.82 mm，若直径加大0.1 mm，则每走行一公里积累误差即达 463 mm。所以测量轮除了严格保证出厂时的加工精度外，使用中亦应经常清除轮子表面污垢，以免增大轮径，使误差增加。

任务 6.2 起道抄平系统组成及工作原理

6.2.1 工作任务

捣固车的起道抄平系统实际上进行两个方向上的起道作业：一是横向以实现对轨道要求的超高；二是纵向以实现对轨道线路纵向水平要求。通过学习起道抄平控制系统的组成及工作原理，能够完成以下任务：

(1)能够区分横平与纵平的检测方法；

(2)掌握起道信号的形成。

6.2.2　相关配套知识

1. 起道抄平系统概述

对于纵平和横平，二者采用了不同的检测方法。纵平的检测如图 6.5 所示，在前张紧小车和测量小车上左右各有一探测杆，探测杆的上端两侧各有一根钢弦，M 点拨道小车上探测杆的上端两侧各有一抄平传感器，分别与对应侧的钢弦相连，两个比例抄平传感器则将两条钢轨的纵平转换成电信号送入起道模拟控制电路中。

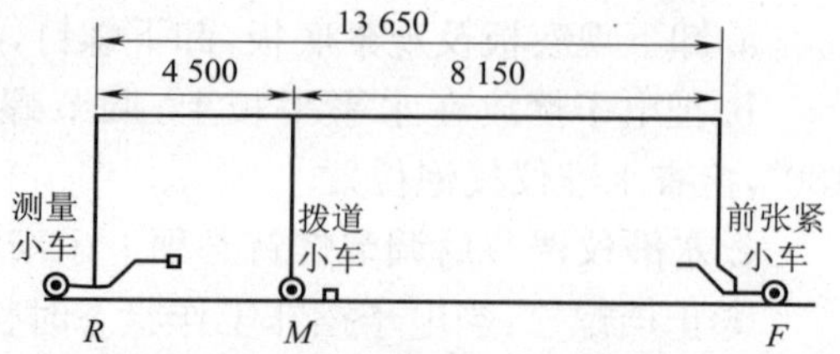

图 6.5　起道抄平系统的纵平检测(单位:mm)

横平的检测，如图 6.6 所示，在 R、M 和 F 点的三个测量小车的横向中央各装有一电子摆，分别将所在点轨道的超高转换成电信号。其中 M 点和 F 点的超高电信号送入起道模拟控制电路中，而 R 点电子摆的超高信号不参与作业控制，仅用于对作业后轨道线路的超高测量，以供记录仪记录之用。

前端的理论超高与前摆所测出的实际超高的差值和输入的起道量一起分别形成左右两侧的前端起道量。该起道量以一定的比例传送到左右两侧的起道模拟控制电路中，形成作业点起道信号。图 6.6 是抄平系统的功能框图。

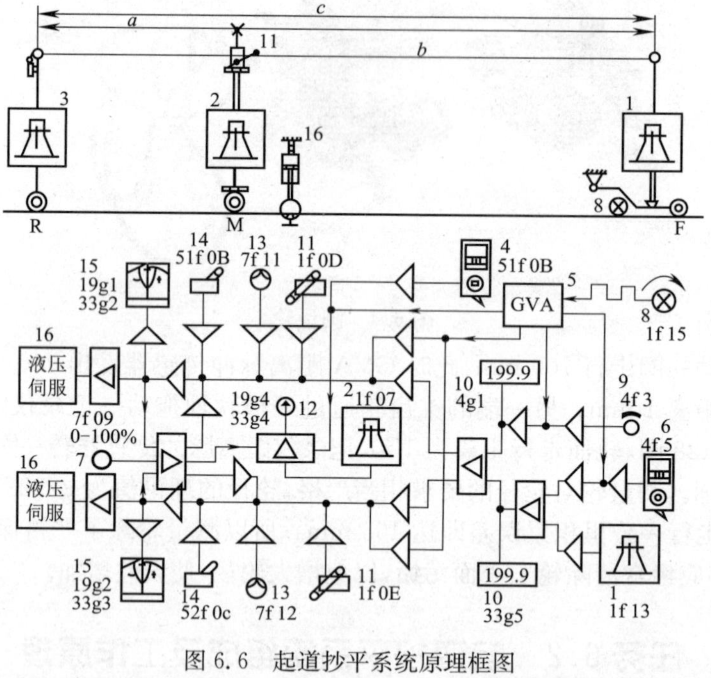

图 6.6　起道抄平系统原理框图

1—前张紧小车上的电子摆(1f13)；2—作业区电子摆(1f07)；3—测量作业后线路超高的电子摆(1f16)；4—作业区超高输入数字电位器(51f08)；5—GVA；6—前端超高输入电位器(4f5)；7—沉降补偿调节电位器(7f09)；8—距离脉冲传感器(1f51)；9—前端起道量输入电位器(4f3)；10—三位半数字表(4g1 显示起道量，33g1 显示超高值)；11—抄平传感器(左 1f0D，右 1f0E)；12—作业点理论超高与实际超高的差值指示表(19g4，33g4)；13—起道总信号调零电位器(左 7f11，右 7f12)；14—辅助起道量的手柄输入电位器(左 51f0B，右 52f0C)；15—起道总信号指示表(左 19g1、33g2、右 19g2、33g3)；16—液压起道伺服系统

抄平传感器来的信号与理论的起道信号进行比较，其差值再加上辅助起道信号共同构成起道总信号。起道总信号经放大后控制液压起道伺服系统去执行起道。下面分别分析各控制电路板的控制原理，抄平系统的电路框图如图 6.7 所示。

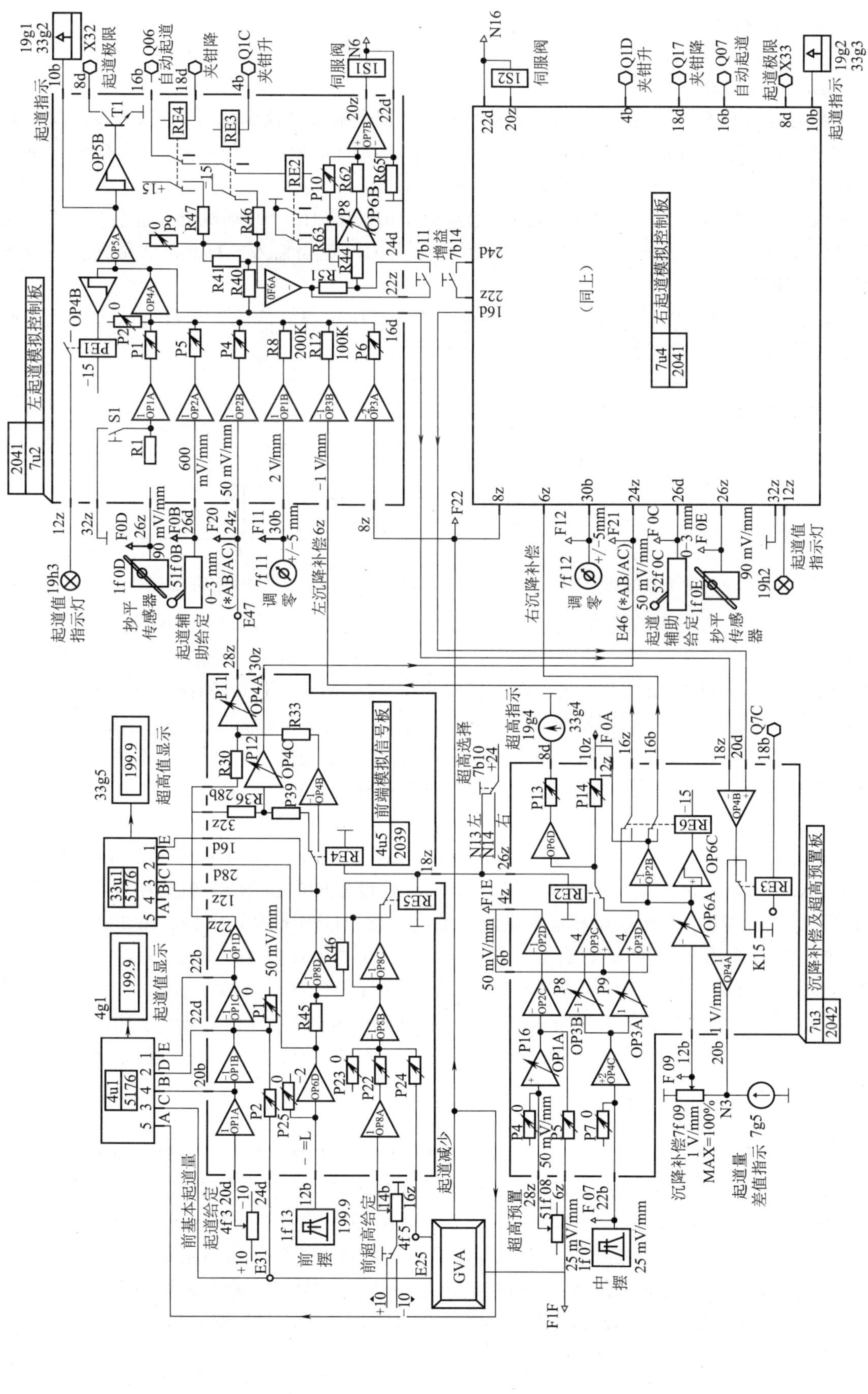

图6.7　起道抄平系统的电路框图

2. 起道系统的控制原理

(1)前端模拟控制系统(EK-2039LV,4u4)

①起道信号电路

手动给定的起道信号由 4f3 送出,经插件的 20d 端子输入。这个信号为正时,表示向上起道;这个信号为负时,主要用于做下凹的线路,相当于将前张紧小车位置降低,实际上并未降低,只是其产生的结果形成下凹曲线,如图 6.8 所示。

曲线 ABC 是线路要求的曲线,如果起道量给定电位器 4f3=0,则机器作业后,曲线 B 点将起高到 B_1 点的位置,这是不希望的。在这种情况下 4f3 就需输入 $-H$ mm 才能使作业后线路到达 B 点的位置。

对于上凹变坡点的作业也是同样的道理,如图 6.9 所示,4f3 应输入 $+H$ mm 才能使作业点将轨道从 B 点起高到 B_1 点的位置上。

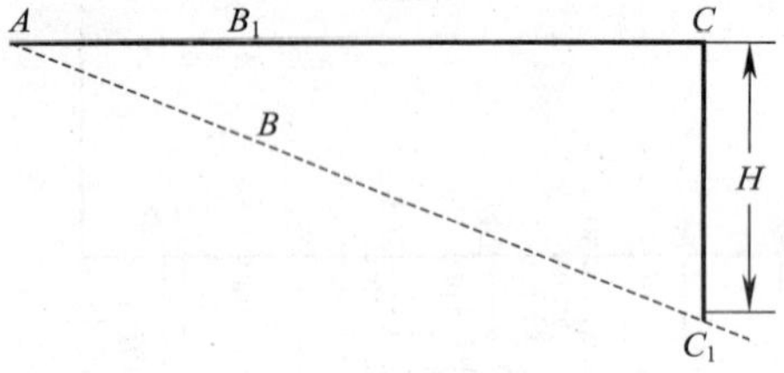

图 6.8　下凹变坡点的起道作业

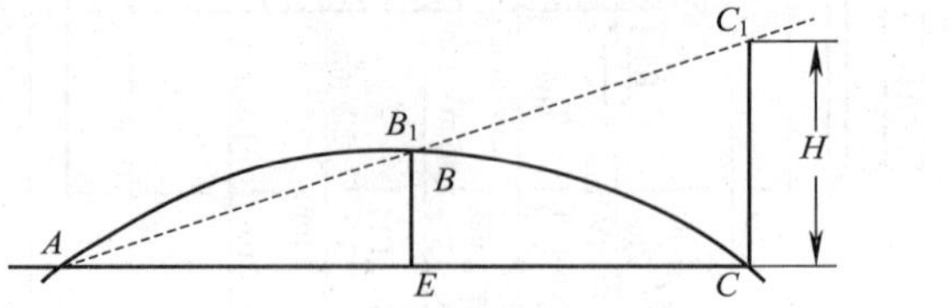

图 6.9　上凸变坡点的起道作业

从 20d 端子输入进来的信号送到电压跟随器 OP1A。OP1A 的输出分两路:一路经端子 20b 送 4u1-B 供 4g1 显示;另一路则送 OP1B 组成的反相器。OP1B 的输出也分成两路:一路经端子 22d 送 4u1-D 供 4g1 显示,4u1 上选择开关在 2 位(Man+Tele)和在 4 位(Man)时显示值应相同;另一路则送至 OP1C 构成的可调零的加法器与从 GVA 来的起道给定值相加。

在实际使用中,手动起道值输入和 GVA 只能选用其一,使用 GVA 时 4f3 需放于 0 位,而使用手动输入时,GVA 送来的信号则应为零。在装备有 GVA 的车上,只要将作业的线路和要求的起道量输入 GVA,作业时 GVA 将自动送出信号。

24d 送入的来自 GVA 的信号为 69 mV/mm,而 OP1C 要求的输出信号为 50 mV/mm,即要求 OP1C 对 GVA 来的信号应放大 0.725 倍。此处设置的电位器 P2 就是用来调节 OP1C 对该信号的放大量的。OP1C 反相输入端所接的电位器 P1,用来调节在 24d 和 20d 均输入为 0 时 OP1C 的输出为 0。OP1C 的输出一方面经 22b 端子送 4u1 供 4g1 显示;另一方面则送到 OP1D 形成的反相器,经 OP1D 反相后从端子 22z 送出完整的起道量给定信号。

请注意,此处所指的起道量是指对较低的一根轨道的起道量,也是两条钢轨所共有的基本起道量。而对于高轨的起道量,还需加入下面将要介绍的超高差信号,一起成为高轨的起道量。

②超高信号和前端起道信号的形成

前电子摆 1f13 的信号从插件的 12b 端子送入,经 OP6D 反相放大器将信号放大到50 mV/mm。该级放大器的电压放大倍数为 2 倍,P26 用来调节其放大量,P25 用于调节零点。OP6D 输出分成两路:一路从端子 12z 送出到 33u1 供 33g5 显示用;另一路则经 R45 送到运放 OP8D 的反相输入端。这个来自前电子摆的信号是机器前端所在点轨道线路的实际超高。

4f5 用来输入机器前端所在点轨道线路的理论超高值。从 14b 端子输入 d 到 OP8A 电压跟随器后,再经 P22 送到 OP8B 的反相输入端。从 16z 输入的 GVA 超高信号经 P24 后也送到 OP8B 的反相输入端。当从 14b 和 16z 送来的信号均为 0 时，调节电位器 P23 使 OP8B 输出为 0。当 4f5 前端手动输入超高为 0 时，调节电位器，P24 使 OP8B 的输出信号与从 16z 来自 GVA 的前端超高信号相一致。例如，当 4f5 数字电位器为 000.0 mm、16z＝＋5 V 时，调节 P24 使 28d＝－5 V。同理，当 GVA 输入来的前端超高信号为 0 时，调电位器 P22，使 OP8B 输出与数字电位器 4f5 的输入数字一致。GVA 的信号和手动输入的信号，二者只能取其一，即当使用其一时另一信号必须为 0，否则 OP8B 的输出信号为两个输入信号之和，而并非真正所需输入的前端超高信号。

OP8B 的输出信号分为两路：一路直接送 Re5 的常开触点，另一路经 OP8C 反相后送 Re5 的常闭触点。这两路信号幅值相等、极性相反，通过抄平基准轨选择开关 7b10 的操作来选择其中之一，实际上是控制 Re4 和 Re5 的得电和失电。

经 Re5 常闭触点送出的前端超高信号经 R46 到 OP8D 的反相输入端，来自 OP6D 的前电子摆送来信号也送到此处。OP8D 将前端的实际超高信号与理论超高信号相减，然后通过继电器 Re4 的得电和失电将其加入左(右)起道量中。

从 22z 端子输出的基本起道信号同时送入 32z 和 28b 端子成为左右起道信号的一部分，其中一个信号与超高差信号相加成为该轨的前端起道信号，而另一个信号则直接成为相应侧轨道的前端起道信号。

前端左轨的起道信号从 4u5-28z 端子送出至左起道模拟控制板 7u2 的 24z 端子，前端右轨的起道信号则从 4u5-30z 端子送出到右起道模拟控制板 7u4 的 24z 端子。

(2)沉降补偿及超高预置控制系统(EK-2042LV，7u3)

该系统在抄平系统中主要实现下列功能：将起道点的实际超高与理论超高进行比较，产生差信号用来驱动抄平指示表以观察作业情况。操作人员根据指示表指示情况，使用起道辅助输入手柄电位器进行相应的调节。将左、右两侧的起道总信号相比较，其差存入存储器，在起道时产生沉降补偿信号送到需进行补偿一侧的起道信号中。

①沉降补偿电路

从 7u2-16d 来的左起道总信号，从 18z 端子输入加到 OP4B 的反相端；从 7u4-16d 来的右起道总信号，从 20d 端子输入送到 OP4B 的同相端。由电路理论分析可得

$$V_{\mathrm{op4b}}=V_{\mathrm{20d}}-V_{\mathrm{18z}}$$

式中　V_{20d}——右起道总信号；

　　V_{18z}——左起道总信号。

两个起道信号都是负值。OP4B 输出为两个总信号的差值，那么：

a. 当左起道信号量大于右起道信号量时，OP4B 的输出信号为正。

b. 当左起道信号量小于右起道信号时，OP4B 的输出信号为负。

在自动起道信号 Q06 和 Q07 到来之前，Q7C 为高电平，此时 Re3 不动作，则 OP4B 的输出信号经 Re3 的常闭触点对电容 K15 充电，将起道信号差存储于 K15 中。当自动起道信号 Q06 和 Q07 到来时，Q7C 变成低电平，Re3 得电吸合，K15 中存储的起道差信号，经 Re3 的常开触点(得电后闭合)送到 OP4A 电压跟随器，然后从 20b 端子输出加到沉降补偿调节电位器 7f09 上。从 7f09 滑动头上取出的补偿信号从 12b 端子输入，经 OP6A 反相后输出；该信号分为三路：其一送到 OP6C，以确定沉降补偿信号应进行补偿的轨道；其二直接送至 Re6 的常闭触点 6 脚；其三经 OP6B 反相后送 Re6 常闭触点 9 脚，同时从 12z 端子送出，再从 10z 送回。继电器 Re6 的动作与否就决定了补偿信号是加到右轨起道总信号还是加到左轨起道总信号，

并送到相应侧的起道模拟控制板中去参与起道。

②超高指示电路

从图 6.10 可看出，手动输入的作业区超高与来自 GVA 的作业区理论超高相加。这就要求，二者只能取其一，另一必须为零，然后与来自作业区电子摆 1f07 的实际超高信号相减，再加上沉降补偿信号最后驱动超高指示表 19g4 指示。

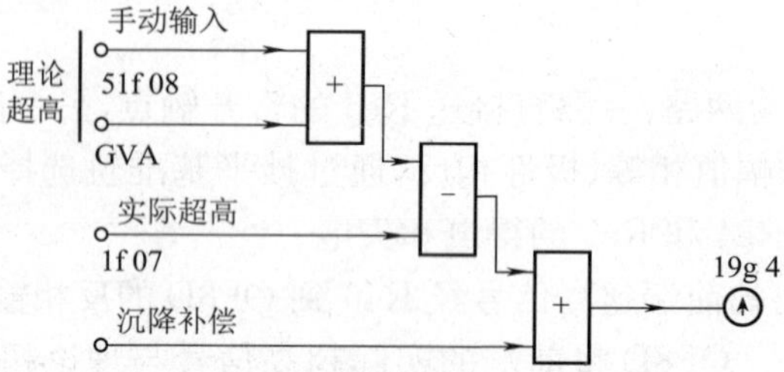

图 6.10 超高指示电路信号综合框图

来自 51f08 数字电位器的作业点理论超高。从 28z 端子输入，经可调零的反相放大器 0P1A 放大(大约放大 3 倍)后，送到 OP2C 的反相输入端。来自 GVA 的作业点理论超高信号从端子 6z 输入，经 P5 加到 OP2C 的反相输入端。OP2C 构成一加法器，其输出信号为二输入信号之和，但输出与输入极性相反。这就要求只能使用两输入信号中的一路，而另一路必须为零。OP2C 输出的信号经 OP2D 反相后从 4z 端子输出，再从 6b 端子输入，分成两路分别加至 OP3D 的反相端和 OP3C 的同相端。

中摆 1f07 来的实际超高信号从 22b 端输入，经由 OP4C 形成的同相放大器后分成两路：一路送到由 OP3B 形成的反相放大器(－1 倍)；另一路送到由 0P3A 形成的同相放大器(＋1 倍)。它们的输出分别送往 OP3C 的反相端和送往 OP3D 的同相端。在 OP3C 和 OP3D 中分别实现两个输入信号相减；其差信号则为理论超高与实际超高的差信号。同时，该差信号在 OP3C 和 OP3D 中被放大了 4 倍。这个信号再经 Re2 选择后与来自 10z 的沉降补偿信号在 OP6D 中相加，得到最后的超高误差信号。OP6D 的输出经 P13 从 8d 端子输出加至超高差信号指示表 19g4 上。

Re2 的动作情况受控于选择的高轨(通过选择开关 7b10 来选择)。当高轨为左轨时 26z＝＋24V，Re2 得电吸合；当高轨为右轨时则 26z＝0V，Re2 不动作。

(3)起道模拟控制系统(EK-2041LV，7u2 和 7u4)

①起道信号的合成电路

在起道模拟控制电路中，总共由 6 路信号形成总的起道信号，这 6 路信号是如下：

a. 沉降补偿信号

沉降补偿信号从 6z 端子输入，经 OP3B 反相后再经 R12 送到 OP4A 的反相输入端。当输入信号为负时，表示起道量增加；当 6z 端子悬空时，OP3B 输出为 0，此时不影响总起道信号。信号从 6z 输入，再从 OP4A 输出，其放大倍数为 1。

b. 起道减少信号

从 GVA 来的起道减少信号从 8z 端子输入。当输入信号为正时，表示起道量减少，信号输入后由 OP3A 放大 2 倍，再经 P6 送到 OP4A 的反相输入端。信号从 OP3A 的输入到 OP4A 的输出，其放大倍数为 10。P6 用于调节其放大量。

c. 前端起道信号

从 24z 端子输入的前端起道信号经电压跟随器 OP2B 后，再经 P4 送到 OP4A。该信号为 50 mV/mm；而其实际在起道点引起的起道量需要乘上一个比例系数 0.33（这个比例系数为抄平弦的后段长度与总长度之比）。就是说，当前端送来的信号为 50 mV(1 mm)（在机器前端需要的起道量为 1 mm）时，在起道点所需产生的实际起道量应为 0.33 mm。OP4A 对这路信号的放大倍数为 0.659。P4 为一只 10K 的多圈电位器，用以校准信号放大量。

d. 辅助起道信号

手柄电位器 51f0B(左）和 52f0C(右）均是辅助起道信号的输入调节电位器。信号从 26d 输入经 OP2A 电压跟随器后，再经 P5 送到 OP4A 的反相输入端。手柄电位器能给定的辅助起道量为 3 mm，即当手柄电位器置于最大给定值 3 mm 时，通过电位器 P5 来校准。

辅助起道信号是根据作业区的抄平表的指示来进行相应的给定，即用来修正起道量，使轨道起到要求的参数。

e. 调零信号

30b 端子输入，经 OP1B 形成的电压跟随器后，再送到 OP4A 的反相输入端。由于调零电位器（左 7f11，右 7f12）上的最大电压为+10 V，所以调零电位器能够调零的范围为−5～+5 mm。

f. 抄平传感器信号

该信号是构成拨道总信号中最重要的一个信号，由它构成起道控制的反馈信号，形成闭环控制。当该信号与其他的输入信号完全抵消时，即完成了起道作业。

该信号从 26z 端子输入经过 R1 分为两路：一路经 26b、30z 端子至板上的开关 S_1，S_1 用于调试时切除来自抄平传感器的信号，正常时 S_1 应置断开位；另一路经 OP1A 形成的电压跟随器后，再经 P1 送到 OP4A 的反相端。

26z 来的信号为 90 mV/mm，而 OP4A 输出为 1 V/mm，则信号从 26z 输入到 OP4A 输出，其放大倍数为 11.11。电位器 P1 用来校准对抄平传感器信号的放大量。

除以上介绍的 6 路输入信号以外，在插件板内还有一路来自电位器 P2 的调零信号。当以上 6 路输入全为零时，调 P2 使 OP4A 输出为 0。

②起道指示电路和起道极限信号的产生

当起道量达到给定值时，从 OP4A 输出的总起道信号将变为 0。OP4A 的输出分成四路，送往 OP5A 反相输入端的一路信号用来指示起道完成的情况。

OP5A 构成的电路为一个放大倍数为 2.49 倍的反相放大器。OP5A 的输出在−10.7～+10.7 V 范围内，该信号从 10b 端子输出到起道指示表的信号不超出指示表的最大量。

OP5A 输出信号的另一路送到 OP5B 形成的比较器，以产生起道极限信号。当来自抄平传感器的反馈信号，即轨道的实际起道量超过给定起道量大约 3.94 mm 时，OP5B 输出正饱和电压加至三极管 T1 基极，T1 导通送出起道极限信号 X32(左）或 X33(右），上位机系统收到这个信号后将自动起道信号切除而停止起道，以避免不正常的起道作业。

③起道信号的信号灯指示电路

从 OP4A 输出送到 OP4B 反相输入端的这一路信号用来控制起道信号指示灯。OP4B 在此构成施密特触发器。在 OP4B 的同相输入端有−0.52 V 的门限电压。当 OP4A 的输出大于 0.52 mm(即小于−0.52 V）的起道信号时，OP4B 就翻转而输出正饱和电压，这样 Re1 就得电吸合，从 12b 端子进来的+24 V 电压经继电器的触点后从 12z 端子送出加到起道信号指示灯上，使指示灯亮。即当起道量大于 0.52 mm 时，就会点亮起道指示灯。

④起道调节放大器

从 OP4A 输出经 R40 到 Re2 的一个常闭触点的这一路信号经放大调节后用来控制起道的伺服阀。

当自动起道信号(左 Q06、右 Q07)未到来时,即 16b=+24 V 时,Re2 不动作,其常闭触点将从 OP4A 输出经 R40 来的信号短路,起道伺服阀上无电流,液压起道机构不动作。当自动起道信号到来时,16b=0,Re2 得电动作,常闭触点断开,OP4A 的输出信号经 R40、R41 到达 0P6A 反相端。OP6A 的反相端还有一路从 P9 来的信号,这一路信号用来调零。在无自动起道信号时,调电位器 P9 使起道伺服阀中电流为零。

运放 OP6B 与接于 22z 和 24d 端子在板外的开关(左 7b11,右 7b14)及 OP6B 的外围电路形成调节放大器。当接于 22z 和 24d 端子上的外部开关断开时,P8 用来调节当起道到达给定起道量前 3.5～4 mm 时使伺服阀中的电流开始减小,即 OP6B 开始退出饱和。当连接于 22z 和 24d 的开关闭合时,起道在达到起道给定量前 1.73 mm 左右时伺服阀中的电流才开始减小。

⑤起道伺服放大器

OP7B 及外围元件构成起道伺服放大器。OP6B 脚输出的信号经 22b 端子回送至 20b 端子再经 R62 进入运放 OP7B 的反相输入端。电位器 P10 实际为 2 kΩ 的电位器,用来调节 15 mA的最大伺服电流。电路中 K17、ZD3 和 ZD4 用来吸收当突然断电时在伺服阀线圈两端产生的过电压,以保护运放 OP7B。

在电阻 R65 上的电压,反映了伺服阀中的电流大小。该电压从 22d 端子引出送到开关 7b18,经 7b18 选择后供满度为 3 V(100%=3 V)的电压表指示伺服阀中的电流值。

项目小结

本项目主要讲授起道抄平系统中电子摆、测量轮、抄平传感器的结构及原理,以及基本电气元件。从起道抄平系统的应用角度出发,介绍了起道系统的组成及工作原理,起道系统中的前端模拟控制系统、沉降补偿及超高预置控制系统以及起道模拟控制系统。

复习思考题

1. 试述抄平传感器的作用。
2. 试述电子摆传感器的作用。
3. 简述纵平和横平的区别。
4. 简述起道系统的控制原理。
5. 总的起道信号由哪些信号构成?

项目7 程序控制系统

项目描述

程序控制系统担负着全车的逻辑控制和逻辑联锁，应统一指挥、协调各种作业操作。设备的各项作业操作，如作业走行、制动、捣固、起道、拨道、夯拍等均是在程序控制系统的统一指挥和协调下进行的。程序控制系统的正常工作是各项作业能够顺利进行的基本条件。一旦程序控制系统出现故障，整车将无法进行任何作业。那么程序控制系统由哪些硬件构成，是如何来协调各工作部件的动作的，在本项目中我们来一起探究学习。

通过本项目的学习，重点使学生初步对捣固车程序控制系统硬件有所了解，弄清程序控制系统如何通过逻辑运算来完成作业系统的控制与协调，为今后工作打下良好的基础。

学习目标

1.能力目标

(1)能运用程序控制系统硬件原理图排除故障。

(2)能掌握程序逻辑表及其使用方法。

(3)能利用作业系统与程控系统信号的关系解析控制过程。

2.知识目标

(1)了解捣固车的程序控制系统的硬件结构。

(2)掌握捣固车程序逻辑表及其使用方法。

(3)了解作业系统与程控系统信号之间的关系。

任务7.1 程序控制系统的硬件结构

7.1.1 工作任务

通过学习捣固车程序控制系统的硬件结构知识，能承担以下工作任务：

(1)认识程序控制系统的硬件组成；

(2)掌握子程序板电路原理、输入输出电路原理。

7.1.2 相关配套知识

1.08-32型捣固车程控系统的硬件结构

08-32型捣固车作业系统可分为拨道、起道抄平、捣固、液压走行、液压制动五个子系统。每个作业周期内需完成拨道、起道抄平、捣固、液压走行、液压制动等动作。这些动作并不是在同一时刻进行的，而是按一定的程序、一定的逻辑关系进行的。因此需要一套专门的控制系统来协调各部分动作，这就是捣固车的程序控制系统，简称程控系统。

08-32 型捣固车的程控系统是以程控主机板（EK-502P）为中心，八块输入/输出板（I/O 板，EK-553P）、一块定时器板（EK-552P）和两块功率输出板（EK-554P）为外围组成的一套逻辑控制系统。图 7.1 是程控系统的框图，从框图上可看出，程控系统实际上是一套计算机系统。

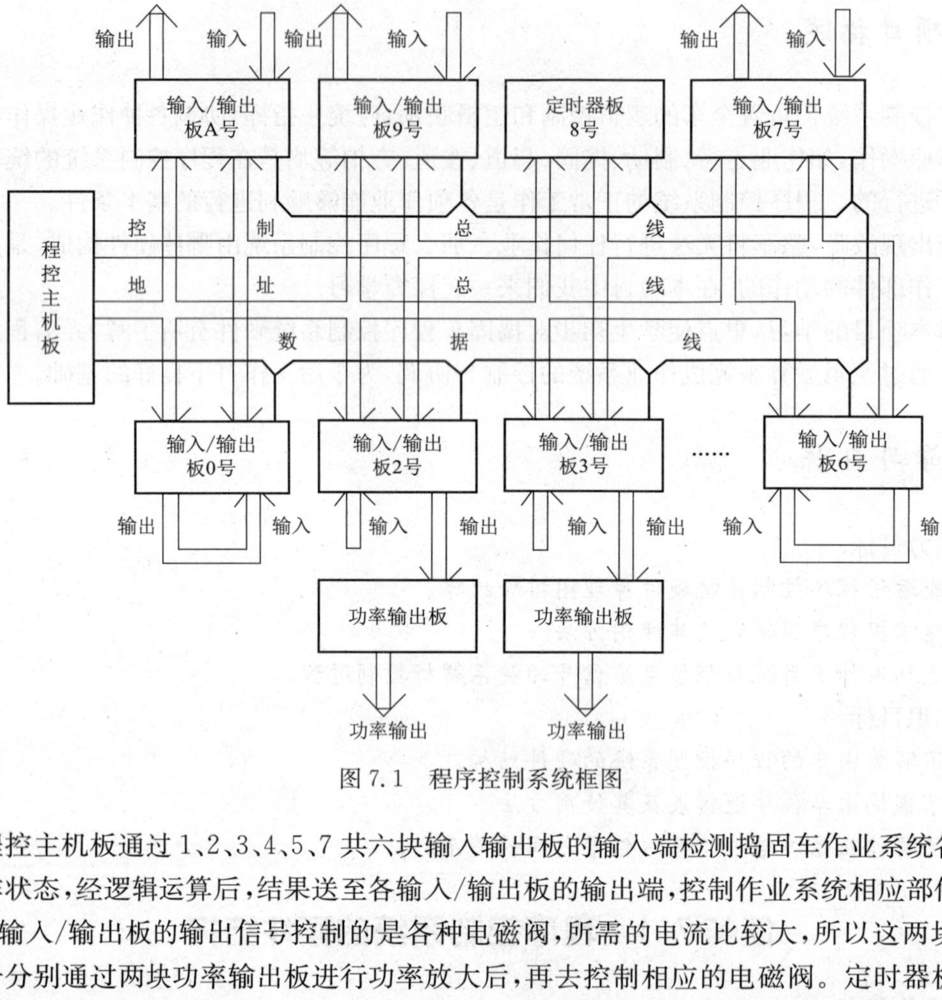

图 7.1　程序控制系统框图

程控主机板通过 1、2、3、4、5、7 共六块输入输出板的输入端检测捣固车作业系统各部件的工作作状态，经逻辑运算后，结果送至各输入/输出板的输出端，控制作业系统相应部件。其中 2、3 号输入/输出板的输出信号控制的是各种电磁阀，所需的电流比较大，所以这两块板的输出信号分别通过两块功率输出板进行功率放大后，再去控制相应的电磁阀。定时器板产生捣固车作业时所需的各种定时信号，0 号和 6 号板用作子程序。下面分别简要介绍各板的功能和构成。

(1)程控主机板(EK. 502P)

程控主机板是整个程控系统的核心。主机板通过地址总线、数据线块输入/输出板、定时器板交换信息。从这些板的输入端获取捣固车作业系统各部件的工件的工作状态，按照固化在板内程序存储器里的作业程序，在逻辑运算单元，将状态信息进行逻辑运算，运算后的结果送至输入/输出板相应的输出端口，对作业系统各部件实施控制。在该板中还有由 ZG1 与 B2 箱上的 2f30 构成的捣镐定时器，通过置于 B2 箱上的 2f30 在不同的数码值而改变捣固时间的长短。图 7.2 是程控主机板的构成框图，程控主机板是捣固车的“大脑”。程控主机板出现故障，机器的整个作业系统就无法正常工作，表现为输入/输出板的输出信号、定时器板上的定时信号没有或信号混乱。

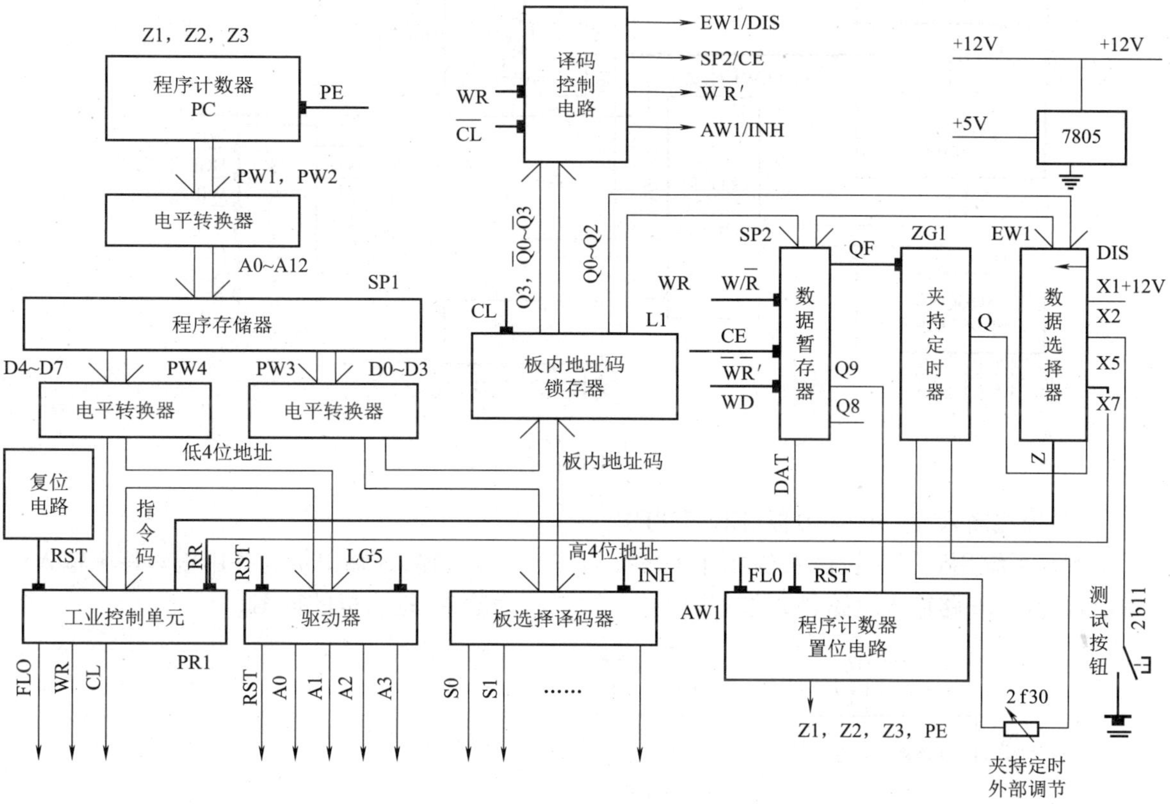

图 7.2　程控主机板框图

(2)程控定时器板(EK-552P)

图 7.3 为程控定时器板的框图。在 08-32 型捣固车中程控定时器板的功能有两个：

①提供捣固车作业时所需的各种延时。板内有 8 路定时器电路，作业过程中，程控系统需要某一路定时器开始延时时，与该路定时器对应的面板上的黄灯被点亮。延时时间到后，对应的红灯也被点亮。每路定时器的延时时间可从面板上相应的电位器进行调整而改变，调整范围为 50 ms 到 2～5 s 之间。08-32 型捣固车用到了 8 路定时器中的 5 路：Q80 用于驱动延时；Q81 用于辅助下插夹持延时；Q82 用于辅助下插张开延时；Q83 用于辅助驱动延时；Q87 用作测试程序时的指示。当 B2 箱上的红色测试按钮 2b11 按下时，程控系统执行测试程序，定时器板上的 8 个黄灯同时亮，经过一段延时后，8 路定时器的红灯也相继被点亮。若测试按钮不松开，则 0～6 路定时器的黄、红灯一直不灭，第 7 路定时器黄灯一直不灭，红灯则进行周期性的闪烁。用这种方法可以检查程控定时器板的好坏。

②为程控主板提供 8 个数据暂存单元(Q88～Q8F)，对应着板内发光二极管排上的 8 个绿色发光二极管。当暂存单元的数据为 1 时，相应的发光二极管亮。当测试按钮按下时，这 8 个发光二极管应全亮。08-32 型捣固车控制程序只用到了 8 个暂存单元的一个(Q89)，用于自动捣固 2X 作业方式时，暂存捣固装置在同一个作业点的下降次数。

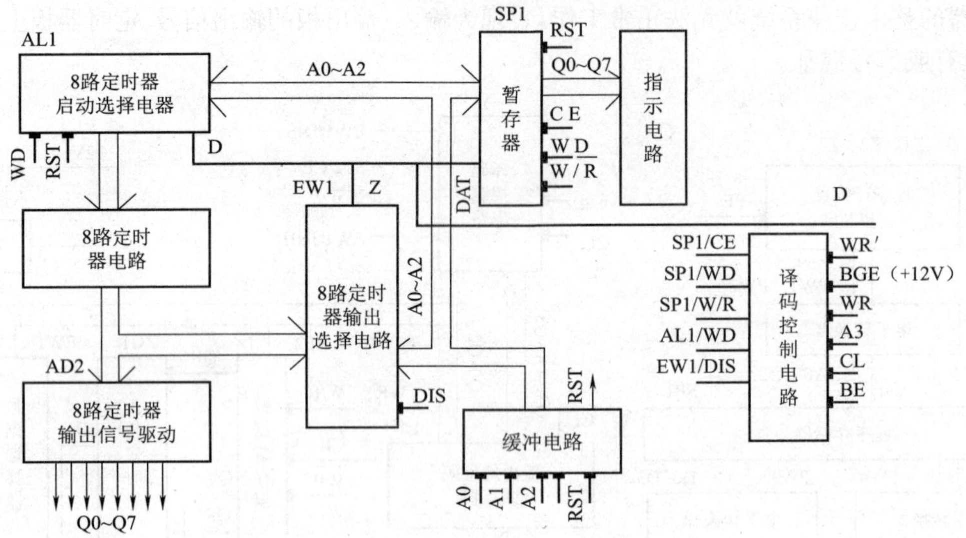

图 7.3　程控定时板框图

(3)程控输入/输出(I/O)板(EK.553P)

程控系统用到了 8 块输入/输出板(0～7 号、9 号、A 号输入/输出板为备用板)，每个输入/输出板上有 16 路输入电路、16 路输出电路。图 7.4 为输入/输出板的框图。

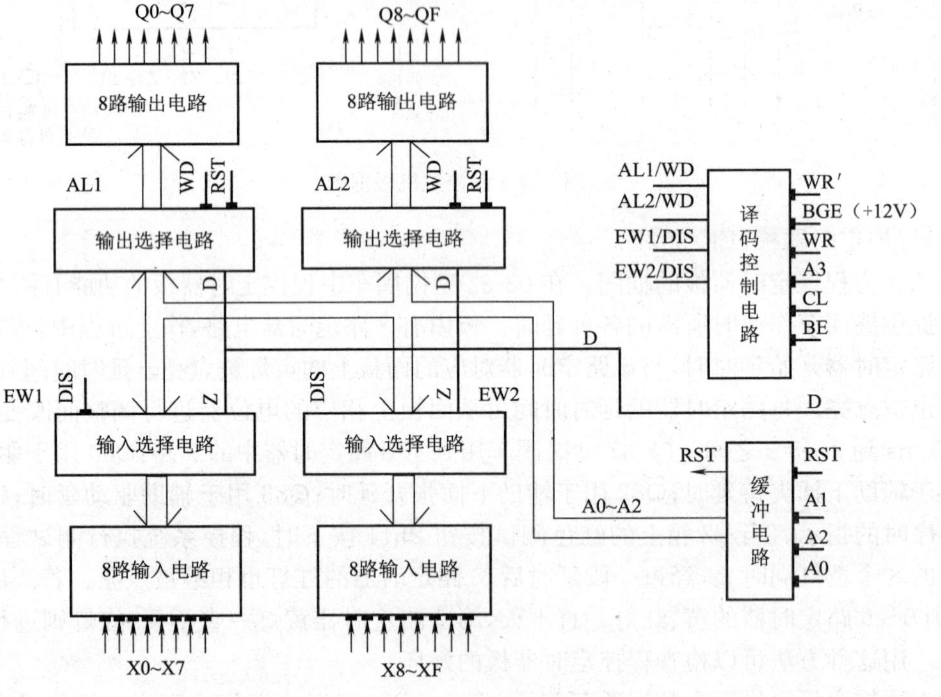

图 7.4　程控输入输出板框图

8 块输入/输出的作用分为两种：

①0、6 号输入/输出板作为子程序板用，用来存储作业控制程序运行过程中的中间结果，指示机器的作业状态。这两块板 16 路输出电路的输出端 Z 分别连至相应输入电路的输入端 D。以其中一路为例，其电路原理如图 7.5 所示。

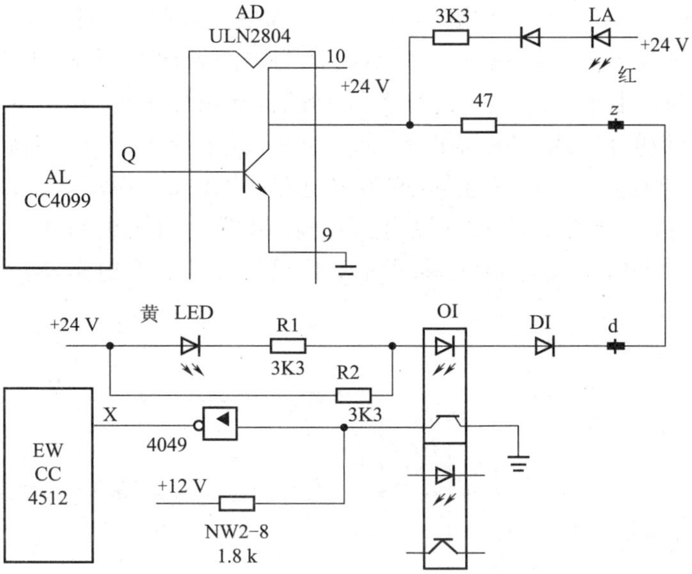

图 7.5　子程序板电路原理

当程控主机板使 Q 端为高电平时(逻辑状态 1),达林顿驱动集成块中的达林顿管导通,其集电极上的电平接近 0,面板上对应该路输出的红色发光二极管 LA 被点亮,同时输出端 Z 的电平也接近 0。这个接近 0 的电压送到输入电路的输入端 D,使面板上对应该路输出的黄色发光二极管 LED 发光,同时光耦 OI 内部发光二极管也导通发光,从而内部光敏三极管导通,其集电极上电压接近 0。这个接近 0 的低电压经非门(CC4049)反相后,在 X 端输出高于 11 V 的高电平,供程控主机板检测。相反,若程控主机板使 Q 端为低电平时(对应逻辑状态 0),则红色发光二极管 LA 熄灭,Z 端输出约 24 V 的高电平,从而黄色发光二极管 LED 也熄灭,X 端为低电平。因此 0、6 号输入/输出板的面板上每一对红、黄发光二极管总是同时亮、同时灭。当测试按钮按下时,0 号输入/输出板的 16 个红、黄发光二极管同时被点亮。将输入/输出板插入 0 号板的位置,按下测试按钮,观察面板上所有信号灯是否全亮,可以据此来检查这块输入/输出板的好坏。

②1、2、3、4、5、7 号输入/输出板作为信号输入输出用。其中 1、2、3、4、5 号输入/输出板各输入电路的输入端分别接至确定捣固车作业状态的检测器件,如感应开关、行程开关、捣固装置位置信号、B2 和 B7 箱上的各种控制开关等。7 号输入/输出板的各输入端均未用。接到输入电路输入端的检测器件均可等效成一个开关 K,如图 7.6 所示。当检测器件,如行程开关、感应开关动作时,K 接地,对应该路输入的黄色发光二极管 LED 发光,同时光耦内部发光二极管发光,内部光敏三极管导通,其集电极上的电压接近 0。

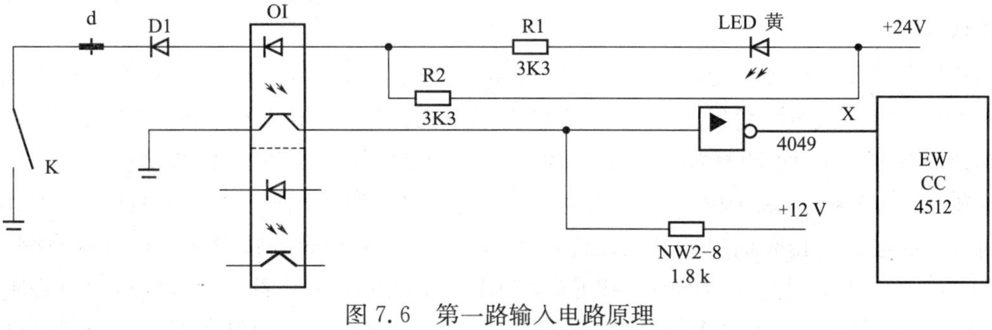

图 7.6　第一路输入电路原理

这个低电平经非门(CC4049)反相,X 端上输出高电平,程控主机板检测到 X 端上的高电平后,就可确定该路输入信号已有效。相反,若检测器件未动作,K 断开,则黄色发光二极管 LED 熄灭,X 端上为低电平,程控主机板确定该路的输入信号无效。

1 号输入/输出板的输出信号控制捣固、起道抄平、拨道模拟控制板的启动、记录仪的打点以及各种指示灯。与其各输出端相连的,或为继电器线圈,或为指示灯。2 号、3 号输入/输出板上的输出信号控制作业系统各电磁阀,它们的输出端分别接至两块功率继电器板 QL2、QL3 上的各继电器线圈上。继电器线圈、指示灯均可等效为一个电阻,输入/输出板上的每一路输出电路如图 7.7 所示。

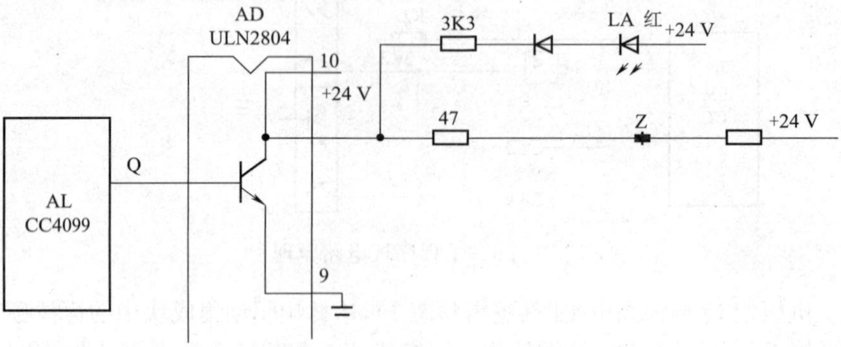

图 7.7　第一路输出电路原理

当程控主机板在 Q 端输出高电平时(对应逻辑状态 1),达林顿管导通,其集电极上的电压接近 0,从而红色发光二极管 LA 点亮,继电器线圈或指示灯中有电流流过,继电器动作或指示灯亮。相反,主机板在 Q 端输出低电平时,达林顿管截止,红色发光二极管 LA 熄灭,继电器线圈或指示灯中没有电流,继电器不动作,指示灯不亮。

(4)程控功率输出板(EK-554P)

08-32 型捣固车上控制作业的各种电磁阀,如液压制动阀和夯拍器升、降控制阀等电磁阀都需要较大的电流才能正常工作,而输入/输出板所能输出的最大电流为 500 mA 左右,无法直接驱动各种电磁阀动作。因此程控系统输出控制电磁阀的信号必须进行功率放大。在 08-32型捣固车程控系统中控制各电磁阀的信号都集中在 2、3 号两块输入/输出板上。对这两块板输出信号的功率放大分别由两块程控功率输出板(EK-554P)QL2、QL3 完成。2、3 号输入/输出板的 16 路输出端分别连至 QL2、QL3 的 16 路输入端。每块程控功率输出板上包括 16 路功率放大电路,能同时对 16 路信号进行功率放大。各路的电路相同,我们以第一路为例,介绍其原理。2d 为信号输入端,与 2 号或 3 号输入/输出板相应输出端相连;2b 为输出端,接电磁阀线圈,如图 7.8 所示。

当程控系统不允许该电磁阀动作时,输入/输出板相应的输出端输出+24 V 加至 2d,继电器 RE0 不动作。电流流过红色发光二极管 RD0、限流电阻 R32 和电磁阀线圈,RD0 被点亮。由于电磁阀线圈电阻较小,而 RD0 和 R32 的阻值比较大,因而 2b 上的电压很小,黄色发光二极管 G0 不亮或微亮,流过电磁阀线圈的电流也远远不足以推动电磁阀动作。当程控系统需要该电磁阀动作时,输入/输出板相应输出端电压接近 0(输入/输出板上相应的红发光二极管被点亮),继电器 RE0 动作,+24 V 通过保险 S10-3 和继电器 RE0 的触点在端子 2b 上输出,驱动电磁阀动作。由于此时 2b 上的电压为+24 V,所以黄色发光二极管 G0 被点亮,而红色发光二极管 RD0 与其限流电阻 R32 串联的电路两端电压相同，没有电流流过它们，RD0 熄灭。

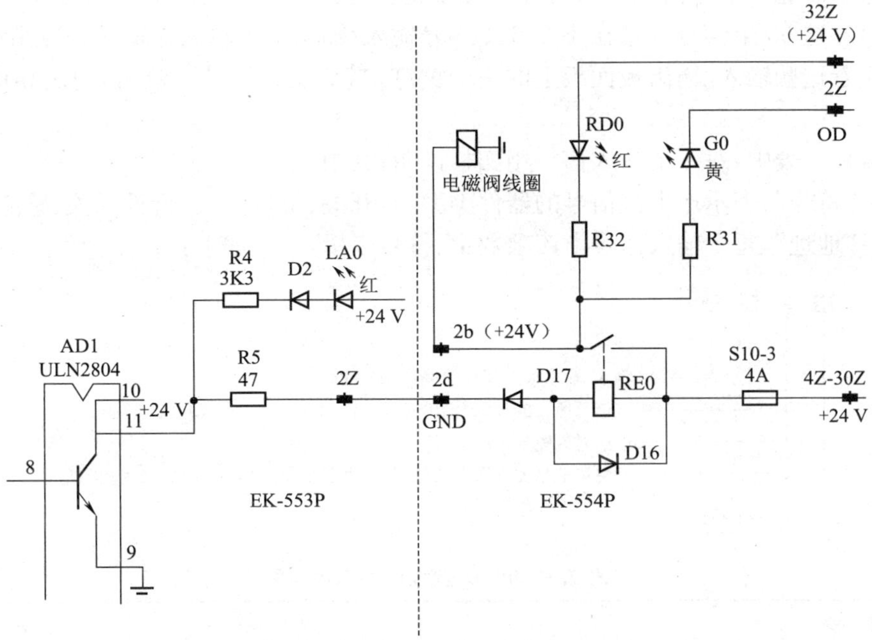

图 7.8　第一路功率输出电路原理

输入/输出板(仅 2 号和 3 号)上的红色信号灯与功率输出板上的黄色和红色信号灯存在一定的对应关系：

(1)输入/输出板上的红灯亮时，功率输出板上对应的黄灯亮、红灯灭，相应的电磁阀得电。

(2)输入/输出板上的红灯灭时，功率输出板上的黄灯也灭、红灯亮，电磁阀失电。

根据这些信号灯的亮灭可判断故障，如果功率输出板上相应的红黄信号灯均亮时，则此路输出的电磁阀回路断开。

任务 7.2　程序逻辑表及其使用方法

7.2.1　工作任务

通过学习捣固车程序控制系统的程序逻辑表及其使用方法，能承担以下工作任务：

(1)掌握输入、输出信号的表示含义；

(2)能看懂程控逻辑输出表，理清输出信号的相关控制参量。

7.2.2　相关配套知识

捣固车作业系统各部件是在程控系统各种信号的控制下协调工作的，各种信号及其逻辑关系均在程序逻辑表中列出。程控系统中的信号可分为四类。以下分别介绍这四类信号及其在程序逻辑表中的表示。

1. 输入信号的表示方法

08-32 型捣固车程控系统中的输入信号共有 63 个。这些信号又可分为两种：第一种，来自各控制箱(B2、B7、B51、B52)和脚踏开关(液压走行，捣固装置下降)控制机器作业和作业方式的信号；第二种，各作业部件的位置信号，如夯拍器、捣固装置、夹钳、测量小车的位置信号和起道极限信号。这些信号由相应的行程开关、感应开关、捣固装置模拟控制板及起、拨道模拟控制板给出。这 63 个信号分别在 1、2、3、4、5 号输入/输出板的输入端输入程控系统。每个输入信号对应着这些输入/输出板面板上的一个黄灯，当某输入信号有效时，与之相应的黄灯被点亮。

在逻辑程序表中，每一个输入信号用四栏说明；其中有

第一栏“符号”，表示产生该信号的器件类型，有开关、带灯开关、行程开关、感应开关等。

第二栏“地址”，每个输入信号由四项数字、符号表示，意义如下：

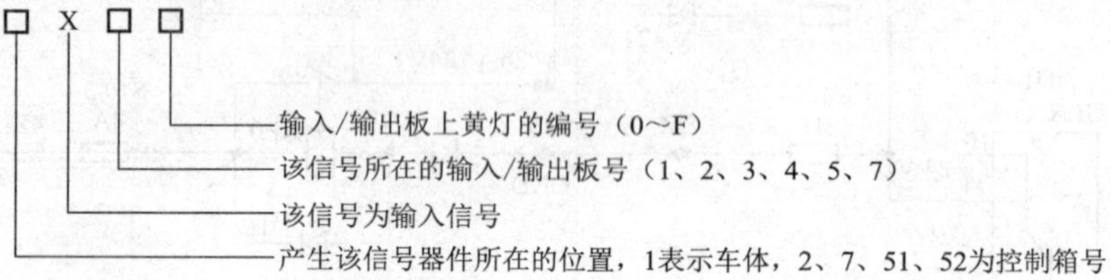

程控逻辑输入表见表 7.1。

表 7.1　09-32 型程控输入逻辑表

符　号	地　址	输入说明	备　注
	1X10	捣固装置下插	
	1X11	液压驱动	作业走行
	2X12	工作小车前进	
10U6RE6 	10U6(RE6)X13	左捣固头上位	

2. 输出信号的表示方法

输出信号是程控系统对作业系统各部件实施控制的信号。输出信号是程控系统对各输入信号进行逻辑运算的结果，因此每一个输出信号都跟一定数量的输入信号有逻辑关系。08-32 型捣固车共用到了 50 个输出信号，每个输出信号对应着 1、2、3、7 号输入/输出板上的一个红灯。

这些输出信号可分为两种。第一种，接地输出，用符号 Q 表示，在 1 号、7 号输入/输出板的输出端输出，这种输出信号有效时，输出一个接地信号，驱动小电流的器件，如：指示灯，捣固头升降控制板，起、拨道模拟控制板上的继电器等；第二种，功率输出（输出＋24 V 电源），用符号 QL 表示，集中在 QL2、QL3 两块功率输出板的输出端输出。2、3 号输入/输出板的输出端分别接至两块功率继电器板的输入端，这种功率输出信号有效时，2、3 号输入/输出板上对应的红灯点亮，功率继电器板上与之对应的黄灯亮、红灯灭，对应输出端上输出一个 24 V 电压，对各种电磁阀进行控制。

输出信号在程序逻辑表中也用四栏说明，具体如下。

第一栏“输出意义”，此栏说明该输出信号对作业部件产生的效果。

第二栏“位址”，该栏中用三个数字、符号表示该输出信号对应的红灯在输入/输出板上的位置，意义如下：

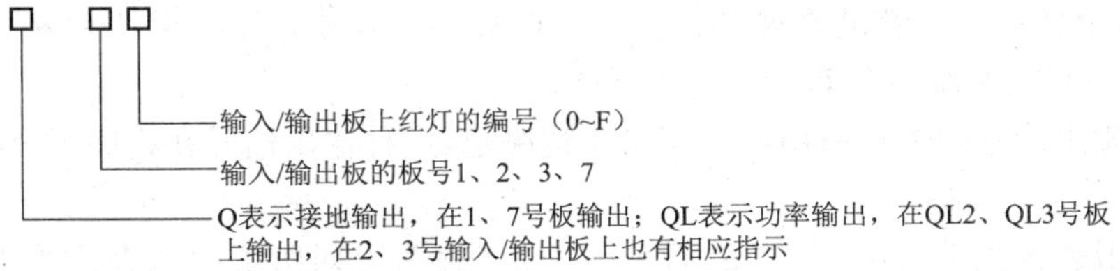

这组数字、符号同时也是输出信号的代号。另外此栏中还用符号说明了该输出信号输出端所接的器件，例如继电器线圈或指示灯。

第三栏"目标"，表示该输出信号所去的位置和控制的器件(继电器、电磁阀、指示灯等)。

第四栏"程序内容"，该栏中以逻辑表达式来描述该输出信号有效时所需满足的逻辑关系。

逻辑表达式是用逻辑运算符，将逻辑变量连接起来的一种表达式，如 $C=A\cdot B$，A、B、C 为逻辑变量，其中 A、B 为输入逻辑变量，C 为输出逻辑变量，"·"号为逻辑运算符。逻辑表达式中任何逻辑变量的取值只有两种：1 和 0，对应逻辑变量的真与假。程序逻辑表中用到的逻辑运算符有以下 3 种。

(1)"与"运算符"·"，$C=A\cdot B$，表 7.2 中列出了输入逻辑变量 A、B 不同取值时输出逻辑变量 C 的值。

(2)"或"，运算符"+"，$C=A+B$，表 7.3 中列出了输入逻辑变量 A、B 不同取值时，输出逻辑变量 C 的值。

(3)"非"运算"$\overline{X}$"，X 表示逻辑变量，非运算符将该逻辑变量的值取反，如 $A=1$，则 $\overline{A}=0$。

表 7.2　与运算

A	B	C
0	0	0
0	1	0
1	0	0
1	1	1

表 7.3　或运算

A	B	C
0	0	0
0	1	1
1	0	1
1	1	1

在逻辑程序表中，输入逻辑变量即为程控的输入信号和子程序信号，输出逻辑变量即为程控的输出信号。当输入信号有效时，对应的黄灯亮，则在逻辑表达式中的逻辑值为 1。输入信号无效，对应的黄灯灭，则其值为 0。输出信号的逻辑值由逻辑表达式的取值决定，可分为如下两种。

第一种，单个逻辑表达式的值决定输出信号的逻辑值。这种输出信号的逻辑值即为"程序内容"栏中等号右边的逻辑表达式的值。以左夯拍器振动信号 QL3E 为例，QL3E 的逻辑表达式为 $QL3E=40\cdot\overline{46}\cdot\overline{43}$。当逻辑表达式中的输入信号 2X40=1、1X46=0、2X43=0，即 2X40 信号有效(对应的黄灯亮)1X46、2X43 信号无效(对应的黄灯灭)时。QL3E=1，QL3E 信号有效，3 号 I/O 板上对应的 E 号红灯亮，QL3 功率继电器板上 E 号黄灯亮、红灯灭。上述三个输入信号的逻辑值任一个不满足要求，则 QL3E=0，QL3E 信号无效，3 号 I/O 板上对应的 E 号红灯灭，QL3 功率继电器板上 E 号黄灯灭、红灯亮。

第二种，输出信号的逻辑值由两个逻辑表达决定，这种输出信号在程序逻辑表中的逻辑表示有：

ON=逻辑表达式 1，HOLD 二逻辑表达式 2。表 7.4 列出了逻辑表达式 1、逻辑表达式 2。即 ON、HOLD 取不同值时，输出信号的逻辑值。

表 7.4

ON	HOLD	输出信号逻辑值
0	0	0
0	1	不变
1	0	不变
1	1	1

两个逻辑表达式的值均为 0 时，输出信号的逻辑值为 0，输出信号无效，对应的红灯灭。两个逻辑表达式的值均为 1 时，输出信号的逻辑值为 1，输出信号有效，对应的红灯亮。两个逻辑表达式的值不相同，则输出信号的逻辑值不变，输出信号的状态不变。以辅助驱动“通”锁定信号 QL26 为例，QL26 信号在“程序内容”栏中的表示为

$$ON=1F\cdot 83',HOLD=1F$$

当输入信号 2X1F=1，定时输出信号 Q83′=1 时，QL26=1，该信号有效；当 2X1F=0 时，QL26=0，该信号无效；其他情况下，QL26 信号的状态维持不变。

程控逻辑输出表见表 7.5。

表 7.5　D0932 程控逻辑输出表

输出意义	位址	目标	程序内容
左捣固头下降	Q10	10U6 12d	$=\overline{6E}*6F*\overline{46}*\overline{5A}*A1$
右捣固头下降	Q11	10U7 12d	$=\overline{6D}*6F*\overline{47}*\overline{5B}*A1$

3. 子程序信号

08-32 型捣固车用到了 24 个子程序信号，这些子程序信号与输出信号一样也是逻辑运算的结果。但与输出信号不同的是，这些子程序信号不直接参与对机器作业部件的控制（Q06、Q07 信号除外，Q06、Q07 分别对左、右起道模拟控制板进行控制），而是用来指示机器的作业状态。暂存逻辑运算的结果，同时参与对输出信号的逻辑控制。这 24 个子程序信号集中在 0 号、6 号输入/输出板上。前面已讲过，0 号、6 号输入/输出板的输出端与对应的输入端是短接在一起的，因此子程序信号既是程控的输出信号，也是程控的输入信号。子程序信号在逻辑程序表中的表示与输出信号的表示方式相同。只是在“目标”栏中，除 QO6、Q07 信号分别去往左、右起道模拟控制板 7U2、7U4 的端子 16b 外，其余的子程序信号均没有去处，这栏为空。在“位址”栏中，输出信号(Q0～F)与对应的输入信号(X0～F)用“↓”隔开，表示子程序信号在其输出有效的同时引起输入有效，即输出信号与输入信号是等同的，Q60 ～ Q6F 与 X60～X6F 相同。

4. 定时信号

08-32型捣固车用到了5个定时信号，为Q80～Q83及Q87；这5个定时信号由8号定时器板上的5路定时器电路产生，其中第7路定时器信号Q87用于执行测试程序时的运行指示。机器作业时，该信号不起作用，故在逻辑表中未列出。在作业过程中，需要某一路定时器开始定时时，程控主机板向定时器板输出定时开始信号Q80～Q83。当定时器时间到，则定时器产生定时结束信号Q80′～Q 83′。这四个信号作为程控系统的输入信号参与逻辑控制。定时信号在逻辑表上的表示与输出信号的表示方式相同，“程序内容”栏中的逻辑表达式为定时开始信号Q80～Q83有效的条件。当某一路定时开始信号的逻辑表达式的值为1时，面板上对应的黄灯亮，该路定时器开始；当定时时间到后，该路定时结束信号(Q 80′～Q 83′)有效，面板上对应的红灯亮。

另外，在逻辑表中与四个定时信号在一起的还有一组Q89、Q89′信号。这组信号不是定时信号，但因这组信号在定时器板上，故与定时器信号列在一起。这组信号的功能与子程序信号类似，Q89与Q89′是等同的，一个是程控的输出信号，另一个是程控输入信号。在08-32型捣固车上，当采用自动捣固循环2X作业方式时，机器在一个作业点自动捣固两次，程控系统用这组信号暂存捣固头下插的次数。当捣固头在一个作业点第一次下插时，Q89＝1，有效；第二次下插时Q89＝0，无效，Q89对应8号定时板内绿色发光二极管排中的第二个发光二极管。Q89有效，则该发光二极管亮；Q89无效，该发光二极管熄灭。

任务7.3　探究作业系统与程控系统信号的关系

7.3.1　工作任务

通过探究作业系统与程控系统信号的关系，能承担以下工作任务：

(1)认知起道抄平控制系统与程序控制的控制逻辑关系；

(2)认知拨道控制系统与程序控制系统的控制逻辑关系；

(3)认知捣固控制系统与程序控制系统的控制逻辑关系；

(4)认知液压走行系统与程序控制系统的控制逻辑关系；

(5)认知作业制动系统与程序控制系统的控制逻辑关系。

7.3.2　相关配套知识

08-32型捣固车的作业系统分为五个子系统：起道抄平、拨道、捣固、液压走行、液压制动。我们分别分析各子系统及其部件是如何在相关程控信号的控制下协调工作的。

1. 起道抄平系统

图7.9为起道抄平系统的组成示意图。

起道抄平系统：

①夹钳张闭部分。包括：4对由滚轮组成的夹钳，4个夹钳张闭油缸，前、后夹钳张闭换向阀。2个换向阀分别由其上的2对电磁线圈1s29和1s454、1s28和1s453来控制。从而控制夹钳的张闭，送到4个电磁线圈的信号分别为程控的QL29和QL32、QL2A和QL33。当QL29、QL2A有效时，1s29、1s28得电，高压油经换向阀流向4个张闭油缸的前部，推动活塞向后运动，夹钳闭合。当QL32、QL33有效时，QL453、QL454得电，高压油经换向阀流向油缸的后部，推动活塞向前运动，夹钳张开。

②夹钳提升、下降部分。包括：左、右各一块起道模拟控制板7U2、7U4，沉降补偿及超高给定板7U3，起道伺服阀、换向阀，左、右夹钳升、降油缸。两个伺服阀分别由左、右起道模拟控制板

的输出控制电磁线圈 1s1、1s2 来控制。两个换向阀的换向分别由其上的两对电磁线圈 1s3 和 1s8、1s4 和 1s9 来控制。这 4 个电磁线圈上的控制信号分别为来自程控的 QL2E 和 QL2B、QL2F 和 QL2C。当需夹钳上升时，QL2E、QL2F 有效，1s3、1s4 得电，左、右起道模拟控制板输出负电压至 1s1、1s2，高压油经伺服阀、换向阀进入油缸下部，推动油缸活塞向上运动，夹钳提升。当需夹钳下降时，QL2B、QL2C 有效，换向阀将油缸底部也接至低压油路，活塞两边油的压力相等，夹钳在自身重力的作用下下降。夹钳下降时，不受起道模拟控制板的控制。

夹钳进行的动作有夹钳张闭、夹钳下降、夹钳起道作业、夹钳手动提升。我们根据程序逻辑表分别分析这些动作与各信号的关系。

(1)夹钳的张闭

与夹钳张闭有关的程控信号有输入信号、子程序信号、输出信号。

①输入信号

2X1B——只用前夹钳信号。来自 B2 箱上的夹钳选择开关。开关置于左侧时，该信号有效，2X1B＝1。

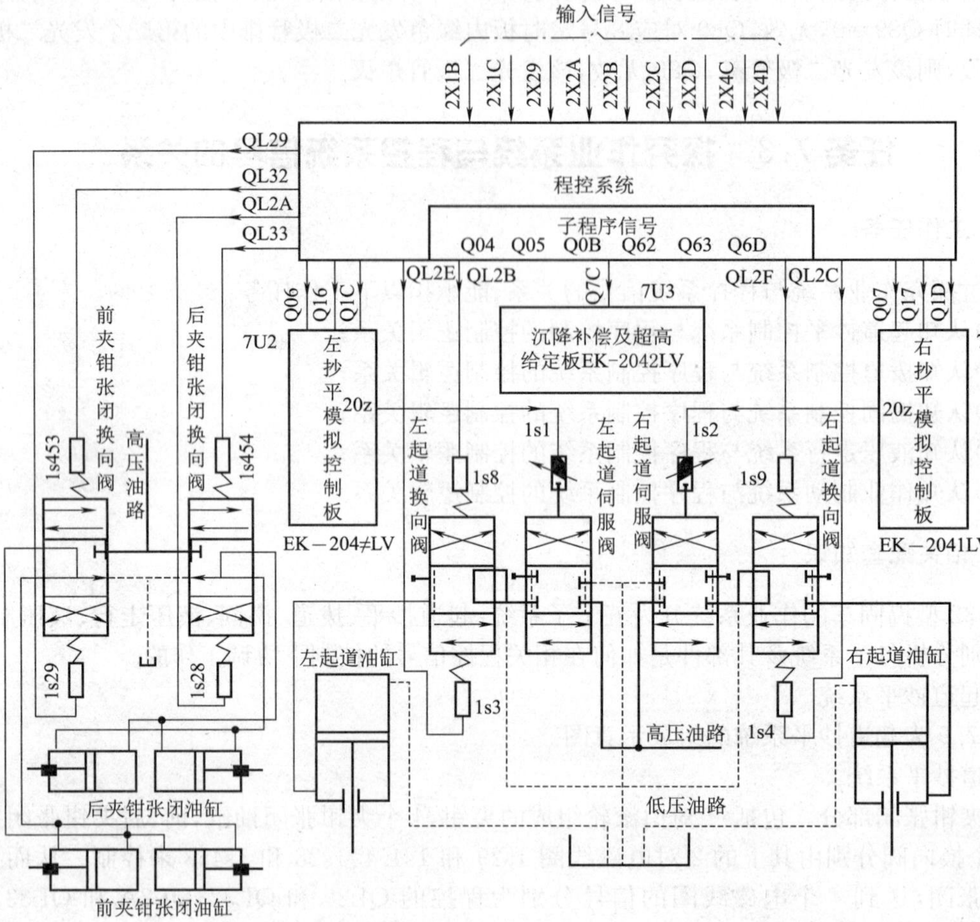

图 7.9　起道抄平系统组成示意图

2X1C——只用后夹钳信号。来自 B2 箱上的夹钳选择开关。开关置于右侧时，该信号有效，即 2X1C＝1。

2X29——夹钳提起信号。来自 B2 箱上的夹钳提起开关。该开关打到"1"位时，2X29 有效。

2X2A——驱动控制夹钳张闭信号。来自B2箱上驱动控制夹钳张闭开关。开关按下时，2X2A=1。

2X2B——夹钳常闭信号。来自B2箱上夹钳常闭琴键开关。开关按下时，2X2B= 1。

2X2C——左夹钳下降信号。来自B2箱上左夹钳下降按钮开关。开关按下时，2X2C=1。

2X2D——右夹钳下降信号。来自BZ箱上右夹钳下降按钮开关。开关按下时，2X2D=1。

2X4C——左夹钳提起并保持信号。来自B2箱上左夹钳提起并保持按钮开关。开关按下时，2X4C=1。

2X4D——右夹钳提起并保持信号。来自B2箱上右夹钳提起并保持按钮开关。开关按下时，2X4D=1。

②子程序信号

Q0B——捣固装置下降状态信号。当进行捣固作业时，捣固装置开始下降，到捣固作业完成前Q0B=1。捣固作业完成后，捣固装置开始上升，Q0B=0。这个信号将在捣固系统中详细介绍。

Q05——测量系统接通信号。Q05=1，表示起、拨道作业的开始。

Q04——液压走行信号。Q04=1，表示机器正处于液压走行状态；机器不走行，则Q04=0。

Q62——夹钳闭合方式子程序信号。Q62=1，表示夹钳可以闭合。$Q62=2A\cdot\overline{04}+(0B+05)\cdot 3A$。

Q63——夹钳闭合子程序信号。该信号有效表示允许夹钳闭合。$Q63=\overline{2C}\cdot\overline{2D}\cdot\overline{29}\cdot\overline{4C}\cdot\overline{4D}$。

Q6D——夹钳闭合子程序信号。Q6D=1，表示夹钳处于闭合状态。$Q6D=[(05+0B+\overline{04})\cdot 2B+62]\cdot 63$。

③输出信号

QL29——前夹钳闭合信号。QL29=1，电磁阀线圈1s29得电，前夹钳闭合。$QL29=6D\cdot\overline{1C}$。

QL2A——后夹钳闭合信号。QL2A=1，电磁阀线圈1s28得电，后夹钳闭合。$QL2A=6D\cdot\overline{1B}$。

QL32——前夹钳张开信号。QL32=1，电磁阀线圈1s453得电，前夹钳张开。$QL32=\overline{2B}\cdot\overline{62}+2C+2D+29+4C+4D+1C$。

QL33——后夹钳张开信号。QL33=1，电磁阀线圈1s454得电，后夹钳张开。$QL33=\overline{2B}\cdot\overline{62}+2C+2D+29+4C+4D+1B$。

我们先看夹钳的闭合。夹钳可在三种情况下闭合，但无论哪种情况，都需Q63=1；而Q63=1，必须同时有2X2C=0，2X2D=0，2X29=0，2X40=0，2X4D=0，即左右夹钳提升、下降，提升并锁定开关均断开。这是左（右）夹钳闭合的先决条件。在先决条件满足时，Q6D有效的条件不一样，从而QL29（QL2A）有效的条件不一样。

第一种方式，夹钳作业常闭。这时$Q6D=(05+0B+\overline{04})\cdot 2B\cdot 63$。这种方式下，夹钳作业常闭开关按下，2X2B=1，若Q05、Q0B有一个有效或Q04信号无效，则Q6D=1。即机器在捣固或起、拨道作业过程中以及作业完成后，进行液压走行前，Q6D有效，Q6D=1。在夹钳闭合先决条件满足，即Q63=1时，若2X1C=0（2X1B=0），即不是只使用后（前）夹钳，则$QL29=6D\cdot\overline{1C}$（$QL2A=6D\cdot\overline{1B}$）有效，前（后）夹钳闭合。

第二种方式，驱动控制夹钳闭合。这种方式下，$Q6D=62\cdot 63$，$Q62=\overline{04}\cdot 2A$，驱动控制夹

钳闭合开关，2X2A =1，若机器未处于液压走行状态，Q04=0，则 Q62=1，Q6D=1。此时若 2X1C=0(2X1B=0)，即不是只闭合后(前)夹钳，则 QL29=6D · $\overline{1C}$(QL2A=$\overline{6D}$ · 1B)有效，前(后)夹钳闭合。

第三种方式，捣固头下降控制夹钳闭合。这种方式下，Q6D=62 · 63，Q62=(0B+05) · 3A。捣固头下降控制夹钳闭合开关按下，2X3A =1，当机器进行捣固作业或起拨道作业时，Q0B=1 或 Q05=I、Q62=1，从而 Q6D=1。若 2X1C=0(2X1B=0)，QL29=1(QL2A=1)，则前(后)夹钳闭合。

夹钳的张开，当 QL32=1(QL33=1)时，前(后)夹钳张开。前(后)夹钳在以下几种情况下张开：

a. 只用前夹钳即 2X1B=1 时，QL33=1，后夹钳张开；只用后夹钳，即 2X1C=1 时，QL32=1，前夹钳张开。

b. 左、右夹钳提升、下降时，提升并保持开关有一个按下，即 2X2C、2X21、2X40、2X4D、2X29 信号有一个有效时，前后夹钳均张开。

c. 驱动控制夹钳方式下，若 Q04=1，即机器处于液压走行状态时，Q62=D，从而 QL32=QL33=1，前后夹钳均张开。

d. 在捣固头下降、控制夹钳闭合方式下，当 QOB=0，且 Q05=0，即捣固作业和起、拨道作业均已完成时，Q62=0，从而 QL32=QL33 =1，前后夹钳均张开。

(2)夹钳的提升

夹钳提升分为两种情况。第一种情况手动控制的夹钳提升，启动夹钳提升开关，左、右夹钳提升并锁定开关按下后，夹钳进行提升；第二种情况，机器进行起道作业时夹钳的提升，此时左、右夹钳分别在左、右起道模拟控制板的控制下按给定的起道量提升钢轨。

①与手动提升夹钳有关的程控信号

输入信号：

2X29——夹钳提起信号。来自 B2 箱上的夹钳提起开关。开关置"1"时，2X29=1。

2X4C——左夹钳提起并保持信号。来自 B2 箱上的左夹钳提起并保持开关。开关按下时，2X4C=1。

2X4D——右夹钳提起并保持信号。来自 B2 箱上的右夹钳提起并保持开关。开关按下时，2X4D =1。

子程序信号：

Q02——左夹钳提升并锁定信号。Q02=1，表示左夹钳处于提升并锁定状态；Q02 的逻辑表达式：ON =4C，HOLD=$\overline{29}$ · $\overline{2C}$。

Q03——右夹钳提升并锁定信号。Q03=1，表示右夹钳处于提升并锁定状态；Q03 的逻辑表达式：ON=4D，HOLD=$\overline{29}$ · $\overline{2D}$。

Q0B——捣固装置下降状态信号。当进行捣固作业时，捣固装置开始下降，到捣固作业完成前 Q0B=1；捣固作业完成后，Q0B=0，捣固装置开始上升。

输出信号：

Q1C——左夹钳手动提升信号。该信号送到左起道模拟控制板，Q1C 有效，7U2 输出一个约 3 V 的负电压，加到左起道伺服阀电磁线圈 1s1 上，Q1C=(29+4C) · $\overline{0B}$。

Q1D——右夹钳手动提升信号。该信号送到右起道模拟控制板 7U4，Q1D 有效，7U4 送出一个 3 V 的负电压，加到右起道伺服阀电磁线圈 1s2 上，Q1D=(2A+4D) · $\overline{0B}$。

QL2E——左夹钳提升信号。该信号送到左换向阀电磁线圈 1s3 上。QL2E＝1，左夹钳才能提升；QL2E＝(29＋4C)·$\overline{0B}$＋06。

QL2F——右夹钳提升信号。该信号送到右换向阀电磁线圈 1s4 上。QL2F ＝1，右夹钳才能提升；QL2F＝(29＋4D)·$\overline{0B}$＋07。

手动提升左(右)夹钳，需 Q1C(Q1D)、QL2E(QL2F)两个信号同时有效。QL1C＝QL2E＝(29＋4C)·$\overline{0B}$[Q1D＝QL2F＝(2A＋4C)·$\overline{0B}$]。Q1C、QL2E(Q1D、QL2F)信号有效，需同时有 Q0B＝0、2X29＝1 或 2X4C＝1(2X4D＝ 1)，也就是在机器未进行捣固作业或捣固作业已完成(Q0B＝0)的情况下，若按下夹钳提升开关 2X29＝1，则 QIC、QL2E、Q1D、QL2F 均有效，左、右夹钳均提起；若按下左(右)夹钳提升并锁定开关；2X4C＝1(2X4D＝1)，则左(右)夹钳单独提起，同时 Q02 ＝1 (Q03 ＝1)，左(右)夹钳处于提起并锁定状态。此时，即使复位左(右)夹钳提起并锁定开关，2X4C＝0(2X4D＝0)。Q02(Q03)仍有效，左(右)夹钳维持在原处不动；若按下夹钳提升开关，2X29＝1，或按下左(右)夹钳下降开关，2X2C＝1(2X2D＝1)夹钳解除锁定状态 Q02＝0(Q03＝0)，夹钳进行上升或下降。

②起道作业时与夹钳提升有关的程控信号

输入信号：

1X10——捣固装置下降信号。来自捣固装置下降脚踏开关。该开关踩下 1X10＝1。

1X15、1X16——左、右捣固装置中位信号。分别来自左、右捣固装置升降控制板 2U21，2U22。左(右)捣固装置到中位以后 1X15＝1(1X16＝1)。

7X20——起拨道开始带捣固装置下降信号。来自 B7 箱上起拨道开始带捣固装置下降琴键开关。开关按下，7X20＝1。

1X24、1X25——左、右夹钳近轨信号。分别来自左、右夹钳上的感应开关。左(右)夹钳夹住钢轨时，1X24＝1(1X25＝1)。

7X2F——夹钳接近开关切除信号。来自 B7 箱上夹钳切除开关。开关打到“1”位，7X2F＝1。这个信号用来代替左、右夹钳上感应开关信号 1X24、1X25。当 7X2F＝1 时，抄平系统不需要感应开关送来的信号也能正常工作，保证在感应开关损坏或过轨间联结板时，机器也能进行起拨道作业。

7X30——固装置中位起、拨道开始信号。来自 B7 箱上捣固装置中位时起、拨道开始琴键开关。开关按下，7X30＝1。

2X1D、2X1E——分别为只用左、右捣固装置信号。来自 B2 箱上捣固装置下降选择开关。开关打到左侧时，2X1D＝1，只有左捣固装置能下降；打到右侧时，2X1E＝1，只有右捣固装置能下降，打到中间，2X1D＝0、2X1F＝0，两个捣固装置均能下降。

7X32、7X33——左、右起道极限信号。分别来自左、右起道模拟控制板 7U2、7U4。当左(右)侧起道量超过给定起道量时，7X32＝1(7X33＝1)。

7X3E 一只拨道不捣固信号。来自 B7 箱上拨道不捣固琴键开关。开关按下，7X3E＝ 1 。

1X48——前张紧小车放下信号。来自前张紧小车上的行程开关。当前张紧小车放下时，1X48＝1。

1X49——测量小车放下信号。来自测量小车上的行程开关。当测量小车放下时，1X49＝1。

子程序信号：

Q06、Q07——左、右抄平系统接通信号。该信号既作为子程序信号，也作为输出信号，分别送到左、右起道控制板 7U2、7U4。Q06＝1(Q07＝1)，表示机器正进行左(右)起道作用。

$$Q06=(24+2F)\cdot\overline{1E}\cdot\overline{32}\cdot\overline{02}\cdot 2E\cdot 05\cdot 48\cdot 49$$

$[Q07=(24+2F)\cdot \overline{1D}\cdot \overline{33}\cdot \overline{03}\cdot 2E\cdot 05\cdot 48\cdot 49]$

Q05——测量系统接通信号。该信号是起、拨道系统作业开始信号。Q05＝1 时，起道和拨道系统才能开始作业。$Q05=3E\cdot 10+20\cdot 0B+(15+16)\cdot 30\cdot 0B+6E$。

Q02、Q03——左、右夹钳提起并锁定信号。Q02＝1(Q03＝1)表示左(右)夹钳处于提升并锁定状态。

Q04——液压驱动信号。Q04＝1，表示机器正处于液压走行状态。

Q6E——测量系统接通并锁定信号。Q6E＝1，表示起道作业开始。Q6E 的逻辑表达式：$ON=(15+16)\cdot 31$，$HOLD=\overline{04}\cdot 31$。

输出信号：

QL2E——左夹钳提升信号。该信号送到左起道换向阀电磁线圈 1s3。左夹钳起道时，需 QL2E＝1。QL2E＝Q06。

QL2F——右夹钳提升信号。该信号送到右起道换向阀电磁线圈 1s4。右夹钳起道时，需 QL2F＝1，QL2F＝Q07。

Q7D、Q7E——左、右夹钳脱轨指示信号。信号 Q7D、Q7E 分别送到 B19 箱上左、右夹钳脱轨指示灯。Q7D＝1(Q7E＝1)则 B19 箱上左(右)夹钳脱轨指示灯亮。$Q7D=2E\cdot \overline{24}$，$Q7E=2E\cdot \overline{25}$。

Q7G——沉降补偿接通信号。该信号送到沉降补偿板 7U3。Q7C＝1，沉降补偿接通，对起道量多的一侧钢轨进行沉降补偿。Q7C＝06＋07。

左(右)夹钳进行起道作业时，需 Q06＝1(Q07＝1)，QL2E＝1(QL2F＝1)。QO6(Q07)有效，首先必须同时具备以下条件：

a. 前张紧小车放下，1X48＝1；

b. 测量小车放下，1X49＝1；

c. 抄平控制开关接通，7X2E＝1；

d. 不是只用右(左)捣固头，2X1E＝0(2X1D＝0)；

e. 左(右)夹钳近轨，1X24＝1(1X25＝1)，或者夹钳脱轨指示开关置"1"，7X2F＝1；

f. 左(右)夹钳未处于锁定状态；Q02＝0(Q03＝0)；

g. 左(右)起道量未超过极限，7X32＝0(7X33＝0)。

以上几项是左(右)夹钳在每个作业周期进行起道时所必须具备的先决条件。在上述先决条件具备的情况下，子程序信号 Q05 有效时，Q06(Q07)有效，QL2E(QL2F)有效，左(右)夹钳起道。Q45 信号决定了机器在一个作业周期内的什么时刻进行起道。08-32 型捣固车提供了四种起、拨道方式。在每种方式下，Q05 信号有效的条件都不相同。

第一种方式，只起拨道不捣固。此时按下只拨道不捣固琴键开关，7X3E＝1，$Q05=3E\cdot 10$。只要捣固头下降开关踩下，1X10＝1，则 Q05＝1。若先决条件具备，Q06＝1(Q07＝1)，QL2E＝1(QL2F＝1)，左(右)夹钳在左(右)起道模拟控制板的控制下起道，脚踏开关松开 7X10＝0，Q05＝0，则 Q06＝0，Q07＝0，夹钳起道停止。

第二种方式，起、拨道开始带捣固装置下降。这种方式下 $Q05=20\cdot 0B$，此时起、拨道开始带捣固装置下降琴键开关按下，7X20＝1。捣固装置开始下降时，Q0B＝1，从而 Q05＝1。若先决条件具备，则 Q06＝1(Q07＝1)，QL2E＝1(QL2F＝1)，夹钳开始起道。捣固作业结束，捣固装置开始上升，Q0B＝0、Q05＝0，夹钳停止起道。

第三种方式，捣固头中位时起、拨道开始。这种方式下 $Q05=(15+16)30\cdot 0B$，此时捣固装置中位时起、拨道开始琴键开关按下，7X30 ＝1。捣固装置开始下降时，QOB＝1，捣固装置到达中位后 1X15＝1 或 1X16＝1 从而 Q05＝1。若先决条件具备，则 Q06（Q07）有效，同时 QL2E（QL2F）有效，左（右）夹钳起道。捣固作业完成，捣固装置开始上升，Q013＝0、Q05＝0，左（右）夹钳停止起道。

第四种方式，起道并保持。这种方式下 Q05＝6E，Q6E 的逻辑表达式为 ON＝（15＋16）· 31，HOLD＝31·$\overline{04}$。此时起道并保持开关接通，7X31＝1。当捣固头到中位以后 1X15＝1 或 1X16＝1，从而 Q04＝0，则 ON＝（15＋16）· 31＝1、HOLD＝31·$\overline{04}$＝1、Q6E＝1、Q05＝1。若先决条件具备，则 Q06（Q07）、QL2E（QL2F）有效，左（右）夹钳起道。捣固作业完成后，捣固装置提起，离开中位后，1X15＝0、1X16＝0，在液压走行前，Q04＝0，HOLD＝31·$\overline{04}$＝1，ON＝（15＋16）· 31＝0，故 Q05 仍维持有效，夹钳仍夹住钢轨不放。机器走行时 Q04＝1、Q05＝0，夹钳松开钢轨。

机器在进行起道作业时，程控系统输出一个沉降补偿信号 Q7C 至沉降补偿控制板，对起道量较多的一侧进行沉降补偿。Q7C＝06＋07，即左或右夹钳起道时，Q7C 有效。

（3）夹钳的下降

夹钳下降仅受换向阀的控制。当换向阀上的电磁线圈 1s8，1s9 得电时，左、右夹钳下降。虽然两块起道模拟控制板 7U2，7U4 分别送出 3V 的正电压加到左、右起道伺服阀电磁线圈上，但此时伺服阀不起控制作用，去掉这两块起道板，夹钳也能下降。夹钳下降与程控有关的信号有输入信号、子程序信号和输出信号。

a. 输入信号

2X2C——左夹钳下降信号。来自 B2 箱上左夹钳下降按钮开关。开关按下，2X2C ＝1。

2X2D——右夹钳下降信号。来自 B2 箱上右夹钳下降按钮开关。开关按下，2X2D＝1。

7X2E——抄平系统接通信号。来自 B7 箱上抄平控制开关。开关按下，7X2E＝1。

7X3E——只拨道不捣固信号。来自 B7 箱上只拨道不捣固琴键开关，开关按下，7X3E＝1。

b. 子程序信号

Q06——左抄平系统接通信号。Q06＝1，左夹钳处于起道状态。

Q07——右抄平系统接通信号，Q07＝1，右夹钳处于起道状态。

Q02、Q03——左、右夹钳提升并锁定信号。Q02＝1（Q03＝1）表示左（右）夹钳处于提升并锁定状态。

c. 输出信号

Q16、Q17——左、右夹钳下降信号。分别送到左、右起道模拟控制板 7U2、7U4，使其输出约 3 V 的正电压去伺服阀电磁线圈 1s1、1s2；Q16＝1（Q17＝1）表示左（右）夹钳处于下降状态。

Q16＝$\overline{2E}$·05·3E＋2C＋2E·$\overline{06}$·$\overline{02}$，Q17＝$\overline{2E}$·05·3E＋2C＋2E·$\overline{07}$·$\overline{03}$。

QL2B、QL2C——左、右夹钳下降信号。分别送到左、右换向阀电磁线圈 1s8、1s9，同时送到左、右夹钳下降开关内的指示灯。QL2B＝ 1（QL2C＝1），则左（右）夹钳下降，同时左（右）夹钳下降开关内指示灯亮。QL2B＝Q16（QL2C＝Q17）。

左（右）夹钳下降可分为三种情况：

第一种情况，左（右）夹钳下降按钮开关控制夹钳下降。这种情况下，Q16＝2C（Q17＝2D）。

当左（右）夹钳下降开关按下，2X2C＝1（2X2D＝1）、Q16＝1（Q17＝1）、QL2B＝1（QL2C＝1），左（右）夹钳下降，同时开关内指示灯亮。

第二种情况，机器在作业中进行起道时夹钳下降。这种情况下，Q16＝2E·$\overline{06}$·$\overline{02}$（Q17＝

2E·$\overline{07}$·$\overline{03}$)。左(右)夹钳下降需同时有 2X2E=1、Q06=0(Q07=0)、Q02=0(Q03=0),也就是在抄平控制开关接通,2X2E=1,左(右)夹钳未被提升并锁定 Q02=0(Q03=0),左(右)夹钳不进行起道 Q06=0(Q07=0)时,夹钳下降,也就是机器在一个作业周期内,若不进行起道,则左(右)夹钳一直处于下降状态。

第三种情况,只进行拨道作业,不进行起道和捣固时夹钳的下降。这种情况下,Q16=$\overline{2E}$·05·3E(Q17=$\overline{2E}$·05·3E)。Q16=1(Q17=1)需同时有 2X2E=0、Q05=1、7X3E=1,也就是若抄平控制开关打到"0"位,2X2E = 0,只拨道不捣固开关按下,7X3E=1,机器只进行拨道作业。在每个作业周期,拨道开始时 Q05=1,从而 Q16=1、Q17=1、QL2C=1、QL2C=1,左、右夹钳均处于下降状态,从而保证了机器在拨道作业时,夹钳不会脱离钢轨。

2. 拨道系统

拨道系统的组成如图 7.10 所示。

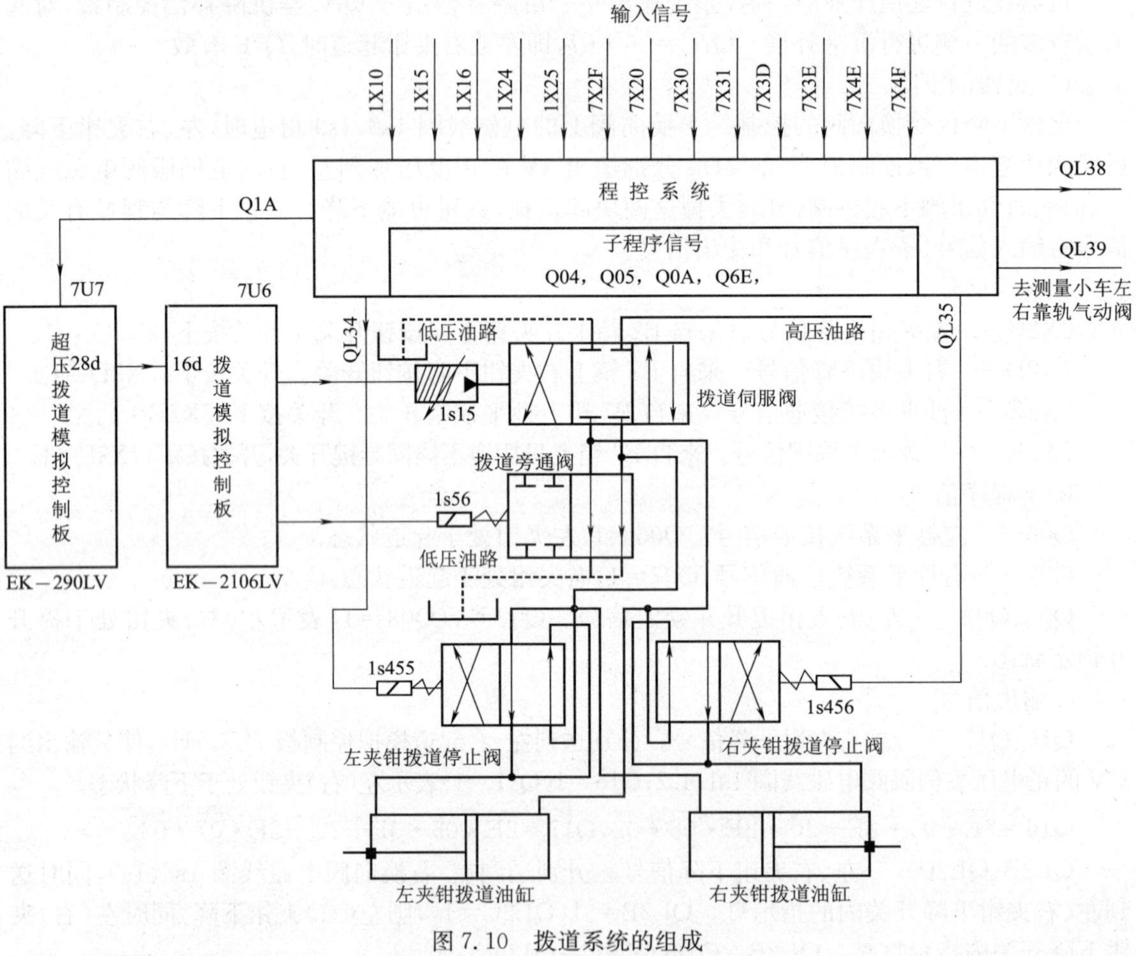

图 7.10　拨道系统的组成

拨道系统包括左、右夹钳拨道油缸,左、右夹钳拨道停止阀,拨道伺服阀,旁通阀,拨道模拟控制板和超压拨道控制板。拨道伺服阀由拨道模拟控制板输出的模拟电压加到其电磁线圈 1s15 来控制;旁通阀由拨道模拟控制板输出的 0 或 24 V 电压控制;左、右夹钳拨道停止阀分别由加到其电磁线圈的程控功率输出信号 QL34、Q35 控制。1s455 得电,左夹钳拨道停止;1s456 得电,右夹钳拨道停止。

08-32 型捣固车的拨道可分为人工操纵拨道和自动作业周期内的拨道两种。

人工操纵拨道比较简单，与程控系统无关。当 B2 箱上手动拨道开关 2b26 置于左侧时，拨道模拟控制板输出＋1.8 V 的电压至伺服阀电磁线圈 1s15 上，同时还输出＋24 V 电压使旁通阀动作，夹钳向左侧拨道；2b16 开关置于右侧时，拨道模拟控制板输出约－1.8 V 的电压至 1s15，同时输出＋24 V 电压使旁通阀动作，夹钳向右拨道。

自动拨道是机械在一个自动作业周期内进行的拨道作业。拨道油缸在拨道模拟控制板的控制下，将作业点的轨道矢距拨至给定要求。这种情况下，拨道系统的启动和关闭由程控系统来控制。

自动拨道作业与起道作业是同时进行的，所以自动拨道作业与程控有关的信号很多是与起道作业相同的。这些信号在介绍起道作业时已作过详细的说明，这里列出来，不再详细说明。

与自动拨道有关的程控信号有输入信号、子程序信号和输出信号。

(1)输入信号

1X10——捣固装置下降信号。

1X15、1X16——左、右捣固装置中位信号。

1X24、1X25——左、右夹钳近轨信号。

7X2F——夹钳接近开关切除信号。

7X20——起、拨道开始带捣固装置下降信号。

7X30——捣固装置中位时，起、拨道开始信号。

7X31——起道并保持信号。

7X3D——拨道系统接通信号。来自 B7 箱上拨道控制开关。该开关置“1”时，7X3D＝1，拨道系统在作业中才能启动。

7X3E——只拨道不捣固信号。

7X4E、7X4F——左、右侧预加载信号。来自 B7 箱上测量系统预加载荷开关。开关置于左侧时，7X4E＝1；开关置于右侧，7X4F＝ 1 。

(2)子程序信号

Q04——液压驱动信号。

Q05——测量系统接通信号。

Q6E——测量系统接通锁定信号。

Q0A——自动拨道开始信号。Q0A＝1，表示机器处于拨道状态。Q0A＝(24 · 25＋2F) · 05 · 3D(4E＋4F)

(3)输出信号

Q1A——自动拨道开始信号。该信号经拨道超压控制板送往拨道模拟控制板。当机器不在交替拨道状态时，每次 Q1A＝1，拨道模拟控制板接通，机器进行一次拨道。若机器处于交替拨道状态，每两次 Q1A＝1，机器进行一次拨道。Q1A＝Q0A。

QL38——测量小车靠左信号。QL38＝1，测量小车靠向左轨。QL38＝4E。

QL39——测量小车靠右信号。QL39＝1 测量小车靠向右轨。QL39＝ 4F。

拨道系统是在 Q1A 信号的控制下进行作业的。Q1A＝1，拨道系统进行拨道；Q1A＝0，拨道系统停止拨道。Q1A＝1，需首先同时具备以下条件：

①17X4E＝1 或 7X4F＝1，即测量系统左侧预加载或右侧预加载。

②1X24＝1、1X25＝1 或 7X2F＝1，即左、右夹钳均夹住钢轨，夹钳上的感应开关接通，或者夹钳切除开关打到“1”，切除接近开关的信号。

③7X3D＝1，拨道控制开关打到“1”位，机械作业时进行拨道。

在上述先决条件具备的前提下，每个作业周期 Q05 有效，则 Q0A=1、Q1A=1，机械进行拨道。

在介绍自动起道作业时，我们已讲述，08-32 型捣固车有四种不同的起拨道方式，在每种方式下，若起道作业几项基本条件满足时 Q05=1，则起道系统进行起道。这里我们又知道，在拨道作业几项先决条件满足时，Q05=1，拨道系统进行拨道。四种方式下 Q05 有效的条件在介绍自动起道时已详细介绍，这里不再赘述。Q05 信号是起、拨道系统共同的启动信号。在一个作业周期内，起、拨道作业是同时进行的。夹钳夹住钢轨上提的同时，将钢轨左移或右移。

3. 捣固系统

图 7.11 为捣固系统示意图。

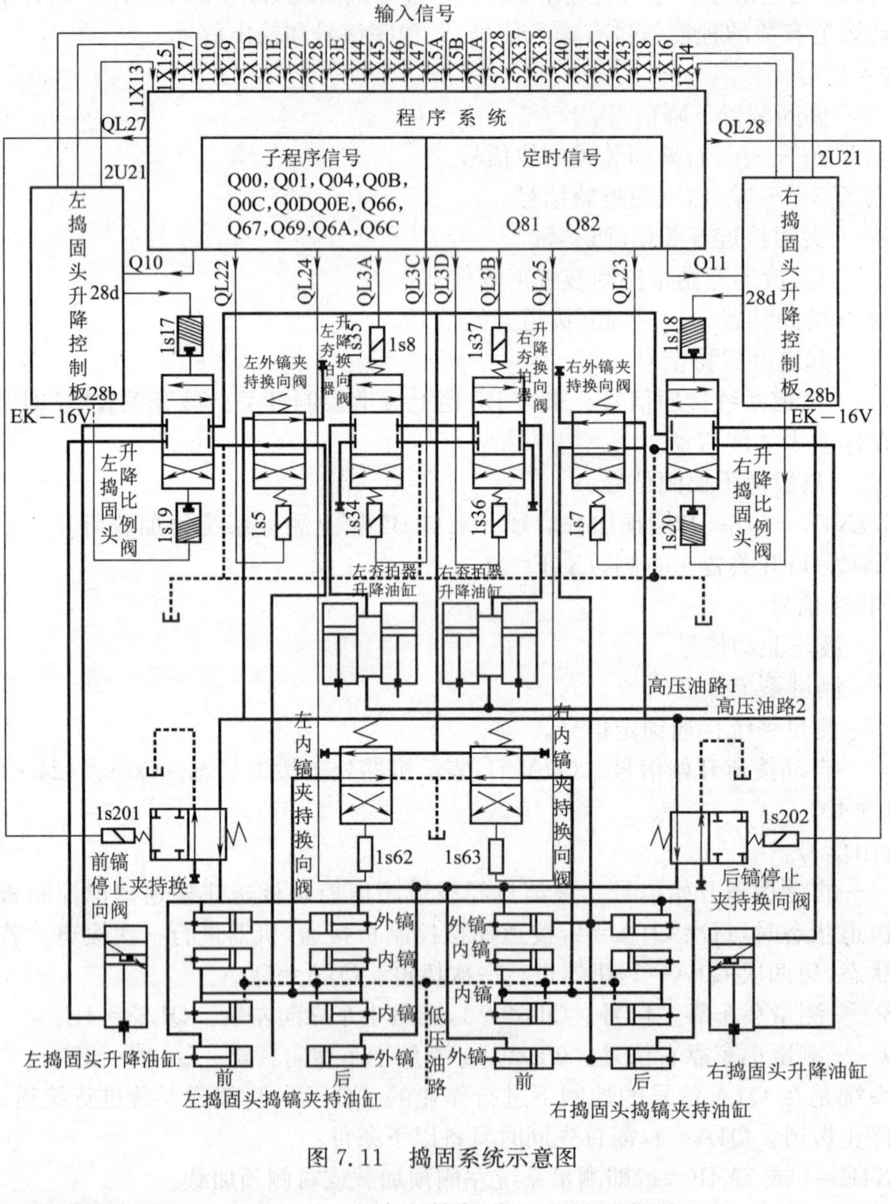

图 7.11　捣固系统示意图

捣固系统包括捣固装置升降部分、捣镐夹持部分和夯拍器部分。

(1)捣固装置升降部分

捣固装置升降部分包括左、右捣固装置升降控制板（EK-16V）2U21、2U22、比例阀、升降油缸。左、右捣固装置的升降分别由程控的 Q10、Q11 信号控制。当 Q10(Q11)有效时，左(右)、固装置在升降控制板的控制下，下降至给定深度；Q10(Q11)失效时，左(右)捣固装置上升至零位以上 100 mm 处。

捣固头升降与程控有关的信号如下：

a. 输入信号

1X10——捣固装置下降信号。来自捣固装置下降脚踏开关。开关踩下，1X10＝1。

1X13、1X14——左、右捣固装置上位信号。分别来自左、右捣固装置升降控制板 2U21、2U22。左(右)捣固装置上升到上位停止位前 40 mm 内，1X13＝1(1X14＝1)。

1X15、1X16——左、右捣固装置中位信号。分别来自左、右捣固装置升降控制板 7U21、7U22。左(右)捣固装置下降至零位以下 100 mm 以后，1X15＝1(1X16＝1)。

1X1、1X18——左、右捣固装置下位信号。分别来自左、右捣固装置升降控制板 7U21、7U22。左(右)捣固装置下降至离给定深度 30 mm 以下，1X17＝1(1X18＝1)。

2X19——捣固系统接通信号。来自 B2 箱上捣固装置操作开关。开关置"1"位，2X19＝1，允许机械作业时进行捣固。

2X1D、2X1E——只用左、右捣固装置信号。来自 B2 箱上捣固装置下降选择开关。开关打到左侧，2X1D＝1，只有左捣固装置能下降；开关打到右侧，2X1E＝1，只有右捣固装置能下降；打到中间，2X1D＝0、2X1E＝0，两个捣固装置都能下降。

2X27、2X28——分别为自动捣固循环 1X 信号、自动捣固循环 2X 信号。来自 B2 箱上自动捣固循环选择开关。开关置"1X"位时 2X27＝1，这种方式下，机械在一个作业点捣固一次后自动走行至下一个作业点。开关置"2X"位时，2X28＝1，机械在一个作业点捣固两次后自动走行至下一个作业点口开关打到中间，2X27＝0、2X28＝0。

7X3E——只拨道不捣固信号。来自 B7 箱上拨道不捣固琴键开关。开关按下，7X3E＝1，机械在作业周期内不捣固。

1X46、1X47—左、右夯拍器提起位信号。来自检测左、右夯拍器位置的感应开关。1X46＝1(1X47＝1)表示左(右)夯拍器处于提起位。

1X5A、1X5B—左、右捣固装置锁定信号。分别来自左、右捣固装置锁定位行程开关。1X5A＝1(1X5B＝1)，左(右)捣固装置被锁定。

b. 子程序信号

Q00——自动捣固循环 2X 触发信号。该信号用于自动捣固循环 2X 作业方式下，指示捣固装置在一个作业点的下插次数。Q00 ＝1，表示捣固装置在该点已下插了一次，第二次下插后，Q00＝0。在非自动循环 2X 方式下，Q00 一直无效。

Q01——捣固装置下位状态信号。若只用左(右)捣固装置，则捣固装置下降选择开关打到左(右)侧，2X1D＝1(2X1E＝1)，如果左(右)捣固装置到达下位，1X17＝1(1X18＝1)，则Q01＝1。若两个捣固装置都用，捣固装置下降选择开关打到中间，2X1D＝0、2X1E＝0，则两个捣固装置都到下位，1X17 ＝1、1X18＝1 后，Q01＝1。Q01＝(1D＋18)17＋18 · 1E。

Q04——液压驱动信号。Q04＝1，表示机械正处于液压走行状态.

Q0B——捣固装置下降信号。捣固装置开始下降到捣固作业完成之前 Q0B＝1；捣固作业完成后，Q0B＝0，捣固装置上升。$Q0B=[(27+28)15\cdot16\cdot26+10\cdot\overline{27}\cdot\overline{28}\cdot\overline{04}+10\cdot0E]\cdot19\cdot\overline{3E}$。

Q0C——自动循环锁定信号。Q0C＝0，表示一个自动捣固循环的结束。Q0C 的逻辑表达式为 ON＝19·$\overline{10}$,HOLD＝(28·00＋$\overline{01}$)·19。

Q0D——捣固作业结束信号。Q0D＝1,表示一次捣固作业已经结束,捣固装置准备上升。Q0D＝(27＋28)·01·19·69

Q0E——自动循环锁定信号。捣固装置开始下降到捣固作业结束前 Q0E ＝ 1;捣固作业结束后,Q0E＝0。Q0E 的逻辑表达式为 ON＝13·14·0C·10·(27＋28),HOLD＝(27＋28)·10·$\overline{0D}$。该信号在非自动作业状态,即 2X27＝0,2X28＝0 时,一直无效。

Q69——捣固延时信号。捣固装置到下位时,程控主板内捣固作业定时器开始定时,定时结束 Q69＝1,表明本次捣固作业已结束。

c.输出信号

Q10、Q11—左、右捣固装置比例下插信号。Q10、Q11 分别送到左、右捣固装置升降控制板 2U21、2U22。Q10＝1(Q11＝1),左(右)捣固装置下插至给定深度。Q10＝0(Q11＝0)左(右)捣固装置提起。Q10＝0B·$\overline{1E}$·$\overline{5A}$·$\overline{46}$,Q11＝0B·$\overline{1D}$·$\overline{5B}$·$\overline{47}$。

QL2D——捣固次数记录信号。该信号送到 B2 箱上的捣固次数计数器。QL2D 每有效一次,捣固次数计数器加 1。QL2D＝0B·01。

08-32 型捣固车有三种捣固作业方式:手动控制捣固作业、自动捣固循环 1X 和自动捣固循环 2X。无论哪种方式,Q10＝1(Q11＝ 1),左(右)捣固装置就下降。从 Q10、Q11 的逻辑表达式可知,要 Q10＝1(Q11＝1),必须同时有 2X1E＝0(2X1D＝0)、1X5A＝0(1X5B＝0)、1X46＝0(1X47＝0)、Q0B＝1。而 Q0B＝1,必须首先有 2X19＝1、7X3E＝0。归纳起来,Q10＝1 (Q11＝1),左(右)捣固装置比例下插必须首先具备以下先决条件:

ⓐ2X19＝1,B2 箱上捣固装置操纵开关置“1”位,机器在作业周期内进行捣固作业。

ⓑ7X3E＝0,作业中不是只拨道不捣固,87 箱上拨道不捣固开关置“0”位。

ⓒ2X1E＝0(2X1D＝0),不是只用右(左)捣固装置,即 B2 箱上捣固装置选择开关未到右(左)侧。

ⓓ1X5A＝0(1X5B＝0),左(右)捣固装置已解锁。

ⓔ1X46＝0(1X47 ＝0),左(右)夯拍器未在提起位。

三种不同的作业方式,Q0B 有效的条件不一样,因而 Q10(Q11)有效的条件不同。

手动控制作业方式:这种方式下,Q0B＝10·$\overline{27}$·$\overline{28}$·$\overline{04}$·19·$\overline{3E}$。Q0B＝1,需要 1X10＝1、2X27＝0、2X280、Q04＝0、2X19＝1、7X3E＝0。也就是在先决条件①、②满足时,机械未处于非自动作业状态(自动捣固循环选择开关置中位),机械未处于液压走行状态,捣固装置下降脚踏开关踩下,1X10＝1,则 Q08＝1。若其他条件③、④、⑤满足,则 Q10＝1(Q11＝ 1),左(右)捣固装置比例下降,脚踏开关抬起 1X10＝0,则 Q0B＝0、Q10＝0(Q11＝0),左(右)捣固装置提起。

自动捣固循环 1X 作业方式。这种方式下,2X27＝1、Q0B＝10·0E·19·$\overline{3E}$。Q0E 的逻辑表达式为 ON＝13·14·0C·10·27,HOLD＝27·10·$\overline{0D}$。Q0C 的逻辑式为 ON＝19·$\overline{10}$ HOLD＝$\overline{01}$·19,Q0D＝27·$\overline{01}$·19·69。在 5 个先决条件满足的前提下,自动捣固循环选择开关置“1X”位,2X27＝1,脚踏开关踩下前,Q01＝0,1X10＝0,从而 Q0C＝1。踩下脚踏开关,Q0C 仍有效,此时 1X13＝1、1X14＝1、1X10＝1、Q0D＝0,故 Q0E ＝1,使 Q0B＝1、Q10＝1(Q11＝1)。左(右)捣固装置开始下降。捣固装置到下位时,Q01＝1,从而 Q0C＝0,此时 Q0D 仍为 0,故 Q0E 维持有效,Q0B＝1,Q10＝1(Q11＝1),捣固装置不上升,同时捣固作业定时器开始定时。定时结束,捣固作业完成,Q69＝1,Q0D＝1,从而使 Q0E＝0、Q0B＝0、Q10＝

0(Q11＝0)，捣固装置开始上升到提起位，机械进行液压走行。在下一个作业点，脚踏开关抬起，则 1X10＝0、Q0C＝1，再踩下脚踏开关，重复上述过程。在捣固装置开始下降到捣固作业完成前这段时间里，一旦脚踏开关抬起，1X10＝0，则使 Q0E＝0，从而 Q0B＝0、Q10＝0(Q11＝0)，左(右)捣固装置上升至提起位。

自动循环 2X 作业方式。这种方式下，2X28＝1，Q0B 的逻辑表达式仍为 Q0B＝10 · 0E · 19 · $\overline{3E}$，但 Q0C、Q0E 的表达式与自动循环 1X 方式下不同。

Q0C 的逻辑表达式为 ON＝19 · 10ON＝19 · 10，HOLD＝(28 · 00＋$\overline{01}$) · 19。

Q0E 的逻辑表达式为 ON＝13 · 14 · 0C · 10 · 28，HOLD＝28 · 10 · $\overline{0D}$。

下面分析自动循环 2X 方式下各信号的变化情况：自动循环 2X 信号 2X28＝1，当机械停在作业点作业前，Q00＝0、Q01＝0、Q0D＝0、1X13＝1、1X14＝1、1X10＝0，故 Q0C＝1、Q0E＝0、Q0B＝0。捣固装置下降脚踏开关踩下时，1X10＝1，Q0C 仍有效，故 Q0E＝1、Q0B＝1、Q10＝1(Q11＝1)，左(右)捣固装置比例下降，同时 Q00＝10 捣固装置到达下位后 Q01＝1，捣固作业定时器开始定时，此时 1X13＝0，1X14＝0。定时结束 Q69＝1，Q0D＝1，从而使 Q0E＝0、Q0B＝0、Q10＝0(Q11＝0)，左(右)捣固装置上升，离开下位后，Q0D＝0。由于 Q00＝1，所以 Q0C 一直有效，当在捣固装置上升到上位时，1X1＝1，1X14＝1，从而又有 Q0E＝1、Q0E＝1，捣固装置第二次下插，同时 Q00 变为 0；当捣固装置第二次到下位，Q01＝1 时，由于 Q00＝0，故 Q0C＝0，同时第二次捣固作业定时开始，定时结束后，Q69＝1、Q0D＝1，使 Q0E＝0、Q0B＝0、Q10＝0(Q11＝0)，捣固装置上升到提起位，机械在一个作业点进行了两次捣固作业。当捣固装置提起后，机械将自动走行至下一个作业点。

自动循环 1X、2X 方式捣镐的夹持分为两种，即手动夹持和自动夹持。上面讲的是自动夹持时的捣固作业情况。下面分析一下手动夹持时的捣固作业情况。

手动夹持时，B52 箱上的手动夹持按钮按下，52X26＝1。这种情况下 Q0B＝(27＋28) · 15 · 16 · 26 · 19 · 3E。在自动循环 1X 或 2X 方式下，即 2X27＝1 或 2X28＝1，手动夹持按钮按下，52X26＝1，捣固装置下降至给定深度，开始定时，捣固作业定时完成后 Q0E＝0，但此时 1X15＝1、1X16＝1，故 Q0B＝1，Q10＝1(Q11＝1)，左(右)捣固装置不上升，停留在给定深度反复夹持。手动夹持按钮松开 52X26＝0、Q0B＝0、Q10＝0(Q11＝0)，捣固装置上升。

(2)捣镐的夹持部分

捣镐夹持部分包括：左、右外镐夹持换向阀，左、右内镐夹持换向阀，前、后捣镐夹持停止换向阀。以及这些换向阀控制的 16 只夹持油缸. 捣固作业时，各捣镐进行的夹持分别由送到各换向阀电磁线圈 1s5、1s7、1s62、1s63、1s201、1s202 的程控功率输出信号 QL22、QL23、QL24、QL25、QL27、QL28 控制。

捣镐夹持与程控部分有关的信号如下：

a. 输入信号

1X15、1X16——左、右捣固装置中位信号。

2X1D、2X1E——只用左、右捣固装置信号。

2X1A——捣镐夹持下插信号。来自 B2 箱上捣固装置辅助下插开关。开关置“1”位，2X1A＝1。

2X19——捣固系统接通信号。

2X27、2X28——自动捣固循环 1X、2X 信号。

52X26——手动夹持信号。来自 B52 箱上手动夹持按钮开关。开关按下，52X26＝1。

52X37、52X38——前、后捣镐夹持信号。来自 B52 箱上前、后捣镐操作按钮。前(后)捣镐操作按钮按下，52X37＝1(52X38＝1)。

b. 子程序信号

Q01——捣固装置到下位信号。

Q0B——捣固装置下降信号。

Q66——辅助下插夹持信号。Q66＝1，捣镐在下插的同时进行夹持，Q66＝15·16·$\overline{01}$·0B·$\overline{67}$·1A。

Q67——辅助下插张开信号。Q67＝1，说明捣镐辅助下插夹持已完成，捣镐正开始张开。Q67 的逻辑表达式为 ON＝81′，HOLD＝$\overline{82'}$。

Q6A——单镐(前或后镐)夹持锁定信号。Q6A＝1，表示捣固作业时只用前镐或后镐夹持。Q6A 的逻辑表达式为 ON＝19·(37＋38)，HOLD＝19·$\overline{6B}$·$\overline{6C}$。

Q6C——夹持子程序信号。Q6C＝1，表示捣镐正进行夹持。Q6C＝(27·28)·0B·01＋($\overline{27}$·$\overline{28}$＋$\overline{01}$)26＋66。

c. 定时信号

Q81、Q 81′——辅助下插夹持延时信号。Q81＝1，黄灯亮，表示辅助下插夹持延时开始，捣镐开始夹持。延时一段时间后，红灯亮，Q 81′＝1，表示延时结束，辅助下插夹持结束。Q81＝66。

Q82、Q 82′——辅助下插张开延时信号。Q82＝1，黄灯亮，表示辅助下插夹持完成后，捣镐开始张开延时。延时一段时间后，红灯亮，Q 82′＝1，表示捣镐张开延时已结束。Q82＝67。

d. 输出信号

QL22、QL23——左、右外镐夹持信号。分别去左、右外镐夹持换向阀上的电磁线圈 1s5、1s7。QL22＝[($\overline{37}$＋$\overline{38}$)·6A＋6C]·$\overline{1E}$，QL23＝[($\overline{37}$＋$\overline{38}$)·6A＋6C]·$\overline{1D}$。

QL24、QL25——左、右内镐夹持信号。分别送到左、右内镐夹持换向阀上的电磁线圈 1s62、1s63。QL24＝1(QL25＝1)，左(右)内镐夹持。QL24＝6C·$\overline{1E}$，QL25＝6C·$\overline{1D}$。

QL27、QL28——前、后捣镐停止夹持信号。分别送到前、后捣镐停止夹持换向阀上的电磁线圈 1s201、1s202。QL27＝1(QL28＝1)两组前(后)捣镐不进行夹持。QL27＝6A·$\overline{37}$，QL28＝6A·$\overline{38}$。

08-32 型捣固车捣镐的夹持可分为三种情况即手动夹持、自动夹持和辅助下插夹持。每一种情况又分为全镐和单镐(前或后镐)夹持。先分析三种全镐夹持的情况。

ⓐ手动全镐夹持。这种方式下 Q6C＝($\overline{27}$·$\overline{28}$＋$\overline{01}$)·26，QL22＝QL24＝6C·$\overline{1E}$，QL23＝QL25＝6C·$\overline{1D}$，这种方式又分为两种情况。

第一种情况，自动作业时的手动夹持，Q6C＝$\overline{01}$·26。这种情况下，当手动夹持按钮按下 52X26＝1。捣固装置下降至下位时 Q0M＝O，Q6C＝1。此时若不是只用右捣固头，即 2X1E＝0，则 QL22＝QL24＝6C·$\overline{1E}$＝1，左捣固头上的内外镐进行夹持；若不是只用左捣固头，即 2X1D＝0，则 QL23＝QL25＝6C·$\overline{1D}$＝1，右捣固头上的内外镐进行夹持。

第二种情况，非自动作业的手动夹持，Q6C＝$\overline{27}$·$\overline{28}$·26。自动捣固循环选择开关置于中间，2X27＝0、2X28＝0，此时手动夹持按钮按下，52X26＝1，则 Q6C＝1。若 2X1E＝0、QL22＝Q24＝1，左捣固装置上的捣镐进行夹持；若 2X1D＝0、QL23＝QL25＝1，右捣固装置上的捣镐进行夹持。

ⓑ自动全镐夹持。在自动作业周期内不受手动夹持按钮控制的夹持。这种方式下，Q6C＝(27＋28)·0B·01，QL22＝QL24＝6C·$\overline{1E}$＝1，QL23＝QL25＝6C·$\overline{1D}$＝1。Q6C＝1，需 2X27＝1 或 2X28＝1、Q0B＝1、Q01＝1，即捣固装置在下位这段时间内 Q01＝1、Q0B＝

1、Q6C＝1。若 2X1E＝0，则 QL22＝QL24＝1，左捣固装置上捣镐夹持；若 2X1D＝0，则 QL23＝QL25＝1，右捣固装置上的捣镐进行夹持。捣固作业完成后 Q0B＝0、Q6C＝0、QL22、QL23、QL24、QL25 无效，捣镐夹持停止。

ⓒ辅助下插夹持。这种方式下，Q6C＝Q66，而 $Q66=15\cdot16\cdot\overline{01}\cdot0B\cdot\overline{67}\cdot1A$，Q81＝Q66，Q82＝Q67。

Q66＝1，需同时有下列条件：

ⅰ 2X1A＝1，辅助下插夹持开关接通。

ⅱ Q0B＝1，1X15＝1，1X16＝1，Q01＝0，左、右捣固装置均下降至中位而未到下位。

ⅲ Q67＝1，而 Q67 ＝1 需 $Q\ 82'=0$，$Q\ 81'=1$，即辅助下插夹持定时器定时时间到，而辅助下插张开定时器的定时时间未到。

以下分析辅助下插夹持过程中各信号的变化情况。

辅助夹持开关接通，2X1A＝1。当两个捣固装置下插至中位时 Q0B＝1、1X15＝1、1X16＝1、Q01＝0、Q67＝0，因而 Q66＝1，Q6C＝1，捣镐开始夹持。同时 Q81＝1，夹持延时开始，延时到后 $Q\ 81'=1$，但 $Q\ 82'=0$，故 Q67＝1，因而 Q66＝0，Q6G＝0，夹持停止。同时 Q82＝1，Q81＝0，$Q\ 81'=0$。Q82＝1，捣镐张开延时开始；张开延时结束后 $Q\ 82'=1$。$Q\ 82'=1$ 使 Q67＝0，Q82＝0，$Q\ 82'=0$，捣镐又开始夹持。捣镐到下位后 Q01＝1，因而 Q66＝0，捣镐辅助夹持停止，进入自动夹持状态。

上面分析的三种情况均为全镐夹持的情况。若需单独使用前（后）镐夹持时，夹持选择开关打到左（右），52X37＝1，52X38＝0（52X38＝1，52X37＝0），则 Q6A ＝1，故 $QL27=6A\cdot\overline{37}=1$ 或 $QL28=6A\cdot\overline{38}=1$，左、右捣固装置上的后（前）捣镐停止夹持。

（3）夯拍器部分

夯拍器部分包括左、右夯拍器，左、右夯拍器升降换向阀及其控制的升降油缸。左、右夯拍器在作业过程中的升降分别由送到升降换向阀电磁线圈 1s35 和 1s37、1s34 和 1s36 上的程控功率输出信号 QL3A 和 QL3B、QL3C 和 QL3D 控制。当 QL3A＝1（QL3B＝1）时，左（右）换向阀的电磁线圈 1s35（1s37）得电，左（右）夯拍器提起；QL3C＝1（QL3D＝1），左（右）换向阀电磁线圈 1s34（1s36）得电，左（右）夯拍器放下。

夯拍器升降与程控有关的信号如下：

a. 输入信号

1X10——捣固装置下降信号。

1X13、1X14——左、右捣固装置上位信号。

7X3E——只拨道不捣固信号。

2X40——夯拍器接通信号。来自 B2 箱上夯拍器接通开关。开关打到“1”位，2X40＝1。

2X41——夯拍器提起信号。来自 B2 箱上夯拍器提起开关。开关打到位置“1”，2X41＝1。用于作业完成后，将夯拍器收起。

2X42、2X43——只用左、右夯拍器信号。来自 B2 箱上夯拍器选择开关。开关打到左侧 2X42＝1，只用左夯拍器；打到右侧 2X43＝1，只用右夯拍器；打到中间，2X42＝0、2X43＝0，两个夯拍器都用。

1X44、1X45——左、右夯拍器工作位信号。来自左、右夯拍器工作位感应开关。左（右）夯拍器升至工作位时，1X44＝1（1X45＝1）。

1X46、1X47——左、右夯拍器提起位信号。来自左、右夯拍器提起位感应开关。左（右）夯拍器上升到提起位时，1X46＝1(1X47＝1)。

b. 子程序信号

Q0B——捣固装置下降信号。捣固装置开始下降，到捣固作业完成前，Q0B＝1。

c. 输出信号

QL3A、QL3B——左、右夯拍器提起信号。分别送到左、右夯拍器提起换向阀电磁线圈1s35、1s37。QL3A＝1(QL3B＝1)，左(右)夯拍器提起。$QL3A=13\cdot 41+\overline{QL3C}\cdot\overline{44}$，$QL3B=14\cdot 41+\overline{QL3D}\cdot\overline{45}$。

QL3C、QL3D——左、右夯拍器放下信号。分别送到左(右)夯拍器下降换向阀上电磁线圈1s34、1s36。QL3C＝1(QL3D＝1)，左(右)夯拍器放下。$QL3C=(0B\cdot 40+10\cdot 3E)\cdot\overline{43}$，$QL3D=(0B\cdot 40+10\cdot 3E)\cdot\overline{42}$。

QL3E、QL3F——左、右夯拍器振动信号。分别送至左、右夯拍器振动换向阀电磁线圈1s430、1s431. QL3E＝1(QL3E＝1)，左(右)夯拍器振动。$QL3E=40\cdot\overline{46}\cdot\overline{43}$，$QL3F=40\cdot\overline{47}\cdot\overline{42}$。

夯拍器进行的动作有上升、下降、振动。

下面以左夯拍器的工作为例进行分析，右夯拍器的工作类同。

夯拍器的下降可分为两种情况：

第一种情况，不进行捣固作业时夯拍器的下降。这种情况下，$QL3E=10\cdot 3E\cdot\overline{43}$，，只拨道不捣固开关接通7X3E＝ 1，若不是只用右夯拍器2X43＝0，只要脚踏开关踩下1X10＝1，则QL3C＝1，左夯拍器下降，脚踏开关抬起1X10＝0，则QL3C＝0。

第二种情况，进行捣固作业时夯拍器的下降。这种情况下，$QL3C=0B\cdot 40\cdot\overline{43}$，，若夯拍器开关接通，2X40＝1，不是只用右夯拍器2X42 ＝ 0，捣固装置开始下降，Q0B＝1，则QL3C＝1 ，左夯拍器下降；捣固作业结束，Q0B＝0、QL3C＝0，左夯拍器上升。

左夯拍器的上升也分为两种情况：

第一种情况，作业结束时提起夯拍器。这种情况下，$QL3A=13\cdot 41$。若夯拍器提起开关接通，2X41＝1，左捣固装置已升至上位1X13＝1，则QL3A＝1，左夯拍器上升到提起位。

第二种情况，作业时夯拍器的上升。这种情况下，$QL3A=\overline{QL3D}\cdot\overline{44}$，左夯拍器不处于下降状态，QL3C＝0，并且不在工作位1X44＝0，则QL3A＝1，左夯拍器提起。

左夯拍器的振动由QL3E信号控制。$QL3E=40\cdot\overline{46}\cdot\overline{43}$。若夯拍器接通开关通2X40＝1，左夯拍器不在提起位，1X46＝0，不是只用右夯拍器，2X43＝0则QL3E＝1，左夯拍器振动。

下面综合分析一个作业周期内与夯拍器有关的信号是如何变化的。

当只起拨道不捣固时，脚踏开关踩下，1X10＝1，若不是只用右夯拍器，则QL3C ＝1，左夯拍器放下。脚踏开关抬起，1X10＝D，则QL3C＝D，此时，夯拍器已放下。离开工作位，1X44＝0，故QL3A＝1，左夯拍器上升；至工作位时，1X44＝1，QL3A＝0，停止上升。

当进行捣固作业时. 夯拍器开关接通，2X40＝1，若不是只用右夯拍器，2X43＝0，捣固头开始下降；Q0B＝1，QL3C＝1，左夯拍器放下；捣固作业完成前，QL3C一直有效，夯拍器停在道床上进行夯实。作业完成后，捣固装置开始上升，Q0B＝0，则QL3C＝0，此时，夯拍器不在工作位；1X44＝0，故QL3A＝1夯拍器上升；至工作位1X44＝1、QL3C＝0，上升停止。在作业中夯拍器不在提起位，故QL2E一直有效，左夯拍器一直在振动。

作业完成，收起夯拍器时，夯拍器提起开关接通，2X40＝ I，若左捣固装置已上升至上位，则QL3A＝1；夯拍器上升到提起位，1X46＝1、Q3E＝0，夯拍器停止振动。

4. 液压走行系统

图 7.12 为 08-32 型捣固车液压走行系统的示意图。

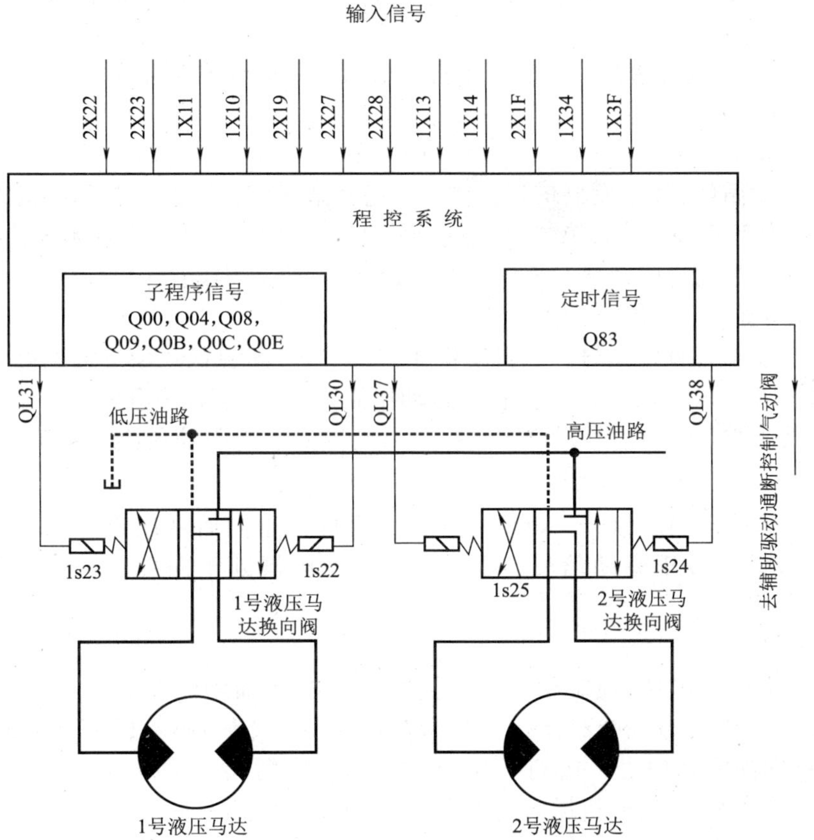

图 7.12　液压走行系统示意图

液压走行系统包括 1 号、2 号液压马达以及分别控制这两个液压马达的两个电磁换向阀。电磁换向阀的换向分别由加到 4 个电磁线圈 1s22、1s23、1s24、1s25 上的程控功率信号 QL30、QL31、QL36、QL37 控制。

QL30＝1(QL36＝1)，1 号(2 号)液压马达换向阀电磁线圈 1s22(1s24)得电，1 号(2 号)液压马达正转，机械前行。

QL31＝1 (QL37＝1)，1 号(2 号)液压马达换向阀电磁线圈 1s23(1s25)得电，液压马达反转，机械后行。

与液压走行有关的程控信号如下：

(1)输入信号

2X22、2X23——液压前行、后行信号。来自 B2 箱上作业驱动开关。开关打到左侧，2X22＝1，机器前行；打到右侧，2X23＝1，机械后行；打到中间，机械不能进行液压走行。

1X11——液压驱动信号。来自液压走行脚踏开关。开关踩下，1X11＝1。

1X10——捣固装置下降信号。来自捣固装置下降脚踏开关。开关踩下，1X10＝1。

2X19——捣固系统接通信号。来自 B2 箱上的捣固装置操作开关。开关打到“1”位，2X19＝1。

2X27 、2X28——自动捣固循环 1X、2X 信号。来自 B2 箱上自动捣固循环选择开关。开关置“1X”，2X27＝1；置“2X”，2X28＝1；置中间，2X27＝0，2X28＝0。

1X13、1X14——左、右捣固装置上位信号。分别来自左、右捣固装置升降控制板。左(右)

捣固装置在上位时,1X13=1(1X14=1)。

2X1F——辅助驱动接通信号。来自 B2 箱上辅助作业驱动开关。开关置“1”,2X1F=1。

1X34——1 号液压马达合上信号。来自 1 号液压马达离合器上的行程开关。离合器合上,1X34=1。

1X3F——2 号液压马达合上信号。来自 2 号液压马达离合器上的感应开关。离合器合上,1X3F=1。

(2)子程序信号

Q00——自动循环 2X 触发器信号。在自动捣固循环 2X 作业方式下,捣固车在一个作业点,捣固头第一次下插 Q00=1;第二次下插 Q00=0;其他方式,Q00 一直无效。

Q0B——捣固装置下降信号。捣固装置开始下降,到捣固作业完成前,Q0B=1;捣固作业完成后,捣固头开始上升,Q0B=0。

Q0E——自动循环锁定信号。在自动作业方式下,捣固装置开始下降到捣固作业完成前 Q0E=1;捣固作业完成后,Q0E-=0。在非自动作业方式下,Q0E 一直无效。

Q08——液压驱动向前信号。Q08=1,表示机械处于向前液压走行状态。$Q08=[28\cdot\overline{00+27}]10\cdot19\cdot80+11\cdot22\cdot\overline{0E}$。

Q09——液压驱动向后信号。Q09=1,表示机械处于向后液压走行状态。Q09=13·14·11·23。Q04—液压驱动信号。Q04=1,表示机械处于向前或向后液压走行状态。Q04=08+09。

(3)输出信号

QL26——辅助驱动“通”锁定信号。该信号送到控制辅助驱动离合器的气动电磁线圈 1s265。QL26=1,辅助驱动离合器合上。QL26 的逻辑表达式为:ON=1F·83′,HOLD=1F。

QL30——向前驱动信号。送到 1 号液压马达的换向阀电磁线圈 1s22 上。QL30=1,1s22 得电,1 号液压马达正转,机械向前液压走行。QL30=08·34。

QL31——向后驱动信号。送到 1 号液压马达的换向阀电磁线圈 1s23 上。QL31=1,1s23 得电,1 号液压马达反转,机械向后液压走行。QL31=09·34。

QL36、QL37——向前、后辅助驱动。分别送到 2 号液压马达换向阀电磁线圈 1s24、1s25。QL36=08·1F·3F,1s24(1s25)得电,2 号液压马达正(反)转,机械前(后)行。QL37=09·1F·3F。

08-32 型捣固车液压走行分为前行和后行两种。

向后驱动,需 QL31=1。QL31=09·34,Q09=13·14·11·23,当 1X13=1、1X14=1、1X11=1、2X23=1,也就是液压驱动开关打到后行位,左、右两捣固装置均已提至上位,踩下液压走行脚踏开关,则 Q09=1,此时若 1 号马达离合器已合上,1X34=1,则 QL31=1,机械向后液压走行。若需辅助驱动还需 QL37=1,QL37=09·1F·3F,辅助驱动开关接通,2X1F=1,2 号马达离合器已合上 1X3F=1、Q09=1 时,QL37=1,机械在 1 号、2 号马达共同驱动下向后走行。脚踏开关抬起,1X11=0,则 Q09=0、QL31=0、QL37=0,机械后行停止。

机械前行,需 QL30=1,若需辅助驱动还需 QL36=1。QL30=08·34,QL36=08·1F·3F。QL30=1,需 Q08=1、1X34=1。QL36=1,需 Q08=1、2X1F=1、1X3F=1。

08-32 型捣固车前行可分为三种情况:非自动作业方式下的前行、自动捣固循环 1X 方式下的前行、自动捣固循环 2X 方式下的前行。三种方式下,机器驱动向前信号 Q08 有效的条件不一样。

非自动作业方式下前行时,$Q08=11\cdot22\cdot\overline{0E}$,自动捣固循环选择开关打到中位,因此 Q0E 一直为 0。若驱动选择开关打到向前,2X22 =1,液压走行脚踏开关踩下 1X11=1,则 Q08=1。

此时如果1号马达离合器已合上，1X34=1，则QL30=1，机械在1号马达驱动下前行。若辅助驱动开关接通2X1F=1。2号马达离合器合上，1X3F=1，则QL36=1。

机械在1号、2号马达共同驱动下前行时，脚踏开关抬起，1X11=0，则Q08=0、QL30=0、QL36=0，机械前行停止。

自动循环1X方式下的前行时，$Q08=27\cdot10\cdot19\cdot80'\cdot22\cdot\overline{0E}$，需同时有2X27=1、2X10=1、2X19=1、2X22=1、Q 80′=1、Q0E=0。而$Q80=10\cdot22\cdot\overline{0B}$、Q80=1，需2X22=1、Q0B=0、1X10=1。Q80=1后约2 s，Q 80′=1。下面分析在这种作业方式下，一个自动作业周期内各信号的变化。机械进行自动作业必须将捣固装置操纵开关接通，2X19=1，驱动选择开关打到向前位，2X22=1。自动循环1X方式下，有2X27= 1，当机械停在作业点，脚踏开关踩下，Q0E=1、Q0B=1，捣固装置下降，Q08=0。捣固作业完成后，捣固装置升，Q0B=0、Q0E=0。$Q80=10\cdot22\cdot\overline{0B}$，使Q80=1，驱动延时开始，约2 s，后Q 80′=1，从而Q08=1。

这段时间内捣固装置已升至上位，$QL30=08\cdot34=1$，机械在1号液压马达驱动下前行；若辅助驱动开关接通2X1F=1，则机器在1号、2号液压马达共同驱动下前行。在下一个作业点，捣固头下降脚踏开关抬起1X10=0，则Q08=0、QL30=0、QL36=6，前行停止；同时Q80=0、Q 80′=0，脚踏开关踩下，机器又进行一个自动作业周期。

自动循环2X作业方式。这种方式下，$Q08=27\cdot10\cdot19\cdot80'\cdot22\cdot\overline{0E}$，Q08=1，需同时有2X28=1、Q00=0、1X10=1、2X19=1、Q 80′=1、2X22=1、Q0E=0。$Q80=10\cdot22\cdot\overline{0B}$，若同时有2X22=1、Q0B=0、1X10=1，则Q80=1，约2 s后，Q80′=1。一个作业周期内各信号的变化情况：这种作业方式下，同样必须先将捣固装置操作开关接通，2X19=1，驱动选择开关打到向前位1X22=1。自动循环2X方式，有2X28=1。当机器在一个作业点作业前，Q00=0、QOB=0、Q0E=0、Q80=0、Q80′=0。捣固头下降脚踏开关踩下，1X10=1，捣固头开始第一次下降，Q0E=1、Q0B=1、Q00=1、Q08=0。第一次作业完成后，捣固装置上升，Q0B=O、Q0E=0、Q00=1，从而Q80=1驱动延时开始，延时到后Q80′=1，但因Q00=1，所以Q08=0，捣固装置第一次下插提起后，机器不前行。当捣固装置提起至上位时，又有Q0E=1、Q0B=1，捣固装置第二次下插，Q00=0第二次捣固作业完成后，捣固装置上升，Q0E=0、Q0B=0，从而Q08=1，驱动延时开始，约2s后Q80′ =1，此时Q00已为0，故Q08=1，若1号液压马达离合器已合上，1X34=1，则$QL30=08\cdot34=1$，机器在1号液压驱动下前行。若辅助驱动开关接通2X1F=1，则机器在1号、2号液压马达的共同驱动下前行。在下一个作业点，脚踏开关抬起，1X10=0，则Q08=0、Q80=0、Q80′=0。脚踏开关再次踩下时，又开始一个新的循环。

在使用辅助驱动之前，必须使2号液压马达的离合器合上。2号马达离合器合上与否由程控功率输出信号QL26控制。QL26=1，离合器合上；QL26=0，离合器断开。

QL26的逻辑表达式为$ON=1F\cdot83'$，HOLD=1F。若2X1F=1，Q83′=1，则QL26=1；2X1F=0，则QL26=0。

$Q83=(22+23)\cdot\overline{11}$，当1X11=0、2X22=1或2X23=1，则Q83=1，2s后Q83′=1。也就是当机械的驱动选择开关打到向前或向后位，液压走行脚踏开关不踩下，则Q83=1，2s后Q83′=1。若此时辅助驱动开关已接通2X1F=1。则QL26=1，2号液压马达离合器合上。如果要断开辅助驱动，只需将辅助驱动开关断开，2X1F=0，则QL26=0，2号液压马达离合器断开。

5. 作业制动系统

08-32型捣固车作业制动是通过三个电磁阀分别控制前、后转向架、材料小车上的三个制动油缸实现的，如图7.13所示。

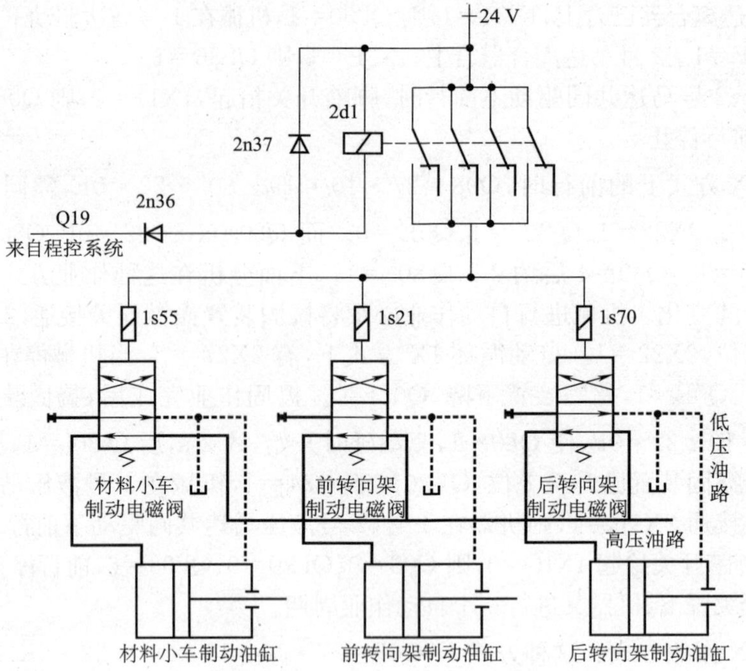

图 7.13　作业制动系统示意图

机械的制动和缓解由程控的 Q19 信号控制。Q19 有效时，B2 箱内的继电器 2d1 得电，三个电磁阀 1s55、1s21、1s70 动作。制动油缸活塞两边均接至低压油路，弹簧将闸瓦拉开，制动缓解。Q19 失效时，继电器 2d1 失电，1s55、1s21、1s70 所控制的阀将制动油缸活塞左边接至高压油路，活塞右边拉至低压油路。

活塞推动闸瓦抱住轮对，机械制动。Q19 ＝08＋09，Q19 与 Q04 一样，当 Q08＝1 或 Q09＝1 时，即机械前行或后行时，Q19 有效，制动缓解。

Q08＝0、Q09＝0、Q19＝0，机械制动，不能走行。

项目小结

本项目包括程序控制系统硬件结构的认知、程序逻辑表及其使用方法、作业系统与程控系统信号关系三个任务。捣固车程序控制系统作为捣固车的大脑，通过何种机理来控制、协调捣固车的作业过程等在本项目中有了充分的介绍。

捣固车的程序控制系统通过事先编好的程序，一定的逻辑关系来协调各系统的工作。那么，这些逻辑关系状态是如何获取的呢？让我们继续学习后续项目来解读。

复习思考题

1. 试述 08-32 型捣固车程控系统的硬件组成。
2. 简述程控逻辑表的使用方法。
3. 程控系统中，输入信号如何表示？
4. 程控系统中，输出信号如何表示？
5. 08-32 型捣固车程控系统中子程序信号有哪些？

项目8　GVA 系统/ALC 系统

项目描述

GVA 系统与 ALC 系统均是一种线路几何形状自动调整系统，其实质上都是一台专用工业控制计算机。GVA 使用在 08-32 型捣固车上，而 ALC 使用在 09-32 型网络版捣固车上。

GVA 系统/ALC 系统分别设置于 08-32 型/09-32 型捣固车 2 号位位置，是捣固车 2 号位学习的关键，二者根据输入的线路参数自动计算出在当前作业点进行起拨道所需的给定量。正是由于 GVA/ALC 的存在，提高了作业质量和作业效率，减小操作人员的劳动强度。

通过本项目的学习，重点使学生初步对捣固车 GVA/ALC 硬件有所了解，弄清两个系统的工作原理，为今后工作打下良好基础。

学习目标

1. 能力目标

(1)能讲解 GVA 的硬件构成。

(2)能掌握 GVA 系统的功能与工作过程。

(3)能讲解 ALC 的硬件构成。

(4)能掌握 ALC 系统的功能与工作过程。

2. 知识目标

(1)了解捣固车的 GVA/ALC 的硬件结构。

(2)掌握 GVA 的功能与工作过程。

(3)掌握 ALC 的功能与工作过程。

任务 8.1　了解 GVA 系统组成及功能

8.1.1　工作任务

通过学习 GVA 系统组成及功能，能承担以下工作任务：

(1)掌握 GVA 的硬件构成及各部分功能；

(2)掌握 GVA 系统功能及工作过程。

8.1.2　相关配套知识

1. GVA 概述

GVA(图 8.1)是捣固车上的一台微机。它由一套以 6502 为中央处理器的八位微机控制系统组成，主要功能是根据预先输入的轨道理论几何数据，包括公里标、曲线半径、超高、基本起道量、坡度等数据，自动计算出捣固车起道、拨道和抄平时所要参与控制的五种给定值，替代复杂而又频繁的人工给定，以实现半自动作业，提高作业效率。

图 8.1　GVA 实物图

GVA 输出的五种给定值如下：

E30——拨道矢距值或矢距修正值(替代人工给定电位器 4f1)。

E31——基本起道量(替代人工给定电位器 4f3)。

E25——前端超高给定值(替代人工给定数字电位器 4f5)。

F1F——作业区超高给定值(替代人工给定数字电位器 51f08)。

E32(E55)——下沉量(GVA 自动计算出的起道修正值，可以用于补偿起道测量系统中的一些误差)。

如图 8.2 所示，GVA 系统由控制箱、键盘及液晶显示、CRT 显示器三部分组成。

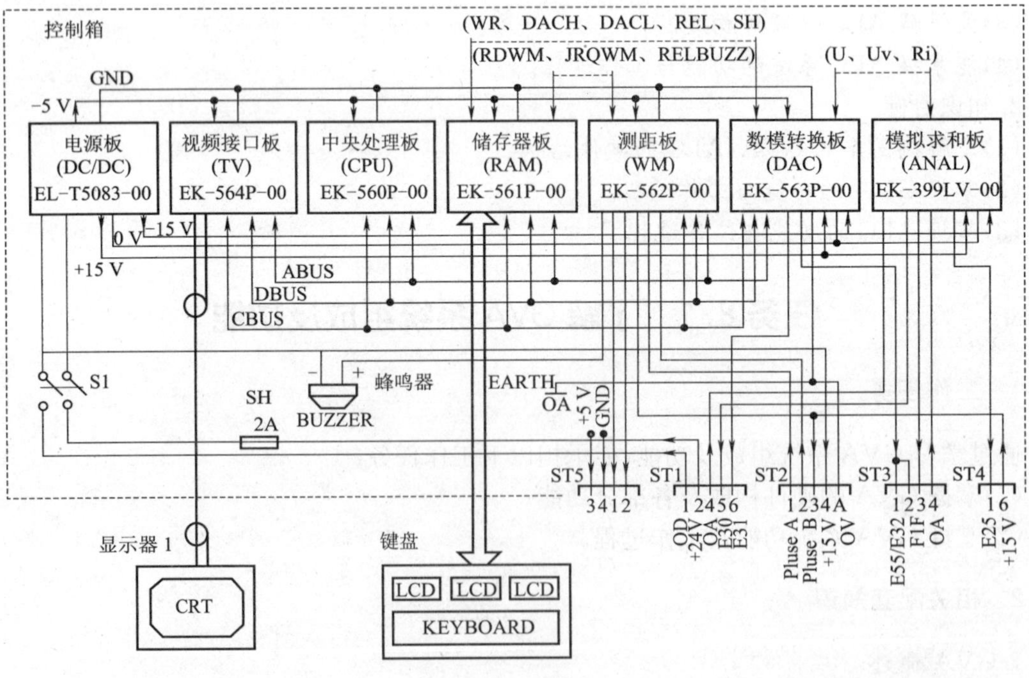

图 8.2　GVA 系统框图

(1)控制箱

控制箱是 GVA 系统的主要部分,主要由七块电路板组成。

①电源板 PS:将 24VDC 变换成+5VDC,±15VDC。

②视频接口板 TV :CRT 显示器与 CPU 的接口。

③中央处理器板 CPU:该微机系统的核心部分,即中央主控制板,其中也包含部分存储器。

④存储器板 RAM:存储程序及数据,并完成输入输出控制功能,包括与键盘及液晶显示器的输入输出接口。

⑤距离测量板 WM:通过距离测量轮传感器测量作业位置送 CPU,供控制程序使用。

⑥数模转换板 DAC:将 CPU 计算出的数字量输出值转换成模拟量输出值。

⑦模拟量求和板 ANAL:将 GVA 输出的模拟量与外面手工输入的模拟量相加,提供灵活多变的控制方式。

此外在控制箱面板上还有一蜂鸣器,用于输出音频信号,如预警信号、错误提示信号等,受 RAM 板控制。

(2)键盘及液晶显示部分

键盘作为 GVA 的输入设备之一用于输入数据、选择各种功能,实现人机对话。液晶显示部分作为 GVA 的输出设备之一,分左、中、右三块,用于显示系统的文字信息。两者合在一起由键盘液晶板控制其功能。

(3)CRT 显示器

CRT 显示器用于显示 GVA 系统的图形信息,由控制箱中的 TV 板提供视频信号。

GVA 系统工作的控制原理:前面所说的五种参数均是线路的位置即公里标 S 的函数,$X^n = f^n(S)$。我们用测轮距测量公里标数 S,将不同的函数关系事先编制在软件中,方便准确地计算出五种参数 X^n,送捣车作业控制系统。也就是说,GVA 系统的工作原理可以简单地看成:采集公里标信号 S,根据软件已编好的函数关系 f^n,计算输出五种不同的参数 X^n,供捣固车作业控制用。

2. GVA 系统功能

(1)GVA 主要功能

①输入功能:在 GVA 参与控制作业前可用键盘输入线路的几何形状数据;在作业过程中可用键盘输入数据以操作 GVA 运行。

②修改功能:借用输入功能,以公里标为关键字,当第二次输入同公里标的数据时,系统自动进入修改数据功能,同时提供数据删除功能。

③输出功能:由液晶显示块 LCD 显示各种操作提示信息和输入输出的数据,曲 CRT 显示线路几何形状的图示信息,由蜂鸣器输出预警提醒信号,由 DAC 板和 ANAL 板输出五种计算转换好的模拟控制信号。

④存储功能:通过 RAM 板存储 40 个曲线点的数据。有后备电池保护,GVA 掉电后,数据不丢失。另外系统运行的控制软件固化存储在 CPU 板和 RAM 板中。

⑤测距功能:通过距离测量轮传感器,经 WM 板处理,取得距离控制信号,送 CPU 供控制用。

⑥计算功能:由预先编好的程序,根据 WM 板的距离信号,快速准确地计算出五种输出值。这些计算有的是函数运算,有的是查表运算。

(2)GVA 系统工作过程

当合上 GVA 系统控制箱主开关后,GVA 被启动运行,中央处理器(CPU)6502 经短暂的上电复位后,自动进入运行状态。首先从一确定地址(FFFC,FFFD)单元读出数据,送程序计数器,CPU 就由此开始逐条执行存储器中的指令。存储器中的指令是按具体功能编制好的,即控制软件。这样系统就开始按软件程序规定的功能正常运行,根据操作者的操作完成一系列的功能。首先操作者可以选择各种方式的输入数据功能,预先输入线路的几何数据;CPU 将其保存在存储器中备用,还可选择显示功能,以查正输入的数据。当发现输入数据有误时,可以以公里标为关键字重新选择输入功能。GVA 遇到第二次输入同公里数据时提供修改删除功能。一段线路的数据都输好后,可以选择距离模拟功能以实现模拟运行。当捣固车开始作业时,则选择开始工作功能。此时 GVA 自动采集测距脉冲以确定捣固车的作业位置,同时实时地自动计算并输出前述五种控制信号,参与作业控制等等。

任务 8.2 了解 ALC 系统组成及功能

8.2.1 工作任务

通过学习 ALC 系统组成及功能,能承担以下工作任务:

(1)掌握 ALC 的硬件构成及各部分功能;

(2)掌握 ALC 系统功能及工作过程。

8.2.2 相关配套知识

1. ALC 概述

ALC 系统如图 8.3 所示,由硬件及软件两部分构成。ALC 硬件系统主要是微处理器、存储器、一些 I/O(输入/输出)外围设备及接口电路板,软件由系统软件与应用软件构成,应用软件基于硬件平台协调各硬件之间的联系,根据各测量装置的输入情况,按照事先编制的程序进行逻辑运算,输出指令控制各部件的动作,实现程序员的设计要求。ALC 是 09-32 型捣固车等的前端数据操作软件,能自动记录测量数据的软件,是捣固车 2 号位学习的一个关键。

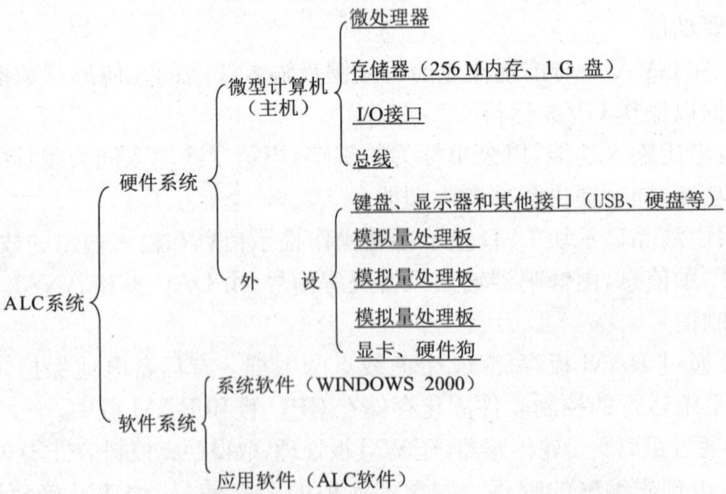

图 8.3 ALC 系统构成

ALC 计算机系统有两种工作方式:

一种同于原 GVA 计算机的“理论参数计算”工作方式，在这种工作方式下，ALC 计算机根据事先输入线路设计时已知的几何参数，计算出 09-32 型捣固车主控制系统所需的 8 种给定值参与控制。

另一种工作方式称之为“测量与补偿”工作方式，这种工作方式适用于未知理论几何参数的线路。这是因为在实际作业中，有些线路因历史原因或长期使用后，理论数据与线路实际情况相差很大，在这种情况下，ALC 设置成测量运行方式，对线路进行自动测量，这是 ALC 所独有的。在测量运行中，利用本车的测量系统，通过距离测量轮和测距控制电路测出各点相对于起始点的位置，与拨道正矢传感器测出的拨道正矢量、左右抄平传感器测出的起道量、后电子摆测出的超高量相对应，形成各点数据并存储于硬盘。再通过软件绘出图形，由操作人员优化出超高量，ALC 自动或人工操作优化出拨道正矢。这样，就有了未知线路的理论数据，即可与上述已知线路理论数据的处理过程一样，完成相应的作业。

因此，ALC 计算机既保留了原有的线路几何参数的理论计算功能，又新增了测量并优化线路几何参数的功能；同时其线路几何参数的理论计算功能又有很好的改进，如测量点的距离可以作为可变参数在 ALC 计算机进行控制运行前设置，以提高控制精度，降低对测量点固定距离值的要求。

2. ALC 计算机系统的硬件系统

ALC 系统的硬件组成与 GVA 相似，主要构成如下。

(1)主机(控制箱)

主机(控制箱)是系统的核心，除了一台工控机外还有辅助实现控制功能的板卡。

①电源板

为 ALC 系统提供工作电源，是一个典型的 DC/DC 变换器，将 DC ＋24 V 变换成±5 V、＋12 V 和±15 V，其中，±5 V 、＋12 V 给计算机主板、键盘、硬盘、软盘驱动器供电，±15 V 给系统的模拟电路供电。ALC 比 GVA 多了＋12 V 电源。

②液晶彩色显示板

液晶彩色显示板是一块普通 PC 机的液晶彩色显示板，而 GVA 的视频接口板为专用板。

③主机板

由 CPU 模块、显示器接口模块和外围电路组成。CPU 模块是系统的核心，它包含有一个 AMD80486CPU 芯片、4M 内存、通用的串并口、标准 PC 键盘接口等，工作主频为 233 MHz。

④键盘接口板

键盘接口板向标准数字键盘提供接口，与 GVA 相同。

⑤模拟信号处理板

模拟信号处理板可完成“数/模” 及“模/数”转换，即将 ALC 主程序运算结果的数字信号转换为模拟信号输出，这与 GVA 相同；在测量运行时，将“拨道正矢传感器”“左右抄平传感器”“后电子摆” 输入的模拟信号转换成数字信号，供存储和主程序运算使用，为 ALC 独有。

⑥数字信号板

数字信号板有两部分功能：一是对测距控制电路输入的信号进行处理，供主程序计算出车辆位置，这与 GVA 相同；二是将“超高选择”“三点法选择”“加载方向选择”的状态输入主机，以便主程序判断操作人员选择的程序作业方式与实际操作是否相符，不符则不予执行下一步并显示错误，为 ALC 独有。

⑦串行数据板

串行数据板为系统的触摸屏提供接口，预留了COM1、COM2两个串行接口。

⑧硬盘

硬盘存储容量为440 MB，存储有DOS磁盘操作系统6.22、ALC相关程序、输入的作业数据、ALC输入示范数据，GVA无硬盘。

⑨磁盘驱动器

ALC两个软盘驱动器的软盘存储容量分别为1.44 MB、100 MB，其中1.44 MB 3.5英寸软盘驱动器是普通PC机的通用软驱，可完成日常的数据备份及传递，在硬盘上的系统遭到破坏或因误操作损坏时，可利用备份软盘恢复系统；另外，ALC有一光驱，GVA则没有驱动器。

(2)显示器

显示器主要是起到人机交互的作用，但为了安装固定和防振、屏蔽等功能做了特殊处理。

图8.4为显示器，屏幕罩1的作用是保护屏幕同时遮光。显示器的倾斜度可在90°范围内予以调整。通过前后移动槽形手柄3调整显示器的倾斜度。通过轻轻拧紧固定显示器手柄4固定选好的倾斜度。拉出拧动可更换固定显示器手柄4的位置。拧动时切勿用力过大！

图8.4　显示器

1—屏幕罩；2—屏幕罩安装螺钉；
3—槽形手柄(调定显示器倾斜度)；
4—固定显示器手柄

(3)键盘

由标准键盘和相当于鼠标的触摸屏组成。在没有运行ALC主程序时，键盘各按键含义普通PC机一样。在运行ALC主程序时，键盘的12个功能键即F1～F12被重新定义了含义，而GVA为专用键盘。

3. ALC的软件系统

ALC的软件由ALC主程序(ALC.EXE)、系统维护服务、数据等三大部分构成。

(1)ALC主程序

主要功能是完成输入数据的人工输入和线路理论值的输出。这也是GVA的全部功能，但ALC人工输入的菜单更简单明了，对输入人员的要求更低。另外，ALC新增了测量运行、最大值设定、测量轮校正等功能。

①测量运行

可对线路进行自动测量，测量后的"超高"用人工进行优化，"正矢"可由ALC自动优化，也可用人工优化，优化后的数据可用于未知线路作业的理论数据；对已知理论数据线路作业后要进行记录、核对。

②最大值设定

通过设置最大起道量、最大拨道量、最大超高量的数值，从而限定了作业中的极限数值，防止操作出错带来的严重后果。

③测量轮校正

在实际作业中，测量轮主要是侦测车辆实际行进的距离，ALC根据此值给出相应点的理论数值。当测量轮的实际位置与ALC软件的计数值不重合时，会造成线路实际值与理论数值的误差。若误差过大，则会改变线路形状，造成相当严重的后果。因此，通过此项校正可消除或减少上述的误差。

(2)系统维护服务(仅ALC独有)

可以设置：I/O(输入/输出)的比例当量(mV/mm)、+/−极性；测量小车相互间距离；

前电子摆/后电子摆的补偿方式。

可以完成:I/O(输入/输出)的零点修正;“三点法选择”“超高选择”“加载方向选择”的状态输入，为主程序检测实际操作与所选择程序作业方式是否相符提供依据。

(3)数据

数据可分为人工输入线路理论数据(GVA只有此数据)、测量运行结果及优化后的数据、ALC输入示范数据。

ALC输入示范数据包含各种形状的线路，随ALC系统软件一起配置给用户，帮助初学者学习输入方法。

4. ALC系统与GVA系统的比较

(1)ALC不但包含GVA的全部功能，而且扩展了许多功能，如测量运行、最大值设定、测量轮校正、系统维护服务等，因此也增加了一些相应的硬件。

(2)ALC单从硬件构成上看，其实就是一台PC机，只不过为实现09-32型捣固车的作业要求，编制了相应的控制程序和接口电路。GVA虽然硬件构成与ALC有许多相似之处，但却无硬盘和软盘驱动器及光驱，GVA的操作系统、应用程序和用户数据是用一个2M-DiskOnShip电子盘保存。因此，不能与外界交换数据;用途和功能不易扩展;输出精度只能用硬件调整;如若改变比例当量(mV/mm)只能调整电路板。

(3)ALC设计和硬件配置带来的益处:①控制程序的功能扩展升级后，可随时拷贝到硬盘上以覆盖旧程序;②当输入/输出的比例当量(mV/mm)或精度变化时，不用更换或调整接口电路板，只需用软件方式调整就能满足要求;③可实现无纸化作业，即工务段把要作业线路的要求输入软盘后交于机械段，将软盘上的数据拷贝到硬盘即可;④如果硬件中的通用板损坏，可方便购买;⑤在未进行作业时，ALC可作为一台普通PC机使用。

(4)ALC使用中应注意的问题:①系统维护服务程序中的各种设置不能随意更改，只有在零点偏差较大时可以修改原设置;②用软盘作好日常数据备份;③通过软盘传递数据时，应确定软盘上无计算机病毒，以确保ALC系统正常运行。

项目小结

本项目包括GVA系统组成及功能、ALC系统组成及功能两个任务。GVA系统与ALC系统均是一种线路几何形状自动调整系统，其实质上都是一台专用工业控制计算机。两者为实现捣固车的作业要求，编制了相应的控制程序和接口电路。在功能上，ALC系统功能比GVA强大。在车辆转移运行或调车时，为避免颠簸对硬盘造成损坏，应关闭GVA/ALC。而在工作期间，应接通GVA/ALC，即使不使用也应接通。GVA/ALC在操作时，切勿进行数据输入。关机时要先关闭软件，然后在切断电源;不能在程序运行过程中突然关机。

复习思考题

1. 简述GVA输出的五种给定值。
2. GVA的主要功能有哪些?
3. ALC系统与GVA系统有什么不同?

项目 9　故障报警及多路检测

项目描述

捣固车配有故障报警及多路检测系统，具有对自身一些重要部件的运行状况进行实时监测的功能。当被监测部件出现异常情况时，相应的警告信号灯就会被点亮，假如这些警告延迟时间超过五秒，系统就会自动发出声音警告。

捣固车在工作中时常会发生故障，若不能及时的发现并排除，就会留下安全性的隐患，如工作人员在工作时能够对作业过程中的重要相关参数进行实时监测，并及时的分析处理，那么设备发生故障的概率就会变低，工作效率会得到很大的提高。

通过本项目的学习，重点使学生重视捣固车故障报警及多路检测系统的功能，能在今后的工作中提高监测意识，对故障做及时的分析处理，以降低设备发生故障的概率。

学习目标

1. 能力目标

(1)能掌握捣固车故障报警的检测的含义。

(2)能掌握多路信号检测系统的组成及功能。

2. 知识目标

(1)了解捣固车的故障报警信号状态。

(2)了解捣固车多路信号检测系统的组成及功能。

任务 9.1　认知故障报警电路信号状态

9.1.1　工作任务

通过学习故障报警电路信号状态，能承担以下工作任务：

(1)掌握故障报警灯点亮时所代表的含义；

(2)能根据报警灯情况进行相应的部件维护、维修。

9.1.2　相关配套知识

故障报警电路在捣固车中担负着部分重要部件的运行状况的监视。当这些被监视的部件出现故障或运行参数超限时，其相应的报警指示灯就点亮，并产生声音报警。

(1)08-32 型捣固车、09-32 型捣固车故障报警电路监视着下列信号状态。

①总风缸压力：当总风缸压力低于规定值时，其指示灯被点亮，表示此时总风缸压力不足，不能很好地进行制动。

②柴油机的报警:共有5个信号,其中三个为三台发电机的故障信号,当直流发电机故障不能发电时,其相应的指示灯被点亮,并且柴油机的报警灯也点亮,以提醒操作人员注意检修,否则有可能导致电能不足。另有柴油机的机油压力和缸体温度两个信号。当机油压力不足或缸温超限时也产生报警。

③闸瓦磨耗报警:三个信号,它们是前轴闸瓦、后司机室下的后轴闸瓦和材料车下的闸瓦。因捣固车在作业过程中制动频繁,闸瓦磨耗较快。当任意一闸瓦磨损超限时,其相应报警指示灯就被点亮,告知操作者闸瓦磨耗已到极限,需要更换闸瓦。

④变矩器的报警电路:监视变矩器的温度、油压和滤油器三个信号。这三个故障报警信号有一个公共的报警指示灯11h3。当变矩器的滤油器堵塞或温度过高超限,或油压不足时,其相应的指示灯点亮,总的报警灯也点亮。

⑤柴油机滤油器堵塞报警:当滤油器堵塞时,报警灯也点亮。

上述共有14路报警信号,其相应的指示灯在B5箱上。当其中任一故障时,不仅点亮其相应的报警指示灯,而且还启动一个延时可在0～5 s内调节的时间继电器。如果此报警信号在设定的延时时间已到时仍然存在,则产生声音报警。如要关闭报警的蜂鸣声,可用开关5b20或33b10切除,而以一个报警信号灯指示存在有报警信号。

(2)08-475型道岔捣固车故障报警电路监视着下列信号状态。

①总风缸压力。当总风缸压力低于规定值时,其指示灯被点亮,表示此时总风缸压力不足,不能很好地进行制动。

②发动机报警。共有五路信号,其中三路为发电机故障报警信号。当直流发电机出现故障,不能发电时,其相应的指示灯亮,以提示操作人员注意检修,否则,有可能导致电瓶电能不足。另设有发动机机油压力及温度报警信号,当机油压力低于0～0.5 MPa和缸体温度过高125 ℃时报警信号灯亮。

③闸瓦磨耗报警。共有四路信号,它们分别监视:1轴、2轴闸瓦,3轴、4轴闸瓦,5轴闸瓦,6轴闸瓦。因CD08-475型道岔捣固车在作业过程中制动频繁,闸瓦磨耗较快,当任一闸瓦磨耗超限时其相应报警指示灯就亮,告知操作者闸瓦磨耗已到极限(小于15 mm)需要更换闸瓦。

④液力机械变速箱报警。电路监视着液力机械变速箱的温度、油压和滤油器三路信号,当液力机械变速箱的滤油器堵塞或温度过高超限或油压不足时(正常值900～1 800 kPa),其相应的指示灯被点亮,并发出音响报警.

⑤发动机空气滤清器报警。空气滤清器堵塞时,报警指示灯亮,提示操作者应立即清洗空气滤清器。

⑥柴油箱油位报警。当主柴油箱油位过低时,发光二极管亮,提示操作者应及时补燃油。

⑦液压系统报警。液压系统共设十路报警信号,分别为左、右捣固系统压力报警,左、右捣固架比例阀滤芯堵塞报警,拨道伺服阀、起道伺服阀报警,液压系统1路、2路报警,回油滤芯堵塞报警,液压油温度报警。当滤芯堵塞或压力过低时,指示灯亮并发出声响报警信号,提示操作者及时清洗检修。

上述共有26路报警信号,其相应的指示灯设在B11、B18箱上,当其中任一路出现故障时,不仅其相应的指示灯亮,而且还启动一个可在0～5 s内调节的延时时间继电器,如果此报警信号在规定时间内仍然存在,则产生声音报警。如果要关闭报警的蜂鸣器,液压系统故障用11b24、5b28、24b6关闭;发动机、液力机械变速箱及制动系统可用33b18、5b25、24b5开关关闭。

在B11、B18箱上装有两个开关(11b22、18b9),可对报警灯灯光、声响进行测试。

任务 9.2 了解多路信号检测系统的组成及功能

9.2.1 工作任务

通过学习多路信号检测系统的组成及功能，能承担以下工作任务：

(1)掌握 08-32 型捣固车多路检测系统的组成及功能；

(2)掌握 09-32 型捣固车多路检测系统的组成及功能。

9.2.2 相关配套知识

多路检测如下：

(1)08-32 型捣固车

在 08-32 型捣固车的电气系统中，其控制系统分布在几个控制箱中。这对于故障的检查和信号的测量都很不方便。在电气系统中有一套多路信号检测系统，通过它可以对各子系统的各工作电源电压和大部分主要信号进行测量，这就为快速地检测故障提供了方便。

多路信号的检测功能几乎都集中在 B7 控制箱上。通过它可以对各作业子系统的工作电压、起拨道伺服阀的伺服电流、捣固比例伺服阀的电流(在 B2 箱上)和各作业信号进行检测。

通过 B7 箱上开关 7b17 的选择可在电压表 7g4 上检测程控系统有＋12 V 电压(PR＋12 V)和＋24 V 电压(PR＋24 V)、拨道系统的主电源(＋24 V)、抄平系统的主电源(＋24 V)、捣固系统的主电源(＋24 V)和柴油机起停控制的主电源＋24 V(204)，共 6 组电源电压信号。

通过 B7 箱上的开关 7b18 的选择，可在电压表 7g3 中观察到左起道伺服电流、右起道伺服电流和拨道伺服电流。

左右两个捣固装置的比例伺服阀电流可通过开关 2b10 的选择在电压表 2g2 中检测到。

开关 7b15 是一个 15 选 1 的开关。通过它的选择可在电压表 7g1 中检测到捣固、拨道和起道抄平系统中的±15 V(运放电源)和±10 V 电压(供传感器和给定用)。

当 7b15 置 3 位时，从 7BU3 和 7BU2 可插入测试表棒将 7g1 用作一电压表使用。

当 7b15 置 2 位时，在表 7g1 中所测量到的信号是由 40 路模拟信号选择板 7u15 所选择的信号。信号编号可从 7u15(EK-28V)面板上的数码管中读出(7u15:ZS99-04-35-00 是改进设计的产品，可靠性更高)。

在现有的系统中通过 7u15 板选择可测量 27 路作业系统中的信号。这样就可方便地检查出所选择的信号，并根据检测到的信号来判断故障所在。

(2)09-32 型捣固车

在 09-32 型捣固车的电气系统中，其控制系统分布在几个控制箱中。这对于故障的检查和信号的测量都很不方便。在电气系统中有一套多路信号检测系统，通过它可以对各子系统的各工作电源电压和大部分主要信号进行测量，这就为快速地检测故障提供了方便。

多路信号的检测功能几乎都集中在 B18 控制箱上。通过它可以对各作业子系统的工作电压、起拨道伺服阀的伺服电流、捣固比例伺服阀的电流和各作业信号进行检测。

通过 B18 箱上开关 7b17 的选择可在电压表 7g4 上检测程控系统有＋12 V 电压(PR＋12 V)和＋24 V 电压(PR＋24 V)、拨道系统的主电源(＋24 V)、抄平系统的主电源(＋24 V)、捣固系统的主电源(＋24 V)和柴油机起停控制的主电源＋24 V(204)，共 6 组电源电压信号。

通过 B7 箱上的开关 7b18 的选择，可在电压表 7g3 中观察到左起道伺服电流、右起道伺服电流和拨道伺服电流。

左右两个捣固装置的比例伺服阀电流可通过开关 2b10 的选择在电压表 2g2 中检测到。

开关 7b15 是一个 15 选 1 的开关。通过它的选择可在电压表 7g1 中检测到捣固、拨道和起道抄平系统中的±15 V(运放电源)和±10 V 电压(供传感器和给定用)。

当 7b15 置 3 位时,从 7BU3 和 7BU2 可插入测试表棒将 7g1 用作一电压表使用。图 9.1 为数字电压表选择开关。

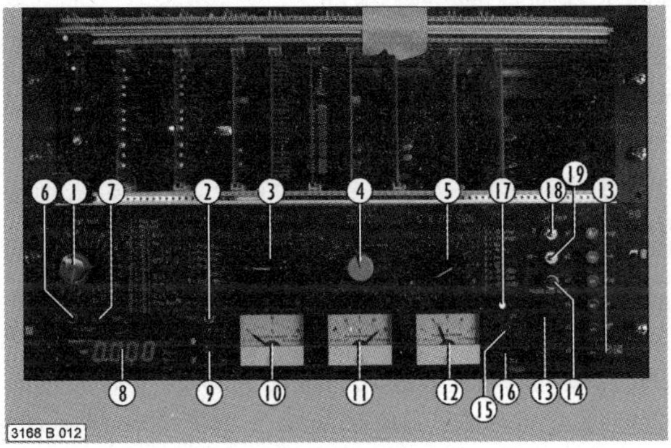

图 9.1　数字电压表选择开关

1—数字显示器——选择开关;2—数字显示器——"开——关"开关;3—比例电流指示器选择开关(%);4—伺服电流指示器选择开关(%);5—程序控制电压指示器选择开关;6—0 A 插座(零电压);7—测量输出信号的插座;8—数字电压表;9—测量输入信号的插座;10—比例电流指示器(%);11—伺服电流指示器(%);12—电压表;13—电流断路器和保险;14—测试程序按钮(LED 显示——0——面板);15—12 V 插座;16—24 V 插座;17—12 V 指示灯;18—捣固装置在锁定位提升速度调节电位计;19—捣固小车在锁定位返回速度调节电位计

当 7b15 置 2 位时,在表 7g1 中所测量到的信号是由 40 路模拟信号选择板 7u15 所选择的信号。信号编号可从 7u15(EK-28V)面板上的数码管中读出。

在现有的系统中通过 7u15 板选择可测量 40 路作业系统中的信号。这样就可方便地检查出所选择的信号,并根据检测到的信号来判断故障所在。

任务 9.3　大型养路机械常见故障处理原则及方法

9.3.1　工作任务

在掌握故障报警电路信号状态后,再通过学习大机常见故障处理原则及方法,能承担以下工作任务:

(1) 掌握故障判断检修应遵循的基本原则;

(2) 掌握现场故障判断的常用方法;

(3) 掌握大机设备故障处理的基本步骤;

(4) 掌握大机设备维修注意事项。

9.3.2　相关配套知识

1. 进行故障判断检修应遵循的基本原则

(1)进行维修、判断故障应从简单的事情做起,本着"从简到繁、从易到难"的原则进行分析判断。

(2)在判断处理故障时,应理清思路,做到"先想后做"。

①先想好怎样做、从何处入手,再实际动手。即先分析判断,再进行故障处理及维修。

②对于所观察到的现象,尽可能地先查阅相关的资料,看有无相应的技术要求、使用特点等,然后根据查阅到的资料着手维修,切忌盲目拆修。

③在分析判断的过程中,要根据自身已有的知识、经验来进行判断,对于自己不了解的,一定要先向有经验的同事或工程师咨询,寻求帮助。

(3)因大型养路机械故障多是综合性故障,故在故障判断维修中要做好记录,并对维修后设备应用情况进行跟踪调查。

2. 现场故障判断的常用方法

以下讲述的故障判断方法在实际应用中要互为补充,并在实践当中不断总结和积累,才能快速准确地判断故障原因,采取相关的处理措施。

(1)观察法

观察法是通过利用人的感官(望、闻、听、触摸等)对大机设备进行观察来判断故障的方法。观察法是判断大机故障最直接的方法,多数大机故障可以通过对大机的保养、操作直观反映出来。重点观察:①对各监控仪表的观察(大机的故障大多能直接反映在各监控仪表上和各显示仪表上);②操作人员的操作习惯、过程(很多故障的出现是操作人员操作不当造成的)。

(2)对比法(替换法)

对比法是有两种:一是将怀疑有故障的部件与好的部件(或标准部件)通过观察、测量或者直接互换等方式进行对比,从而判断故障的原因(此法适用于电气故障、大多机械故障);二是针对故障现象比照同一种车型的大机的各种参数判断故障的原因(如部件的安装位置、安装尺寸、技术参数等)。

(3)逐步排除法

此法适合于大机综合性故障的判断,是一些随机故障或疑难故障判断的基本方法,通过此方法可以发现造成故障现象的多种原因,并逐步解决。因此,逐步排除法是解决大机故障深层次原因的根本。

(4)生产经验判断法

适用于现场临时故障的判断和处理,主要是要求操作人员熟悉本大机的各项性能,对于同一类型的故障因出现频率较多、处理较为熟练,使得经验较为丰富。

(5)专用设备检测法

针对不同的故障现象采用不同的专用设备(如油样分析设备、振动分析仪、振频仪、机械故障听诊器、内窥镜、ZF 测试仪等专用设备或仪器)对故障部位进行检查和分析判断,通过对比或分析判断故障的原因后提出故障的处理意见和方案。此方法适用于隐性故障的判断。

(6)共性问题叠加法

设备的故障很多时候会通过不同形式表露出来,排除设备故障好比警察破案,故障的表露形式越多、案件的线索越多,因此,在故障处理中抓住那些产生设备故障的共性问题对于快速分析判断故障是十分有利的。

3. 大机设备故障处理的基本步骤与维修注意事项

(1)通过观察了解故障的情况

出现故障后,维修人员要尽可能了解故障发生后的详细情况,通过询问操作人员和重点观察故障的现象，做出有效地判断，提高判断的准确性，首先排除人为操作失误造成的“虚故障”。

注意事项：

①切记：任何故障的出现细致的观察是第一位，也是最直接、最有效地判断方法，实践证明，现场多数大机故障为新手或不熟练操作手误操作造成的“虚故障”，只需要核对作业标准重新操作即可排除故障。

②操作人员对故障的现象描述要准确、简练，避免给维修人员提供虚假信息。

(2)通过重复操作复现故障现象

在核对作业标准重新操作时维修人员要重点观察操作人员所描述的故障现象是否存在，并根据故障现象进行初步判断，明确下一步的故障处理思路，同时判断是否有其他故障的存在。

注意事项：

①在复现故障的过程前，要先判断此故障是否会造成更恶劣的后果(如：是否会使大机的损坏加剧而造成不可挽回的损失；是否会破坏线路导致在封锁时间内无法正常开通线路；是否会造成大晚点等)；

②在复现故障的过程中要重点观察相关的仪表显示是否正常或相关部位的技术参数是否在标准范围。

(3)通过观察故障现象进行判断、分析、处理

注意事项：现场对大机故障进行处理的全过程，检修人员必须要有强烈的时间观念，要根据现场实际情况迅速地确定处理方案并汇报给施工负责人，以期将故障出现后的各种影响降至最低；对故障处理情况进行检验并记录。切记，任何大机故障现象的发生都有其根本的原因，多数故障不能简单地从表面故障现象的消失看问题，故障的发生可能还有深层次的原因。因此，要求维修人员在临时处理完故障表象后都要对故障分析并进行反复的检验，以期发现引起故障的真正原因并消除，避免故障的再次发生。分析检修完毕后检修人员要及时将分析处理过程和思路记录下来，并提供给操作使用人员，为今后的故障排除积累经验。

项目小结

本项目包括认知故障报警电路信号状态、了解多路信号检测系统的组成及功能、掌握大机常见故障处理原则及方法三个任务。这三个任务相辅相成，操作者应熟知故障报警信号与捣固车运行状况的关联，这样当相应警告信号灯点亮时，能及时发现问题并采用合适的方法分析处理问题，这样捣固车发生故障的概率就会变低。

复习思考题

1. 08-32 型捣固车故障报警信号有几路？分别是什么？
2. 多路检测信号的作用是什么？
3. 简述大机故障判断检修应遵循的基本原则。
4、简述大机设备故障处理的基本步骤与维修注意事项。

项目10　ZF控制系统

项目描述

ZF控制系统主要完成对ZF的换挡控制;实现联锁安全保护控制等,另外在操作运行换挡时,对发动机实现自动降低转速的控制,以起到保护作用。

通过本项目的学习,重点使学生初步对捣固车ZF控制系统的硬件有所了解,弄清ZF控制系统的工作过程与故障处理,为今后工作打下良好基础。

学习目标

1. 能力目标

(1)能运用ZF控制系统的硬件原理图排除故障。

(2)能掌握ZF控制系统的控制原理方法。

2. 知识目标

(1)了解捣固车的ZF控制系统的硬件结构。

(2)掌握捣固车ZF控制系统的各组成部分的控制原理。

任务10.1　认知09-32型ZF控制系统

10.1.1　工作任务

通过学习ZF控制系统的组成及功能,能承担以下工作任务:

(1)掌握ZF控制系统的硬件构成及各部分功能;

(2)掌握ZF控制系统的功能及工作过程。

10.1.2　相关配套知识

1. ZF控制系统的组成

09-32型捣固车的ZF控制系统全称ZF变扭器控制系统,与08-32型的ZF控制系统控制原理基本相同。在此以09-32型捣固车的ZF控制系统为例,分析ZF控制系统组成及工作原理。

ZF变扭器控制系统是一个电液控制系统,由液压系统和电气系统两部分构成。

(1)液压部分

油泵出来的压力油分为两路:一路进入调压阀后作为主油路来供油,该部分压力油使换挡阀和离合器动作;另一部分进入电磁阀作为控制油路。图10.1为ZF控制系统液压原理图。

M_1 和 S_1 控制前进离合器KV,M_4 和 S_4 控制后退离合器KR。

下面以前进离合器做简要分析。

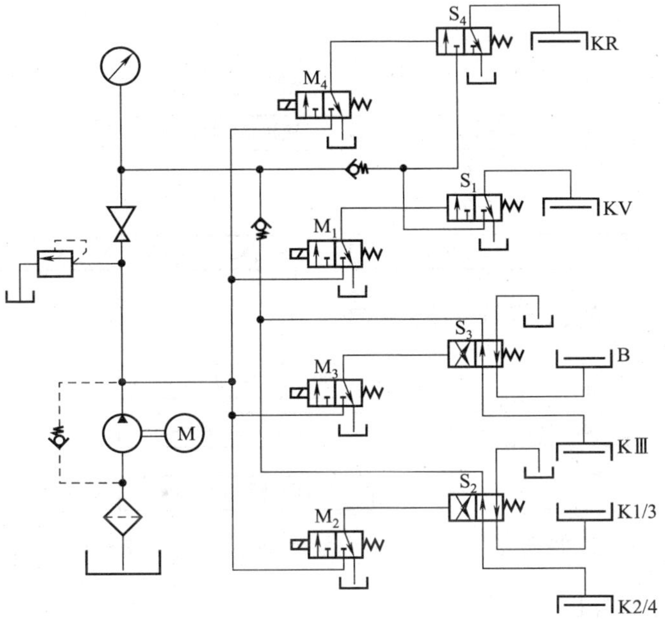

图 10.1　ZF 控制系统液压原理图

当 M_1 得电后，关闭回油口，打开高压液控制油路，主油路压力油通过 S_1 进入前进离合器 KV 油缸，使前进离合器 KV 结合。

换挡阀 S_2 控制换挡离合器 K1/3 和 K2/4，当换挡阀在零位时，压力油接通离合器 K2/4 的油缸，离合器 K2/4 结合；换挡阀在工作位时，压力油接通离合器 K1/3 的油缸，离合器 K1/3 结合。

换挡阀 S_3 控制换挡离合器 KⅢ和制动器 B，当换挡阀在零位时，压力油接通离合器 KⅢ的油缸，离合器 KⅢ结合；换挡阀在工作位时，压力油接通制动器油缸。

(2)电气控制部分

图 10.2 是株所版 09-32 型控制系统的结构示意图，ZF 的电气控制部分由挡位选择器、控制组件 E 模块、制动压力开关、变换离合、延时控制板、速度感应开关、涡轮转速传感器、换挡电磁阀、继电器等组成，控制电压为 24 V。

电气控制系统对液力机械变速箱进行换挡控制和安全保护，具有以下控制保护功能。

①挡位选择器选择某挡时，通过控制电路使相应的电磁阀通电，实现换挡操作。

②根据涡轮转速自动地控制闭锁电磁阀的动作，实现液力变矩器闭锁离合器的闭锁和分离。

③运行中捣固车进行制动时，制动风压达到 0.28 MPa 时，自动切断电磁阀控制电路，使换挡液压离合器分离。因此变速箱在任一挡位工作都无需退回空挡位就可以对车辆进行制动。

④液力变矩器的液压系统油压和油温以及滤清器堵塞报警时，自动切断电磁阀的控制电路，使变速箱脱离传动。

⑤液压走行油马达的驱动离合器未脱开，及其他保护装置未到正确的保护位置时，控制电路不通，使变速箱不能换挡。

⑥车速在零位时才可以进行换向操纵。

⑦用钥匙开关使其中的一个挡位选择器工作。

⑧涡轮转速下降到 1 400 r/min 以下时，才能换入低挡位。

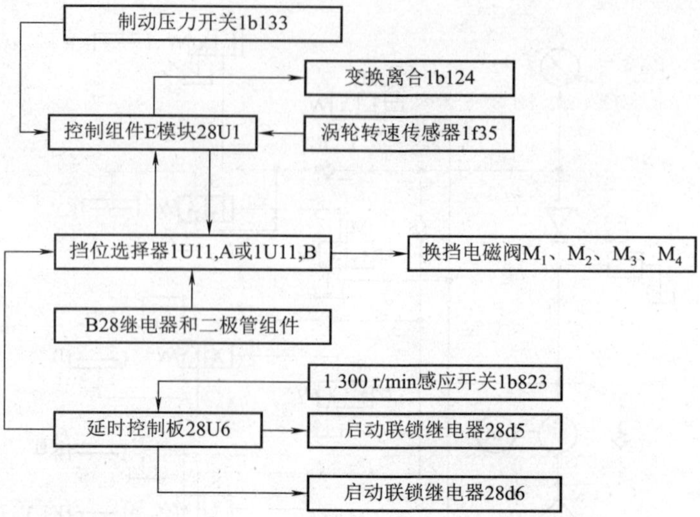

图 10.2　株所版 09-32 型 ZF 控制系统电气控制部分结构示意图

2. 各组成部分控制分析

(1)挡位选择器

用挡位选择器选择某挡位时,通过控制电路的联锁控制使相应的电磁阀通电,实现相应的换挡操纵,如图 10.3 所示。

挡位选择器(1U11,A)和(1U11,B)由微动开关 $S_1 \sim S_7$、齿轮变位机构、操纵手柄及其锁闭电磁阀 SM/RS 等组成。当操纵手柄放置在某挡位时,齿轮变位机构将对应的微动开关 $S_1 \sim S_7$ 进行相应的组合,并输出相应的电信号。其中 AD1～AD4 信号为各挡位控制电磁阀换挡的信号源,AS 为空挡联锁信号,仅在空挡时存在。W 为变换挡位操作标志位(变换离合信号),AD8 为挡位识别信号。ED1 为操纵手柄锁闭电磁阀控制的信号。

(2)ZF 控制继电器

如图 10.3 所示。当 ZF 钥匙接通时,5b34(08-32 型捣固车为 5b2)或 11b24(08-32 型捣固车为 11b2)闭合,G2 或 G9 得电,使得 28d3 或 28d4 得电动作,其常闭触点断开,切断(1U11,A)或(1U11,B)的控制电源,其中 28d3 或 28d4 的作用就是为了避免前、后两个驾驶室同时操作 ZF,同时 28U2/E、28U2/D、28d1、28d2 动作,其常开触点闭合,将挡位选择器内输出的相应的电信号引到 $M_1 \sim M_4$ 上,使相应的换挡电磁阀得电动作而实现换挡。

(3)涡轮转速传感器和 E 模块

涡轮转速传感器是用来测量变扭器涡轮端的转速,根据涡轮转速自动控制锁闭电磁阀(WK)的动作,实现变矩器锁闭离合器的锁闭和分离,并根据涡轮转速自动地控制挡位选择器内换挡手柄的锁闭电磁阀动作,实现降速时解锁而换入低挡位(图 10.3)。

涡轮转速传感器为磁电感应式传感器,其电动势的变化频率与涡轮端输出齿轮的齿数和转速成正持不变。再经鉴频整流电路转变为与频率成正比的信号电压,经逻辑电路控制 E 模块的 1 脚和 5 脚的输出信号。其中,1 脚的输出信号控制挡位选择器的 ED1(E1)-SM,使操纵手柄的锁闭电磁阀锁闭或解锁,但该信号随挡位选择器处在 1、2、3 挡而不同。这是由于在 2 挡和 3 挡时有个挡位识别信号 AD8-A8(R)从挡位选择器进入 E 模块的 3 脚,参与了其中的逻辑比较。5 脚的输出信号是控制闭锁离合器(WK)的闭锁和解锁。

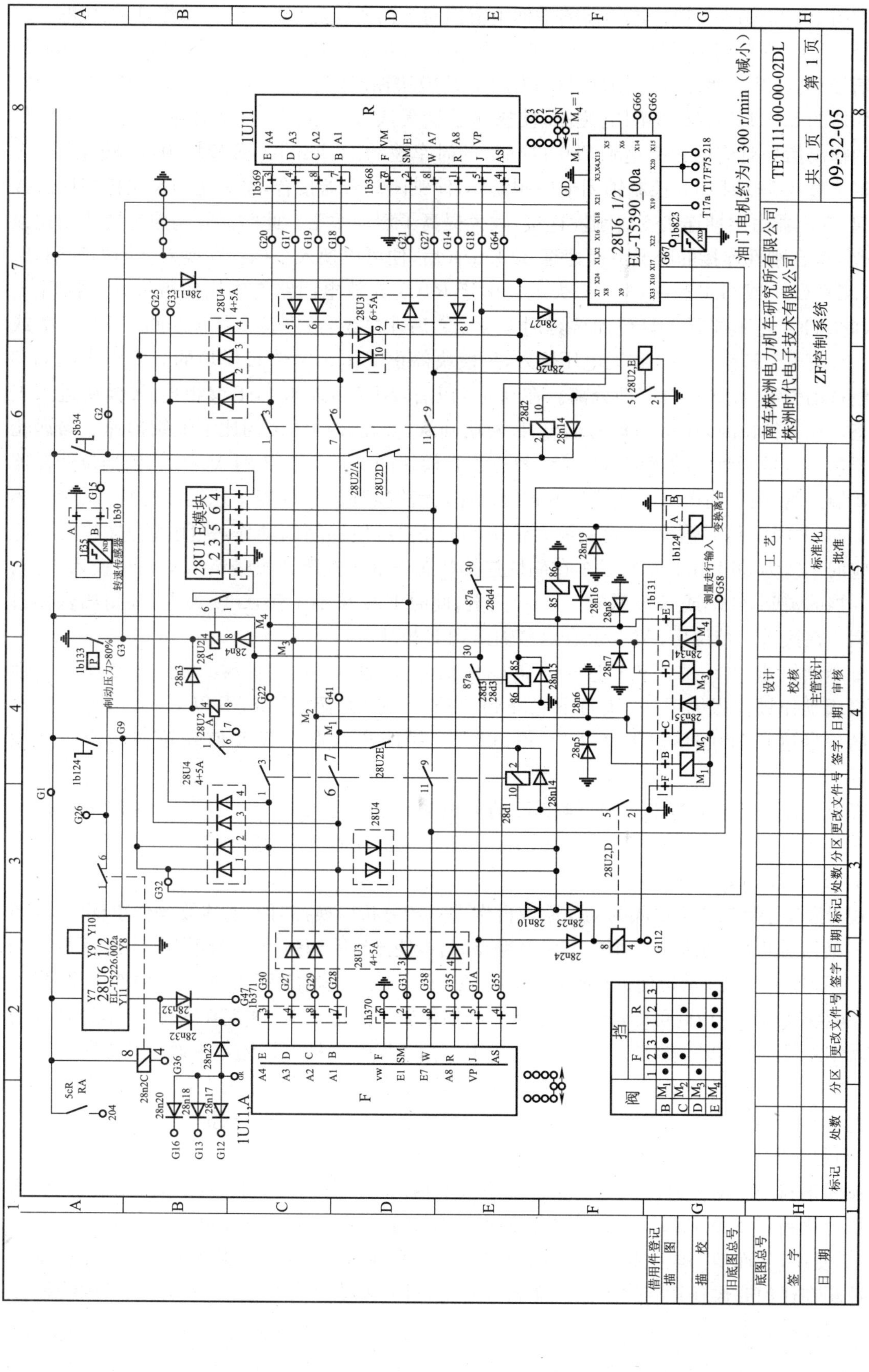

图10.3　09-32型 ZF控制原理图

如图 10.3 所示，当挡位选择器的手柄由空挡向 1 挡换挡过程中，S_7 不动作，E 模块的 6 脚无信号，经 0.4 s 延时后，E 模块工作。在 1 挡时，A8 为低电平，车提速走行，当涡轮传感器的输出信号对应的脉冲频率达到 120 Hz 以上时，E 模块输出控制信号，经 E 模块的 1 脚送回挡位选择器的 SM(ED1)端，锁闭电磁阀，使操纵手柄无法换入空挡。当车速继续提升，涡轮传感器的输出信号对应的频率达到 780 Hz 时(此时车速约 18 km/h)，E 模块由 5 脚输出 24 V 的锁定信号(G39)到 LH，控制锁闭电磁阀动作，使锁闭离合器接合，将涡轮与泵轮机械地连接在一起，变矩器由柔性连接变成刚性连接，大大提高了传动效率。此时涡轮与泵轮的传动比接近 80%，车在刚性连接的状况下提速至 20 km/h 后，便可以换入 2 挡。在换入 2 挡的瞬间，S_3 动作，AD7-G37 或 G38 瞬时(0.4 s)失电。由于 R1C1 充放电回路的作用使得换入 2 挡后 S_3 复位，此时 K1 还不能马上复位而要延时 0.4 s 之后才复位，故在这 0.4 s 期间，AD7-G37 或 G38 一直失电。E 模块的 6 脚无电压输入，E 模块停止工作。这样 E 模块的 5 脚输出的 G39 信号便自动失电，闭锁离合器即分离。在 0.4 s 以后，AD7-G37 或 G38 又得电，E 模块进入工作状态。在 2 挡位时，AD8 有信号输出，E 模块确认，并在 2 挡的传动比下继续提速。当涡轮传感器输出信号所对应的频率达到 625 Hz 时，E 模块的 1 脚又输出 24 V 电压，使挡位选择器的 SM 端得电，内部的操纵手柄锁闭电磁阀动作，无法换到 1 挡。当车速继续加快，涡轮传感器对应的 780 Hz 信号输出，E 模块放大输出 G39 信号，使锁闭阀动作，锁闭离合器接合。此时对应的车速为 36 km/h 左右。车在刚性连接状态下继续提速到 40 km/h 后便可换入 3 挡。在换 3 挡的瞬间，G37 或 G38 瞬时(0.4s)失电，此时 E 模块不工作，G39 失电，锁闭离合器自动分离。在换入 3 挡位后，AD8 也有信号输出到 E 模块。

车继续提速，对应的涡轮转速传感器输出信号达到 625 Hz 时，SM 端得电使换挡器锁闭电磁阀动作锁住操纵手柄，从而不能降到 2 挡。提速升至 70 km/h 以上时，涡轮传感器对应的信号达到 780 Hz 以上，G39 又得电动作，锁闭离合器 WK 又使泵轮和涡轮成刚性连接。

降速过程与升速的基本相同，但 WK 的分离频率变成了 600 Hz。WK 分离时的车速，3 挡为 62 km/h、2 挡为 32 km/h、1 挡为 16 km/h，挡位选择器锁闭电磁阀解锁频率分别为 3 挡 570 Hz、2 挡 570 Hz、1 挡 100 Hz。

现对操作手柄锁闭电磁阀的动作原理再作进一步分析。换挡时不能连续操作手柄，要停留 0.4 s。换挡瞬间 S3 动作，K1 动作，其常开触点闭合，使操作手柄锁闭电磁阀得电，锁住手柄。当换挡后，S3 复位，R1C1 放电使 K1 延时 0.4 s。在 0.4 s 之后，操作手柄的锁闭电磁阀失电，操作手柄才能继续移动。由此可知，升挡时换入一个挡位后要经过 0.4 s 才能换入上一挡，这样可避免因操作失误产生的跳挡现象。降挡时，换入下一挡后操纵手柄的锁闭电磁阀也要锁闭 0.4 s。0.4 s 之后由于涡轮转速对应的频率还在操纵手柄锁闭电磁阀解锁频率之上，故手柄又被锁闭而不能连续再往下换，避免了跳挡。实际上也是对变挡器的换挡箱起到了保护作用。

(4)制动压力开关的作用

捣固车利用制动压力开关 1b133 的动作来实现对 ZF 的联锁控制。在运行中制动时，当制动压力达到 0.28 MPa 时，1b133 闭合接地，使断电器 28U2/A 动作，切断 28d1 或 28d2 的电源，使其复位，从而换挡电磁阀(M_1～M_4)均不动作，实现了制动时 ZF 无动力输出。这样就使得变速箱在任何时候任意挡位工作时都无需退回空挡，就能进行制动，而不会损伤变速箱，简化了操作过程。

(5)ZF 联锁安全保护控制分析

参照图 10.3 及 5 s/0.9 s 延时控制电路(图略)可知,对 ZF 联锁安全保护控制的信号有以下两个:第一个是液压走行监视信号 G4,第二个是安全装置监视信号 G47。这两个监视信号出现报警时,均使 28U2/C 的 6 脚接地,经 28U2/C 的常闭触点送至降功板的 Y11 输入端,此信号经 5 s 延时集成块延时后,送出接地信号,使 RE1 继电器动作。并使 28U2/A 常闭触点断开,ZF 的所有控制失效,各电磁阀也均无输出电位。这里增加的 5 s 延时控制电路,是为了防止机车在运行中出现误动作而产生监视信号时,不是马上切断 ZF 控制,以区别真假报警信号。如果是真的报警信号,则有 5 s 持续的接地电信号产生,并切断 ZF 控制。一旦 G4、G47 无接地信号,5 s 延时电路将立即恢复,Y1 无输出,ZF 控制马上恢复正常。按下旁通开关 5b2 或 11b2 使 G46 接地,松开后此信号消失,这样可以实现 ZF 点动。实际作业中用此方法可以点动液压驱动马达。

(6)自动降低转速的控制

在 ZF 换挡时,通过 0.9 s 控制电路对发动机实现自动降低转速的控制,并在制动时对发动机实现自动降低转速至怠速的控制。

①G64、G65、G37、G38,在这里作为 0.9 s 延时电路的触发信号。空挡时,G64、G65 为高电平,触发光耦 SSR1 动作,定时器 N2 的输入端 2 有触发信号,同时经由 RP1、R4 向 C5 充电,当充至 8 V 左右时,定时器 N2 内部触发器复位,放电三极管导通,电容 C5 放电,电路进入稳态。此时 XT2 输出低电平,SSR2 及 KRE1 动作,X13 与 X15 接通,G66 端为低电平。此信号使 28d6 继电器动作,停机电磁阀 1S6 的控制端 317 与 313a 接通得电,为启动作好准备。另一方面 1S71 气动阀是依靠 28d5 来控制,在空挡时 28d5 不动作,1S71 同样可以得电,并为启动作好准备。

N2 由暂稳态变成稳态的过程即 XT2 由高电平变为低电平的过程,所用的时间可以通过 RP1 调节,利用 RC 回路充电时间的改变来实现,N2 延时调节到 0.9 s。

②由空挡挂 1 挡或由 1 挡降空挡时,G65 或 G64 都有个变化状态,而且在换挡瞬间,G37、G38 要延时 0.9 s 才得电。这样在挂 1 挡时,G64 或 G65 失电,SSR1 断开,一直维持到 0.4 s 换入 1 挡后 G37 或 G38 才得电。在这个过程中 N2 的触发信号消失,内部触发器发生翻转,电路进入暂稳态,XT2 端变为高电平,导致 KRE1 失电,G66 悬空,停机电磁阀失电,切断油路,发动机转速下降。在 0.4 s 以后 G37 或 G38 才得电,N2 的输入端又有触发信号,定时器 N2 内部触发器被复位,定时器输出端 3 经过 0.9 s 延时后产生低电平,导致 KRE1 又得电动作,G66 产生低电平使 1S6 停机阀得电供油,转速开始回升。

③由 1 挡换 2 挡,由 2 挡换 3 挡的触发信号是 G37 或 G38。在换挡瞬间 G37 或 G38 消失 0.4 s,N2 进入暂稳态,XT2 为高电平,KRE1 失电,G66 不输出低电平,停机阀关闭。0.4 s 后 G37、G38 端产生高电平,N2 经 0.9 s 后进入稳态,XT2 又变成低电平,停机阀又得电供油,发动机转速回升。

④降挡过程中的控制与相应的升挡过程中的控制一样,这里不再分析。但要说明的一点是此降速控制是通过 1S6 停机阀的动作来实现,与 1S71 无关。

⑤1b823 是实现 1 000～1 300 r/min 的感应开关,用来识别转速范围。在 1 300 r/min 以下时,1b823 感应输出接地信号,使 KRE2 动作,保证 KRE1 正常供电动作,即使换挡,G66 接地信号也不消失,也就是说在 1 300 r/min 以下换挡,发动机不会降低转速。

⑥运行中制动时的发动机自动降转速。此时 G3 产生接地信号,KRE3 动作,T3 得电使

28d5 动作，1S71 失电，气动电控油门关闭，发动机降速直至怠速；并且由于 KRE2 的 9 脚与 KRE3 的 8 脚相连，即使在这个降速过程中，立刻缓解，也能保证转速下降到 1 300 r/min 以下。另一方面，如果制动后不缓解，提升油门转速也不会上升，因为 T3 此时一直为高电平，1S71 气动电控油门一直关断，不能操纵油门拉杆。故在制动时不可能强行提速，即保护了机械。

3. 应用中的故障分析

通过对捣固车 ZF 变矩器电气系统原理分析，对各部分的作用有了清楚了解，现把实际应用中 ZF 变矩器常见的几个故障分析如下。

(1)在挂挡过程中出现发动机自动熄火现象

主要原因是 28d6 不动作导致停机阀失电而熄火。28d6 不动作的原因如下(图 10.2)：

①在怠速下换挡时，0.9 s 延时过程中，如果 1b832 感应的速度位置不对，G67 无低电平，那么 KRE1 便不会动作，G66 便不会输出低电平，28d6 不动作，停机阀关闭。这时在 ZF 已带负荷的情况下，0.9 s 内发动机转速从 1 000 r/min 左右降至 200 r/min 以下，发动机转速就有可能维持不到 0.9 s 而熄火。

②若 SSR1 或 SSR2 光耦不正常，在换挡过程中，触发信号 G64 或 G65、G37 或 G38 的变化就不能通过 SSR1 光耦瞬时加到 N2 的 2 脚，造成 N2 动作失常，发动机窒息时间过长而熄火，或者 SSR2 动作失常，不能将 N2 的延时控制正确反映到 KRE1 上，也同样会造成发动机窒息时间过长而熄火。

(2)当实施制动时出现发动机自动熄火现象

主要原因也在于 1b823 的感应位置不对。当图 10.2 中 1b133 由于实施制动而使其闭合，G3 产生接地信号时，KRE3 便动作，使 T3 输出+24 V，28d5 动作，1S71 气动电控油门立刻关闭，发动机调速机构瞬间复位至怠速位置。与此同时，由于 G3 接地，使图 2 中的 28U2/A 动作，切断 ZF 的控制电源，28d1 或 28d4 复位。此时 G37 或 G38 信号消失，那么 0.9 s 延时电路无触发信号，SSR1 复位，N2 进入暂稳态，SSR2 也复位，这时 KRE1 的动作完全取决于 KRE2 的动作。如果 1b823 不能在 1 000～1 300 r/min 感应到信号，那么 KRE2 便不会动作，这样 KRE1 也将失电复位，使 G66 不能输出接地信号。

那么 28d6 便会失电，1S6 停机，电磁阀失电关闭，致使发动机熄火。

(3)捣固车运行中只能单方向走行或出现时走时停现象

图 10.2 中继电器 28d1 或 28d2 的动作直接控制换挡电磁阀的动作。如果 28d1 或 28d2 的继电器触点 1～3 或 6～7 失效，则 M_1 或 M_4 就不会有输出。这样就会造成捣固车在某个方向不会走行或出现时走时停现象，除了上述的原因外，1b133 开关触点如果因某种原因(比如进水)出现接触不良，则可能导致 28U2 的误动作，而使 ZF 的控制电源消失，造成不能走行。

(4)在运行挂挡时无降速功能

这主要是由于 1b823 的位置不正确造成的。1b823 要求发动机转速在 1 000～1 300 r/min 的范围内有输出信号。当转速在此范围内挂挡时，由于 G67 接地，KRE2、KRE1 也动作，而使 G66 始终接地，即使挂挡时 SSR1、N2、SSR2 有动作，KRE1 也始终使 G66 接地，停机阀 1S6 始终动作而不会有降速。如果当捣固车发动机转速在 1 300 r/min 以上时，1b823 不输出信号，KRE2 将不动作而复位。

KRE1 的动作完全取决于 0.9 s 延时控制，挂挡时使车速降速。但是，如果 1b823 在 1 300 r/min以上时还有感应输出信号，那么，KRE2、KRE1 将始终动作，使 G66 输出接地信号，停机阀将不会关闭，发动机不会降速。这就是说，当 1b823 的感应信号始终存在时将不会有降速功能。

通过以上分析，可以知道，在ZF应用中应注意以下几个问题：

①液力变矩耦合器上的两个电信号组合插头螺母应拧紧，建议用细铁丝防松固定，在插头螺母上已有小孔。

②1b133制动压力开关要保证触点通断正常，动作可靠，保证制动压力在0.28 MPa以上时1b133闭合，0.28 MPa以下时1b133断开。

③1b823感应开关位置应正确可靠，在1 000～1 300 r/min时，1b823输出感应信号；1 300 r/min以上时，1b823不输出感应信号。

④B28箱控继电器和二极管组件安装的连线及各接线端连接要可靠。

⑤挡位选择器(1U11，A)和(1U11，B)的连接插头1b371、1b370、1b369、1b368要连接可靠，接触良好，保险完好。

⑥ZF控制系统的各个部分的继电器要保证工作正常。

⑦严格执行操作规程，避免人为故障。

通过对捣固车变矩器电气控制和应用故障的分析，可以看出变矩器的电气控制是比较复杂的，而且在使用过程中出现故障的原因是多方面的。在使用中要加强对变矩器的维修和保养，出现故障要认真分析原因，减少失误，确保变矩器正常工作和捣固车的正常使用。

任务10.2　认知DCL-32X型ZF控制系统

10.2.1　工作任务

通过学习金鹰重型工程机械股份有限公司(简称“襄樊金鹰”)DCL-32X版ZF系统组成及功能，能承担以下工作任务：

(1)掌握襄樊金鹰版ZF控制系统的构成及各部分功能；

(2)掌握襄樊金鹰版ZF控制系统的连锁关系。

10.2.2　相关配套知识

1. 变矩器控制

变矩器控制由四个换挡手柄、一个变扭器控制单元TCS和一个PTO开关构成。

TCS是变矩器的控制核心，具有降功换挡、换向保护、自动和手动控制换挡、PTO信号输出(用于油泵离合器自动脱挂控制)、故障诊断和故障代码显示的功能。变矩器控制由前PLC采集变矩器换挡手柄状态，然后再进行逻辑运算，最后将控制信号通过前PLC的DO模块发送到EB9箱TCS电路板。TCS电路板再根据PLC发送来的指令与自己采集的车速和发动机转速进行运算，最终控制变矩器上的电磁阀来控制变矩器的状态。变矩器的动作连锁关系有：

(1)两高速位变矩器操作开关和PTO脱挂开关不能两两同时动作。

(2)挂挡和挂泵时发动机转速不能大于1 000 r/min。

(3)脱泵时发动机转速不能大于1 400 r/min。

(4)车速大于3 km/h时变矩器不能换向。

(5)车速大于43 km/h时变矩器不能从2挡换到1挡。

(6)机构未锁定好时不能挂高速挡(按旁通按钮能切除此联锁)。

(7)空气制动压力大于1.5 kg时变矩器高速挡自动变为空挡。

机构未锁定好有可能是检测开关检测错误或是检测开关坏而引起的，此时可按操作台上的“旁通”按钮，去掉机构锁定连锁条件，在此种情况下高速运行只能是一种应急方式，按旁通走行前一定要确认机构已锁定良好才能进行。

变矩器操作错误或变矩器故障在前后显示器上都有故障提示，如果是变矩器故障，请打开EB9 箱，在 TCS 电路板上有当前变矩器的故障代码，故障代码的含义可在前后显示器中查询。机构锁定状态也可以在前后显示器中点击锁定指示灯进入机构锁定状态页面进行查看，详细内容请看前后显示器使用说明。

变矩器的控制算法由前 PLC 完成。

2. 变矩器参数测量装置

变矩器参数测量装置包括变矩器油温测量装置、变矩器出口压力和变矩器离合器压力测量装置。

(1)变矩器油温测量装置

变矩器油温测量装置由变矩器油温显示和油温传感器组成。变矩器油温传感器为 4～20 mA二线制电流传感器。测量范围为 0～200 ℃，传感器信号由车体模块采集后传给 PLC，PLC 再将数据传送至前、后显示屏显示。测量误差为±5 ℃。

变矩器油温大于 120 ℃报警。

(2)变矩器出口油压测量装置

变矩器出口油压测量装置由机油压力显示和机油压力传感器组成。

变矩器出口油压传感器为 4～20 mA 二线制电流传感器。测量范围为 0～4 MPa 传感器信号由车体模块采集后传给 PLC，PLC 再将数据传送至前、后显示屏显示。

变矩器出口油压正常范围为 0.2～0.8 MPa，压力大于 0.8 MPa 报警。

(3)离合器压力测量装置

变矩器离合压力测量装置由机油压力显示和机油压力传感器组成。

变矩器离合压力传感器为 4～20 mA 二线制电流传感器。测量范围为 0～10 MPa 传感器信号由车体模块采集后传给 PLC，PLC 再将数据传送至前后显示屏显示。变矩器出口油压正常范围为 2.1～2.5 MPa，压力大于 2.5 MPa 报警。

以上参数都在前后显示器上显示，部分参数可以进行调整，调整参数前请仔细阅读显示器使用说明。

项目小结

本项目主要分析介绍了株所版 09-32 型与襄樊金鹰 DCL-32X 版的 ZF 控制系统，株所版的 08-32 型与 09-32 型的 ZF 控制系统构成与原理基本相同，仅元件代号稍有区别。DCL-32X 为襄樊金鹰生产的 09-32 型的网络版，在此我们主要讲解了这个版本的构成与动作连锁关系、参数测量装置。

复习思考题

1. ZF 控制系统的作用是什么？
2. 简述制动压力开关的作用。
3. 试分析 ZF 控制系统液压原理图。

项目 11　西门子 S7-1200 PLC 的认知与应用

项目描述

人机界面和西门子 S7-1200 PLC 是工业控制领域应用较为广泛的两种控制设备。本项目以最基本的电机启保停控制为项目载体，介绍了 S7-1200 PLC 实际应用的整个操作实现过程，并在此基础上，由浅入深，通过组建人机界面和 S7-1200 PLC 的通信网络，实现由人机界面来控制三相异步电动机的正反转，帮助学生更加形象直观地了解 S7-1 200 PLC 的工作原理和应用效果，从而可以有效地激发学生的学习兴趣和动力。

学习目标

1. 能力目标

(1)能够正确完成 S7-1200 PLC 的硬件接线。

(2)能够利用 S7-1200 PLC 基本指令编写程序。

(3)能对程序进行调试、优化。

2. 知识目标

(1)掌握 S7-1200 PLC 的硬件结构组成。

(2)掌握 S7-1200 PLC 的工作原理。

(3)掌握 S7-1200 PLC 基本指令的功能。

任务 11.1　西门子 S7-1200 PLC 的概述

11.1.1　工作任务

通过学习 S7-1200PLC 的相关内容，能够完成以下任务：

(1)认识 S7-1200 PLC 的硬件组成；

(2)了解 S7-1200 PLC 的工作原理；

(3)掌握 S7-1200 PLC 的基本逻辑运算指令。

11.1.2　相关理论知识

1. PLC 的硬件组成

可编程控制器内部电路的基本结构与普通微机是类似的，特别是和单片机结构极其相似。可编程控制器实施控制的基本原理是按一定算法实现输入、输出变换，并加以物理实现。这种输入、输出变换就是信息处理。当今工业控制中信息处理最常用的方式是采用微处理技术，PLC 也是利用微处理技术并将其应用于工业生产现场，较普通微机而言，PLC 的特长是物理实现，既要考虑数据、信息处理能力和通信功能，又要考虑实际控制能力及其实现问题。因此，PLC 在硬件设计时更注重 I/O 接口技术和抗干扰等问题的解决，其基本结构如图 11.1 所示。

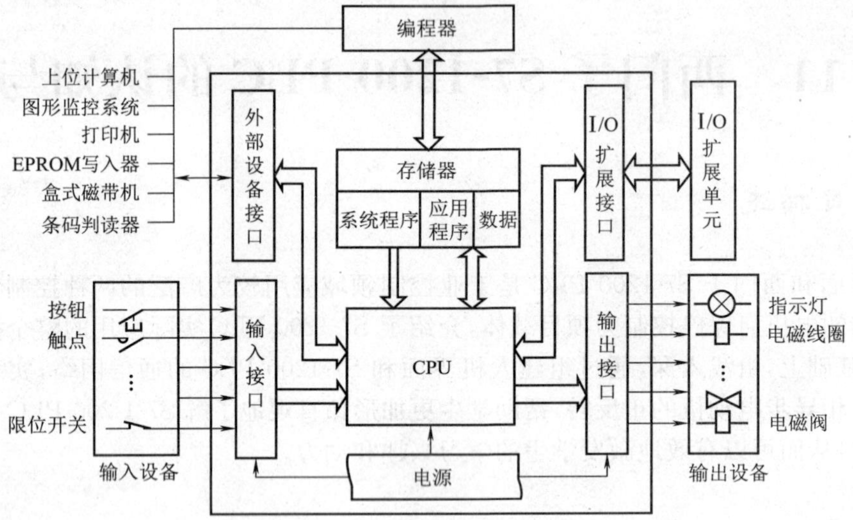

图 11.1　PLC 硬件结构图

(1)CPU

CPU 一般由控制电路、运算器和寄存器组成。它是整个 PLC 的核心部分，起着总指挥的作用，是 PLC 的运算和控制中心。CPU 通过数据总线、地址总线和控制总线与存储器、输入输出接口电路连接。

(2)存储器

存储器是具有记忆功能的半导体电路，用来存放系统程序、用户程序、逻辑变量和其他一些信息。根据存储器在系统中的作用，可以把它们分为两类，即只读存储器(ROM)和随机存储器(RAM)。

系统存储器用来存放系统程序(控制器制造厂家研制系统时确定的程序，相当于个人计算机的操作系统)，主要内容如下：系统管理程序——用于控制 PLC 的运行，使整个 PLC 按部就班地工作。用户指令解释程序——将用户程序变为机器语言指令，再由 CPU 执行这些指令。标准程序模块与系统调用——包括许多不同功能的子程序及调用管理程序，如完成输入、输出及特殊运算等子程序。系统程序关系到 PLC 的性能，出厂时一般都固化在 ROM 或 EPROM 片中，用户不能访问、修改其内容。

用户存储器包括用户程序存储器和功能存储器两部分。用户程序存储器用来存放用户程序(用户根据实际控制的需要，用 PLC 的编程语言编制应用程序，通过编程器输入到 PLC 的用户程序存储器)。为便于程序的调试、修改、完善，用户存储器可使用 RAM(有掉电保护)、EPROM 或 EEPROM。用户功能存储器用来存放用户程序中使用器件的 ON/OFF 状态、数值数据等。用户存储器容量的大小，关系到用户程序容量的大小，是反映 PLC 性能的重要指标之一，PLC 产品说明书中所列存储器形式或容量就是对用户存储器而言。

变量存储器用来存放 PLC 的内部运算变量，如内部继电器、I/O 内存映像、定时器/计数器的现行值等。这些内容在 CPU 解算过程中需随时读写更新，所以变量存储器也采用随机存储器 RAM。

(3)I/O 接口模块

I/O 接口是 PLC 与外围设备传递信息的窗口。PLC 通过输入接口电路将各种主令电器、检测元件输出的开关量或模拟量通过滤波、光电隔离、电平转换等处理转换成 CPU 能接收和处理的信号。输出接口电路是将 CPU 送出的弱电控制信号通过光电隔离、功率放大等处理转换成现场需要的强电信号输出,以驱动被控设备(如继电器、接触器、指示灯等)。PLC 对 I/O 接口的要求主要有两点:一是要有较强的抗干扰能力;二是能够满足现场各种信号的匹配要求。

①输入接口的组成及作用

输入接口电路由接线端子、输入调理电路和电平转换电路、模块状态显示、电隔离电路和多路选择开关模块组成,其主要作用是将现场输入设备的控制信号转换成 CPU 能够处理的标准数字信号,通常有三种隔离方式,其中最常用的是光电隔离,如图 11.2 所示,其次是变压器隔离和干簧继电器隔离。当外部有信号输入时,输入模块上有指示灯显示。

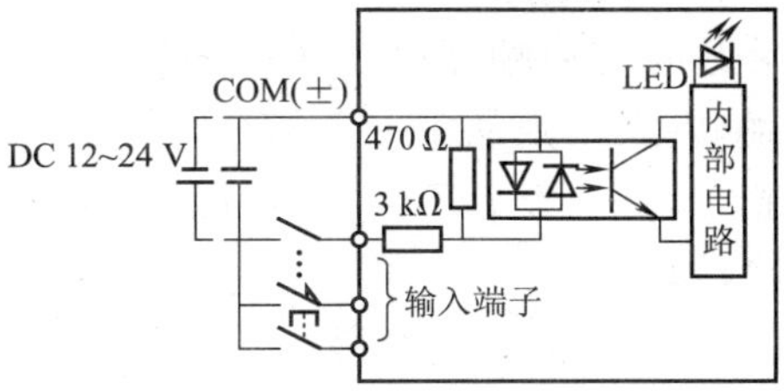

图 11.2　直流输入型接口电路

②输入信号的设备种类

输入信号可以是离散信号和模拟信号。当输入端是离散信号时,输入端的设备类型可以是限位开关、按钮、压力继电器、接近开关、选择开关以及光电开关等。当输入为模拟量信号时,输入设备的类型可以是压力传感器、温度传感器、流量传感器、电压传感器、电流传感器等。

③输出接口的组成及作用

输出接口电路由多路选择开关、信号锁存器、电隔离电路、模块状态显示、输出电平转换电路和接线端子组成,其主要作用是将 CPU 处理过的信号转换成现场需要的强电信号输出,以驱动接触器、电磁阀等外部设备的通断电。输出接口有三种接口形式,继电器输出、晶体管输出和晶闸管输出型。目前西门子 S7-1200PLC 的 CPU 模块还没有晶闸管输出型的产品。

继电器输出型为有触点输出方式,CPU 可以根据程序执行的结果,使 PLC 内设继电器线圈通电,带动触点闭合,通过继电器闭合的触点,由外部电源驱动交、直流负载。继电器型输出型虽然响应度慢,但是驱动能力强,一般为 2 A,用于接通或断开低速、大功率的交、直流负载,其接口电路如图 11.3 所示。

晶体管输出型 CPU 通过光耦电路的驱动,使晶体管通断,用于接通或断开高速、小功率的直流负载。优点是为无触点输出方式,不存在电弧现象,而且开关速度快;缺点是半导体器件的过载能力差。晶体管输出的 PLC 的输出电流一般小于 1 A,西门子 S7-1200 的输出电流源是 0.5 A,可见晶体管输出的驱动能力较小,其接口电路如图 11.4 所示。

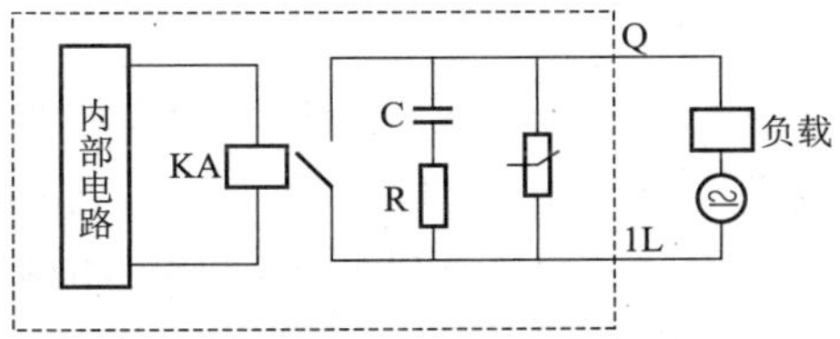

图 11.3　继电器输出型接口电路

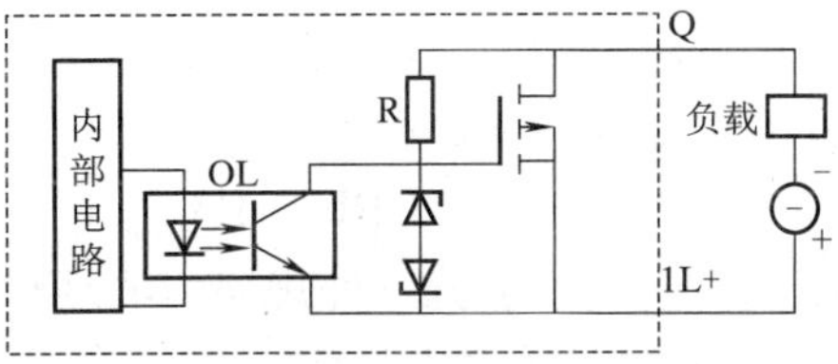

图 11.4　晶体管输出型接口电路

④输出信号的设备种类

输出信号可以是离散信号和模拟信号。当输出端是离散信号时，输出端的设备类型可以是电磁阀的线圈、电动机启动器、控制器的指示灯、接触器线圈、LED灯、继电器线圈、报警器和蜂鸣器等。当输出为模拟量信号时，输出设备的类型可以是流量阀、AC驱动器、DC驱动器、模拟量仪表、温度控制器和流量控制器等。

2. PLC的工作原理

PLC被认为是一个用于工业控制的数字运算操作装置。利用PLC设计控制系统时，控制任务所要求的控制逻辑是通过用户编制的控制程序来描述的，执行时PLC根据输入设备状态，结合控制程序描述的逻辑，运算得到向外部执行元件发出的控制指令，以此来实现控制。

PLC以CPU为核心，故具有微机的许多特点，但它的工作方式却与微机有很大不同。微机一般采用等待命令的工作方式，而PLC则采用循环扫描的工作方式。在PLC中用户程序按先后顺序存放，CPU从第一条指令开始按指令步序号作周期性的循环扫描，如果无跳转指令，则从第一条指令开始逐条顺序执行用户程序，直至遇到结束符后又返回第一条指令，周而复始不断循环，因此称为循环扫描工作方式。一个完整的工作过程主要分为三个阶段：

(1)输入采样阶段

CPU扫描所有的输入端口，读取其状态并写入输入状态寄存器。完成输入端采样后，关闭输入端口，转入程序执行阶段。在程序执行期间无论输入端状态如何变化，输入状态寄存器的内容不会改变，直到下一个扫描周期。

(2)程序执行阶段

在程序执行阶段，根据用户输入的程序，从第一条开始逐条执行，并将相应的逻辑运算结果存入对应的内部辅助寄存器和输出状态寄存器。当最后一条控制程序执行完毕后，即转入输出刷新阶段。

(3)输出刷新阶段

在所有指令执行完毕后，将输出状态寄存器中的内容依次送到输出锁存电路，通过一定方式输出，驱动外部负载，形成PLC的实际输出。

输入采样、程序执行和输出刷新三个阶段构成PLC一个循环工作周期，如图11.5所示。

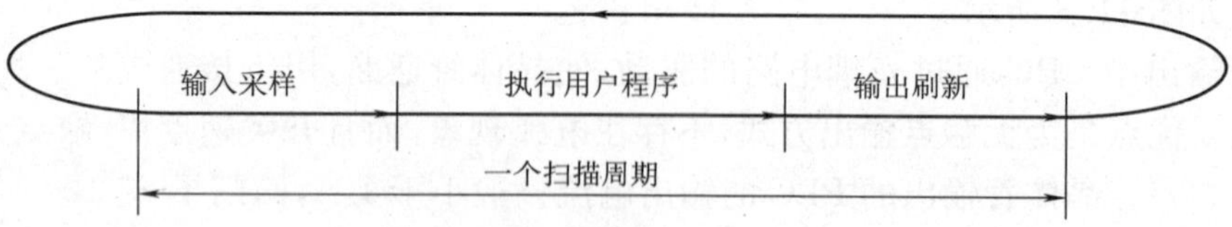

图11.5　PLC的扫描工作过程

3. S7-1200PLC的CPU模块及接线

S7-1200PLC的CPU模块是S7-1200PLC系统中最核心的成员。目前，S7-1200PLC的CPU有5类：CPU1211C、CPU1212C、CU1214C、CPU1215C和CPU1217C。除了CPU1217C外，每种CPU模块又细分三种规格：AC/DC/RLY、DC/DC/RLY和DC/DC/DC，印刷在CPU模块的外壳上，其具体含义见表11.1。

表 11.1　CPU 模块细分规格含义

CPU 类型	电源电压	DI 输入电压	DO 输出类型	DO 输出电压	DO 输出电流
AC/DC/RLY	AC120～240 V	DC 24 V	继电器输出	DC 5～30 V AC 5～250 V	2A
DC/DC/RLY	DC 24 V	DC 24 V	继电器输出	DC 5～30 V AC 5～250 V	2A
DC/DC/DC	DC 24 V	DC 24 V	晶体管输出	DC 24 V	0.5A

(1)CPU 模块的外部介绍

S7-1200PLC 的 CPU 模块将微处理器、集成电源、数字量 I/O 点和模拟量 I/O 点集成在一个设计紧凑的外壳中，形成功能比较强大的控制器，外形如图 11.6 所示。以下按图中序号介绍各部分的功能。

①电源接口。PLC 供电电源，根据 CPU 型号不同，可以选择直流 24 V 供电或交流 220 V 供电。

②存储卡插槽。位于上部保护盖下面，用于安装 SIMATIC 存储卡。S7-1200PLC 提供了专用的 MC 卡，该卡可作为程序卡、传送卡或更新硬件及清除密码使用。

③接线连接器。也称为接线端子，位于保护盖下面。接线连接器具有可拆卸的优点，便于 CPU 模块的安装和维护。

④板载 I/O 的状态 LED。S7-1200PLC 的 CPU 和各数字量信号模块(SM)为每个数字量输入和输出配备了 I/O 通道 LED 指示灯。通过板载 I/O 的状态 LED 指示灯(绿色)的点亮或熄灭，指示各输入或输出的状态。当有信号输入时，对应的输入指示灯点亮；当有信号输出时，对应的输出指示灯点亮。

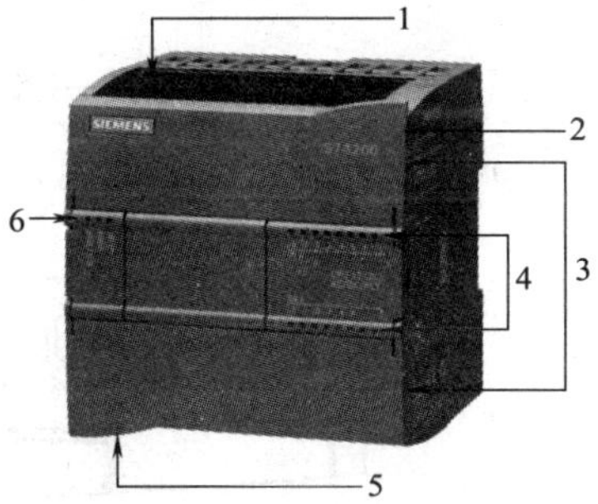

图 11.6　S7-1200 PLC 的 CPU 外形

1—电源接口；2—存储卡插槽；3—接线连接器；4—板载 I/O 的状态 LED；5—集成以太网口；6—CPU 运行状态 LED

⑤集成以太网口(PROFINET 连接器)。位于 CPU 的底部，该端口支持 PROFINET 通信和标准以太网通信，用于程序下载、设备组网。S7-1200PLC 的 CPU 还配备了两个通信状态指示灯。打开底部端子块的盖子可以看到，分别是 Link 和 Rx/Tx。Link(绿色)点亮时，表示通信连接成功；Rx/Tx(黄色)高频闪烁时，表示通信传输正在进行。

⑥CPU 运行状态 LED。S7-1200 PLC 的 CPU 上有 3 个状态指示灯，STOP/RUN、ERROR 和 MAINT，用于指示 CPU 的工作状态。

STOP/RUN 指示灯：纯橙色时表示 STOP 模式，纯绿色时表示 RUN 模式，绿色和橙色交替闪烁表示 CPU 正在启动。

ERROR 指示灯：红色闪烁状态时表示有错误，如 CPU 内部错误或组态错误等，纯红色时表示硬件出现故障。

MAINT 指示灯：每次插入存储卡时闪烁。

(2)CPU 模块的接线

在 PLC 的应用中，需要根据控制工艺的要求，选择适合的 CPU 模块以及扩展模块。之后还需要对各种输入信号(如接近开关、按钮、温度传感器、压力传感器等)进行采集，并对各种负载(如接触器线圈、电磁阀、电动阀等)进行控制，这就涉及到各种接线问题。

S7-1200PLC 的 CPU 规格虽然较多，但接线方式类似，在此仅以 CPU1212C 为例进行介绍，其余规格产品请读者参考相关手册。

①CPU1212C(AC/DC/RLY)的接线

如图 11.7 所示，CPU1212C(AC/DC/RLY)为交流供电。"L_1"和"N"端子为交流电源接入端子，输入电压范围为 120～240 VAC，为 PLC 提供电源。接入电源后，CPU 上的 DC24V 直流输出端子可向外输出一个 24 V 直流电源，"L+"和"M"端子为 24VDC 输出端子，可以向 I/O 点或外围传感器供电。但因为其电源容量较小，在实际应用中多采用外接的 DC24 V 电源为 I/O 点或外围传感器提供电源。

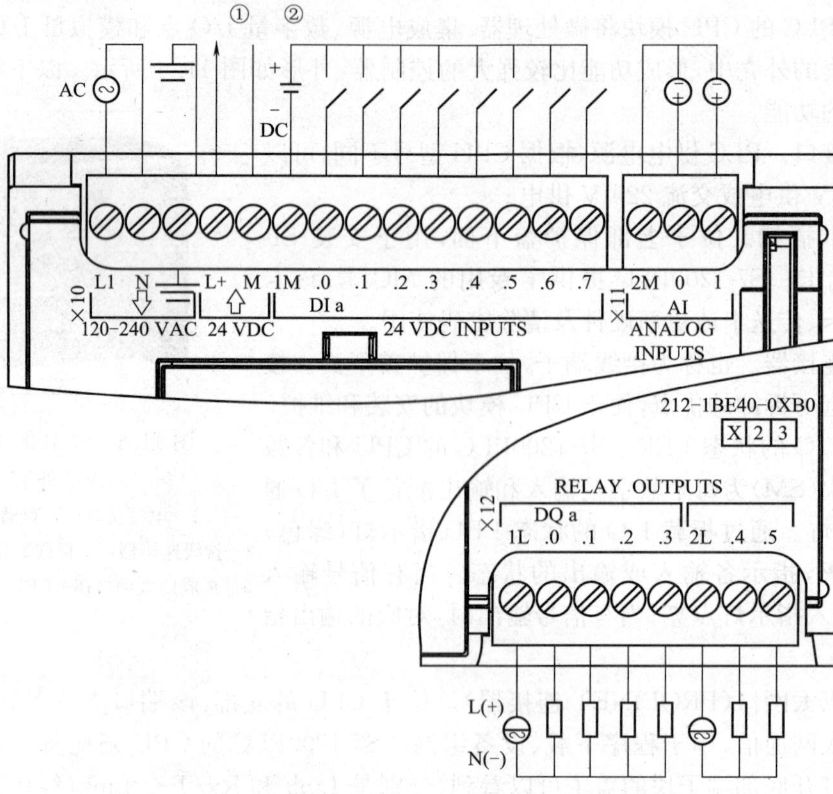

图 11.7　CPU 1212C AC/DC/RLY 的接线图

注：① 24 VDC 传感器电源输出；② 对于漏型输入，将"－"连接到"M"；对于源型输入，将"＋"连接到"M"。

在 PLC 的数字量输入接线中，除了按钮、行程开关等无源信号，还可以接近开关、光电开关以及磁感应开关等传感器的有源信号。在实际应用中，传感器可选择 NPN 型和 PNP 型两种类型。"1M"是输入端的公共端子，与 24VDC 电源相连。当公共端 1M 与 24 V 电源的"－"极相连时，为漏型接法，也叫作 PNP 型接法；反之，当公共端 1M 与 24 V 电源的"＋"极连接时，为源型接法，也叫作 NPN 型接法。对于 PNP 型传感器，必须采用 PNP 型接法，即漏型接法。对于 NPN 型传感器，必须采用 NPN 型接法，即源型接法。不论 S7-1200PLC 连接的传感器为哪种类型，接线时只需要注意数字量输入的公共端"1M"是接 DC24 V 电源的 24 V 端还是 0 端。

输出是分组安排的。对于继电器输出型 PLC，输出端 Q 和输出公共端 1L 当于开关的两端，所以接入电路时，即可接交流负载也可接直流负载，但需要注意同一公共端下的输出端子只能接同一电源的负载。使用直流负载时，公共端 1L 既可接电源的正极也可接电源的负极。

②CPU1212C(DC/DC/DC)的接线

如图 11.8 所示,CPU1212C(DC/DC/DC)的供电电源为 24 VDC。CPU 在进行供电接线时,一定要注意分清是哪一种供电方式,如果把 220 VAC 接到 24 VDC 供电的 CPU 上,或者不小心接到 24 VDC 传感器的输出电源上,都会造成 CPU 的损坏。在图 11.8 中,有两个"L+"和两个"M"端子,有箭头向 CPU 模块内部指向的"L+"和"M"端子是向 CPU 供电电源的接线端子,有箭头向 CPU 模块外部指向的"L+"和"M"端子是 CPU 向外部供电的接线端子,切记两个"L+"不要短接,否则容易烧毁 CPU 模块内部的电源。

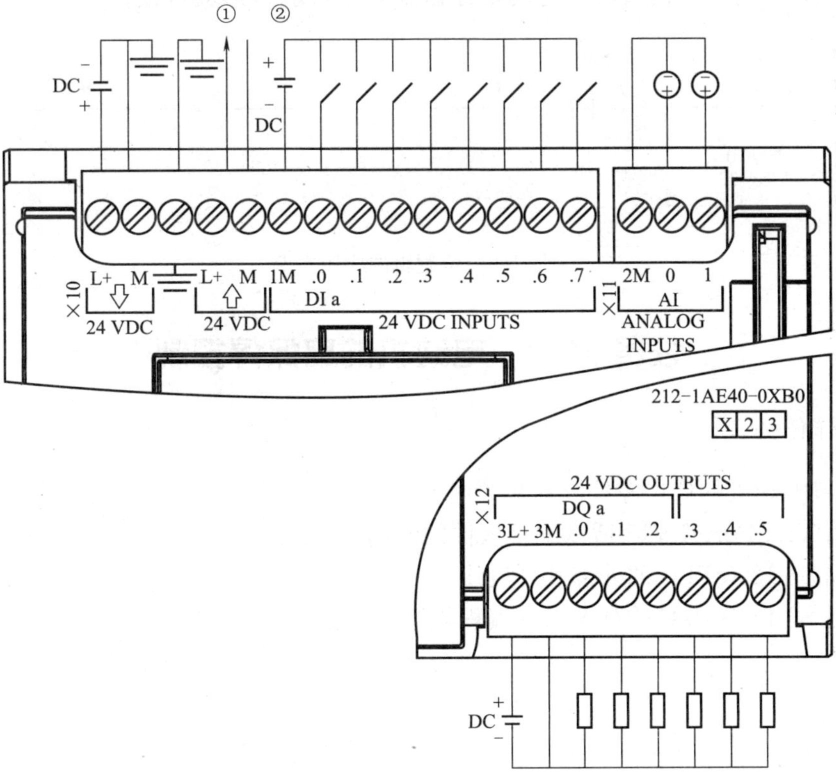

图 11.8　CPU 1212C DC/DC/DC 的接线图

目前 24 V 直流输出只有一种形式,即 PNP 型输出,也就是常说的高电平输出,理解这一点十分重要,特别是利用 PLC 进行运动控制(如控制步进电动机)时,必须考虑这一点。

4. S7-1200 PLC 的位逻辑运算指令

位逻辑指令是 PLC 中最常用的指令之一,主要用于二进制数的逻辑运算。位逻辑运算的结果简称为 RLO。

(1)触点指令

①与逻辑:表示常开触点的串联。

如果两个信号的状态均为"1",则该指令执行后,RLO 为"1"。如果其中一个信号状态为"0",则该指令执行后,RLO 为"0"。

②或逻辑:表示常开触点的并联。

如果两个信号的状态均为"0",则该指令执行后,RLO 为"0"。如果其中一个信号状态为"1",则该指令执行后,RLO 为"1"。

③与逻辑取反:表示常闭触点的串联。

④或逻辑取反:表示常闭触点的并联。

(2)线圈赋值指令

赋值:将 CPU 中保存的逻辑运算结果的信号状态分配给指定操作数。如果 RLO 的信号状态为"1",则置位操作数;如果 RLO 的信号状态为"0",则复位操作数。

(3)位逻辑指令的简单应用

位逻辑的应用实例如图 11.9 所示。当常开触点 I0.0 和常闭触点 I0.1 都接通时,输出线圈 Q0.0 得电置位为"1",同时其对应的常开触点 Q0.0 闭合,形成自锁。

图 11.9 位逻辑的应用实例

任务 11.2 电动机的启保停控制

11.2.1 工作任务

通过学习电动机的启保停控制的相关内容,能够完成以下任务:

(1)熟悉 TIA Portal V15 博途编程软件的使用;

(2)完成 S7-1200 PLC 的外部硬件接线;

(3)掌握 S7-1200 PLC 的基本指令编程与调试方法。

11.2.2 工作内容

1. 电动机启保停控制电气接线图

电动机启保停控制电气接线如图 11.10 所示,其中,SB_1 为启动按钮,SB_2 为停止按钮。

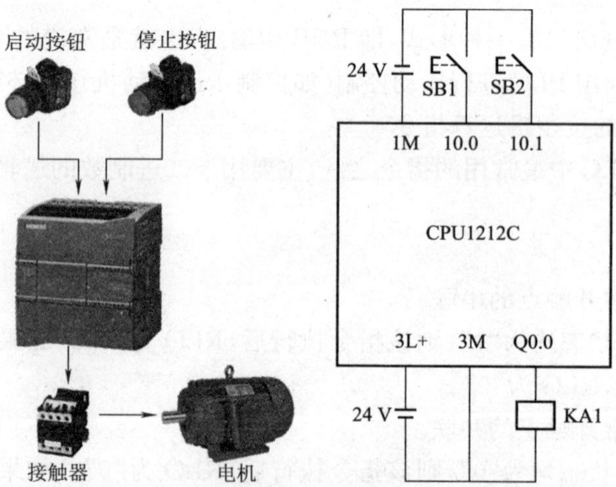

图 11.10 电动机启保停控制电气接线图

2. 新建项目

在桌面上双击“TIA Portal V15”图标，启动软件，软件界面包括 Portal 视图和项目视图，在两个界面中都可以新建项目。

在 Portal 视图中，选中“启动”→“创建新项目”，在“项目名称”框中输入新建的项目名称，并设置项目保存的路径，单击“创建”按钮，完成新建项目。

在项目视图中，选中菜单栏中“项目”，单击“新建”命令。或者直接单击工具栏中“新建”按钮，弹出“创建新项目”对话框，输入项目名称，单击“创建”按钮，完成新建项目。

3. 硬件组态

(1)添加新设备

硬件组态就是在设备与网络编辑器中，生成一个与实际硬件系统对应的虚拟系统。虚拟系统中 PLC 各模块的型号、订货号和版本，以及模块的安装位置，设备之间的通信连接都应与实际硬件系统完全相同，否则 TIA 博途软件可能会报错。

项目视图是 TIA 博途软件的硬件组态和编程的主窗口，下面将介绍在项目视图中如何进行项目硬件组态。进入项目视图后，在左侧的项目树中，单击“添加新设备”，弹出“添加新设备”对话框，如图 11.11 所示。

图 11.11　添加新设备

添加新设备的步骤如下：

①选择“控制器”，SIMATIC S7-1200。

②选择 S7-1200CPU 的型号，本例中为 CPU1212AC/DC/RLY。

③选择 CPU 的订货号和版本。

④设置设备名称。可以修改设备名称,也可保持系统默认名称。

⑤单击“确定”,完成新设备添加。

这时软件会自动进入项目视图中的设备视图界面,如图 11.12 所示,与该新设备匹配的机架随之生成,CPU 被安装在 1 号插槽。如果用到了扩展模块,则还需要对扩展模块进行配置,其中所有扩展的通信模块都要配置在 S7-1200CPU 左侧,而所有扩展的信号模块都要配置在 CPU 的右侧,在 CPU 本体上可以配置一个信号板。在硬件目录下选择模块后,则机架中允许配置该模块的槽位边框变为蓝色,不允许配置该模块的槽位边框无变化。可以用拖拽或双击的方法将模块放置到工作区机架相应的插槽内。本例中没有用到扩展模块。如果需要更换已经组态的模块,可以直接选中该模块,在鼠标右键菜单中选择“更换设备类型”命令,然后在弹出的菜单中选择新的模块。

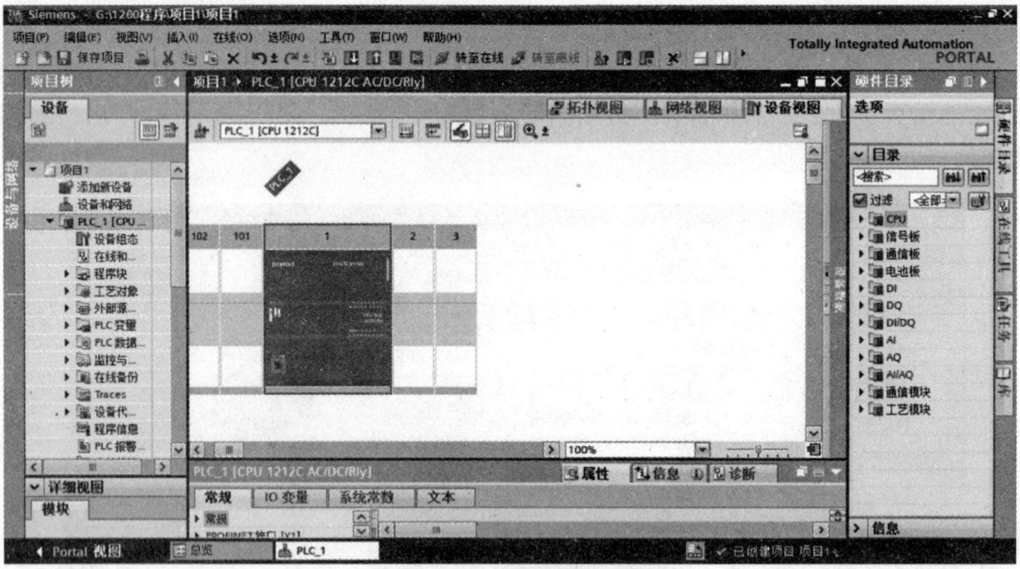

图 11.12　设备视图界面

(2)CPU 模块的参数设置

双击项目树中“PLC_1”文件夹中的“设备组态”选项,打开 PLC_1 的设备视图。选中设备视图中的 CPU 模块,然后单击巡视窗口中“属性”选项卡下的“常规”选项卡,可对 CPU 的各种参数进行配置,如 I/O 参数配置、以太网 IP 地址的配置、启动配置以及保护设置、系统时钟存储器的配置等。

①I/O 参数设置

CPU1212C 集成了 8 个数字量输入点和 6 个数字量输出点。S7-1200CPU 本体上集成的 I/O 地址并不是固定的,使用时可自行对 I/O 地址进行调整。单击“DI 8/DQ 6”选项卡,进入 I/O 参数设置界面,调整时修改 I/O 起始地址即可。默认的 I/O 地址从字节 0 开始分配,本例中对该选项中所有参数选择默认参数。

②CPU 的以太网地址设置

单击“PROFINET 接口”选项组中的“以太网地址”选项,设置 IP 地址和子网掩码,如图 11.13所示,默认 IP 地址为“192.168.0.1”,默认子网掩码为“255.255.255.0”。如果该设备需要和非同一网段的设备通信，那么还需要激活“使用 IP 路由器”选项，并输入路由器的 IP 地址。

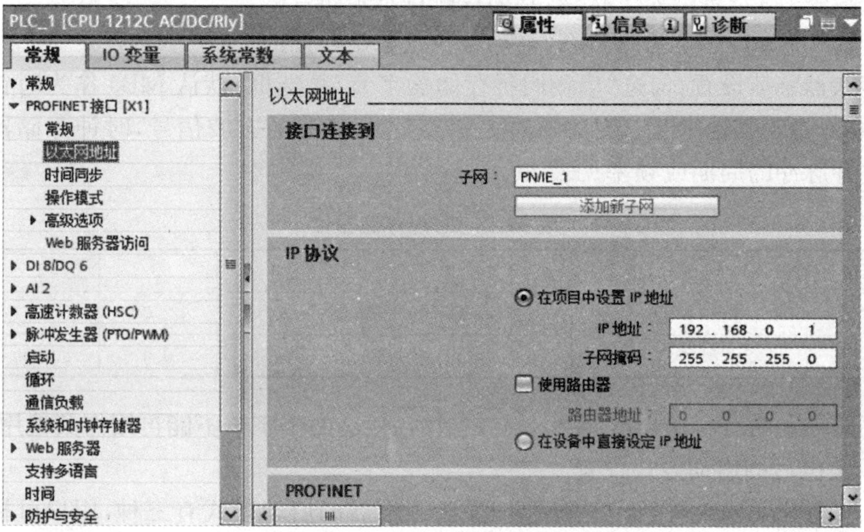

图 11.13　以太网地址配置

③CPU 的系统和时钟存储器字节设置

设置 M 存储器的字节给系统和时钟存储器，这样在以后的程序设计中，可把它们中的各个位用于逻辑编程。单击“系统和时钟存储器”选项，弹出如图 11.14 所示的界面。

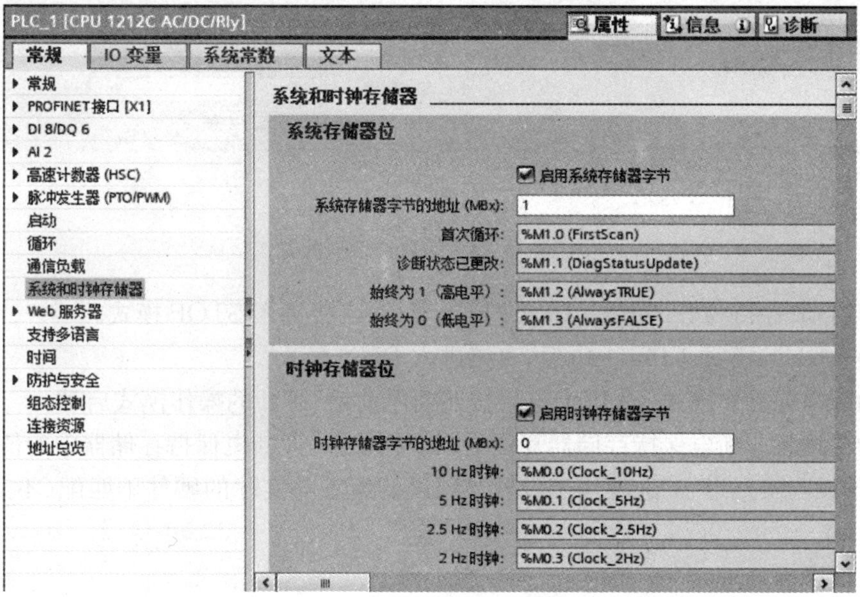

图 11.14　系统和时钟存储器

系统存储器字节设置，即勾选“启用系统存储器字节”复选框，默认 MB1 作为系统存储器字节，用户也指定其他字节。目前只用到了该字节的前 4 位，以 MB1 为例，该字节的 M1.0～M1.3 的含义如下。

M1.0(首次循环):仅在进入“RUN”模式的首次扫描时为 1 状态,之后为 0 状态。

M1.1(诊断状态已更改):诊断状态发生变化。

M1.2(始终为 1):总是为 1 状态,其动合触点总是闭合的。

M1.3(始终为 0):总是为 0 状态,其动合触点总是断开的。

时钟存储器字节设置:勾选“启用时钟存储器字节”复选框,默认 MB0 作为时钟存储器字节,用户也可以指定其他字节。时钟脉冲是占空比为 50%的方波信号,时钟存储器字节每一位对应的时钟脉冲的周期或频率见表 11.2。

表 11.2　时钟存储器位

时钟存储器位	7	6	5	4	3	2	1	0
频率/Hz	0.5	0.625	1	1.25	2	2.5	5	10
周期/s	2	1.6	1	0.8	0.5	0.4	0.2	0.1

系统存储器和时钟存储器的字节指定并激活后,这两个字节不能再用作其他用途。

④PLC 上电后的启动方式设置

单击 “启动”选项,如图 11.15 所示。CPU 上电后的启动模式有三种,用户可根据实际的情况进行选择,默认选项为“暖启动断电前操作模式”。

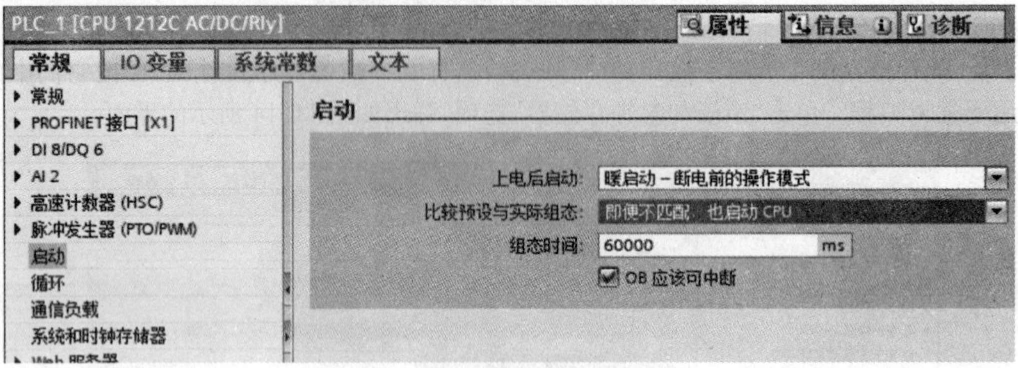

图 11.15　CPU 启动选项配置

不重新启动(保持为 STOP 模式):CPU 上电后,直接进入 STOP 模式。

暖启动—RUN 模式:CPU 上电后,直接进入 RUN 模式。

暖启动断电前操作模式:CPU 上电后按照断电前该 CPU 的操作模式启动。

暖启动是指将非断电保持存储器复位为默认初始值,而断电保持存储器中的值不变。

“比较预设与实际组态”选项用于设置当预设的组态与实际的硬件不匹配(不兼容)时,是否启动 CPU。

4.编写程序

(1)建立变量表,将符号名称与地址关联

用博途软件编写程序特别强调符号寻址的使用,在开始编写程序之前,用户应当为输入、输出及中间变量(程序中使用的地址)定义相应的符号名(标签),即创建变量表。

可以在编程前建立变量表,也可以一边编程一边建立变量表。如果不建立变量表,系统将默认 Tag_来给变量命名。下面介绍在编程前建立表量表的步骤。

在项目视图中，选定项目树中的"PLC 变量"，双击"默认变量表"选项，出现变量表。根据 I/O 分配编辑变量表，如图 11.16 所示。

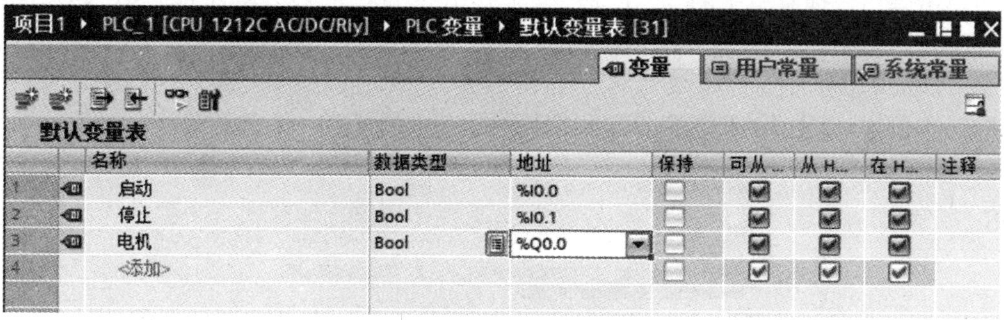

图 11.16　变量表的创建

(2)输入程序

选定项目树中的"程序块"，双击"Main[OB1]"，进入程序页面。将收藏夹中的常开触点、常闭触点或输出线圈等指令采用拖拽或双击的方式放到指定位置；也可以在页面右侧的基本指令或扩展指令里选择具体的指令来编制程序。电动机启保停控制的程序如图 11.17所示。

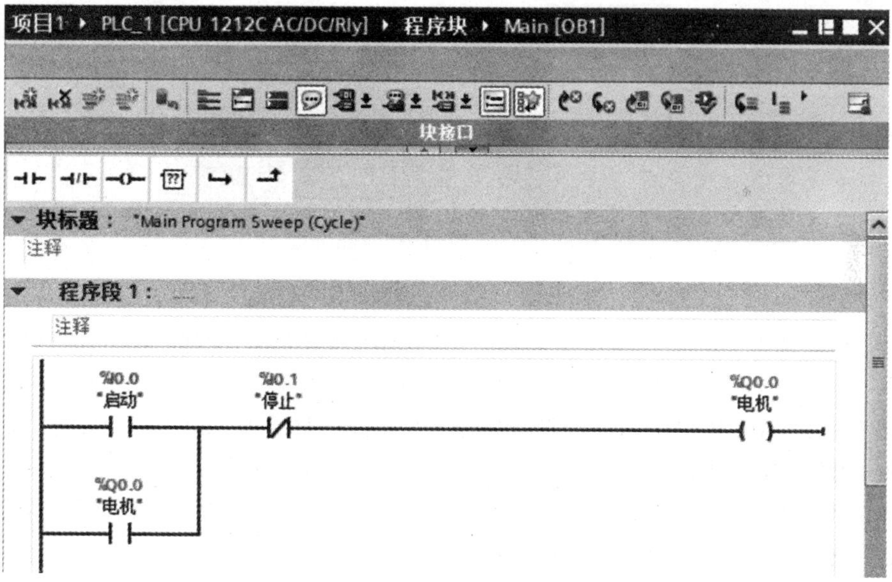

图 11.17　电动机启保停程序

(3)保存项目

在项目视图中，单击工具栏中"保存项目"按钮保存整个项目。

5. 下载项目

计算机通过以太网接口连接 S7-1200PLC，要下载用户程序，首先必须设置好计算机、PLC 的以太网通信属性。

(1)修改计算机 IP 地址

一般新购买的 S7-1200PLC 的 IP 地址默认为"192. 168. 0. 1"，这个 IP 可以不修改，但必须保证计算机IP地址与S7-1200PLC的IP地址在同一网段。

打开计算机的“控制面板”→“网络和Internet”→“网络连接”，选中“本地连接”，单击鼠标右键，再单击弹出快捷菜单中的“属性”命令，选中“Internet协议版本4(TCP/IP v4)”选项，单击“属性”按钮，弹出如图11.18所示的界面，把IP地址设为“192.168.0.2”，子网掩码设置为“255.255.255.0”。

注意：本例中，以上IP末尾的“2”可以用2～255中的任意一个整数替换。

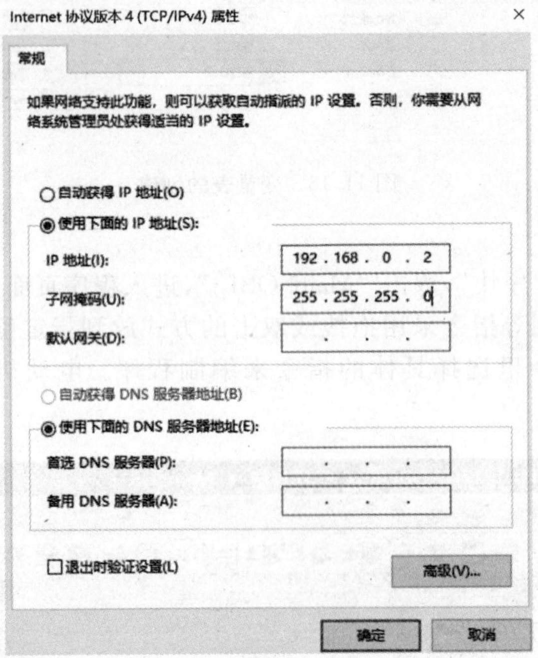

图11.18　计算机IP地址设置

(2)下载

下载之前，要确保S7-1200PLC与计算机已经用网线连接在一起，而且S7-1200PLC已经通电。

①单击工具栏的下载按钮，打开“扩展的下载到设备”对话框，如图11.19所示，选择“PG/PC接口的类型”为“PN/IE”。

②单击“PG/PC”接口下拉列表，选择实际使用的网卡。不同的计算机可能不同，此外，初学者容易选择成无线网卡，也容易造成通信失败。

③单击“开始搜索”按钮，TIA博途软件开始搜索可以连接的设备，在兼容设备列表中，出现网络上的S7-1200CPU，“扩展的下载到设备”对话框中计算机与设备的连线由断开转为接通，CPU所在的方框背景色变为橙色，表示CPU进入在线状态。

④选中列表中的CPU1212C，单击“下载”按钮，出现“下载预览”对话框，如图11.20所示，只有当“目标”栏前都是绿色对勾，“装载”按钮为黑色时才可以下载。单击“装载”按钮，弹出“下载结果”对话框，如图11.21所示，勾选“启动模块”选项，单击“完成”按钮，装载完成，PLC切换到RUN模式。这时，在巡视窗口“信息”选项卡下可以看到下载已经完成。

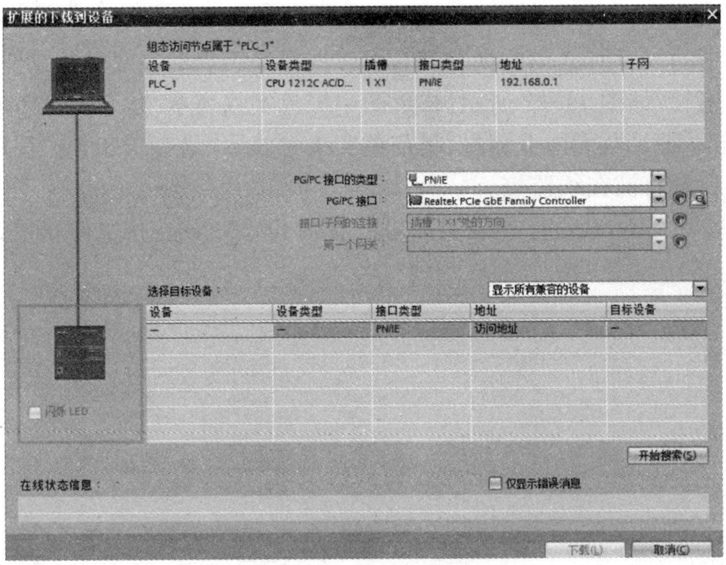

图 11.19　扩展的下载设备

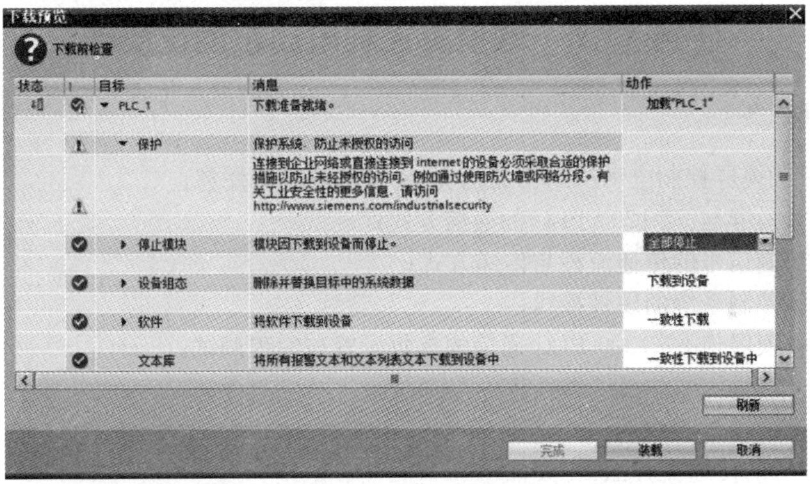

图 11.20　下载预览

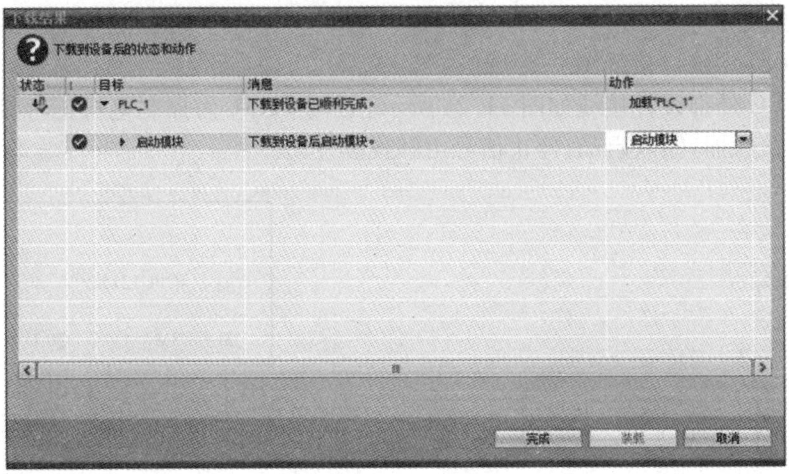

图 11.21　下载结果

6. 程序监控

单击工具栏中的"启用/禁用监视"按钮，可以选择是否启动在线监控功能。

监控功能启用后，如图 11.22 所示，梯形图中绿色实线表示"状态满足"，即有能流流过；蓝色虚线表示"状态不满足"，无能流流过；呈灰色实线时表示"状态未知"或"程序没有执行"。梯形图为黑色则表示没有被在线监控。

当按下启动按钮 SB_1，在程序监控页面可以看到 Q0.0 得电；按下停止按钮 SB_2，可以看到 Q0.0 失电。

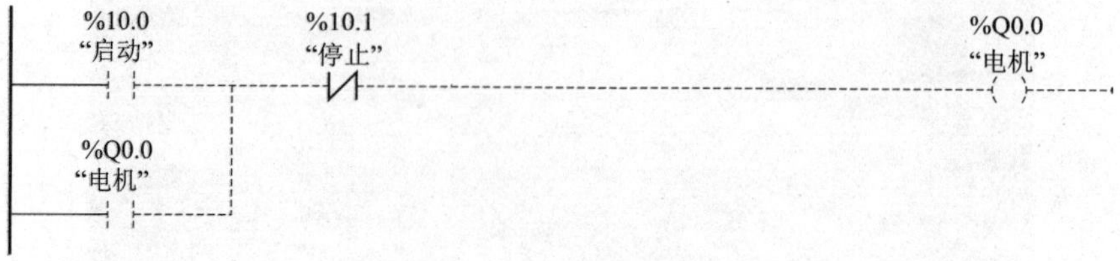

图 11.22　程序在线监控

任务 11.3　触摸屏控制电动机的正反转

11.3.1　工作任务

通过学习触摸屏控制电动机的相关内容，能够完成以下任务：

(1)了解触摸屏与 S7-1200 PLC 的通信方式；

(2)理解控制信号的传递流程与传递方式；

(3)掌握该控制系统的硬件接线；

(4)掌握触摸屏与 S7-1200 PLC 通信的参数设置与编程调试。

11.3.2　工作内容

1. 控制信号的传递流程图

触摸屏控制电动机的信号传递流程如图 11.23 所示。此处，以昆仑通泰 TcP7062Ti 型号触摸屏为例，触摸屏与 S7-1200 PLC 采用网线连接。

2. S7-1200PLC 硬件接线图

S7-1200PLC 外部硬件接线如图 11.24 所示。其中，KM_1 为控制电机正转接触器，KM_2 为控制电机反转接触器，输入启动、停止信号由触摸屏发出。

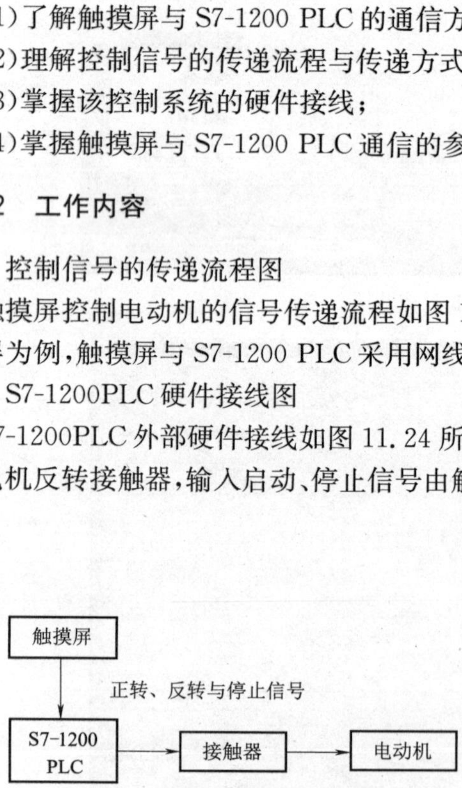

图 11.23　控制信号传递流程图

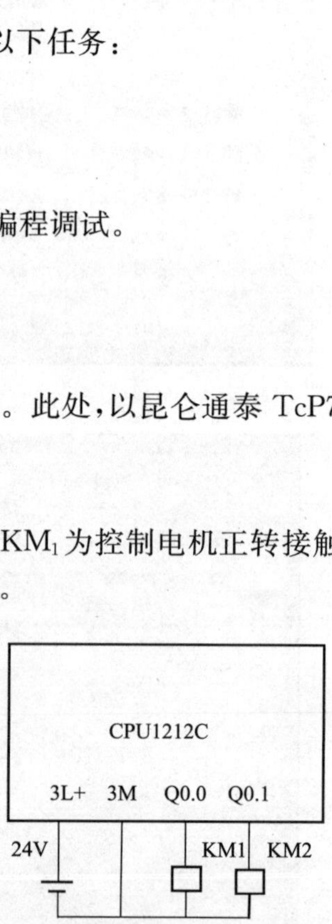

图 11.24　S7-1200 PLC 硬件接线图

3. 新建项目

打开博途软件，创建新项目，命名为：触摸屏控制电机正反转。

4. 添加 PLC 设备

在 TIA 博途软件项目视图的项目树中，双击“添加新设备”按钮，添加 PLC 新设备，命名为 PLC1，这里选择的是 CPU1214C，版本 V4.1，如图 11.25 所示。

图 11.25　添加 PLC 设备

5. IP 地址设置

选中 CPU 模块的“以太网地址”，设置 IP 地址设为 192.168.0.1，如图 11.26 所示。

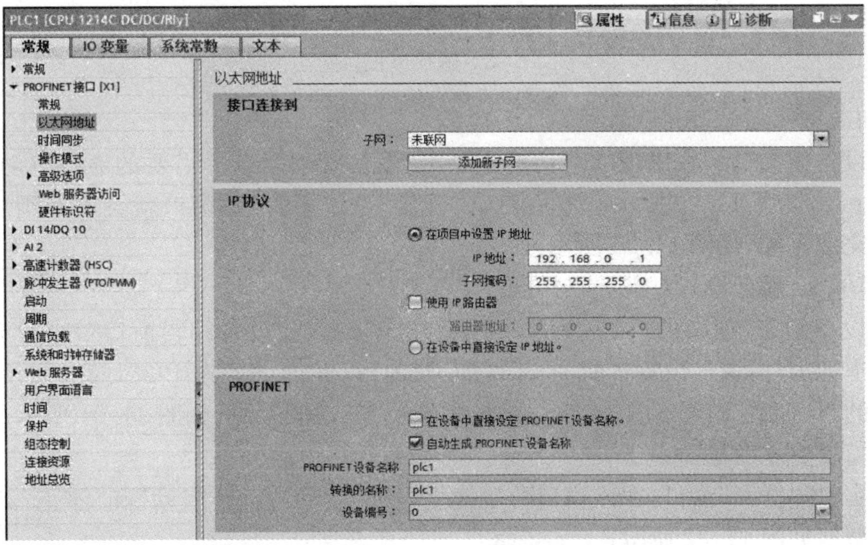

图 11.26　PLC 的 IP 设置

6. 添加触摸屏设备

打开昆仑通泰的组态软件 MCGS，新建一个项目，选择触摸屏型号，如图 11.27 所示。

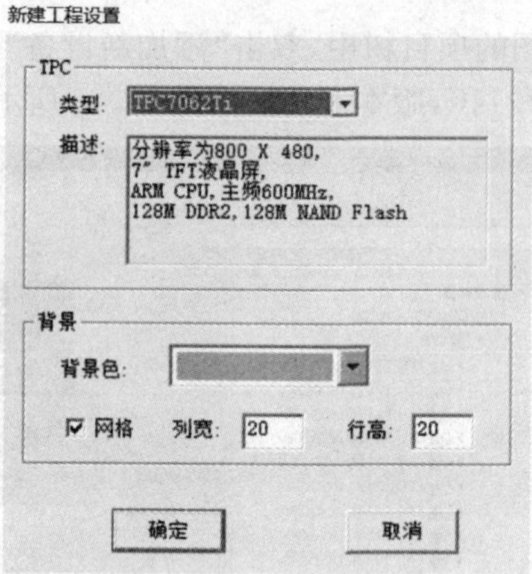

图 11.27　添加触摸屏设备

7. 触摸屏设备组态

选定好触摸屏型号后，在出现的对话框中点击“设备窗口”，然后点击“设备组态”，如图 11.28所示。

图 11.28　触摸屏设备组态

8. 添加通信驱动设备

点击“设备组态”后，在出现的对话框中点击“设备管理”，选择需要的通信驱动，这里选择“西门子 1200”，如图 11.29 所示。然后点击“确定”，“设备管理”窗口就会出现刚才添加的设备，双击它完成添加，如图 11.30 所示。

9. 触摸屏 IP 地址设置

双击“设备组态”窗口的“设备 0-Siemens_1200”，出现“设备编辑窗口”，进行通信参数设置。找到“本地 IP 设置”，设置本机 MCGS 的 IP 地址，此处设置为 192.168.0.2，“远程 IP 地址”为通信的 S7-1200 PLC 的 IP 地址，此处设置为 192.168.0.1，如图 11.31 所示。

10. 触摸屏建立变量

点击“实时数据库”窗口，在该窗口分别建立“正转启动”“反转启动”和“停止”3 个变量，类型为“开关型”，如图 11.32 所示。

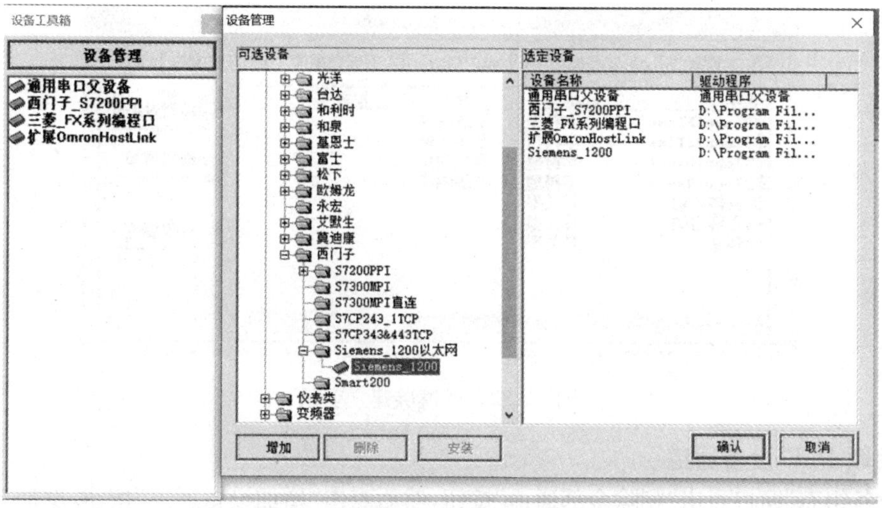

图 11.29　添加触摸屏通信设备(一)

图 11.30　添加触摸屏通信设备(二)

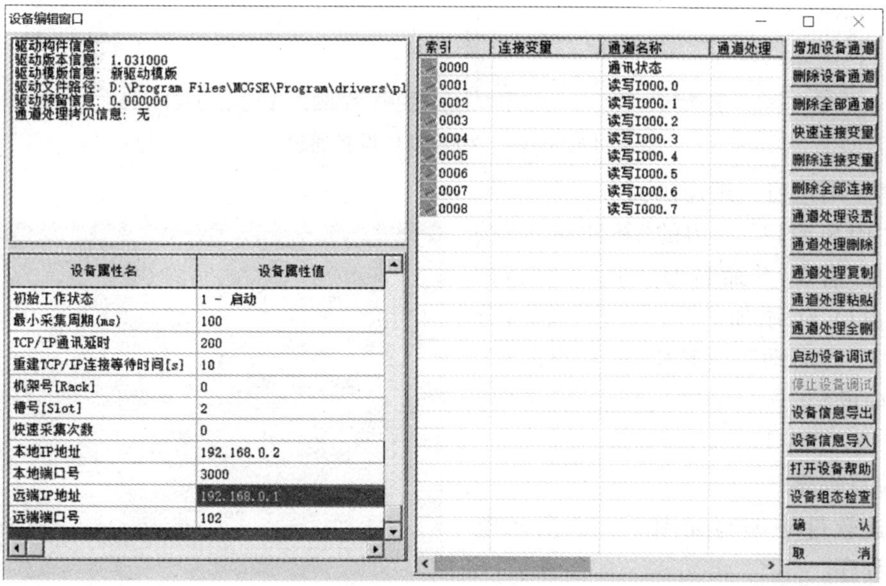

图 11.31　触摸屏 IP 地址设置

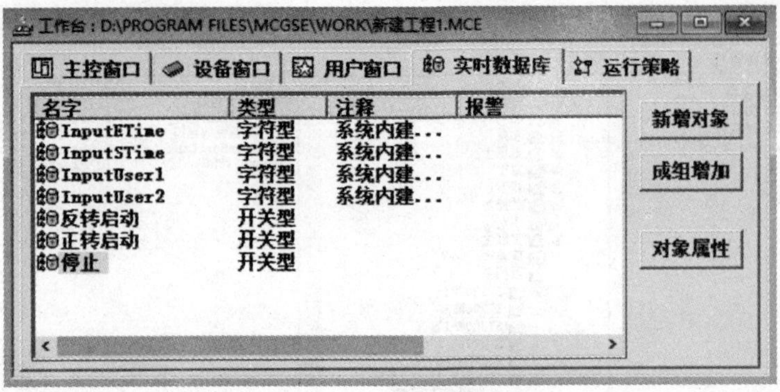

图 11.32 触摸屏建立变量

11. 关联 PLC 设备通道

在“设备组态”窗口点击“删除全部通道”按钮，然后点击“增加设备通道”按钮，增加 3 个设备通道 M5.0、M5.1、M5.2，并分别关联“正转启动”“反转启动”和“停止”3 个变量，如图 11.33 所示。

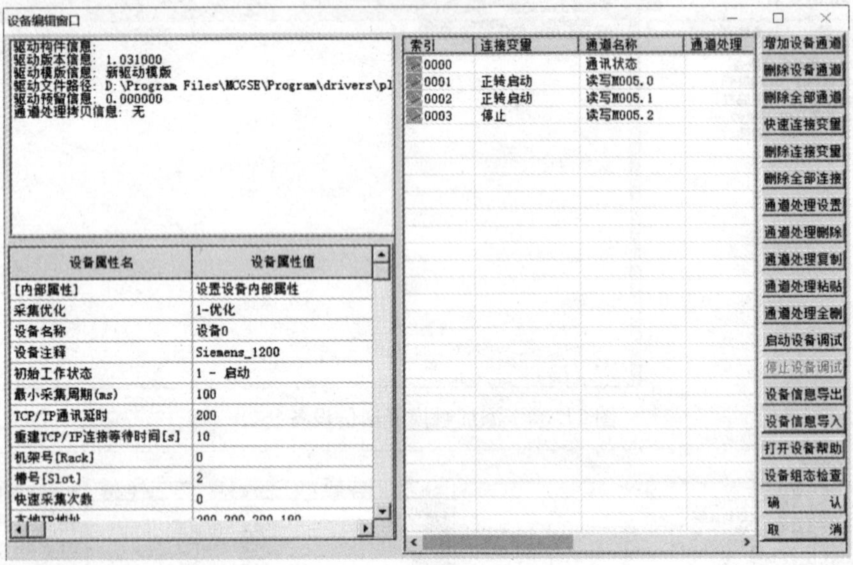

图 11.33 关联 PLC 设备通道

12. 建立用户窗口组态画面

点击“用户窗口”右边的“新建窗口”按钮，新建用户窗口，并命名为“电机正反转控制”，在该窗口下，添加 3 个“按钮”组件，分别命名为“正转启动”“反转启动”和“停止”，并关联对应的“正转启动”“反转启动”和“停止”3 个变量，如图 11.34 所示。

13. 编写程序

在博途软件中编写如图 11.35 所示电机正反转程序。

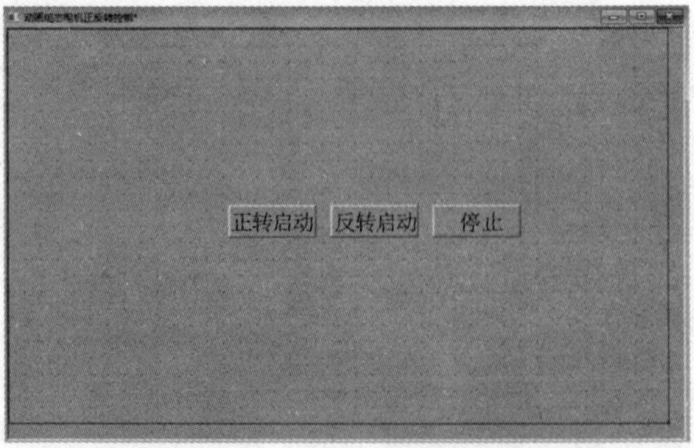

图 11.34 用户画面组态

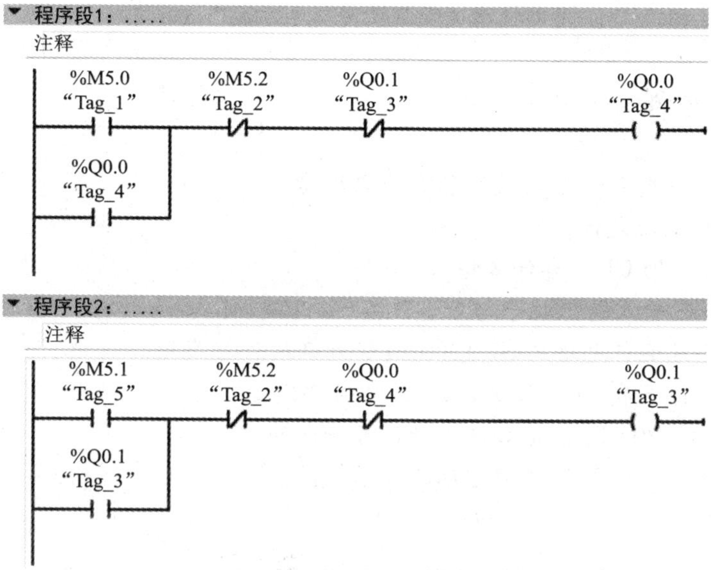

图 11.35　电机正反转程序

14. 保存项目

在项目视图中，单击工具栏中"保存项目"按钮保存整个项目。

15. 下载项目

计算机通过以太网接口连接 S7-1200PLC，要下载用户程序，首先必须设置好计算机、PLC 的以太网通信属性。

(1)修改计算机 IP 地址

一般新购买的 S7-1200PLC 的 IP 地址默认为"192.168.0.1"，这个 IP 可以不修改，但必须保证计算机 IP 地址与 S7-1200PLC 的 IP 地址在同一网段。

打开计算机的"控制面板"→"网络和 Internet"→"网络连接"，选中"本地连接"，单击鼠标右键，再单击弹出快捷菜单中的"属性"命令，选中"Internet 协议版本 4(TCP/IP v4)"选项，单击"属性"按钮，把 IP 地址设为"192.168.0.3"，子网掩码设置为"255.255.255.0"。

(2)下载

下载之前，要确保 S7-1200PLC 与计算机已经用网线连接在一起，而且 S7-1200PLC 已经通电。

项目小结

本项目包括认知西门子 S7-1200PLC 结构组成及工作原理、硬件接线与博途编程软件的使用、以太网通信方法等任务。西门子 S7-1200PLC 是目前市场占有率和使用率较高的工控机，通过启保停控制案例，介绍 S7-1200PLC 常用基本指令的使用；而后在 PLC 控制基础上，加入触摸屏，完成 PLC 与触摸屏的以太网通信组态，实现通过触摸屏来完成对电动机正反转电路运行状态的监视与控制。

通过本项目的学习，可使学生掌握 S7-1200PLC 的基础理论知识和工业中常用的以太网通信技术，具备 S7-1200PLC 基本操作技能和独立思考、分析、排故、解决问题的能力，为今后从事工业控制领域相关工作提供技术支持。

复习思考题

1. PLC 的硬件由哪几部分组成？各有什么用途？
2. PLC 的工作原理是什么？
3. S7-1200 PLC 的 CPU 有什么特点？
4. S7-1200 PLC 输入输出端子与外部设备(如开关、负载)连接时，应注意哪些问题？
5. 绘制电机连续运行电路的 S7-1200 PLC 外部硬件接线图。
6. 使用博途软件下载 PLC 程序时，应注意哪些问题？
7. 触摸屏与 S7-1200 PLC 是如何进行信号传递的？
8. 触摸屏与 S7-1200 PLC 的通信参数应如何设置？

项目 12　实验实训项目

任务 12.1　三相异步电动机直接启动控制

任务导入

在实际生产中，三相异步电机的启动控制是非常基础和应用广泛的控制。如生产线中的货物输送、建筑系统中用的水泥搅拌机、大型购物商场的电梯等都是三相交流异步电动机典型应用。那么，三相异步电动机是怎样启动的呢？下面我们来学习下三相异步电动机最基本的启动——三相异步电动机直接启动控制系统基础知识。

任务目标

1. 能力目标

(1)能够按照控制原理图准确连接电路。

(2)能掌握三相异步电动机直接启动控制的接线技能。

(3)能够检修、排除实训过程中出现的故障。

2. 知识目标

(1)了解三相异步电动机工作原理及结构。

(2)熟悉各控制元器件的工作原理及构造。

(3)熟悉三相异步电动机直接启动的控制原理和过程。

3. 素质目标

(1)增强学生的动手能力。

(2)培养学生的团队合作精神。

【任务准备】

1. 本次实训项目所需元器件见表 12.1。

2. 安全须知：

(1)禁止用湿手触碰元器件；

(2)连接和拆除电路前必须要关闭电源，禁止带电操作，通电后不能用手直接触碰导线或元器件；

(3)在实训过程中，如发现有出现不正常声响、局部温升、嗅到绝缘漆过热产生的焦味等现象，应立即按下紧急按钮，关闭总电源开关，并报告指导老师进行检查。

表 12.1　设备、工具、器材明细表

序号	名称	符号	元件型号	模块型号	数量	备注
1	电源		3×380 V/220 V	GTAWD-TW1	1	
2	低压断路器	QF	DZ47S-32/C10	GW001	3	
3	熔断器	FU	德力西 RT18－32/5 A	GW002	3	
4	三相异步电动机	M	JW6314－180 W		1	
5	万用表				1	
6	导线				若干	
7	实训电工工具		试电笔、螺丝刀(一字＋十字)、斜口钳、剥线钳、尖嘴钳等		1	套

【实训内容及操作步骤】

1. 实训内容

(1)控制对象:三相异步电动机;控制元件:低压断路器。

(2)控制原理:当手动合上低压断路器,接通电源,三相异步电动机处于启动、运转状态;当手动断开低压断路器,切断电源,电动机停止运转。

(3)三相异步电动机直接启动控制电气原理图。

根据控制原理绘制电气原理图,三相异步电动机直接启动控制原理图如图 12.1 所示。

(4)三相异步电动机直接启动控制元件布置图。

根据控制原理、控制对象及使用的元件,画出元件的布置图,如图 12.2 所示。

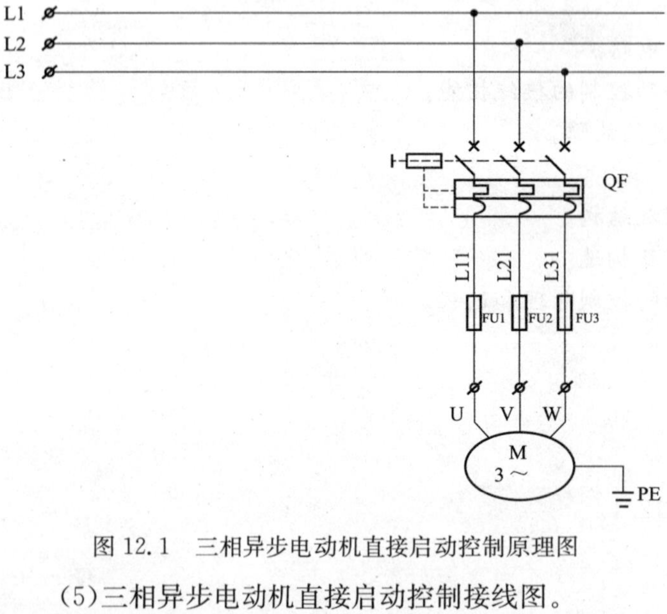

图 12.1　三相异步电动机直接启动控制原理图

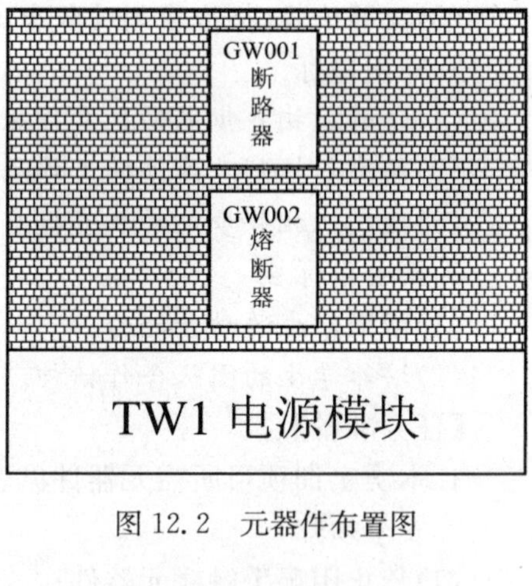

图 12.2　元器件布置图

(5)三相异步电动机直接启动控制接线图。

根据原理图和元件布置图,绘制出三相异步电动机直接启动控制接线图,如图 12.3 所示。

2. 操作步骤

(1)实训准备

根据实验要求,按照表 12.1 所示设备、工具、器材明细表,将实训所需要的设备、工具、器材准备齐全并认真检查元件模块、仪表工具是否完好。

(2)理解、分析三相异步电动机直接启动的电气原理图、元件布置图、接线图

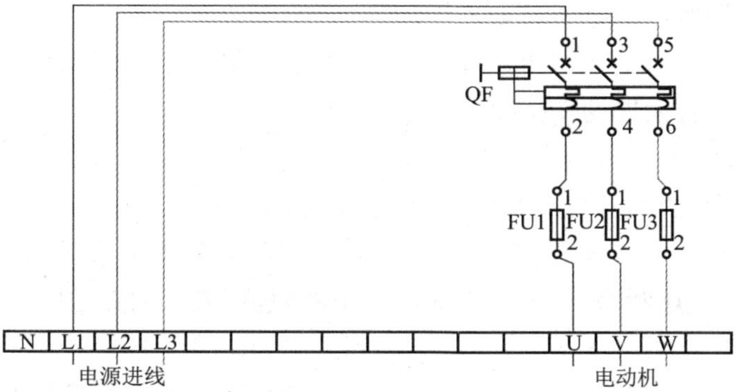

图 12.3　三相异步电动机直接启动控制接线图

根据控制对象、控制元件、控制原理，分析理解三相异步电动机直接启动控制的电气原理图、元件布置图、接线图原理及内容。

(3)按照元件布置图布置元器件

根据图 12.2 所示的元件布置图上各元件的位置，在实训台的网孔板上摆放各模块，三相异步电动机放置在实训台桌面上。

(4)实物接线

根据图 12.3 所示的接线图，连接各元件。连接完成后，三相异步电动机直接启动实物图如图 12.4 所示，黄绿红表示 ABC 三相电的三相。

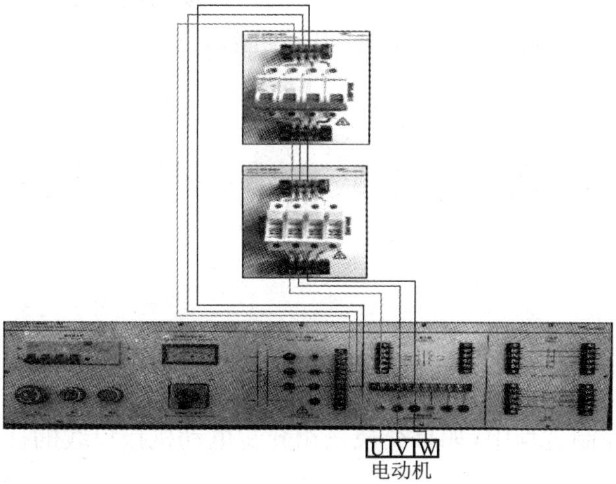

图 12.4　三相异步电动机直接启动实物图

注：在电路连接时，若电路中既有主电路，又有控制电路，需先连接控制电路，并检查无误后，再连接主电路并检查。本次实训电路较为简单，只有主电路，无控制电路。

(5)自检

在检查之前，三相异步电动机先不接入电路中，待电路经过以下检测无误后，方可接入电路，进行电路调试。

①外观检查

a. 检查有无绝缘层压入接线端子，如有绝缘层压入接线端子，通电后会使电路无法接通。

b. 检查裸露的导线线芯是否符合规定。

c. 用手摇动、拉拔接线端子上的导线。检查所有导线与端子的接触情况，不允许有松脱。

d. 用万用表检查各元件动作情况及接线是否正确。

②主电路的检查

用万用表：R×10 档或 R×100 档。将两表笔分别放在 L_1 与 U、L_2 与 V、L_3 与 W 两点。正常情况下万用表显示“1”或不显示，表示此时两点之间阻值无穷大，两点之间是断开的。合上 GW001 模块上的低压断路器，万用表显示很小的阻值，表示两点之间导通。

③上电检查

用万用表：交流电压挡，选用 700 V 档位。在外观检查和主电路检查无误后，打开电源，将万用表两表笔分别在 GW001 低压断路器的出线端、熔断器的出线端，电动机接口的 U、V、W 两两接口之间测量电压。合上低压断路器，万用表检测电动机接口的 U、V、W 两两接口之间的测量电压为 400 V；断开低压断路器，万用表检测电动机接口的 U、V、W 两两接口之间电压为 0；若实际检测与上述描述相符则表示电路上电检测正确。上电检测后，关闭电源。

注：上电后的检测和操作要在实训指导老师的监督下进行。只有在以上各处检查均正确的情况下，才能将三相异步电动机接入电路中进行功能调试。

(6)电动机直接启动控制功能调试

接入三相异步电动机，外壳可靠接地。检查无误后，打开实训台电源，手动合上低压断路器，三相异步电动机启动、转动；手动断开低压断路器，切断电源，电动机停止运转。可反复几次断开、合上低压断路器观察实验现象。若电动机能够按照低压断路器的合上、断开出现正常启动、转动、停止，则说明控制电路连接正确，电动机启动正常；反之，应立即断开断路器，查找原因。

(7)整理器材

项目完成后，断开低压断路器，断开实训台总电源。拆除导线及设备，整理元件，归位摆放。

拓展与思考

1. 在实训中，按照实训步骤一步一步操作执行，若未出现与实训步骤相同的实训结果，你会怎么分析和处理？

2. 思考在上述的控制过程中，如果交换三相异步电动机接口线的任何两根线路连接，电动机会怎样转动？

任务 12.2　三相异步电动机接触器点动控制线路

任务导入

在实际生产中，三相异步电机的接触器点动控制运用的不多，多在设备调试上广泛的使用。如生产中故障诊断与维修时，通过三相异步电机的接触器点动控制来判断设备故障发生位置、排除非故障点等。下面我们来学习三相异步电机接触器点动控制系统基础知识。

任务目标

1. 能力目标

(1)能够识别交流接触器、热继电器。

(2)能够按照控制原理图绘制元件布置图、布线图。

(3)能够连接三相异步电动机接触器点动控制电路。

2. 知识目标

(1)了解交流接触器的工作原理及结构。

(2)熟悉交流接触器的点动控制原理。

(3)熟悉交流接触器点动控制三相异步电动机控制过程。

3. 素质目标

(1)锻炼学生的动手能力。

(2)增强学生遇到问题,分析解决问题的能力。

【任务准备】

1. 本次实训项目所需设备、工具、器材见表 12.2。

表 12.2　设备、工具、器材明细表

序号	名称	符号	元件型号	模块型号	数量	备注
1	电源		3×380 V/220 V	GTAWD-TW1	1	
2	低压断路器	QF	DZ47S-32C10	GW001	3	
3	熔断器	FU	德力西 RT18-32/5 A	GW002	4	
4	三相异步电动机	M	JW6314-180 W		1	
5	接触器	KM	CJX2-0910/AC 220 V	GW003	1	
6	热继电器	FR	JRS1D-25	GW004	1	
7	实验按钮	SB	LAY5-BE102	GW009	1	绿色
8	万用表				1	
9	导线				若干	
10	实训电工工具		试电笔、螺丝刀(一字和十字)、斜口钳、剥线钳、尖嘴钳等		1	套

2. 安全须知:

(1)安装低压断路器、熔断器前,检查元件是否能够正常使用,低压断路器要处于断开状态;

(2)连接和拆除电路前必须要关闭电源,禁止带电操作,通电后不能用手直接触碰导线或元器件;

(3)在实训过程中,不得随意更改电路连接,修改电路一定要得到实训指导老师同意。

【实训内容及操作步骤】

1. 实训内容

(1)控制对象:三相异步电动机;控制元件:按钮、接触器。

(2)控制原理:当手动按下按钮时,接通电源,交流接触器主触点闭合,三相异步电动机处于启动、运转状态;当松开按钮时,切断电源,交流接触器主触点断开,电动机停止运转。

(3)三相异步电动机接触器启动控制电气原理图。

根据控制原理绘制电气原理图，如图 12.5 所示。

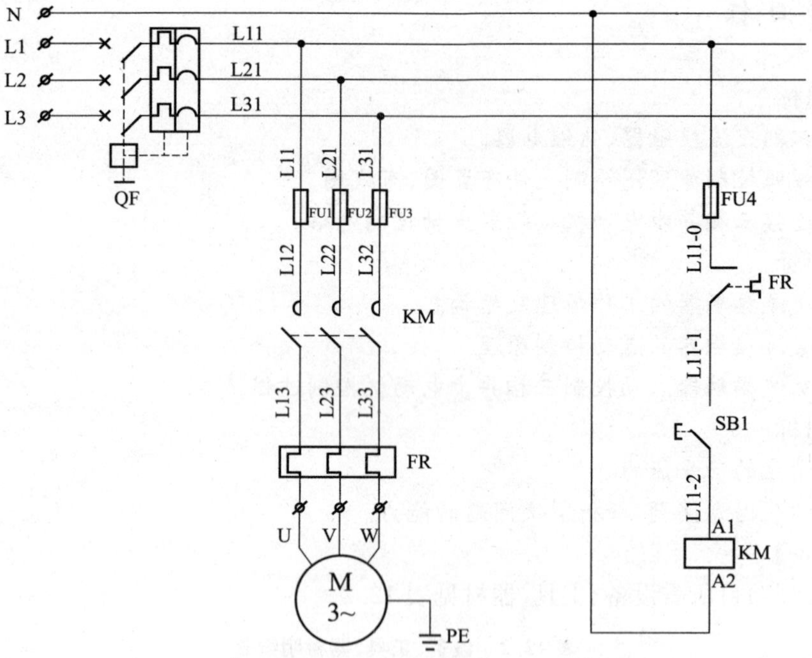

图 12.5　三相异步电动机接触器点动控制原理图

2. 操作步骤

(1)实训准备

根据实验要求，按照表 12.2 所示设备、工具、器材明细表，将实训所需要的设备、工具、器材准备齐全并认真检查元件模块、仪表工具是否完好。

(2)绘制元件布置图

根据图 12.6 所示的三相异步电动机接触器点动控制线路原理图及表 12.2 所选用的元件模块，绘出三相异步电动机接触器点动控制的元件布置图。

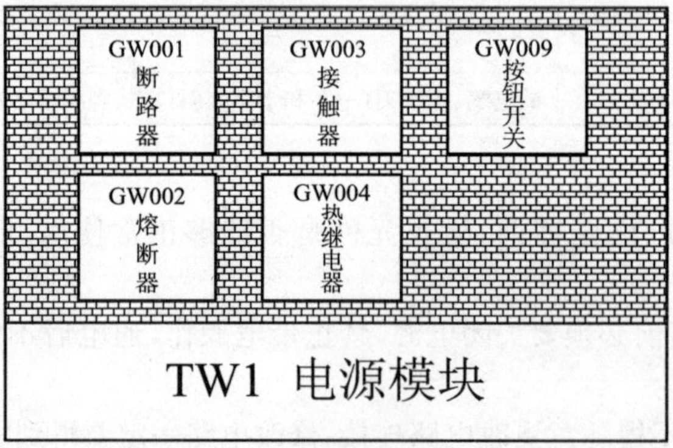

图12.6　三相异步电动机接触器点动控制元件布置图

(3)绘制接线图

根据图 12.7 所示的三相异步电动机接触器点动控制线路原理图及表 12.2 所选用的元件，绘出三相异步电动机接触器点动控制的接线图，注意线号。

(4)布置元件

根据所绘制的元件布置图上各元件的位置，在实训台的网孔板上摆放实训用的各模块，三相异步电动机放置在实训台桌面上。

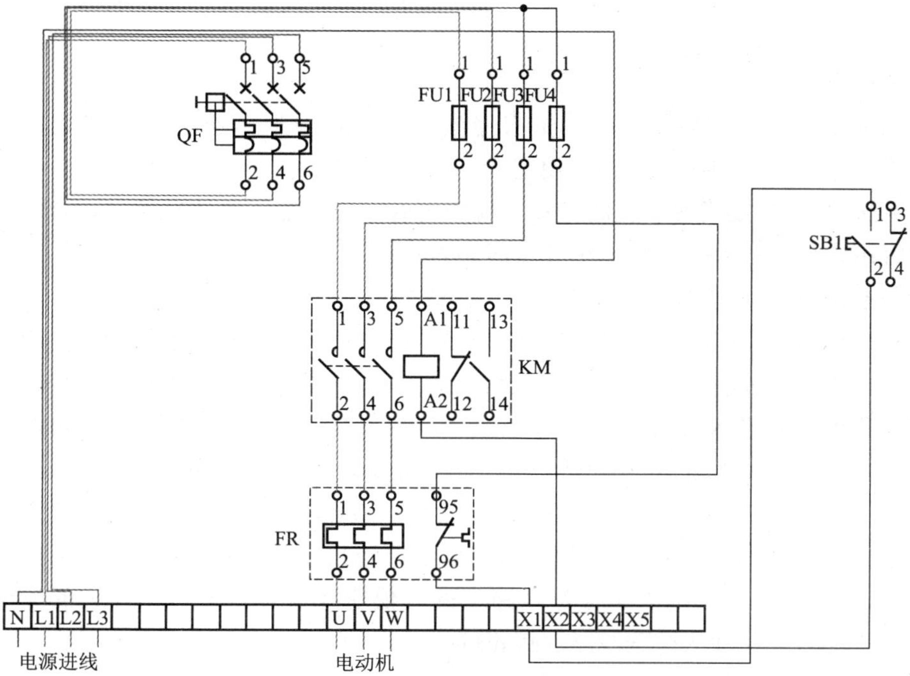

图 12.7　三相异步电动机接触器点动控制接线图

(5)实物接线

根据所绘制的三相异步电动机接触器点动控制接线图,连接实物元件。在电路连接时,先连接控制电路并检查无误后,再连接主电路并检查。三相异步电动机接触器点动控制整体实物连接图如图 12.8 所示。

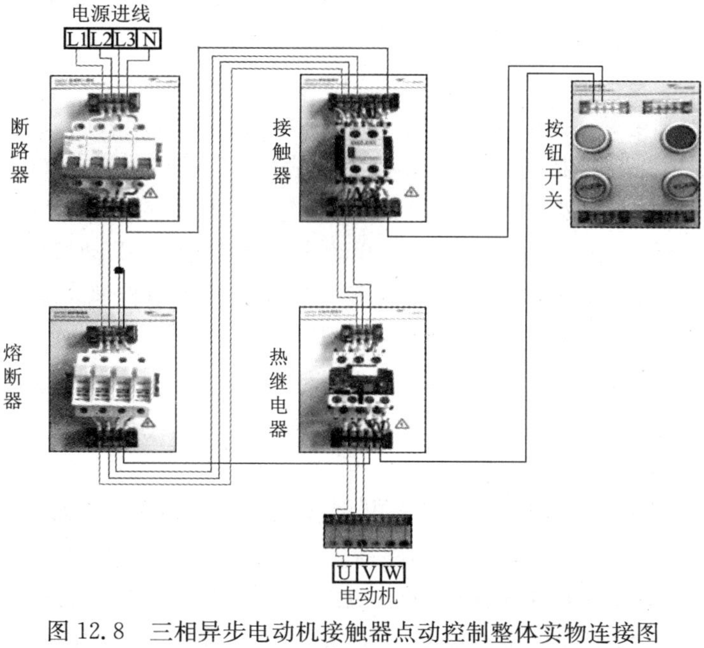

图 12.8　三相异步电动机接触器点动控制整体实物连接图

注:在电路连接时,若电路中既有主电路,又有控制电路,需先连接控制电路,然后再连接主电路。

(6)自检

在检查之前，三相异步电动机先不接入电路中，待电路经过以下检测无误后，方可接入电路，进行电路功能调试。

①外观检查：

a. 检查有无绝缘层压入接线端子，如有绝缘层压入接线端子，通电后，会使电路无法接通。

b. 检查裸露的导线线芯是否符合规定。

c. 用手摇动、拉拔接线端子上的导线。检查所有导线与端子的接触情况，不允许有松脱。

d. 用万用表检查各元件动作情况及接线是否正确。

②控制电路检查：用万用表，选用 R×10 档或 R×100 档。

a. 按照原理图上控制电路接的元件模块顺序，再检查一遍各端子前后连接是否正确。

b. 将万用表的两表笔一端放在控制电路与 L_{11} 相线的接口上，一端放在 GW001 模块上的低压断路器的出线端的 N 端，此时万用表显示"1"或不显示，表示此时两点之间阻值无穷大，控制电路是断开的。按下按钮 SB_1 不松开，万用表显示阻值为几十或几百欧姆(此时的阻值为导线、元件上的阻值)；松开按钮 SB_1，万用表显示"1"或不显示，表示松开按钮控制电路不导通。说明按钮在控制电路中起到控制作用，控制电路连接正确。反之，则说明连接不正确，再次使用万用表从 L_{11} 相线开始依次检查电路中的各模块元件是否连接正确。依次检查、更正后，重复上述检测，直到确认控制线路连接正确为止。

③主电路的检查：用万用表，选用 R×10 档或 R×100 档。

将万用表的一支表笔接在 GW001 模块上的低压断路器的出线端的端口处，另一只表笔接在电动机接线端子上(即 L_{11} 与 U、L_{21} 与 V、L_{31} 与 W)，测量它们之间的阻值，万用表显示阻值为"1"或不显示，说明两接口之间是断开的；手动使交流接触器 KM 主触点闭合，此时万用表显示 L_{11} 与 U、L_{21} 与 V、L_{31} 与 W 之间的阻值很小，表明两端子之间是导通状态。若实际检测时与上述现象不符，则说明主电路连接出现错误，应依次从上到下检测各元件之间的连接，检查、更正后，重复上述检测，直到确认控制线路连接正确为止。

④上电检查：使用万用表，交流电压挡，选用 700 V 档位。

在外观检查、控制电路、主电路检查无误后，接通电源，将万用表两表笔分别在 GW001 低压断路器的出线端 L_{11}、熔断器的出线端 L_{22}，万用表显示电压应该在 400 V 左右；按下按钮 SB_1 不放松，交流接触器 KM 吸合动作，万用表测得电动机接口的 U、V、W 两两接口之间电压为 400 V；松开按钮 SB_1，交流接触器 KM 断开动作，万用表测得电动机接口的 U、V、W 两两接口之间电压为0。若实际检测与上述描述相符则表示电路上电检测正确。上电检测后，关闭电源。

注：上电检查和操作要在实训指导老师的监督下进行。只有在以上各处检查均正确的情况下，才能将三相异步电动机接入电路中进行功能调试。

(7)电动机接触器点动控制调试

连接三相异步电动机到主电路中，外壳可靠接地，检查电路连接无误后，合上 GTAWD-TW1 电源模块和 GW001 模块上的低压断路器。当手动按下 GW009 模块上绿色按钮不放松时，GW003 模块上的接触器吸合，电路导通，三相异步电动机启动、运转；当松开 GW009 模块上绿色按钮时，GW003 模块上的接触器断开，电路断开，三相异步电动机停止转动。可以连续几次尝试按下、松开按钮观察电动机的启动、转动、停止。

(8)整理器材

实训完成后，断开低压断路器，切断实训台总电源。拆除导线及设备，整理元件，归位摆放。

拓展与思考

1. 在实训中，按照实训步骤一步一步操作执行，若未出现与实训步骤相同的实训结果，你会怎么分析、处理？

2. 怎样实现三相异步电动机的自锁控制，即按一下按钮，三相电动机启动、运转，再按一下按钮，三相电动机停止运转？

任务 12.3　三相异步电动机接触器自锁控制线路

任务导入

在实际生产中，三相异步电机的接触器自锁控制运用非常广泛，如饲养场的打料机、商场扶梯等。下面我们通过水泥搅拌机的电动机控制来学习三相异步电机接触器自锁控制系统基础知识。

任务目标

1. 能力目标

(1)能够识别三相异步电动机接触器自锁控制的各元件。

(2)能够按照控制原理图绘制元件布置图、接线图。

(3)能够准确连接三相异步电动机接触器自锁控制线路。

2. 知识目标

(1)了解交流接触器的工作原理及结构。

(2)熟悉交流接触器的自锁控制原理。

(3)熟悉交流接触器自锁控制三相异步电动机控制过程。

3. 素质目标

(1)锻炼学生的动手能力。

(2)锻炼小组成员之间相互协作的能力。

【任务准备】

1. 本次实训项目所需设备、工具、器材见表 12.3。

2. 安全须知：

(1)安装低压断路器、熔断器前，检查元件是否能够正常使用；

(2)在实训过程中，不能用湿手接触元器件；

(3)连接和拆除电路前必须要关闭电源，禁止带电操作，通电后不能用手直接触碰导线或元件。

表 12.3　设备、工具、器材明细表

序号	名称	符号	元件型号	模块型号	数量	备注
1	电源		3×380 V/220 V	GTAWD-TW1	1	
2	低压新路器	QF	DZ47S-32C10	GW001	3	
3	熔断器	FU	德力西 RT18-32/5 A	GW002	4	
4	三相异步电动机	M	JW6314-180 W		1	
5	交流接触器	KM	CJX2 0910/AC 220 V	GW003	1	
6	热继电器	FR	JRS1D 25	GW004	1	
7	实验按钮	SB	LAYS BE102	GW004	2	绿色、红色
8	万用表				1	
9	导线				若干	
10	实训电工工具		试电笔、螺丝刀(一字和十字)、斜口钳、剥线钳、尖嘴钳等		1	套

【实训内容及操作步骤】

1. 实训内容

(1)控制对象:三相异步电动机;控制元件:按钮,接触器。

(2)控制原理:当按下启动按钮 SB_1,线圈 KM 通电,主触点闭合,电动机 M 启动运转。当松开按钮时,电动机 M 不会停转,因为这时,接触器线圈 KM 可以通过并联在 SB_1 两端已闭合的辅助触点 KM 继续维持通电,保证主触点 KM 仍处在接通状态,电动机 M 就不会失电,也就不会停转。这种松开按钮而仍能自行保持线圈通电的控制线路叫作具有自锁(或自保)的接触器控制线路,简称自锁控制线路。与 SB_1 并联的这一对常开辅助触点 KM 叫作自锁(或自保)触点。

(3)三相异步电动机接触器自锁控制电气原理图。

根据控制原理绘制电气原理图,如图 12.9 所示。

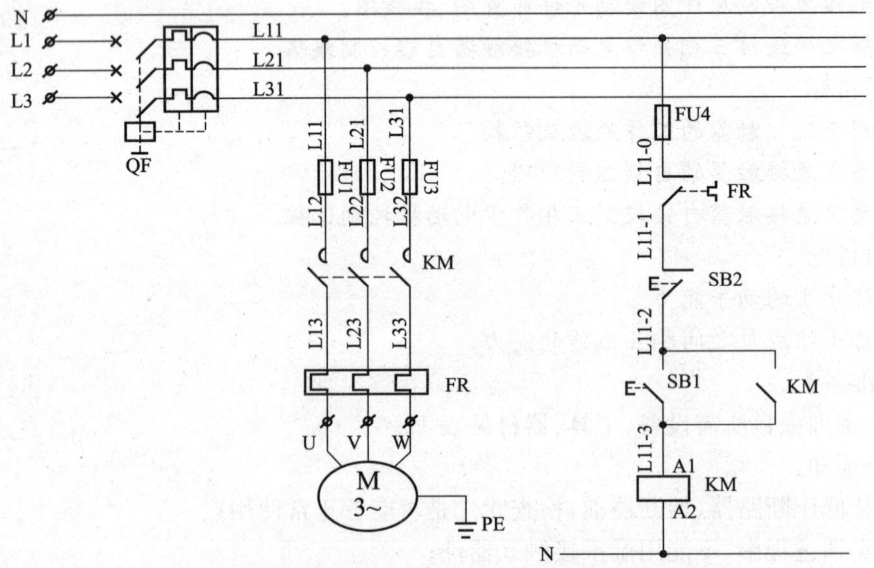

图 12.9　三相异步电动机接触器自锁控制电气原理图

2.操作步骤

(1)实训准备

根据实验要求,按照表 12.3 所示设备、工具、器材明细表,将实训所需要的设备、工具、器材准备齐全并仔细检查是否完好。

(2)绘制元件布置图

根据图 12.10 所示的三相异步电动机接触器自锁控制线路原理图及表 12.3 所选用的元件的模块,绘出三相异步电动机接触器自锁控制的元件布置图。

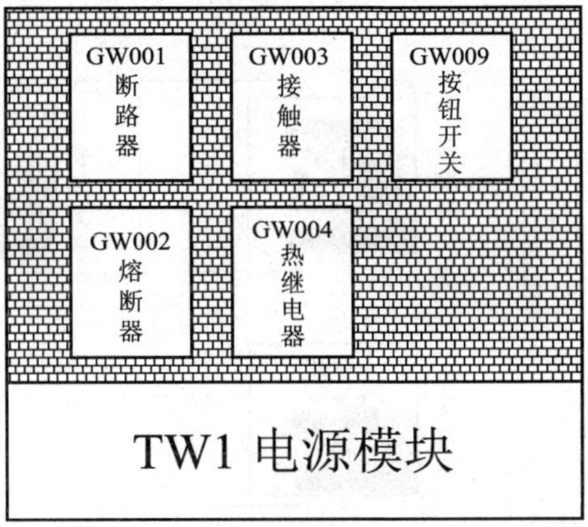

图 12.10　三相异步电动机接触器自锁控制元件布置图

(3)绘制接线图

根据图 12.11 所示的三相异步电动机接触器自锁控制线路原理图及表 12.3 所选用的元件,绘出三相异步电动机接触器自锁控制的接线图,注意线号。

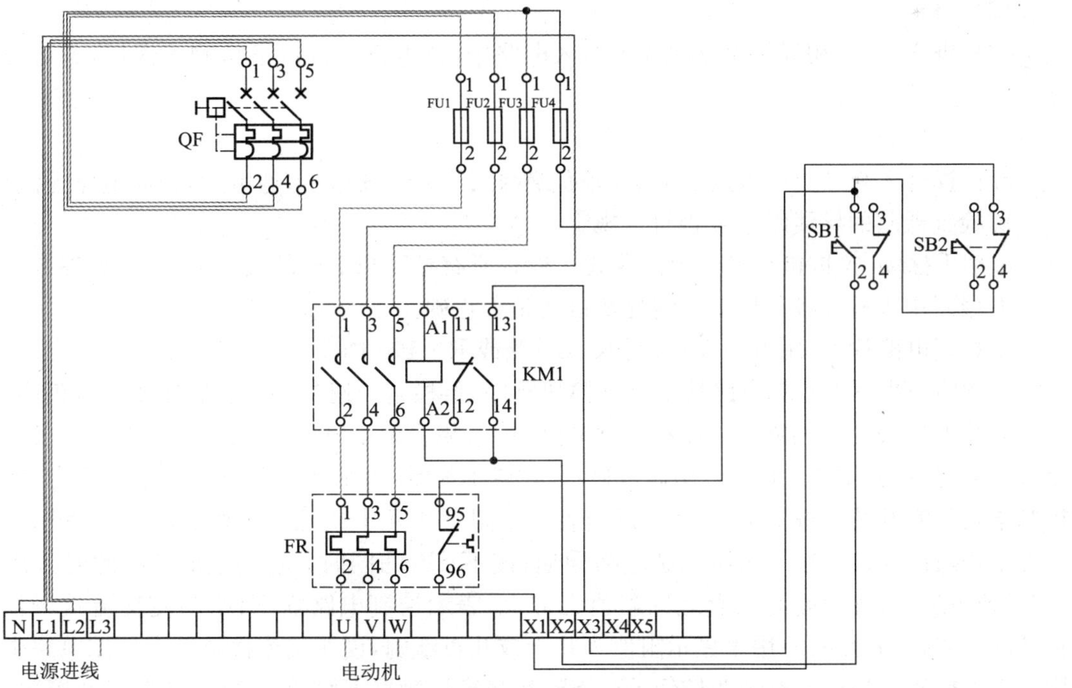

图 12.11　三相异步电动机接触器自锁控制接线图

(4)布置元件

根据所绘制的元件布置图上各元件的位置，在实训台的网孔板上摆放实训用的各模块。三相异步电动机放置在实训台桌面上。

(5)实物接线

根据所绘制的三相异步电动机接触器自锁控制接线图，连接实物。连接电路时，先连接控制电路并检查连接正确性，然后再连接主电路并检查，三相异步电动机接触器自锁控制整体实物连接图如图 12.12 所示。

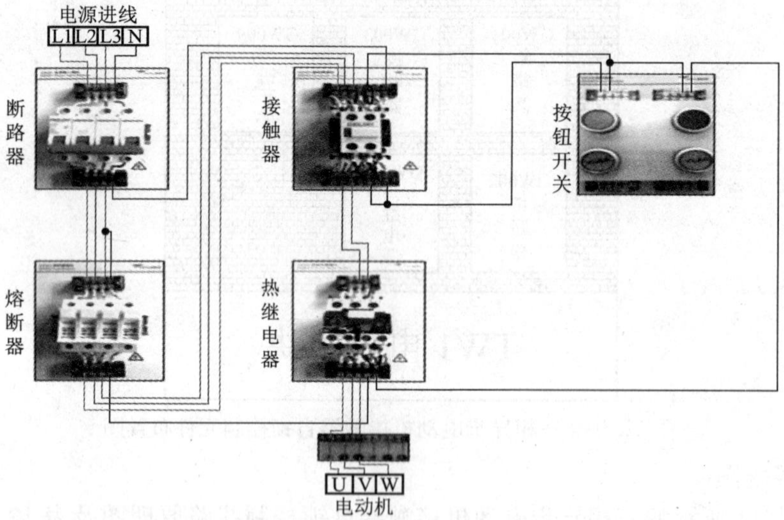

图 12.12 三相异步电动机接触器自锁控制整体实物连接图

(6)自检

在检查之前，三相异步电动机先不接入电路中，待电路经过以下检测无误后，方可接入电路进行电路功能调试。

①外观检查：

a. 检查有无绝缘层压入接线端子，如有绝缘层压入接线端子，通电后，会使电路无法接通。

b. 检查裸露的导线线芯是否符合规定。

c. 用手摇动、拉拔接线端子上的导线。检查所有导线与端子的接触情况，不允许有松脱。

d. 用万用表检查各元件动作情况及接线是否正确。

②控制电路检查：用万用表，选用 R×10 档或 R×100 档。

a. 按照原理图上控制电路接的元件模块顺序，再检查一遍各端子前后连接是否正确。

b. 将万用表的两表笔一端放在控制电路与 L_{11} 相线的接口上，一端放在 GW003 模块上交流接触器线圈的 A2 处，此时万用表若显示“1”或不显示，表示此时两点之间阻值无穷大，表示控制电路是断开的。按下按钮 SB_1，万用表显示阻值为几十或几百欧姆(此时的阻值为导线、元件上的阻值)，表示按下按钮控制电路导通；按下 SB_1 的同时，按下按钮 SB_2，此时万用表显示“1”或不显示，表示此时两点之间阻值无穷大，表示控制电路断开；手动使交流接触器 KM 自动触点闭合，若此时万用表显示阻值为几十或几百欧姆，说明交流接触器在控制电路中起作用。以上检测与描述相符说明按钮 SB_1、SB_2 和交流接触器 KM 在控制电路中起到控制作用，控制电路连接正确。反之，则说明连接不正确，再次使用万用表从 L_{11} 相线开始依次检查电路中的各模块元件是否连接正确。依次检查、更正后，重复上述检测，直到确认控制线路连接正确为止。

c. 主电路的检查用万用表，选用 R×10 档或 R×100 档。

将两表笔分别接在 GW001 模块上的低压断路器的出线端与电动机接线端子（L_{11} 与 U、L_{21} 与 V、L_{31} 与 W）之间，电路连接初始状态万用表显示阻值为“1”或不显示，说明两端子之间是断开的；手动使交流接触器 KM 主触点闭合，万用表显示很小的阻值，表明两端子之间是导通状态。若实际检测时与上述现象不符，则说明主电路连接出现错误，应依次从上到下检测各元件之间的连接，检查、更正后，重复上述检测，直到确认控制线路连接正确为止。

d. 上电检查：用万用表，交流电压挡，选用 700 V 档位。

在外观检查、控制电路、主电路检查无误后，打开电源，将万用表两表笔分别在 GW001 低压断路器的出线端 L_{11}、熔断器的出线端 L_{22}，万用表显示电压应该在 400 V 左右。按下 SB_1，交流接触器 KM 吸合，电动机接口的 U、V、W 两两接口之间，测量电压为 400 V；按下 SB_2，交流接触器 KM 断开，电动机接口的 U、V、W 两两接口之间电压为 0。若实际检测与描述相符则表示电路上电检测正确。上电检测后，关闭电源。

注：上电检测和操作要在实训指导老师的监督下进行。只有在以上各处检查均正确的情况下，才能将三相异步电动机接入电路中进行功能调试。

(7) 电动机接触器自锁控制调试

接入三相异步电动机，外壳可靠接地，检查电路连接无误后，合上 GTAWD-TW1 电源和 GW001 模块上的低压断路器。当按下 GW009 模块上绿色按钮 SB_1 时，GW003 模块上的接触器主触点闭合，电路导通，三相异步电动机启动、运转；当按下 GW009 模块上红色按钮 SB_2 时，GW003 模块上的接触器主触点断开，电路断开，三相异步电动机停止转动。可以连续几次尝试按下 SB_1、SB_2 按钮观察电动机的启动、停止。

(8) 整理器材

实训项目完成后，断开低压断路器，切断实训台电源。拆除导线及设备，整理元件，归位摆放。

拓展与思考

1. 在实训中，按照实训步骤一步一步操作执行，若未出现与实训步骤相同的实训结果，应该怎么分析并处理？

2. 在工业中不仅要求三相异步电动机只具备向同一个方向运动，同时还具备向反方向运动，比如，电动机带动的机械手臂可以向左移动，同时还能向右移动，那么电动机是怎样实现相反方向的运动的呢？

任务 12.4　按钮联锁三相异步电动机正反转控制线路

任务导入

在实际生产中，需要控制三相异步电机正反转场合非常多，如机床、吊车、电梯、升降机等。有些应用场合要求控制过程简单且安全可靠；如机床切刀在切割材料时，要求对机床的工作台的左右运动控制过程简单，可以由向左运动直接转换到向右运动，中间不能停机。对比任务12.3的实训内容，怎样实现电动机由正转直接转换到反转的控制？

任务目标

1.能力目标

(1)能够识别控制电路中使用的各元件。

(2)能够按照控制原理图绘制元件布置图、接线图。

(3)能够准确连接按钮联锁的三相异步电动机正反转的控制电路。

(4)能够检修、排除控制线路中的故障。

2.知识目标

(1)了解复合按钮的结构和工作原理。

(2)熟悉使用按钮联锁控制三相异步电动机正反转工作原理。

(3)熟悉按钮联锁控制三相异步电动机正反转的控制过程。

3.素质目标

(1)在实训中，锻炼学生的动手、动脑的能力。

(2)培养学生团队意识、相互合作精神。

【任务准备】

1.本次实训项目所需设备、工具、器材见表12.4。

表12.4　设备、工具、器材明细表

序号	名称	符号	元件型号	模块型号	数量	备注
1	电源		3×380 V/220 V	GTAWD-TW1	1	
2	低压断路器	QF	DZA7S-32/C10	GW001	3	
3	熔断器	FU	德力西 RT18-32/5 A	GW002	4	
4	三相异步电动机	M	JW6314-180 W		1	
5	接触器	KM	CJX2-0910/AC 220 V	GW003	2	
6	热继电器	FR	JRS1D-25	GW004	1	
7	实验按钮	SB	LAYS-BE102	GW009	3	
8	万用表				1	
9	导线				若干	
10	实训电工工具		试电笔、螺丝刀(一字和十字)、斜口钳、剥线钳、尖嘴钳等		1	套

2.安全须知：

(1)连接和拆除电路前必须要关闭电源，禁止带电操作，通电后不能用手直接触碰导线或元件；

(2)在实训中发现元件温度升高、有烧焦的刺激性气味时，应立刻关闭电源。

【实训内容及操作步骤】

1.实训内容

(1)控制对象：三相异步电动机；控制元件：按钮开关、接触器。

(2)控制原理：

该线路的控制过程基本上与任务 12.3 基本相似。它的优点是当需要改变电动机的转向时，只要直接按反转按钮就行了，不必先按停止按钮。这是因为，如果电动机已按正转方向运转时，线圈是通电的。这时，如果按下按钮 SB_2，它串在 KM_1 线圈回路中的常闭触点首先断开，将 KM_1 线圈回路断开，相当于按下停止按钮 SB_3 作用，使电动机停转，随后 SB_2 的常开触点闭合，接通线圈 KM_2 的回路，使电源相序相反，电动机即反向旋转。同样，当电动机已作反向旋转时，若按下 SB_1，电动机就先停转后正转。该线路是利用按钮动作时，常闭先断开、常开后闭合的特点来保证 KM_1 与 KM_2 的互锁，按钮的常闭触点也称为联锁触点。

(3)按钮联锁的三相异步电动机正反转控制线路电气原理图。

根据控制原理(或控制过程)绘制电气原理图，如图 12.13 所示。

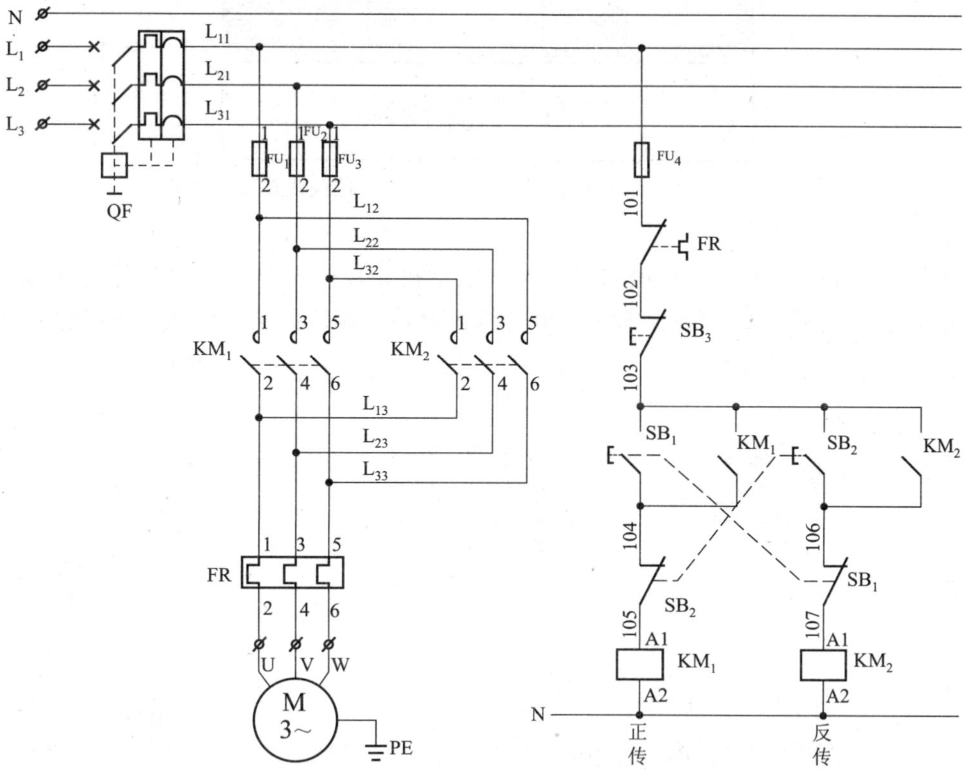

图 12.13　按钮联锁的三相异步电动机正反转控制线路电气原理图

①正转控制：合上电源开关 QF，按正转按钮 SB_1，正转控制回路接通：接触器 KM_1 的线圈通电动作，主触点闭合，主电路 U、V、W 相序接通，电动机正转。

②反转控制：要使电动机改变转向(即由正转变为反转)，直接按反转按钮 SB_2，SB_2 的常闭触点断开使 KM_1 线圈失电，接触器 KM_1 主触点断开，电动机瞬间断电；接触器 KM_2 线圈通电，接触器 KM_2 主触点、辅助触点闭合，主电路 W、V、U 相序接通，电动机反向转动。

③停止控制：要使正在运转的电动机停止转动，直接按停止按钮 SB_3，接触器线圈断电，主触点断开，电动机停止转动。

2. 操作步骤

(1)实训准备

根据实验要求，按照表 12.4 所示设备、工具、器材明细表，将实训所需要的设备、工具、器材准备齐全并仔细检查是否完好。

(2)绘制元件布置图

根据图 12.13 所示的按钮联锁的三相异步电动机正反转控制线路电气原理图及表 12.4 所选用的元件模块,绘出按钮联锁的三相异步电动机正反转控制线路的元件布置图。

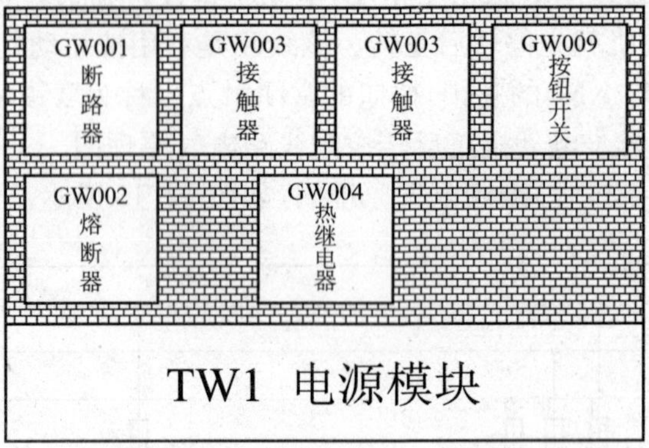

图 12.14　按钮联锁的三相异步电动机正反转控制线路元件布置图

(3)绘制接线图

根据图 12.15 所示的按钮联锁的三相异步电动机正反转控制线路电气原理图及表 12.4 所选用的元件,绘出按钮联锁的三相异步电动机正反转控制线路的接线图,并准确标注线号。

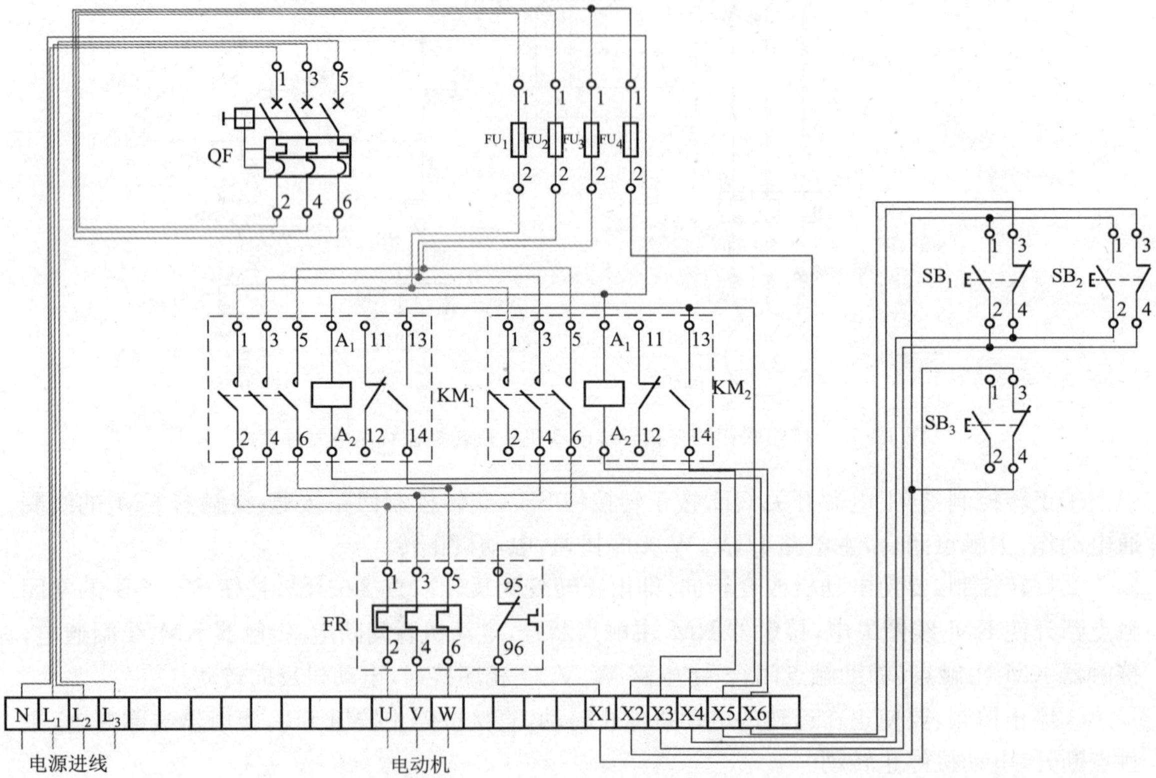

图 12.15　按钮联锁的三相异步电动机正反转控制线路接线图

(4)按照元件布置图布置元件

根据所绘制的元件布置图上各元件的位置,在实训台的网孔板上摆放实训用的各模块。

三相异步电动机放置在实训台桌面上。

(5)实物接线

根据所绘制的按钮联锁的正反转控制接线图，连接实物模块。在连接电路时，先连接控制电路，并检查无误后，再连接主电路，并检查。按钮联锁的正反转控制线路整体实物连接图如图 12.16 所示。

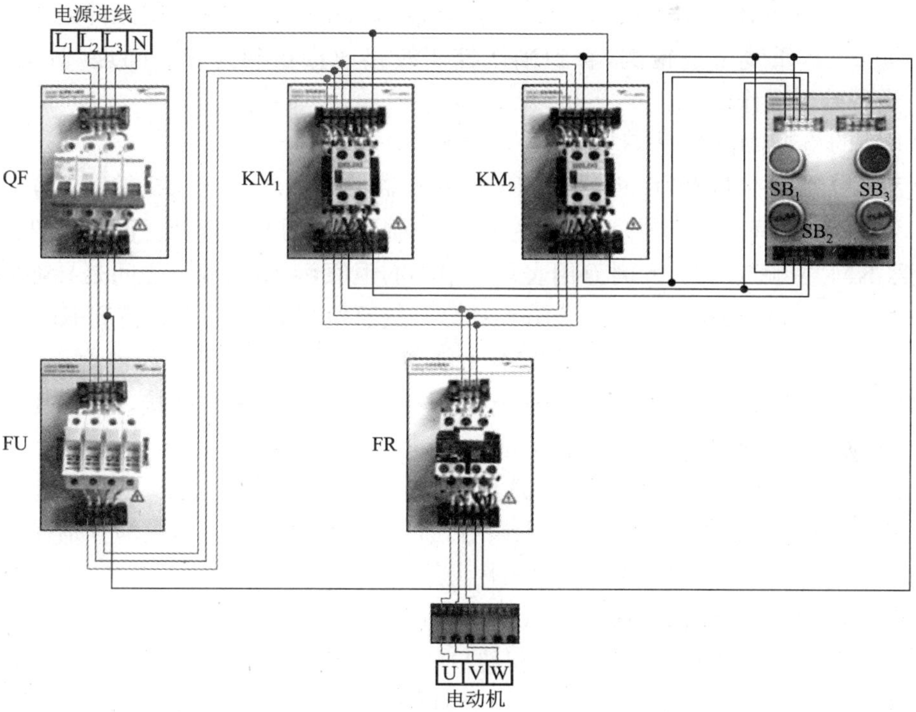

图 12.16　按钮联锁的正反转控制线路整体实物连接图

(6)自检

在检查之前，三相异步电动机先不接入电路中，待电路经过以下检测无误后，方可接入电路进行电路功能调试。

①外观检查：

a. 检查有无绝缘层压入接线端子，如有绝缘层压入接线端子，通电后会使电路无法接通。

b. 检查裸露的导线线芯是否符合规定。

c. 用手摇动、拉拔接线端子上的导线。检查所有导线与端子的接触情况，不允许有松脱。

d. 用万用表检查各元件动作情况及接线是否正确。

②控制电路检查：

用万用表，选用 R×10 档或 R×100 档。

a. 按照原理图上控制电路接的元件模块顺序，再检查一遍各端子前后连接是否正确。

b. 将万用表的两表笔一端放在控制电路与 L_{11} 相线的接口上，一端放在交流接触器 KM_1 线圈的 A2 处，此时万用表若显示“1”或不显示，表示此时两点之间阻值无穷大，表示控制电路是断开的。按下按钮 SB_1，万用表显示阻值为几十或几百欧姆(此时的阻值为导线、元件上的阻值)，表示按下按钮 SB_1 正转控制电路导通；按下按钮 SB_2，此时万用表显示阻值为几十或几百欧姆，表示按下 SB_2 反转控制电路导通；按下 SB_3，万用表显示“1”或不显示阻值，表示按下

SB_3停止控制电路正确；以上检测与描述相符说明按钮 SB_1、SB_2、SB_3在控制电路中起到控制作用。反之，则说明按钮在控制电路中连接不正确，需用万用表依次检测各按钮动作前后电路连接状态，直到找到错误，并更正。将万用表的两表笔一端放在控制电路与 L_{11} 相线的接口上，一端放在交流接触器 KM_1线圈的 A2 处。手动使交流接触器 KM_1 自锁触点闭合，若此时万用表显示值为几十或几百欧姆，说明交流接触器 KM_1 在控制电路中起到控制作用。反之，则说明连接不正确，再次使用万用表从 L_{11} 相线开始依次检查电路中的各模块元件是否连接正确。依次检查、更正后，重复上述检测，直到确认控制线路连接正确为止。同理，对交流接触器 KM_2 进行类似验证操作。

③主电路的检查：用万用表，选用 R×10 档或 R×100 档。

将两表笔分别接在 GW001 模块上的低压断路器的出线端与电动机接线端子（L_{11} 与 U、L_{21} 与 V、L_{31} 与 W）之间，万用表显示阻值为“1”或不显示，说明端子两两之间是断开的；手动使交流接触器 KM_1 主触点闭合，此时万用表显示很小的阻值，表明两端子之间是导通状态；松开交流接触器 KM_1，万用表显示阻值为无穷大；同理，按照检测 KM_1的方法检测 KM_2，若检测情况与 KM_1一样，说明交流接触器 KM_1、KM_2 主电路连接正确。若实际检测时与上述现象不符，则说明主电路连接出现错误，应依次从上到下检测各元件之间的连接，检查、更正后，重复上述检测，直到确认控制线路连接正确为止。

④上电检查：用万用表，交流电压挡，选用 700 V 档位。

在外观检查、控制电路、主电路检查无误后，打开电源，将万用表两表笔分别在 GW001 低压断路器的出线端 L_{11}、熔断器的出线端 L_{22}，用万用表测得端口电压应该在 400 V 左右；按下按钮 SB_1交流接触器 KM_1吸合，电动机接口 U、V、W 两两接口之间，测量电压显示在 400 V 左右；按下按钮 SB_2，交流接触器 KM_2吸合，电动机接口的 U、V、W 两两接口之间的电压在400 V左右；按下按钮 SB_3，交流接触器 KM_1、KM_2断开，电动机接口的 U、V、W 两两接口之间的测量电压为 0。若以上检测与描述相符，则表示电路上电检测正确。上电检测后，关闭电源。

注：上电检测和操作要在实训指导老师的监督下进行。只有在以上各处检查均正确的情况下，才能将三相异步电动机接入电路中进行功能调试。

（7）按钮联锁的电动机正反转控制调试

三相异步电动机接入电路，其外壳可靠接地，检查电路连接无误后。合上 GTAWD-TW1 电源和 GW001 模块上的低压断路器。按下正转按钮 SB_1，电动机正向转动，此时再按反转按钮 SB_2，电动机反向转动。在电动机反向转动时，按下正转按钮 SB_1，电动机正向转动，按下 SB_3，电动机停止转动。

（8）整理器材

项目完成后，断开低压断路器，切断实训台总电源。拆除导线及设备，整理元件，归位摆放。

拓展与思考

1. 在电动机正、反转控制线路中，为什么必须保证两个接触器不能同时工作？采用哪些措施可解决此问题？这些方法有何利弊？最佳方案是什么？

2. 生产中，为了增加设备的安全稳定运行及操作人员的安全，会选用双重（或多重）控制。那么，如何实现使用接触器与复合按钮的双重联锁控制三相异步电动机正反转呢？

任务 12.5 接触器、按钮双重联锁三相异步电动机正反转控制线路

任务导入

在干熄焦系统中，干熄焦炉盖控制装置的作用举足轻重，由于炉盖本身的结构特殊，在炉盖的开动作和提升机下降动作时不仅要对位准确，而且要保证快速性及无冲击接触的稳定性。在试车过程中，装入装置的驱动走行机构工作一直不正常，表现在系统配重严重失调，不是炉盖对位不准，就是冲击太大，影响了整个系统的试车运行工期及其他工艺工序的负荷试车。干熄焦炉盖的开限位的控制是一复杂的过程，除了采用 PLC 控制之外，还有手动控制。

任务目标

1. 能力目标

(1)能够识别控制电路中使用的各元件。

(2)能够按照控制原理图绘制元件布置图、接线图。

(3)能够准确连接接触器、按钮双重联锁的三相异步电动机正反转的控制电路。

(4)能够检修、排除控制线路中故障。

2. 知识目标

(1)了解接触器、按钮双重联锁控制的概念及原理。

(2)熟悉接触器、按钮双重联锁控制三相异步电动机正反转工作原理及控制过程。

(3)掌握接触器、按钮双重联锁控制三相异步电动机正反转控制的电气原理图。

3. 素质目标

(1)培养学生的动手能力。

(2)培养学生严谨的工作态度和团队合作精神。

【任务准备】

1. 本次实训项目所需设备、工具、器材见表 12.5。

表 12.5 设备、工具、器材明细表

序号	名称	符号	元件型号	模块型号	数量	备注
1	电源		3×380 V/220 V	GTAWD-TW1	1	
2	低压断路器	QF	DZ47S-32/C10	GW001	3	
3	熔断器	FU	德力西 RT18-32/5 A	GW002	4	
4	三相异步电动机	M	JW6314-180 W		1	
5	接触器	KM	CJX2-0910/AC 220 V	GW003	2	
6	热继电器	FR	JRS1D-25	GW003	1	
7	实验按钮	SB	LAYS-BE102	GW009	3	
8	万用表				1	
9	导线				若干	
10	实训电工工具		试电笔、螺丝刀(一字和十字)、斜口钳、剥线钳、尖嘴钳等		1	套

2. 安全须知：

(1)在低压断路器接入电路之前，要断开低压断路器，然后再接入电路；

(2)在实训中发现元件温度升高、有烧焦的刺激性气味时，应立刻关闭电源。

【实训内容及操作步骤】

1. 实训内容

(1)控制对象：三相异步电动机；控制元件：复合按钮、交流接触器。

(2)控制过程及原理：

该线路的控制过程综合了任务 12.3 和任务 12.4。当按下正转按钮 SB_1 时，接触器 KM_1 线圈通电，KM_1 主触点和常开辅助触点闭合，KM_1 常闭辅助触点断开，接触器 KM_2 线圈断电，主电路 U、V、W 相序接通，电动机正转；此时若按下反转按钮 SB_2，KM_1 线圈失电，KM_1 主触点断开，常闭触点闭合，KM_2 线圈得电，KM_2 主触点闭合，电动机反转。此时若再按下正转按钮电动机由正转变为反转。按下停止按钮 SB_3，电动机停止。

(3)接触器、按钮双重联锁正反转控制线路电气原理图。

根据控制原理(或控制过程)绘制电气原理图，如图 12.17 所示。

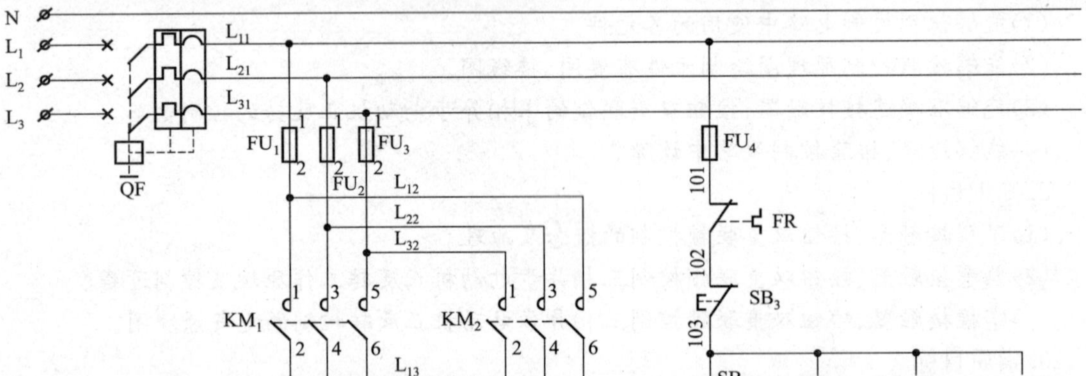

图 12.17　接触器、按钮双重联锁正反转控制线路电气原理图

①正转控制：合上电源开关 QF，按正转按钮 SB_1，此时主电路 U、V、W 相序接通，电动机正转。

②反转控制：在电动机正转时，按反转按钮 SB_2，此时主电路 W、V、U 相序接通，电动机反向转动。

③停止控制：不论电动机是正转还是反转，按停止按钮 SB_3，接触器线圈断电，主触点断开，电动机停止转动。

2. 操作步骤

(1)实训准备

根据实验要求，按照表 12.5 所示设备、工具、器材明细表，将实训所需要的设备、工具、器材准备齐全并仔细检查是否完好。

(2)绘制元件布置图

根据图 12.18 所示的接触器、按钮双重联锁正反转控制电气原理图及表 12.5 所选用的元件模块，绘出接触器、按钮双重联锁正反转控制的元件布置图。

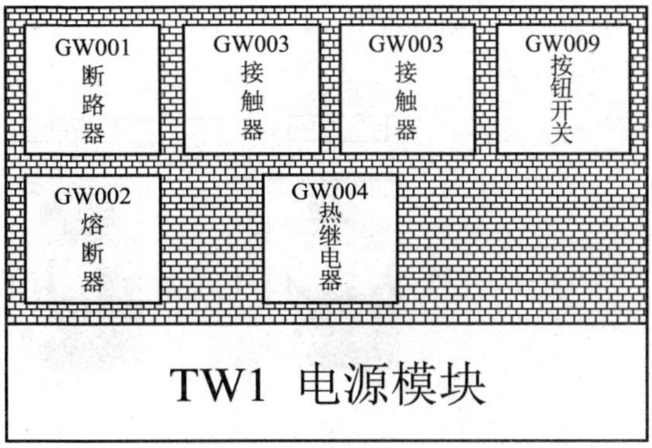

图 12.18　接触器、按钮双重联锁正反转控制元件布置图

(3)绘制接线图

根据图 12.19 所示的接触器、按钮双重联锁正反转控制电气原理图及表 12.5 所选用的元件，绘出接触器、按钮双重联锁正反转控制的接线图，并准确标注线号。

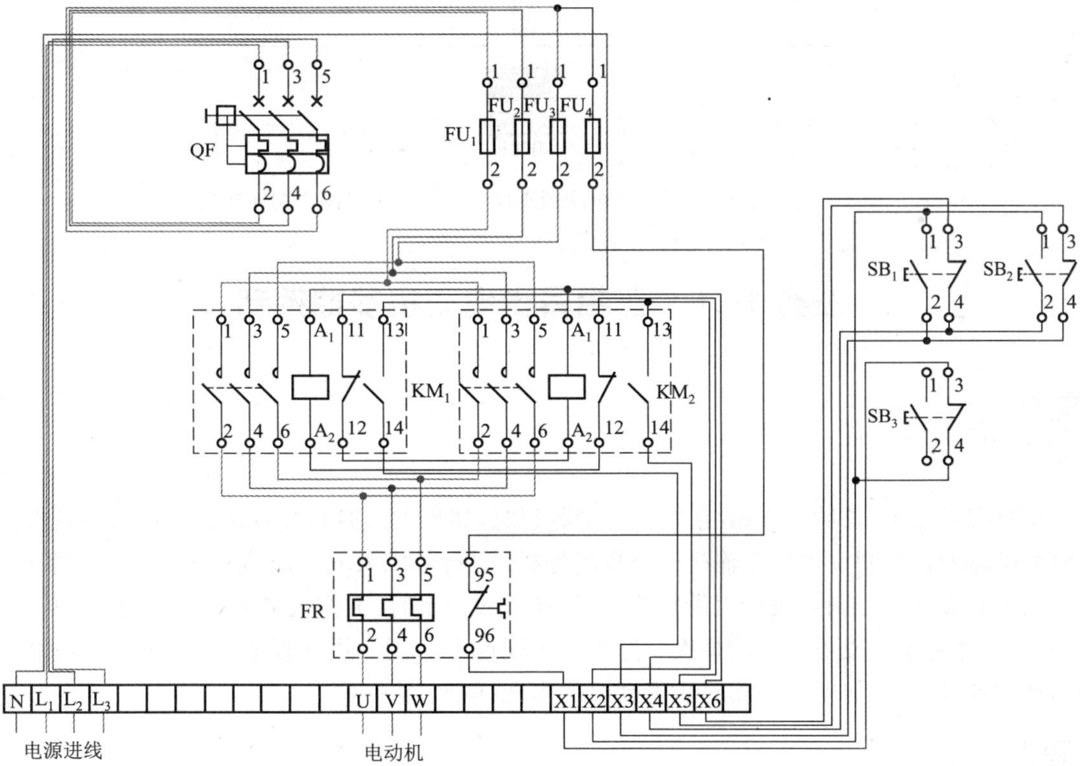

图 12.19　接触器、按钮双重联锁正反转控制接线图

(4)按照元件布置图布置元件

根据所绘制的元件布置图上各元件的位置，在实训台的网孔板上摆放实训用的各模块。三相异步电动机放置在实训台桌面上。

(5)实物接线

根据所绘制的接触器、按钮双重联锁正反转控制接线图，连接实物模块。在连接电路时，先连接控制电路并检查无误后，再连接主电路并检查。接触器、按钮双重联锁正反转控制线路整体实物连接图如图 12.20 所示。

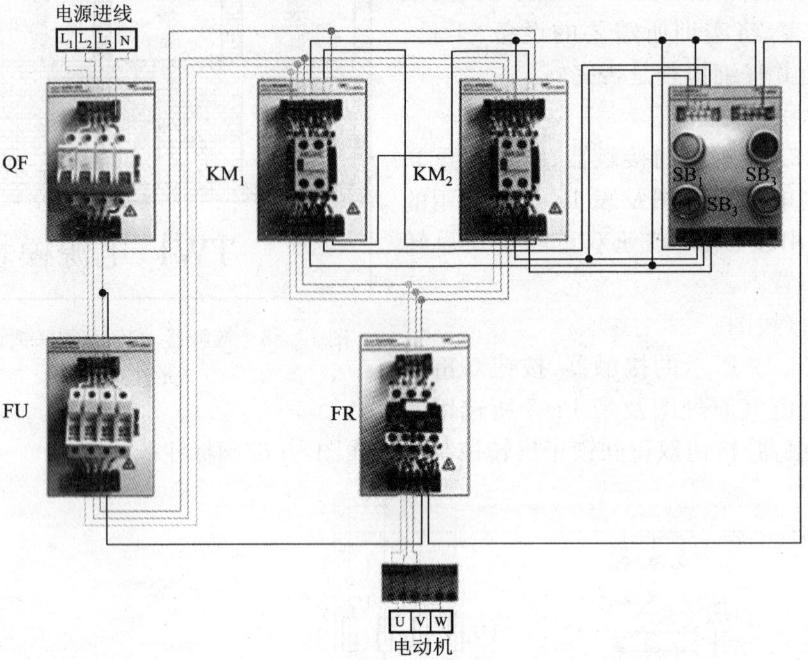

图 12.20　接触器、按钮双重联锁正反转控制线路整体实物连接图

任务 12.6　三相异步电动机多地控制

任务导入

某胶带运输机，长约 500 m，在发生皮带撕裂时，如果人当时在几百米以外或不在现场，要跑到胶带运输机控制室关停运输机或到现场停机，则会造成大的事故或损失。如果在胶带运输机的中间设几个控制点或远程设置控制点，在事故发生时，工作人员到最近控制点关停胶带运输机，可避免事故或更严重的损失。这种在不同地方对同一设备设置多个控制点的控制称为多地控制，那么如何实现三相异步电动机的多地（两地）控制呢？

任务目标

1. 能力目标

(1)能够识别控制电路中使用的各元件，熟悉其工作原理和结构。

(2)能够按照控制原理图绘制元件布置图、接线图。

(3)能够准确连接三相异步电动机正反转的控制电路。

(4)能够检修三相异步电动机多地控制线路。

2.知识目标

(1)了解多地控制的概念及原理。

(2)熟悉三相异步电动机多地控制的工作原理及控制过程。

(3)掌握三相异步电动机多地控制的电气原理图。

3.素质目标

(1)实训中培养学生发现问题、解决问题的能力。

(2)实训中培养学生的积极性和动手能力。

【任务准备】

1.本次实训项目所需设备、工具、器材见表12.6。

表12.6 设备、工具、器材明细表

序号	名称	符号	元件型号	模块型号	数量	备注
1	电源		3×380 V/220 V	GTAWD-TW1	1	
2	低压断路器	QF	DZ47S-32C10	GW001	3	
3	熔断器	FU	德力西 RT18-32/5 A	GW002	4	
4	三相异步电动机	M	JW6314-180 W		1	
5	接触器	KM	CJX2-0910/AC 220 V	GW003	1	
6	热继电器	FR	JRS1D-25	GW004	1	
7	实验按钮	SB	LAYS-BE102	GW009	4	
8	万用表				1	
9	导线				若干	
10	实训电工工具		试电笔、螺丝刀(一字和十字)、斜口钳、剥线钳、尖嘴钳等		1	套

2.安全须知:

(1)接线时合理安排布线,保持走线美观,接线要求牢靠,整齐、清楚、安全可靠。

(2)在有些需要上电检测的情况下,要首先做好绝缘保护,然后仪表的档位、量程选择准确后,再检测。

(3)在主线路接线时,一定要注意各相之间的连线不能弄混淆,不然会导致相间短路。

【实训内容及操作步骤】

1.实训内容

(1)控制对象:三相异步电动机;控制元件:按钮开关、接触器。

(2)控制过程及原理:

本次实训以两地控制为例帮助学习者理解多地控制。实训后学习者还可通过在现有基础上通过增加按钮开关来实现多地控制。在两地控制电路中,通过两地的按钮开关对交流接触器线圈的控制实现对三相电动机的两地控制。两地控制分别为甲地控制和乙地控制。在甲地通过闭合常开或常闭按钮,实现对三相电动机的转动或停止的控制;同样,在乙地通过闭合常开或常闭按钮,也可实现对同一台三相电动机的转动或停止的控制。

(3)三相异步电动机多地控制原理图。

根据控制原理(或控制过程)绘制电气原理图,如图12.21所示。

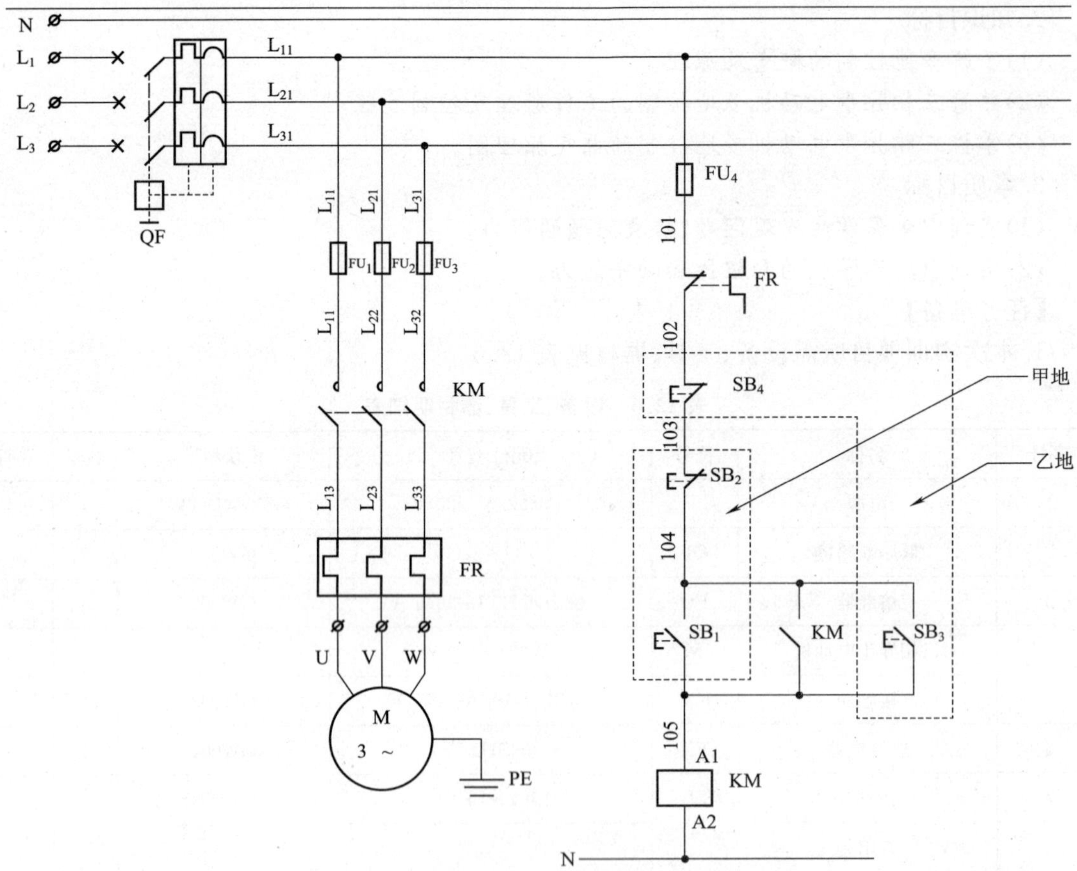

图 12.21　三相异步电动机多地控制原理图

SB_1、SB_2的串联组成甲地的控制电路，SB_3和SB_4组成乙地的控制电路，电动机通过SB_1、SB_3中任意一按钮的常开触点闭合控制启动，通过SB_3、SB_4中任意一按钮常闭触点断开使电动机停止。

2. 操作步骤

(1)实训准备根据实验要求，按照表 12.6 所示设备、工具、器材明细表，将实训所需要的设备、工具、器材准备齐全并仔细检查是否完好。

(2)绘制元件布置图根据图 12.22 所示的三相异步电动机多地控制电气原理图及表 12.6 所选用的元件模块，绘出三相异步电动机多地控制的元件布置图(图 12.22)。

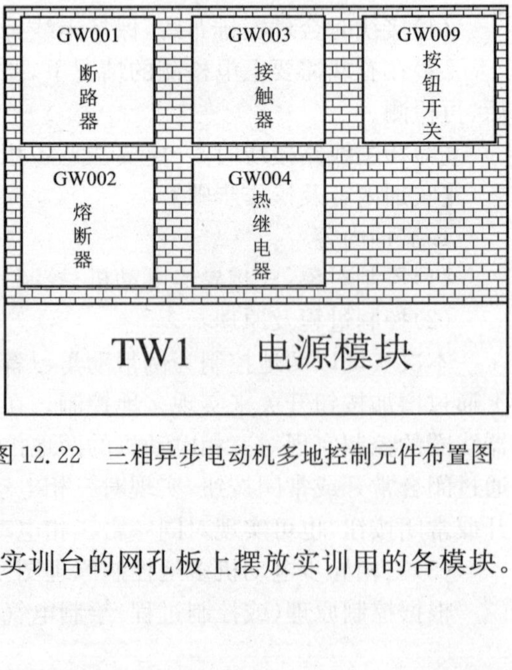

图 12.22　三相异步电动机多地控制元件布置图

(3)绘制接线图

根据图 12.23 所示的三相异步电动机多地控制电气原理图及表 12.6 所选用的元件，绘出三相异步电动机多地控制的接线图(图 12.23)，并准确标注线号。

(4)按照元件布置图布置元件

根据所绘制的元件布置图上各元件的位置，在实训台的网孔板上摆放实训用的各模块。三相异步电动机放置在实训台桌面上。

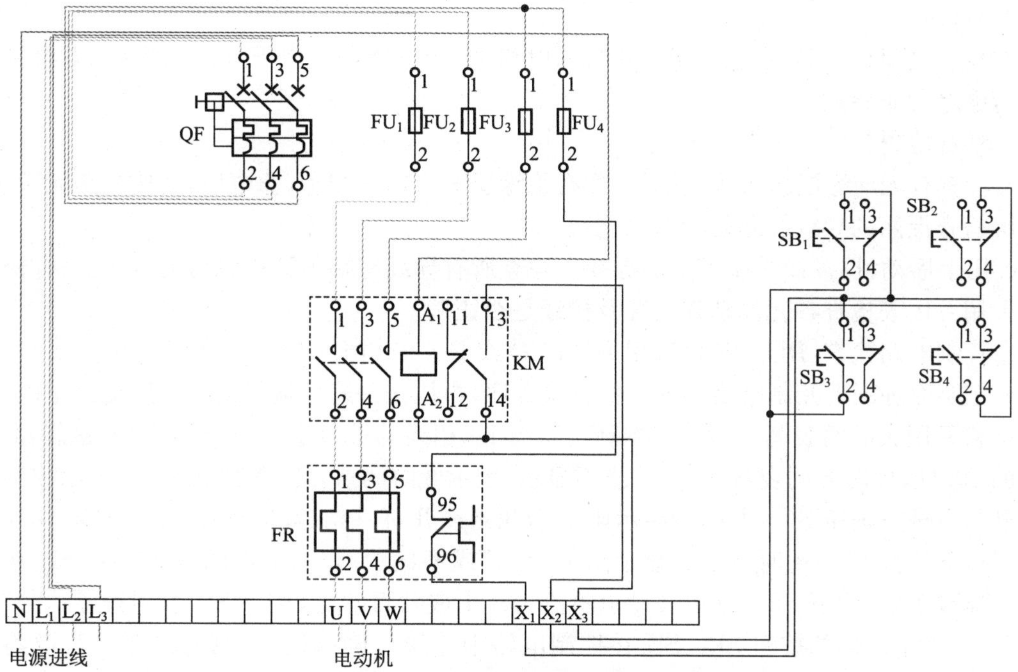

图 12.23 三相异步电动机多地控制接线图

(5)实物接线

根据所绘制的三相异步电动机多地控制接线图,连接实物模块。在连接电路时,先连接控制电路并检查无误后,再连接主电路并检查。三相异步电动机多地控制线路整体实物连接图如 12.24 所示。

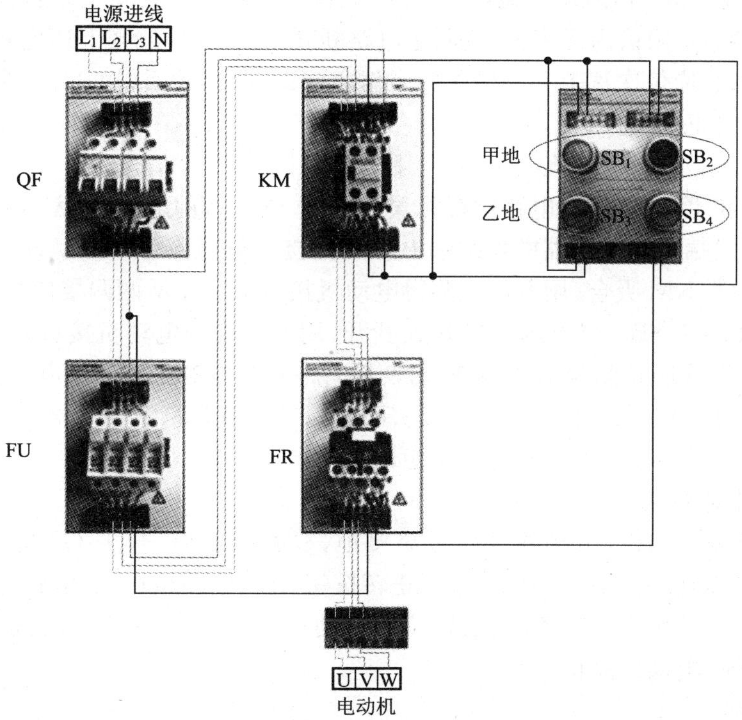

图 12.24 三相异步电动机多地控制线路整体实物连接图

(6)自检

在检查之前,三相异步电动机先不接入电路中,待电路经过以下检测无误后,方可接入电路进行电路功能调试。

①外观检查:

a. 检查有无绝缘层压入接线端子,如有绝缘层压入接线端子,通电后,会使电路无法接通。

b. 检查裸露的导线线芯是否符合规定。

c. 用手摇动、拉拔接线端子上的导线。检查所有导线与端子的接触情况,不允许有松脱。

d. 用万用表检查各元件动作情况及接线是否正确。

②控制电路检查:用万用表,选用 R×10 档或 R×100 档。

a. 按照原理图上控制电路接的元件模块顺序,再检查一遍各端子前后连接是否正确。

b. 将万用表的两表笔一端放在控制电路与 L_{11} 相线的接口上,一端放在交流接触器 KM_1 线圈的 A2 处,此时万用表若显示"1"或不显示,表示此时两点之间阻值无穷大,表示控制电路是断开的。按下按钮 SB_1,万用表显示阻值为几十或几百欧姆(此时的阻值为导线、元件上的阻值),按下按钮 SB_2,此时万用表显示阻值为"1"或不显示,表示甲地的按钮 SB_1、SB_2 在控制电路中连接正确;按下 SB_3,万用表显示阻值为几十或几百欧姆,按下 SB_4 万用表显示"1"或不显示阻值,表示乙地的按钮 SB_3、SB_4 在控制电路中连接正确;以上检测与描述相符说明按钮 SB_1、SB_2、SB_3、SB_4 在控制电路中起到控制作用。反之,则说明按钮连接不正确,需用万用表依次检测各按钮动作前后电路连接状态,直到找到错误,并更正。

③主电路的检查:用万用表,选用 R×10 档或 R×100 档。

将两表笔分别接在 GW001 模块上的低压断路器的出线端与电动机接线端子(L_{11} 与 U、L_{21} 与 V、L_{31} 与 W)之间,万用表显示阻值为"1"或不显示,说明两端子之间是断开的;手动使交流接触器 KM 主触点闭合,万用表显示很小的阻值,表明两端子之间是导通状态;松开交流接触器 KM,万用表显示阻值为无穷大,说明主电路断开;若实际检测与上述现象不符,则说明主电路连接出现错误,应依次从上到下检测各元件之间的连接,检查、更正后,重复上述检测,直到确认主电路连接正确为止。

④上电检查:用万用表,交流电压挡,选用 700 V 档位。

在外观检查和主电路、控制电路检查无误后,合上电源,将万用表两表笔分别放在 GW001 低压断路器的出线端 L_{11}、熔断器的出线端 L_{22},两两接口电压应为 400 V 左右,按下按钮 SB_1 或 SB_3,交流接触器 KM 吸合,用万用表测得电动机接口 U、V、W 两两接口之间电压为 400 V 左右;按下按钮 SB_2 或 SB_4,交流接触器 KM 断开,用万用表测电动机接口的 U、V、W 两两接口之间电压为 0;若实际检测与描述相符,则表示电路上电检测正确。上电检测后,关闭电源。注:上电检测和操作要在实训指导老师的监督下进行。只有在以上各处检查均正确的情况下,才能将三相异步电动机接入电路中进行功能调试。

(7)电动机多地控制

连接三相异步电动机,电动机外壳可靠接地,检查无误后,合上 GTAWD-TW1 电源和 GW001 模块上的低压断路器。在甲地按下正转按钮 SB_1,电动机启动、运转,此时若在乙地按下停止按钮 SB_4,电动机停止转动;在乙地按下启动按钮 SB_3,电动机启动、运转,此时在甲地按下停止按钮 SB_2,电动机停止转动。

(8)整理器材

项目完成后,断开低压断路器,切断实训台总电源。拆除导线及设备,整理元件,归位摆放。

拓展与思考

1. 在实训中,按照实训步骤一步一步操作执行,若未出现与实训步骤相同的实训结果,应该怎么分析并处理?

2. 分析电动机多地控制电路与自锁电路结构上及功能上主要有哪些区别?

3. 在自动化控制中,当控制变量达到设定值时,就需要设备自己能够做出判断,改变运动状态。想一想,在实际工业中有哪些上述情况的应用?

任务 12.7　三相异步电动机Y-△自动控制线路

任务导入

电动机的启动在生活生产中应用十分广泛,小到家用电器、大到自动化产线等。三相异步电动机由于其本身特性,启动电流可达到其额定电流的 5～8 倍,对电网的冲击非常大。为减少这种危害,常采用Y-△启动、自耦变压器降压启动、软启动等,其中Y-△启动广泛应用。

那么到底什么是Y-△自动控制呢?使用这种方法启动有什么条件限制吗?

任务目标

1. 能力目标

(1)能够熟悉控制电路中使用的各元件工作原理和结构。

(2)能够按照控制原理图绘制元件布置图、接线图。

(3)能够掌握三相异步电动机Y-△启动自动控制电路的接线技能。

(4)能够检修三相异步电动机Y-△启动自动控制线路。

2. 知识目标

(1)了解通电延时时间继电器的结构和工作原理。

(2)了解三相异步电动机Y-△启动自动控制线路的基本原理。

(3)熟悉三相异步电动机Y-△启动自动控制电路的控制过程。

(4)掌握三相异步电动机Y-△启动自动控制电气原理图。

3. 素质目标

(1)实训中激发学生的好奇心和求知欲。

(2)实训中增强学生的自信心和成就感。

【任务准备】

1. 本次实训项目所需设备、工具、器材见表 12.7。

表 12.7　设备、工具、器材明细表

序　号	名　　称	符号	元件型号	模块型号	数量	备注
1	电源		3×380 V/220 V	GTAWD-TW1	1	

续上表

序　号	名　　称	符号	元件型号	模块型号	数量	备注
2	低压断路器	QF	DZ47S-32/C10	GW001	3	
3	熔断器	FU	德力西 RT18-32/5 A	GW002	4	
4	三相异步电动机	M	JW6314-180 W		1	
5	接触器	KM	CJX2-0910/AC 220 V	GW003	3	
6	热继电器	FR	JRS1D-25	GW004	1	
7	时间继电器	KT	JSZ3A-B	GW007	1	
8	实验按钮	SB	LAYS-BE102	GW009	3	
9	万用表				1	
10	导线				若干	
11	实训电工工具		试电笔、螺丝刀(一字和十字)、斜口钳、剥线钳、尖嘴钳等		1	套

2.安全须知：

(1)安装接触器、继电器和按钮等元器件前，先检查是否合格，再进行接线；

(2)在实训过程中，如有不懂的地方要向指导老师请教，不得随意操作，避免造成不必要的损坏。

【实训内容及操作步骤】

1.实训内容

(1)控制对象：三相异步电动机；控制元件：按钮开关、通电延时时间继电器、交流接触器。

(2)控制过程及原理：

开始时电动机处于停止状态，按下启动按钮时，通电延时时间继电器得电，开始计时，同时接触器 KM_1 和 KM_2 闭合，电动机绕组接成“丫形”接法降压启动；当通电延时时间继电器计时到时，KM_2 失电释放，KM_3 得电吸合，电动机由“丫形”接法转换成“△形”接法。电动机处于运行状态时，按下停止按钮，电动机停止运行。

(3)三相异步电动机丫-△自动控制电气原理图：根据控制原理(或控制过程)绘制电气原理图，如图 12.25 所示。

当按下启动按钮 SB_1 时，KM_1 线圈得电自锁，KM_1 常开触点闭合，KT 得电，开始计时，同时 KM_2 线圈得电，电动机绕组接成“丫形”接法降压启动，KM_2 常闭触点断开，KM_3 线圈不得电。当 KT 计时到时，KM_2 失电释放，KM_3 线圈得电，KM_3 主触点接通，电动机由“丫形”接法转换成“△形”接法。

2.操作步骤

(1)实训准备

根据实验要求，按照表 12.7 所示设备、工具、器材明细表，将实训所需要的设备、工具、器材准备齐全，并仔细检查是否完好。

(2)绘制元件布置图

根据图 12.26 所示的三相异步电动机丫-△自动控制电气原理图及表 12.7 所选用的元件的模块，绘出三相异步电动机丫-△自动控制的元件布置图。

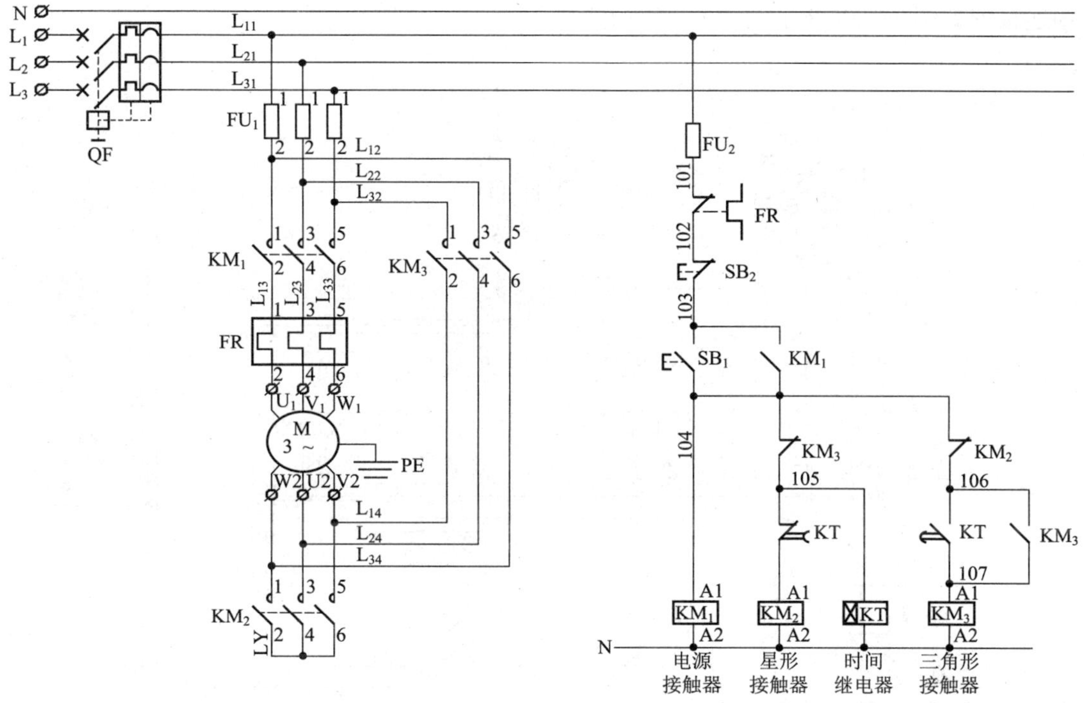

图 12.25　三相异步电动机Y-△自动控制电气原理图

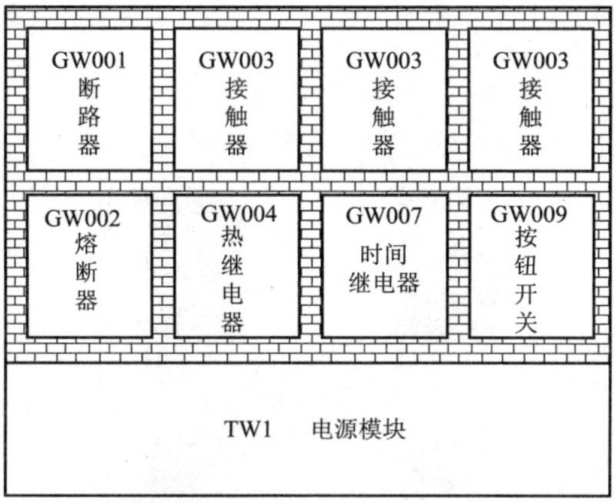

图 12.26　三相异步电动机Y-△自动控制元件布置图

(3)绘制接线图

根据图 12.27 所示的三相异步电动机Y-△自动控制电气原理图及表 12.7 所选用的元件，绘出三相异步电动机Y-△自动控制的接线图，并准确标注线号。

(4)按照元件布置图布置元件

根据所绘制的元件布置图上各元件的位置，在实训台的网孔板上摆放实训用的各模块。三相异步电动机放置在实训台桌面上。

(5)实物接线

根据所绘制的三相异步电动机Y-△自动控制接线图，连接实物模块。在连接电路时，先连接控制电路并检查无误后，再连接主电路并检查。三相异步电动机Y-△自动控制线路整体实物连接图如图 12.28 所示。

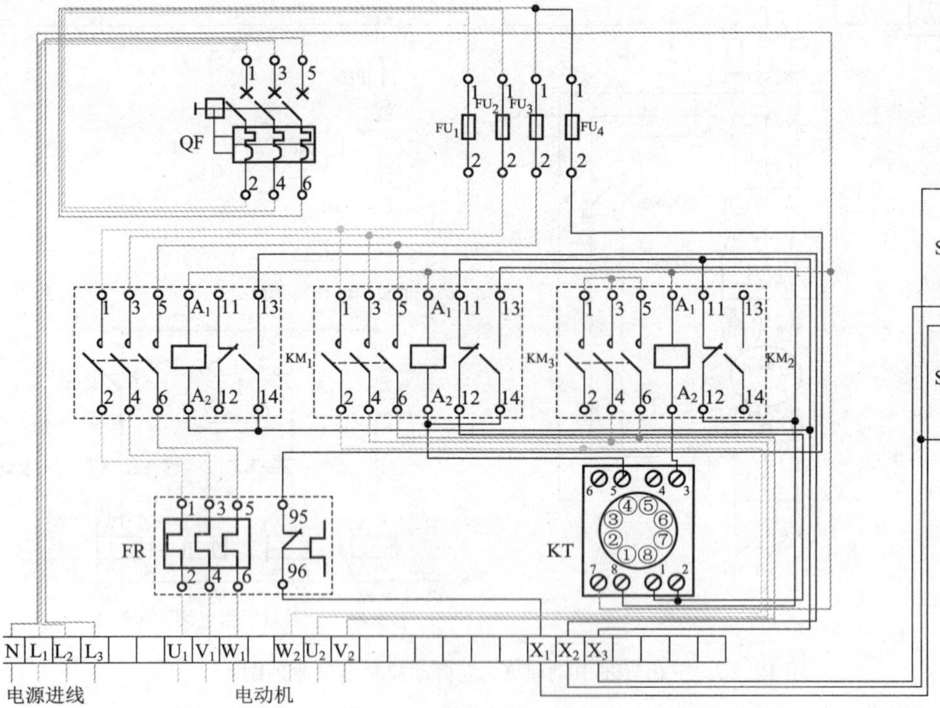

图 12.27　三相异步电动机丫-△自动控制接线图

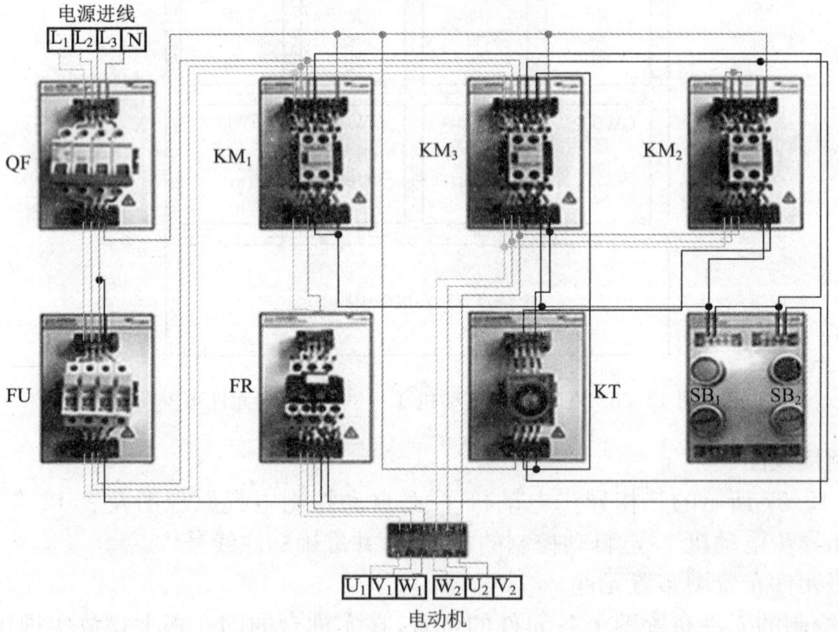

图 12.28　三相异步电动机丫-△自动控制线路整体实物连接图

(6)自检

在检查之前，三相异步电动机先不接入电路中，待电路经过以下检测无误后，方可接入电路进行电路功能调试。

①外观检查：

a. 检查有无绝缘层压入接线端子，如有绝缘层压入接线端子，通电后，会使电路无法接通。

b. 检查裸露的导线线芯是否符合规定。

c. 用手摇动、拉拔接线端子上的导线。检查所有导线与端子的接触情况，不允许有松脱。

d. 用万用表检查各元件动作情况及接线是否正确。

②控制电路检查：用万用表，选用 R×10 档或 R×100 档。

a. 按照原理图上控制电路接的元件模块顺序，再检查一遍各端子前后连接是否正确。

b. 将万用表的两表笔放在控制电路电源的两端，即 L 与 N(具体相线以实际接线为准)，电阻值为无穷大；按下 SB_1，电阻值变为几百欧(主要为交流接触器线圈阻值)，松开后又变为无穷大；手动使交流接触器 KM_1 自锁触点闭合，电阻值变为几百欧，松开后又变为无穷大。

③主电路的检查：用万用表，选用 R×10 档或 R×100 档。

手动使交流接触器 KM_1 主触点闭合，测量 U1、V1、W1 端子两两绝缘，即阻值为无穷大；手动使交流接触器 KM_2 主触点闭合，测量 W2、U2、V2 端子两两导通；手动使 KM_3 主触点闭合，测量 W2、U2、V2 端子两两绝缘。

④上电检测：用万用表，交流电压挡，选用 700 V 档位。

在外观检查、控制电路、主电路检查无误后，合上电源，将万用表两表笔分别放在 GW001 低压断路器的出线端 L_{11}、熔断器的出线端 L_{22}，万用表显示电压应该在 400 V 左右；按下 SB_1，交流接触器 KM_1、KM_2 吸合，一段时间后(约 5 s)，交流接触器 KM_1、KM_3 吸合。交流接触器吸合后电动机接口的 U、V、W 两接口之间电压约为 400 左右；按下 SB_2，电动机接口的 U、V、W 两接口之间电压为 0。若检测与上述描述相符，则表示电路上电检测正确。上电检测后，关闭电源。注：上电检测和操作要在实训指导老师的监督下进行。只有在以上各处检查均正确的情况下，才能将三相异步电动机接入电路中进行功能调试。

(7)电动机控制

检查电路连接无误后，合上 GTAWD-TW1 电源和 GW001 模块上的低压断路器。按下正转按钮 SB_1，KM_1、KM_2 动作，电动机Y形启动；大约 5 s 后，KM_2 断开，KM_3 吸合，电动机由Y形启动变为△形运行。当按下停止按钮 SB_2 时，电动机停止转动。

(8)整理器材

项目完成后，断开低压断路器，切断实训台总电源。拆除导线及设备，整理元件，归位摆放。

拓展与思考

1. 对于用时间继电器实现自动转换的Y-△启动控制线路，如果电路出现Y形运转，但没有△形运转控制，试分析接线时可能发生的故障。

2. 三相异步电动机直接启动时，其启动不但电流大，电压也会很高，瞬间对整个电路影响很大。可以采用哪些方法来避免瞬间启动电压过高的情况？

参考文献

[1] 铁路职工岗位培训教材编审委员会. 大型线路机械司机(捣固车基本知识部分)[M]. 北京:中国铁道出版社,2011.

[2] 张坤. 捣固车电气系统常见故障排查实用手册[M]. 北京:中国铁道出版社,2011.

[3] 钟声标. 全断面道砟清筛机[M]. 北京:中国铁道出版社,2011.

[4] 张永革. 电气控制与 PLC[M]. 天津:天津大学出版社,2013.

[5] 张君霞,戴明宏. 电气控制与 PLC(S7-200)[M]. 北京:机械工业出版社,2014.

[6] 华满香. 电气控制与 PLC 应用[M]. 北京:人民邮电出版社,2009.

[7] 田淑珍. S7-200 PLC 原理及应用[M]. 北京:机械工业出版社,2011.

[8] 任宇杰,宋磊,赵金龙,等. DCL-32 型连续走行捣固车[M]. 成都:西南交通大学出版社,2016.

[9] 向晓汉. 西门子 S7-1200 PLC 学习手册:基于 LAD 和 SCL 编程[M]. 北京:化学工业出版社,2019.

[10] 廖常初. S7-1200 PLC 编程及应用[M]. 北京:机械工业出版社,2017.

[11] 李庆海,王成安. 触摸屏组态控制技术[M]. 北京:电子工业出版社,2015.